F. HUTINEL et J.-B. MATHEY

VITTEAUX

(COTE-D'OR)

MONOGRAPHIE

PARIS

Librairie Ancienne HONORÉ CHAMPION, Éditeur

5, QUAI MALAQUAIS, 5

1912

VITTEAUX

(COTE-D'OR)

MONOGRAPHIE

Vue générale de Vitteaux, prise du chateau.

F. HUTINEL et J.-B. MATHEY

VITTEAUX

(COTE-D'OR)

MONOGRAPHIE

PARIS

Librairie Ancienne HONORÉ CHAMPION, Éditeur

5, QUAI MALAQUAIS, 5

1912

AVANT-PROPOS

« L'histoire de la contrée, de la province, de la ville natale est la seule où notre âme s'attache par un intérêt patriotique, les autres peuvent nous sembler curieuses, instructives, dignes d'admiration, mais elles ne nous touchent point de cette manière. »
Aug. THIERRY.

Deux Vitelliens regrettant que tant de Français ignorent totalement tout ce qui a trait à leur petite patrie, tout ce qui touche au département, à la ville et au village où ils sont nés, ont voulu écrire le présent livre afin de rappeler aux générations actuelles et *futures* le passé si *glorieux parfois* de leur pays natal.

Mieux l'on connaît son coin de terre, plus fortement on sent la solidité du lien qui rattache les générations les unes aux autres, les rend solidaires, lie étroitement l'histoire du passé aux événements présents. Il arrive souvent que tel citoyen d'une ville ou d'un village, est incapable de dire ce que fut le grand homme, la gloire locale, dont une statue ou une rue de son pays natal porte le nom. Sa seule excuse est que personne ne le lui a appris.

Nous ne voulons pas qu'il en soit de même pour Vitteaux. Nous avons joint tous nos efforts pour recueillir le plus de documents possibles sur notre pays et nous serions heureux si, après la lecture de cet ouvrage, on pouvait nous en communiquer d'inédits. Nous publierions, si le nombre de ces nouveaux documents était suffisant, un supplément à notre travail.

Les divers ministres qui se sont succédés au ministère de l'Instruction publique ont bien compris l'importance de ces études locales qui, par leur ensemble, constitueraient la véritable géologie, géographie et histoire de notre pays. Déjà M. Combes, ministre de l'Instruction publique, adressait, le 15 mars 1896, aux Inspecteurs d'Académie, une circulaire faisant appel à la bonne volonté des instituteurs pour faire des recherches archéologiques et historiques dans leurs communes.

En 1911, à l'occasion de la discussion du budget de l'Instruction publique, des vœux ont été émis avec l'approbation de la Chambre tout entière, en vue du développement des études du sol natal.

M. Maurice Faure, ministre de l'Instruction publique a, le 25 février 1911, adressé aux Recteurs une circulaire relative à l'enseignement de l'histoire et de la géographie locales.

« C'est un fait malheureusement trop certain, dit-il, que la plupart des élèves et un trop grand nombre de Français ignorent presque entièrement tout ce qui a trait à l'histoire et à la géographie de la commune, du département, où ils sont nés, et de l'ancienne province dont ce département faisait partie avant la Révolution. Il y aurait cependant le plus sérieux avantage à ce que tous connussent bien la physionomie particulière de la terre natale, ses ressources, les coutumes et les mœurs de ses habitants, leurs traditions, contes, proverbes, légendes, le rôle qu'elle a joué dans le passé, les citoyens éminents qu'elle a enfantés... »

D'après ce que nous venons de dire, nous croyons que notre ouvrage répond à un besoin réel.

Ce travail est divisé en deux parties : la première, qui est l'œuvre de M. Hutinel, professeur au Lycée de Lyon, comprend :

1º Description géographique ;

2º Géologie, substances minérales fournies par le sol ;
3º Hydrologie ;
4º Agrologie — Agriculture ;
5º Essai d'explication de l'origine des noms des lieux dits ;
6º Viticulture ;
7º Arboriculture fruitière, forestière, de clôture ;
8º Horticulture maraîchère ;
9º Climat et météorologie ;
10º Hygiène — Influence du sol sur l'homme ;
11º Habitations — Habillement ;
12º Foires et marchés ;
13º Flore ;
14º Faune — Bétail — Essai d'élevage des vers à soie ;
15º Apiculture ;
16º Grandes voies de communication — Promenades publiques ;
17º Préhistoire et protohistoire ;
18º Calendrier vitellien ;
19º Les Brandons ;
20º Vieilles chansons ;
21º Un mot sur les armes de Vitteaux.

La deuxième partie, consacrée à l'histoire de Vitteanx, est l'œuvre de M. Mathey, professeur à l'école centrale lyonnaise. Cette partie historique n'a pas la prétention d'être complète et définitive. Bien que, sous l'ancien régime, Vitteaux fut en possession du titre de ville, son nom ne figure pas dans l'histoire au même rang que celui d'autres villes de notre province, telles que Flavigny, Châtillon, Saint-Jean-de-Losne, etc. Cependant les événements politiques et militaires ont toujours, jusque dans les moindres villages, une répercussion intéressante, sur la prospérité et la richesse des habitants, sur les conditions de la vie et du travail, sur les mœurs et l'esprit de la population. C'est ce que nous avons voulu rechercher pour notre pays, en essayant de nous représenter à diverses époques la vie des bourgeois et des ouvriers, avec les variations du gouvernement et de l'administration municipale.

En ce qui concerne les temps antérieurs à la Révolution, nous avons trouvé dans les mémoires de l'abbé Collon, une source abondante de renseignements. Les registres conservés dans les *boîtes* des confréries de métiers, les archives communales et départementales, et quelquefois des papiers particuliers nous ont fourni une intéressante contribution.

Nous avons profité des nombreuses et savantes publications de M. Durandeau, notre compatriote et ami, ainsi que du Bulletin paroissial de M. le curé Jarlaud. Ils ont utilisé, l'un et l'autre, les manuscrits de l'abbé Collon, sans avoir en vue un but identique à celui que nous poursuivions.

Au xixe siècle, toute originalité disparaissant, nous avons dû nous borner à une sorte d'énumération chronologique, tout en constatant les modifications profondes survenues dans le régime du travail et l'ordre économique.

Aux sources indiquées se sont ajoutés nécessairement les ouvrages de Courtépée et de Kleinklauz, les mémoires de la Société des sciences de Semur, et nombre de renseignements donnés par des histoires générales ou locales.

Nous adressons nos plus sincères remerciements à tous ceux qui ont bien voulu nous fournir des renseignements et nous aider de leurs conseils, notamment à MM. Jarlaud, curé de Vitteaux, qui a mis complaisamment à notre disposition les manuscrits de l'abbé Collon ; Léon Berthoud, J. Maillard, J. Durandeau, Guillemard, président du Conseil général ; Lex, archiviste de Saône-et-Loire ; Picard Suchetet, Cazet Isidore, Cazet Etienne, Aubertin, Lévêque Decailly, Rousseau Picardmorot, Edair Picard, Tainturier, Lefol Munier ; le regretté M. Durand, inspecteur d'agriculture ; Guicherd, professeur départemental d'agriculture à Dijon, Gabriel Sirot... Nos remerciements tout particuliers à M. Moreau Victor pour ses excellents clichés qui nous ont permis d'illustrer notre ouvrage. Nous prions en général toutes les personnes qui nous ont aidé dans notre œuvre et dont les noms ne seraient pas indiqués ci-dessus, de vouloir bien agréer l'expression de notre sincère gratitude.

HUTINEL.   MATHEY.

Vitteaux, le 1er Septembre 1912.

NOTE SUR L'ABBÉ COLLON

Pierre Collon, l'auteur des mémoires manuscrits sur Vitteaux, né dans cette ville en 1775, n'était encore que diacre quand il fut pourvu de la chapelle de Saint-Michel dans l'église de son pays natal, par la nomination de 103 personnes, toutes descendants des fondateurs de cette chapelle. Il fut reçu au Mépart en 1783.

En 1789, il était membre du Conseil municipal de Vitteaux et du Bureau d'administration de l'hôpital. Il prêta serment à la Constitution civile du clergé et fut curé constitutionnel à la Cour d'Arcenay dans le Morvan. Réfugié à Cessey pendant la Terreur, il fut après le Concordat curé d'Aignay-le-Duc et plus tard de Saint-Jean-de-Losne où il mourut en 1832.

Pendant son séjour à Vitteaux, il avait amassé quantité de notes et de documents sur notre pays. Il semble que c'est à Aignay qu'il essaya d'en tirer une histoire de Vitteaux en deux volumes in-4°, extraite de ses notes qui forment trois autres volumes. Ces cinq volumes acquis par M. le curé Prost nous ont été du plus grand secours. Il existe en outre un volume contenant l'histoire des principales familles de Vitteaux appartenant à M. Guillemard, un volume faisant partie des archives de Vitteaux et un dernier volume de pièces diverses appartenant à M. V. Moreau. M. Aubertin possède un petit volume intitulé : *Curiosités de ma bibliothèque* ; ce petit manuscrit nous fait connaître que l'abbé Collon n'avait pas seulement le goût des recherches historiques. Curieux d'art et d'histoire naturelle, il possédait beaucoup de tableaux et de gravures, des coquillages ayant fait partie des collections de Buffon à Montbard, un médailler contenant avec des pièces romaines les jetons des maires de Dijon, et une bibliothèque de plus de 700 volumes.

Ayant joui des privilèges de l'ancien régime, l'abbé Collon le regretta toujours ; ce sentiment qu'il conserva jusqu'à la fin de sa vie ne fut pas sans influencer ses jugements sur les hommes et les événements. Ce fut en somme un laborieux et un ami de son pays natal. Souhaitons qu'il ait des imitateurs.

CARTE

DES ENVIRONS DE VITTEAUX

D'après la carte d'Etat-Major au 80 millième

VITTEAUX

PREMIÈRE PARTIE

I

SA SITUATION GÉOGRAPHIQUE

Vitteaux se trouve dans une vallée assez étroite orientée S.-E.-N.-O. creusée dans le terrain appelé Lias. Il est situé à 2° 12' 15" de longitude est et 47° 23' 40" de latitude nord. Son altitude moyenne est d'environ 320 mètres. Son territoire occupe une superficie de 1.858 hectares, d'après les statistiques de 1908. Sa population est de 1.292 habitants, d'après le recrutement de 1906, 1.267 d'après celui de 1911. Elle était de 2.037 le 7 prairial an VII, Cessey non compris.

Dans le fond de la vallée coule une rivière appelée Brenne qui prend sa source à Sombernon, à 544 mètres d'altitude. Elle coule du S.-E. au N.-O.

Formes anciennes du mot Brenne, rivière [1].

Bridena 656. (Dans *La vie de saint Jean de Réome*, par Jonas, publiée dans *Monumenta Germania scriptores*, t. III, p. 507.)

---

[1]. Brenne est le nom de trois rivières en France :
1° Brenne de Vitteaux ;
2° Brenne, rivière sortant d'une gorge du Jura, parcourt la Bresse,

Branna 1157. (Dom Plancher, *Histoire de Bourgogne*, t. I, preuves, p. 50.)

Braana 1169. (Pérard, *Recueil de pièces curieuses*, p. 3993.)

Braana 1201. (Titre de l'abbaye de Fontenay.)

Braine, XVIIIe siècle. (Courtepée.)

Bridena, forme mérovingienne de la Brenne, ne permet pas de rattacher ce nom au mot du vieux français qui signifiait « stérile ».

Bridena, comme la plupart des noms de cours d'eau, remonte sans doute très loin jusqu'à l'époque gauloise, sinon plus haut encore. J'en ignore la signification.

Au-dessous de Sombernon, la Brenne passe à Aubigny, village en aval duquel fut construit, de 1832 à 1843, le réservoir de Grosbois qui a une superficie de 105 hectares et une contenance de 9.220.000 mètres cubes. Ce réservoir est destiné à alimenter le canal de Bourgogne par un conduit passant sous la montagne située sur la rive gauche.

C'est un des plus anciens réservoirs français en maçonnerie. Les plus anciens existent en Espagne et remontent au XVIe siècle.

En général, les réservoirs en maçonnerie sont convexes du côté de l'amont afin de reporter sur les côtés de la vallée qu'ils barrent une partie de la pression qu'ils subissent.

La digue du réservoir de Grosbois a été construite à l'envers et reçoit la poussée de l'eau du côté concave.

Aussi, à la suite de la catastrophe de Bouzey, on construisit de 1898 à 1904 une seconde digue en terre en aval

---

plaine parsemée d'étangs, dont elle recueille les eaux et se perd dans la Seille, sous-affluent du Rhône par la Saône ;

3º Brenne, rivière baignant Châteauroux, et se déversant dans la Cisse, affluent de droite de la Loire.

Brenne est aussi le nom d'une région physique de la France située dans le bas-Berri et la Touraine, plaine marécageuse desséchée en partie (Marivault : *De la Brenne et de son avenir*, 1845, in-8º).

Brenna est aussi le nom d'un village de Silésie autrichienne au pied des Carpathes sur la Brennitza, affluent de droite de la Vistule supérieure.

BARRAGES DE GROSBOIS.

de la digue en maçonnerie. La terre qui a servi à la construction était prise dans les environs par une drague, amenée sur place par des wagonnets et tassée par un rouleau électrique. La superficie du contre-réservoir est de 9 hect. 20 et sa contenance totale de 820.000 mètres cubes. La hauteur maxima de la retenue du réservoir principal, qui est limitée par une digue en maçonnerie, est de 22 m. 30. Celle du réservoir, limitée par une digue en terre revêtue d'un perré est de 15 m. 35.

Tous ces nombres ont été empruntés à un travail de M. Testart, ingénieur à Semur.

L'eau qui est contenue entre les deux barrages exerce une contre-pression N.-O.-S.-E. sur la digue en maçonnerie et rend moins dangereuse la pression S.-E.-N.-O. exercée sur cette même digue.

La Brenne coule de Grosbois à Vitteaux au milieu d'escarpements du lias couronnés de calcaires ruiniformes (150 mètres de hauteur de moyenne).

Ces escarpements se présentent sous forme de promontoires séparés par des dépressions appelées *combes* (commes dans la région).

Du fond de ces courbes, dont la direction est généralement perpendiculaire à celle de la vallée principale, coule un ruisseau tributaire de la Brenne.

De nombreux villages se trouvent sur les bords de la rivière ou dans les combes alimentées souvent par des sources abondantes.

La Brenne continue à couler dans une vallée assez étroite de Vitteaux à Pouillenay (250 mètres d'altitude), où elle rencontre le canal de Bourgogne.

Elle débouche ensuite dans la plaine des Laumes, aux pieds d'Alise-Sainte-Reine, de l'ancienne Alésia, et y reçoit d'abord l'Ozerain (230 mètres d'altitude), puis l'Oze (225 mètres), les « duo rivuli » des Commentaires de César.

Elle coule ensuite dans une vallée plus large que précédemment, longe le canal de Bourgogne, la ligne P.-L.-M., et se jette finalement dans l'Armançon, à Buffon, à 198 mètres d'altitude, après un parcours de 70 kilomètres.

Le cours de la Brenne étant plus direct que celui de l'Armançon, c'est elle qui devrait conserver son nom après le mélange de leurs eaux.

Comme on le voit, le cours de la Brenne est très encaissé de Sombernon qui se trouve sur la ligne de partage des eaux jusqu'à la plaine des Laumes. Aussi ce cours présente-t-il un véritable régime torrentiel.

Vitteaux qui se trouve dans le fond d'un véritable entonnoir dont les parois sont imperméables, a plusieurs fois souffert de graves inondation, en 1666, 1757, 1788 et 3 avril 1842, par des trombes amenées par les vents du sud-ouest. Courtepée lui a donné pour cette raison le surnom de *Viteau* aux eaux rapides « ad celeres aquas ».

En résumé, la Brenne coule de Sombernon à Pouillenay dans une vallée assez étroite, fermée à Sombernon par la ligne de partage des eaux, limitée à l'est par une chaîne de montagnes allant de Sombernon à Alise et séparant la vallée de la Brenne de la vallée de l'Ozerain.

A l'ouest, une chaîne sépare la vallée de la Brenne de celle de l'Armançon. Cette chaîne présente une dépression, un col, entre la montagne de Myard et celle de Marcilly Dracy.

Dans cette dépression passe la route nationale n° 70 d'Avallon à Combeaufontaine et le chemin de fer d'Epinac aux Laumes.

Sur la rive droite, pas de dépression, la route de Paris à Genève, n° 5, par Montbard est forcée de suivre le cours de la Brenne.

II

GÉOLOGIE

Les études de M. Suess, géologue autrichien, et de M. Marcel Bertrand, géologue français, ont révélé la loi suivante pour la formation du relief du globe terrestre.

Le relief de l'hémisphère nord s'est fait dans un certain nombre de périodes par des plissements successifs qui ont commencé à se former au pôle et ont ensuite gagné la région équatoriale.

1º La première zône de plissement qui détache une sorte de calotte polaire est appelée *chaîne huronienne*, car elle est très bien caractérisée sur les bords du lac Huron en Amérique ;

2º La deuxième zone est appelée *chaîne calédonienne*, de Calédonie, ancien nom de l'Ecosse ;

3º La troisième zone est appelée *hercynienne*, de Hercynie, ancien nom de la Bohême. Elle se forma à l'époque carbonifère qui fait partie de l'ère primaire. Elle vient par l'Atlantique en Bretagne, traverse la France, va en Bohême, et passe sous la Russie pour former l'Oural. Ce plissement a étendu ses effets jusque sur les bords de la Méditerranée ;

4º Plissements alpins pendant l'époque tertiaire, formations définitives des Alpes et des Pyrénées.

ÈRES GÉOLOGIQUES

Ere primaire. — Ere secondaire. — Ere tertiaire.
Ere quaternaire. — Ere actuelle.

Voyons maintenant ce qui s'est passé en France pendant les ères géologiques.

Fin du primaire. — Dès la fin de l'ère primaire, le sol de la France était entièrement constitué. Voici ce qui le prouve :

Dans les Alpes (chaîne de Belledonne et du Mont-Blanc), on observe un terrain houiller terrestre. Cela prouve que sur l'emplacement des Alpes, à l'époque houillère (fin du primaire), le sol était émergé. Il en est de même dans les Pyrénées (bassin houiller terrestre de Rule, près de la Bidassoa et de Durban, dans les Corbières). On trouve vers Alais un facies lagunaire et saumâtre du houiller, ce qui prouve que la mer houillère devait être à peu près dans l'emplacement du Golfe du Lion.

Les dépôts houiller et permiens [1] *marins* de Ligurie, Styrie, Corinthie, nous apprennent que la mer houillère était limitée par les Alpes actuelles.

En résumé, les côtes méditerranéennes françaises étaient, à la fin de l'époque primaire, à peu près les mêmes qu'aujourd'hui. La France hercynienne s'étendait largement sur l'emplacement occupé aujourd'hui par l'Océan Atlantique, limitée au nord par des lagunes dont le bassin franco-belge nous indique l'emplacement ; accidentée enfin par un système montagneux comparable aux Alpes actuelles.

Les plissements hercyniens se sont étendus sur toute la France. Il n'en reste aujourd'hui que des témoins isolés les uns des autres. Au nord, ils ont sensiblement la direction E.-O.

A mesure que l'on s'avance vers le sud, ils s'infléchissent de plus en plus et arrivent à faire un angle aigu vers le golfe de Gênes.

De l'Armorique, partent deux systèmes de plis, l'un E.-O. allant en sous-sol rejoindre l'Ardenne, l'autre N.-O.-S.-E. puis S.-O.-N.-E. après inflexion, comprenant Armorique, plateau central, Vosges. Entre ces deux systèmes de plis est une dépression qui est la première ébauche du bassin parisien.

---

1. Permien, dernier terrain du primaire.

Au sud, la chaîne hercynienne est formée de massifs en chapelets allant du Pelvoux et du mont Blanc au massif des Maures et de l'Esterel, passe sous la Méditerranée pour se continuer par certains massifs anciens des Pyrénées.

Ere secondaire. — C'est une ère de destruction, de *nivellement* de la grande chaîne hercynienne. La mer secondaire a découpé les chaînes et pénétré au cœur de la région hercynienne. Des détroits ouverts dans le Poitou et dans la Côte-d'Or, lui servirent de passage. Mais nous verrons plus loin que cette mer secondaire a recouvert les principaux sommets de la chaîne.

En résumé, la mer secondaire a séparé les uns des autres le massif Breton, le plateau Central, les Vosges, et cette région médiane des Alpes et des Pyrénées.

Ere tertiaire. — Pendant cette période eurent lieu de nouveaux plissements. Le plateau Central écrasé par l'érosion secondaire, voit son bord oriental rebroussé par les plis tertiaires qui se superposent aux plis hercyniens.

M. Marcel Bertrand a, pour ce fait et d'autres qu'il a étudiés, énoncé la loi suivante :

Les plissements, à toutes les époques, se font sensiblement aux mêmes endroits. C'est grâce à cette heureuse coïncidence qu'on a pu se rendre compte et dresser la carte des plis de la France primaire.

Ere quaternaire. — Nous n'en dirons rien, car pendant cette ère, il s'est peu formé de relief dans notre région.

HISTOIRE DU BASSIN DE PARIS

Après ces notions générales sur la formation du relief en France, je vais considérer maintenant la formation du bassin de Paris ou plutôt de la région parisienne à laquelle appartient la vallée de la Brenne, puis je m'occuperai spécialement de l'histoire et de la constitution de cette vallée. Je ne considérerai surtout, dans l'histoire de la région de Paris, que ce qui concerne notre région, laissant souvent de côté les autres parties.

Le bassin de Paris a une disposition topographique en amphithéâtre relevée par gradins étagés vers l'Ardenne, les Vosges, le Morvan, le plateau Central. Ces gradins sont des falaises en auréoles qui vont de l'intérieur vers l'extérieur.

Ce sont les massifs périphériques qui, perdant par *érosion* de leur substance, ont fourni la matière des sédiments par laquelle la cuvette a pu se remplir peu à peu.

L'histoire de la région parisienne [1] ne commence qu'à la période secondaire. Nous avons déjà vu qu'elle était esquissée pendant la période primaire par une dépression située entre deux plis hercyniens partant de l'Armorique et se dirigeant, l'un en sous-sol vers l'Ardenne, l'autre passant sous le détroit du Poitou et allant vers le plateau Central.

La mer du sud-est envahit la région si bien que, dès le commencement des temps jurassiques, les massifs anciens entourant le bassin ne formaient déjà plus qu'un archipel.

Les détroits du Poitou et de la Côte-d'Or qui étaient produits par une dépression ou *ennoyage* [2] des plis en ces régions, se comblent par des dépôts tour à tour argileux, calcaires et plus ou moins sableux. A la fin du jurassique, ces détroits étaient devenus des isthmes et le golfe parisien très réduit ne communiquait plus qu'à grand peine avec le nord.

Pendant la *période crétacée* a eu lieu une nouvelle submersion. Les massifs anciens ne sont plus que des îles. La mer empiétait même d'une façon sensible sur l'Ardenne, le Morvan, le plateau Central et le Cotentin.

---

1. On emploie région au lieu de bassin, car le pourtour de la cuvette parisienne a été recouvert lui-même par la mer au lieu d'en former les limites et que le relief de cette région ne date que des rajeunissements de l'époque tertiaire.

2. Ennoyage : mot emprunté aux mineurs par M. Haug.

Avec les *temps tertiaires*, la mer se retire, la craie exondée devait former une plaine basse. Mais bientôt le centre de la région s'affaisse suivant une direction N.-O.-S.-E. parallèle au bord oriental du massif armoricain.

La mer revient du nord occuper une partie du bassin, mais ne dépasse pas la Champagne à l'est et le milieu de la Beauce au sud. Il y a lutte entre la mer et le continent qui se recouvre parfois de lagunes et même de lacs d'eau douce (lac de Beauce communiquant avec des lacs du plateau Central). Le lac de Beauce avait probablement un écoulement à l'ouest sur une faible pente. Comme il traversait là des terrains crayeux, il y traça des méandres précurseurs de ceux de la Seine. Puis ce lac se vida, des cours d'eau s'établirent de tous côtés convergeant vers la dépression N.-O.-S.-E. du bassin et ainsi se constitua le bassin actuel de la Seine.

Ce bassin comprend des auréoles ou falaises successives que l'on rencontre lorsqu'on va de l'intérieur vers l'extérieur.

Falaise de l'Ile de France (tertiaire).

Falaise de Champagne (crétacé).

Falaise de l'Argonne (gaize crétacée).

Falaise corallienne (calc. corallien).

Falaise du jurassique inférieur, *si nette dans l'Auxois* où les talus des marnes liasiques sont couronnées par cette falaise de calcaire à eutroques.

Cette dernière falaise a comme façade sur le bassin de la Saône le plateau de Langres qui opère la jonction des Faucilles avec le Morvan.

Ce plateau, ligne de partage des eaux, est attaqué, d'un côté par les affluents de la Saône dont la chute est très rapide et qui produisent par suite une érosion plus active que celle des grandes rivières coulant vers le Nord.

Cette érosion, de part et d'autre, ne laisse parfois entre les sources des affluents de l'un et de l'autre bassin qu'un espace bien restreint de 4 kilomètres.

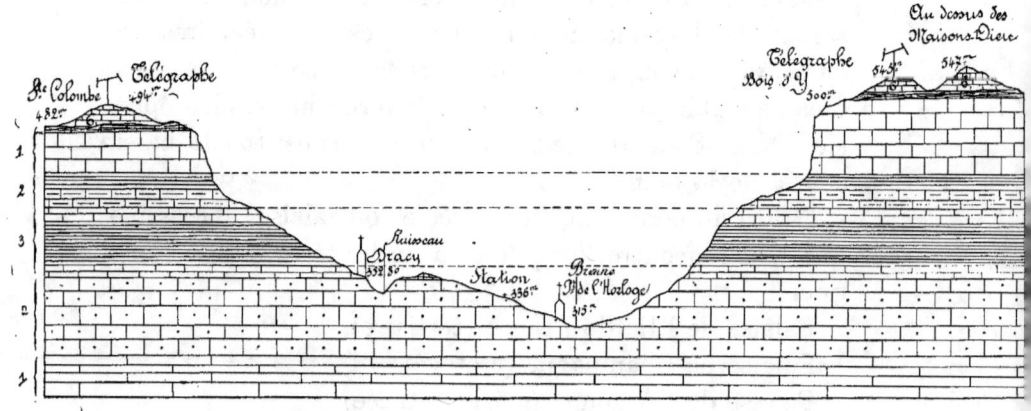

Coupe géologique des vallées de la Brenne, de l'Oxe et de l'Oxerain.

1. Rhétien. — 2. Sinémurien. — 3. Liasien. — 4. Toarcien. — 5. Bajocien. — 6. Bathonien.

Echelle { 0^m,001 par 40 m. en longueur.
{ 0^m,001 par 2^m,5 en hauteur.

ETUDE PARTICULIÈRE DE LA VALLÉE DE LA BRENNE

Orographie et orogénie. — La Brenne prend sa source dans la partie du plateau de Langres qui avoisine le Morvan, près de Sombernon à 551 mètres d'altitude. Dans cette région l'érosion a été facilitée par de nombreuses fouilles qui ont disloqué le sol. La vallée de la Brenne a été formée par érosion et par affaissement de certaines couches, comme nous le verrons plus loin. Il en a été de même pour les vallons secondaires qui y aboutissent.

Ainsi se sont formées aussi les vallées de ses affluents les plus importants, l'Ozerain et l'Oze (figure).

Les affluents du cours supérieur de la Brenne sortent tous des vallons creusés, comme sa vallée principale, dans le lias supérieur moyen et inférieur. Ces vallons sont séparés les uns des autres par des promontoires couronnés généralement par des falaises bajociennes. Sur ces escarpements bajociens, se trouvent parfois des monticules de Bathonien, mais à une certaine distance du bord abrupt.

Erosion dans les pays calcaires. — Le calcaire n'est pas à proprement parler une roche perméable, mais il présente de distance en distance des fentes verticales ou à peu près. L'eau s'infiltre dans ces fentes, les agrandit, pénètre jusqu'aux plans de séparation des bancs calcaires et suit ces plans de séparation. Les cavités où elle coule augmentent de volume peu à peu, soit par dissolution du calcaire par cette eau chargée de gaz carbonique, soir par éboulement des parois. Le éléments dissous ou éboulés sont entraînés par l'eau dans un courant souterrain. La cavité devient tellement grande que des effondrements se produisent à sa partie supérieure et le cours d'eau souterrain devient aérien. Ses rives d'abord abruptes s'arrondissent par ruissellement de l'eau venant des sommets. Leur pente diminue et les rives élargies prennent l'aspect de la vallée principale de la Brenne et des vallons qui y aboutissent.

Voilà, en résumé, comment s'est formé le relief de la région qui nous occupe.

Nous avons dit que la vallée de la Brenne est creusée dans le lias qui sur les bords de la vallée est surmonté de calcaire bajocien.

Nous allons examiner successivement les différents étages du lias, leur extension dans la région, leurs caractères pétrographiques, stratigraphiques et paléontologiques. Nous verrons plus loin leurs productions actuelles.

Du bas de Saffres jusqu'au-dessous d'Arnay-sous-Vitteaux, le long de la rivière est une bande de lias inférieur, d'une largeur variant de 240 mètres à 1,200 mètres.

Lias inférieur. — L'étude de ce lias inférieur est assez difficile, car si l'on a ouvert des carrières elles sont en général isolées, peu étendues et trop tôt comblées pour rendre leur emplacement à l'agriculture. Il est par suite peu aisé de présenter une coupe d'ensemble de la région. On peut cependant présenter quelques considérations générales sur cet étage et le diviser en trois zones.

Zone inférieure. — Elle a des bancs calcaires généralement noueux, irréguliers. Quelquefois la roche devient noirâtre et a une odeur fétide sous le marteau. Cette coloration noire provient d'une imprégnation de matières organiques.

Cette zone que Collenot appelle zone à Ammonites Scipionianus (d'Orb.) renferme beaucoup de gryphées arquées, sorte d'huîtres arquées, dont la présence indique que les sédiments qu'on y rencontre étaient côtiers. Cette zone est généralement riche en fossiles, son épaisseur est de 1 mètre à 1 m. 20.

Zone moyenne. — Ses bans sont assez épais et mieux réglés que ceux de la zone inférieure. On y trouve la meilleure pierre de l'étage et encore des bancs noirs à aspect vaseux.

Cette zone est appelée zone à Ammonites Bucklandi (Sow), du nom d'une grande ammonite qu'on y rencontre. Cette ammonite atteint quelquefois un diamètre de 60 à 80 centimètres. La gryphée arquée est toujours très abondante.

Zone supérieure. — Ses bancs sont pénétrés de fer oxydé. Les fossiles sont souvent recouverts de rouille provenant de l'oxydation de la pyrite de fer qu'on y rencontre parfois inaltérée. Cette pyrite recouvre alors les fossiles d'une couche jaune-gris brillante. La présence de fer oxydé rend la roche moins résistante à la gelée.

Cette zone est appelée zone à Ammonites Bircki (Sow), du nom d'une grande ammonite qu'on y rencontre assez fréquemment. Elle est très riche en fossiles à Saint-Thibault, Dracy et Marcilly-les-Vitteaux.

Lorsqu'on creuse assez profondément dans ce lias inférieur, on rencontre l'étage rhétien de l'infra lias, caractérisé par la présence d'une lumachelle à avicula contorta (Portlock). Localité : Fouilles du pont du chemin de fer sur la route de Posanges.

CARRIÈRES DANS LE LIAS INFÉRIEUR VOISINES DE VITTEAUX

1º Carrière ouverte au point de jonction du chemin de Dracy et de l'ancien chemin de Marcilly-les-Vitteaux. Comblée aujourd'hui.

2º Extraction de pierres vis-à-vis de cette carrière sur le chemin de Dracy. Comblée aujourd'hui.

3º Carrière vis-à-vis le Foulon, côté Posanges. Comblée.

4º Carrière dans le Méché abandonnée et comblée.

5º Carrière ouverte au-dessus du Chollot au moment de l'établissement du chemin de fer. Comblée.

6º Carrière vers le moulin Brûlé. Comblée.

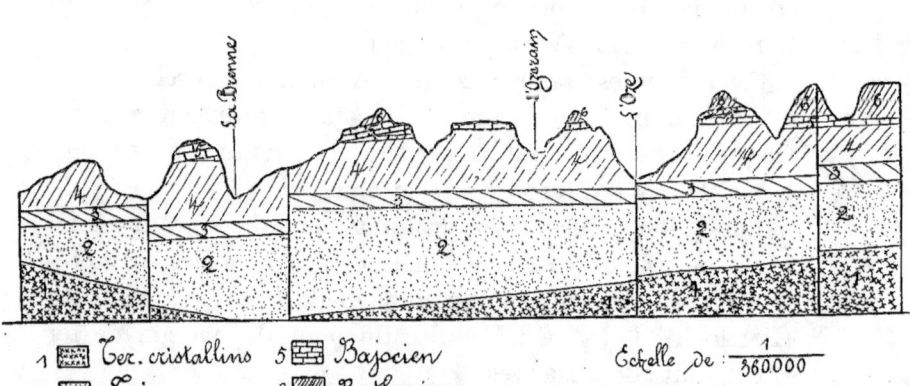

COUPE N.-E.-S.-W. A TRAVERS L'AUXOIS.
(Commandant Barré).

LISTE DES FOSSILES TROUVÉS DANS CES CARRIÈRES

Gryphœa arcuata (Lurk), en grande quantité.

Am. Scylla (Reynies) dans la zone à Am. Birchi, Nautilus striatus (Sow).

Lima gigantea (Sow) ou plagiostoma giganteum sp. (Sow).

Lima punctata (Sow) ou plagiostoma punctatum sp. (Sow).

Am. Birchi ou microderoceras Birchi sp. (Sow).

Am. Bucklandi ou Arietites Bucklandi sp. (Sow).

La lias inférieur forme à Vitteaux et surtout du côté de Posanges des escarpements assez abrupts sur les côtés de la rivière, puis une espèce de plateau peu incliné avant d'arriver à une pente assez rapide correspondant au lias moyen.

LIAS MOYEN

Si l'on va directement du moulin du Chollot (altitude 308 mètres) au hameau de Cessey-les-Vitteaux, on foule aux pieds le lias inférieur qui est en pente douce. Si de Cessey on se dirige, en suivant le chemin, vers la ferme Saint-Joseph, on rencontre d'abord une pente rapide d'environ 800 mètres de long jusqu'à la bifurcation du chemin de Dampierre avec celui que l'on suit. On traverse ensuite, en pente assez douce, une bande de lias supérieur pendant 320 mètres environ et on arrive à la ferme qui est sur le bajocien à 510 mètres d'altitude. On s'est élevé depuis le Chollot de 510 mètres — 308 mètres = 202 mètres.

On ne peut guère étudier les assises du lias moyen que dans les abrupts ravinés, par exemple, en montant, du côté des bois du Roy, le chemin de la Motte, et du côté de l'ouest, en examinant les ravins qui sont sur le flanc de la montagne de Myard.

La séparation avec le lias inférieur est marquée par une surface mamelonnée qui domine ce dernier étage. Cette surface est perforée par des mollusques, ce qui indique un arrêt de sédimentation. Ce qu'il y a d'important à remarquer, c'est que très peu d'espèces passent du lias inférieur dans le lias moyen et cependant les couches du lias moyen sont en concordance avec celles du lias inférieur. Ce fait paraît spécial à notre région. Collenot l'explique par des émissions de gaz, impropres à la vie, qui auraient détruit la faune du lias inférieur.

Cette faune aurait été remplacée par des animaux immigrés. Du reste, comme on va le voir, il y a presque absence complète d'animaux dans certaines couches du lias moyen.

Nous diviserons, suivant Collenot, cet étage en trois zones :

1º *Zone inférieure.* — *Ciment de Venarey* (Collenot).

J'ai pu observer cette couche : 1º dans une fouille faite lors de l'établissement du chemin de fer (angle du chemin de Marcilly et du chemin des Dames) ; 2º dans une autre fouille faite pour l'établissement d'un abreuvoir dans un pré situé au lieu dit La Maladière, à l'est de la route nationale nº 70, d'Avallon à Combeaufontaine, près du kilomètre 30,2. Elle est formée d'un calcaire marneux bleu foncé avec lits intercalés de marnes feuilletées en lits plus ou moins épais. Cette zone renferme beaucoup de bélemnites, ou pourrait l'appeler calcaire à bélemnites, mais comme il y a aussi beaucoup de bélemnites dans les autres assises, il y aurait confusion. Ce calcaire à ciment est très développé à Venarey, à Marigny, où il est exploité en grand. Aux environs de Vitteaux les bancs ne sont pas assez épais pour donner lieu à une exploitation lucrative.

Il ne faut pas confondre cette assise de ciment avec celle de Pouilly-en-Auxois. Cette dernière est dans l'infra lias, zone à Am. Angulatus (Sch.).

2º *Zone moyenne.* — *Marnes micacées.*

On y trouve une épaisseur assez considérable de marnes feuilletées alternant avec des calcaires marneux. Elle peut s'observer au bas du bois du Roy, près du réservoir des eaux de Vitteaux. Les couches glissent facilement les unes sur les autres, mais la terre arable se renouvelle continuellement par un délitement facile. Les fossiles sont très rares, quelques foraminifères seulement (Terquem). Cette assise, épaisse dans notre région, manque quelquefois dans d'autres ou y est peu développée. Son épaisseur est un phénomène local. Elle est parfois exploitée comme terre à brique. On y cultive aussi la vigne.

3° *Zone supérieure.* — *Calcaire à gryphées géantes.*

Est formée d'assises calcaires séparées par des bancs marneux. Il est difficile de voir la base de cette zone dont les marnes se mêlent avec les marnes micacées de la zone sous-jacente.

Ces alternances de bancs calcaires résistants et de bancs marneux, facilement entraînables par l'eau, donnent au sol l'aspect de petites terrasses soutenues par des murs en ruines.

Cette zone très visible se trouve à peu près aux deux tiers de la hauteur totale des montagnes voisines de Vitteaux. En somme, elle forme un bourrelet qui empêche le glissement des marnes situées au-dessus de lui. C'est un excellent horizon géologique.

Dans les assises calcaires se trouvent beaucoup de fossiles, surtout des mollusques de grande taille. Dans les assises marneuses, on n'en trouve presque point.

Il n'y a *pas de passage* d'espèces de cet étage à l'étage supérieur. Cela semble indiquer un arrêt de sédimentation, peut-être une émersion pendant laquelle la faune des eaux marines se serait renouvelée (Collenot).

Le gisement de cette zone que j'ai le plus exploré se trouve sur l'ancien chemin de Villeberny, à peu près au niveau du bois du Roy. J'y ai trouvé :

Belemnites niger (Lister) *compressus* de Blanville ou *megateuthis compressus* Sp. (Blanville).

Belemnites clavatus ou *hastites clavatus* (Blanville).

Ammonites margaritatus ou *amalthoeus margaritatus* Sp. (Montf.).

Ammonites Dawœi ou *Deroceras Dawœi* Sp. (Sow).

Am. fimbriatus (Sow, Mont.) ou *Lytoceras fimbriatum* Sp. (Mont.).

Mytilus Scalprum (d'Orb).

Pecten œquivalvis (Sow).

Pecten disciformis (Schübler).

Terebratula numismalis (Lurk) ou *Zelleria numismalis* Sp. (Lmk).

Terebratula subpunctata ou *Zelleria subpunctata* Sp. (Dawids).

Pleurotomaria.

Pinna, plusieurs formes.

LIAS SUPÉRIEUR

Cet étage commence au dernier banc du calcaire à gryphées géantes et s'étend jusqu'au bas de la falaise bajocienne. Il est formé de marnes bleu-gris quelquefois jaunes, qui forment une pente beaucoup plus douce que les assises du lias moyen. On y trouve d'excellente terre à briques.

Ces couches imperméables ont à leur partie supérieure un niveau d'eau très important. L'eau qui s'infiltre à travers les fentes des calcaires bajociens qui les surmontent est arrêtée par ces marnes et de nombreuses sources sortent du sol à ce niveau. Exemples : sources de Massingy alimentant Vitteaux, fontaine Saint-Cyr, fontaine du Pas au-dessus de Cessey, étang des granges de Vesvres [1].

Comme les couches supérieures durcissent pendant les chaleurs de l'été et se fendillent, à l'automne et en hiver, l'eau s'introduit dans les fentes, va mouiller le sous-sol qui

---

1. On trouve dans ces marnes quelques efflorescences de sulfate de chaux provenant de l'action du sulfure de fer sur le carbonate de chaux. Ce sulfate de chaux rend séléniteuses les eaux lorsqu'elles coulent au milieu de ces marnes.

devient glissant. Les couches supérieures glissent sur les inférieures.

Un de ces glissements s'est produit dans une vigne située sur la montagne de Vesvres ; cette vigne est descendue sur celle qui était placée au-dessous d'elle.

Les glissements ne dépassent pas généralement le calcaire à gryphées géantes qui les arrête. Ils ont dénudé la base du calcaire à entroques, favorisé les éboulements de calcaire. Quand les éboulis sont de faibles dimensions, ils donnent aux marnes toarciennes une certaine porosité qui les rend bonnes pour la culture de la vigne. C'est dans cet étage que l'on rencontre le ciment le plus estimé de l'Auxois. Ce ciment qui est exploité à Vassy-les-Avallon, où il présente une épaisseur assez considérable, n'a aux environs de Vitteaux que des bancs d'une faible épaisseur.

Il est difficile de faire dans notre région une étude d'ensemble de cet étage, car des exploitations ont été ouvertes seulement dans une partie et ces exploitations ont été bientôt comblées en totalité ou en partie par des éboulements.

Collenot l'a étudié dans un chemin fortement raviné conduisant à Meussy-la-Fosse, entre Pouillenay et Villenotte et l'a divisé en quatre zones :

1º Zone à Am. Serpentinus (Sch.) ou Polyptectus falciferum Sp. (Sow).

2º Zone à Am. complanatus ou Polyptectus complanatum Sp. (Brug.).

3º Zone à Turbo subduplicatus (d'Orb).

4º Zone à Am. mucronatus ou Cœloceras mucronatum (d'Orb).

1º *Zone à Am. serpentinus* (Sch.) ou *Polyptectus falciferum* Sp. (Sow).

C'est dans cette zone que se trouve le ciment de Vassy, très fossilifère, contenant des Sauriens (Vertèbres d'Ichtyosaures venant de Vassy, dans ma collection). Ammonites,

Poissons, dans les schistes bitumineux, enclavant les bancs de ciment.

Aux environs de Vittteaux, cette zone est moins fossilifère et bien moins riche en ciment qu'à Vassy. On la trouve en montant de Cessey à la fontaine du Pas, au-dessus du bois du Roy à l'entrée de la propriété Belime, en montant le chemin qui conduit de Vesvres aux Granges de Vesvres. Il en est de même pour les trois autres zones. A Pouillenay non plus, on n'a pas trouvé une couche exploitable de ce ciment. A la base de cette zone se trouvent souvent des rognons siliceux faisant feu au briquet et même des lentilles siliceuses ayant la forme de *miches*.

2º Zone à Am. complanatus (Brug) ou Polyptectus subplanatum Sp. (Brug).

Appelée quelquefois zone à Am. bifrons (Brug) ou Hildoceras bifrons Sp. (Brug). Marnes compactes, peu de bancs de ciment. Fossiles assez nombreux et de grande taille. L'Am. bifrons ou Hildoceras bifrons est très commune dans notre région.

3º Zone à Turbo subduplicatus (d'Orb).

Semblable à la deuxième zone au point de vue minéralogique. Renferme beaucoup de spécimens d'une espèce de pecten, le pecten pumilus (Lmk), ainsi que du Turbo subduplicatus (d'Orb). Ces deux espèces sont très communes dans la région Vitellienne.

4º Zone à Am. mucronatus (d'Orb) ou Cœloceras mucronatum Sp. (d'Orb).

Marnes compactes, ammonites peu fréquentes.

Les fossiles du lias supérieur paraissent, dans notre région, être bien localisés dans cet étage et ne pas passer à l'étage supérieur.

Il est probable que, pour une raison ou une autre, il y a eu suspension de la vie pendant le temps qui a séparé les dépôts de ces deux étages.

BAJOCIEN

De l'élément marneux du lias inférieur, on passe à des couches presque exclusivement calcaires du Bajocien, ainsi appelé parce qu'il est bien développé aux environs de Bayeux.

Ce calcaire gris, jaunâtre ou blanchâtre, forme les sommets qui dominent la vallée de la haute Brenne. Au bas de ce calcaire, il y a beaucoup d'éboulis dans la région, comme nous l'avons déjà dit.

Il est fort probable que cet étage s'est formé, dans nos environs, au sein d'une rue peu profonde dont le fond avait des oscillations de haut en bas. Cette probabilité nous est révélée par des perforations de lithophages, par la présence de boues madréporiques, par la brisure des bancs.

Ici le calcaire n'a pas de structure oolithique comme dans beaucoup de régions, renferme peu ou pas de rognons siliceux (charveyrons du Lyonnais).

Collenot le divise ainsi qu'il suit :

1º Zone à Cancellophycus liasicus.

2º Zone à Am. Murchisonœ (Sow) ou Ludwigia Murchisonœ Sp. (Sow).

3º Zone du calcaire à marbre.

4º Zone du calcaire à entroques.

5º Zone du calcaire à polypiers.

6º Zone à calcaire fossile ou à Gervilies.

Etude de cet étage dans les carrières au-dessus de la Justice.

On n'y voit pas actuellement la zone à Cancellophycus parce qu'on n'a pas creusé suffisamment pour l'exploitation.

On n'y voit plus la zone à Am. Murchisonœ. Cependant

dans les déblais, on trouve un calcaire grisâtre, passant à des teintes jaunâtres et rougeâtres, avec perforations fréquentes. Ce calcaire paraît être celui qui forme le dernier banc de cette zone à Ludwigia Murchisonœ.

La zone à calcaire marbre n'est plus visible. Elle a été découverte lorsqu'on fit la route de la Justice pour rectifier celle qui était trop en pente, partant de la chapelle Croix-Voisin pour gagner le dessus de Roche d'Hy.

Ce calcaire marbre rose tacheté de blanc a été exploité lors de sa découverte. On rencontre, à Vitteaux, dans plusieurs maisons, des cheminées de ce marbre rose, ainsi que le bénitier qui se trouve vers la petite porte de l'Eglise. L'autre bénitier, qui est en marbre noir de Vitteaux et se trouve sous la tribune d'orgue, porte les attributs de Gaumet, tailleur de pierres à Vitteaux, qui en fit don à l'église au XVIIIe siècle. Ces attributs sont un croissant portant une fleur surmontée d'un compas et d'une équerre.

C'est le calcaire à entroques qui est le mieux représenté dans ces carrières sous une épaisseur d'environ 10 mètres. Il constitue la pierre de construction principale de Vitteaux avec le calcaire noir du lias inférieur.

Pas de calcaire à polypiers.

Dans la partie supérieure, est un calcaire grisâtre se divisant en lames minces appelées *laves* dans le pays. On s'en sert pour la couverture des maisons, mais beaucoup moins aujourd'hui qu'autrefois. On y trouve des Gervilies et un grand peigne. Ce calcaire est abondant à 500 mètres environ des carrières de la Justice, à droite du chemin allant du côté de Massingy-les-Vitteaux en un lieu appelé *lavière du moulin*. Près de cette lavière se trouvait en effet autrefois *un moulin à vent*.

La lave de Myard était plus estimée que celle de Massingy Elle durait plus longtemps, était plus sonore et facilement distinguée par les couvreurs.

Sur tous les autres sommets des environs de Vitteaux, l'étude du bajocien est peu facile.

BATHONIEN

Cet étage forme des hauteaux sur le Bajocien à une certaine distance du calcaire ruiniforme qui domine ce dernier étage. Il n'existe pas dans le voisinage immédiat de Vitteaux.

Il n'est pas très facile à observer en détails.

A 500 mètres environ des maisons Dieu de Saffres, on y a exploité un calcaire blanc dont on s'est servi pour construire les murs du cimetière de Saffres, quelques maisons et pour obtenir de la chaux blanche. Cette chaux blanche se distingue par sa couleur de la chaux grise obtenue avec le calcaire du Lias.

De nombreux fragments de briques, trouvés dans cette région, portent à croire qu'il y a eu là autrefois une tuilerie alimentée par les marnes de la zone à Ostrœa acuminata.

Des sources, surtout une très abondante, se trouvent au-dessus du niveau hydrologique très important de ces marnes.

DÉPÔTS CONTINENTAUX ET ALLUVIAUX DES ÉPOQUES TERTIAIRE, QUATERNAIRE ET MODERNE

Dépôts des plateaux. — Quand on étudie un plateau calcaire, on voit se produire le phénomène suivant :

L'eau de ruissellement dissolvant le calcaire, grâce au gaz carbonique qu'elle contient, il reste, sur le plateau, un produit insoluble d'argile rouge qui s'entasse souvent dans les fentes de rochers ou les dépressions du sol [1]. Avec cette argile peuvent se déposer des silex de différents âges,

---

1. Il est à remarquer que la lixiviation des couches calcaires qui contenaient du fer hydroxydé et des phosphates de chaux par l'eau chargée de gaz carbonique a transformé le calcaire insoluble en bicarbonate de chaux soluble. Ce bicarbonate a été entraîné par l'eau et il est resté fer et phosphate.

provenant des chailles jurassiques ou crétacées, du phosphate de chaux, de l'oxyde de fer (Terra rossa du nord de l'Italie).

Sur les plateaux des environs de Vitteaux, on rencontre du limon rouge assez épais dans les parties déprimées. Ce limon provient d'une lixiviation notamment du calcaire bathonien dont il ne reste plus que quelques lambeaux.

Là où sont ces lambeaux, on ne rencontre pas de limon rouge, ce qui prouverait que ce dernier s'est bien formé aux dépens du calcaire Bathonien. Sur la montagne de Vesvres, au lieu dit la Tuilerie, il y a une accumulation assez grande de ce limon rouge. Sur la montagne de Myard, surtout au-dessus de la ferme des Tillots, on rencontre, non seulement de l'argile rouge, mais encore beaucoup de silex de différents âges. Nous reviendrons, plus loin, dans le chapitre « préhistorique », sur la question de ces silex dont plusieurs sont manifestement taillés.

Quand la roche sous-jacente résiste à l'action de l'eau, elle proémine en certains points. On en trouve des blocs troués par l'eau et dont on se sert pour l'ornement des jardins. Si la roche se désagrège facilement, elle se mélange au limon et n'est plus guère reconnaissable.

Quelquefois aussi le limon entraîné par l'eau empâte sur les pentes les éboulés rocheux. Il devient parfois siliceux et alors il y pousse des bruyères rabougries. Généralement les plateaux sont peu fertiles et il s'y trouve de grandes surfaces désignées sous le nom de chaumes. En certains endroits, le limon plus épais est un excellent terrain de culture pour la pomme de terre.

ALLUVIONS DES VALLÉES

Ces alluvions sont de deux sortes :
1º Limoneuses ;
2º Caillouteuses.

Alluvions limoneuses. — Dans la région vitellienne ces alluvions se présentent sous deux formes :

A. Limon ferrugineux ; *B*. Aubues ou herbues.

Il y a passage de l'une de ces formes à l'autre quelquefois sans transition, mais, le plus souvent, avec transition.

A. Alluvions ferrugineuses, appelées aussi *machefer* ou *cran*. — Ce limon ferrugineux est fortement coloré en brun par du fer hydroxydé et contient des grains de limonite. La surface est souvent décolorée par des lavages et dans la profondeur la coloration est noire, c'est celle du fer hydroxydé (machefer des cultivateurs). Ce machefer renferme, en outre des grains de limonite, des débris granitiques quelquefois gréseux. Ces débris siliceux ont pu être amenés du Morvan par des courants importants à la fin du tertiaire et pendant le quaternaire. Le machefer renferme moins de silice que les aubues que nous allons étudier. Il forme généralement une couche peu épaisse, le calcaire liasique qui le supporte est souvent rencontré par la charrue. On peut en voir un exemple dans la partie de la grande pièce de Charmoy qui avoisine le rupt du Pontot. Cette couche de machefer est riche en phosphate de chaux. On y a trouvé dans l'Auxois des gisements importants de cette substance. Dans l'analyse de la terre rouge du bas de Charmoy, on a trouvé : Acide phosphorique, 0.462 %. Il est à remarquer que la lixiviation des couches calcaires qui contenaient du fer hydroxydé et des phosphates de chaux par l'eau chargée de gaz carbonique a transformé le calcaire insoluble en bicarbonate de chaux soluble. Ce bicarbonate a été entraîné par l'eau et il est resté fer et phosphate.

Ce dernier a une origine purement marine, puisque les recherches faites sur les fonds de mer dans ces dernières années conduisent à le considérer comme résultant de la destruction d'animaux réunis en grand nombre sur certains points. Ce phosphate est souvent sous forme des nodules qui sont faciles à exploiter à la pioche pour l'agriculture.

B. Aubues ou herbues. — Par diminution de fer hydroxydé, les alluvions brunes passent à la teinte jaunâtre et même blanchâtre. Les grains de fer y sont fort rares mais les sables granitiques y sont plus abondants que dans le machefer. Dans la grande pièce de Charmoy à une certaine distance du rupt du Pontot, on trouve ces herbues sous une assez grande épaisseur (0 m. 80 à 1 mètre environ). L'analyse indique 64,7 °/$_0$ de sable siliceux et 64,49 °/$_0$ dans le machefer.

Ces aubues et herbues cessent dans la vallée de la Brenne dès la base des coteaux. Sur les pentes, la terre végétale est formée de débris des terrains qui les constituent.

Il est à remarquer que machefer et aubues sont pauvres en chaux, ce qui peut paraître bizarre lorsque le sous-sol est nettement calcaire. L'analyse relève ce manque de chaux (dans le machefer 0,1 °/$_0$ de chaux et dans les aubues 0,07 °/$_0$). La présence du fer dans ces alluvions vient de ce que les roches liasiques contiennent oxyde de fer et pyrite.

D'après Belgrand, le fer en grains de l'Auxois est phosphoreux, ce qui semble indiquer un dépôt marécageux ou lacustre.

Dans la grande pièce de Charmoy, on peut remarquer une disposition en cuvette traversée par le rupt du Pontot dans la partie la plus profonde.

Il est fort probable qu'il y a eu là autrefois un lac dans lequel arrivaient des courants d'eau venant peut-être du Morvan. Il s'y serait fait des dépôts siliceux et ferrugineux.

Daubrée (*Bulletin de la Société Géologique*, 2e série, t. III, page 149) a établi, par de savantes recherches, qu'il y a formation de fer phosphoreux dans les marais et les lacs par combinaison de peroxyde de fer avec l'acide phosphorique par suite de la décomposition des corps organisés.

L'absence de fossiles dans le machefer et les aubues ne

permet pas de classer ces dépôts. Il y a eu sans doute des remaniements importants.

Alluvions caillouteuses. — On les rencontre surtout sur le bord des rivières, mais à une altitude d'environ 20 mètres ou 30 mètres, au-dessus de leur niveau actuel.

Il est à remarquer qu'il y a plusieurs coupures dans le chaînon qui sépare la vallée de la Brenne de la vallée de l'Armançon (vallon de la Lochère près de Marigny). Cela peut expliquer qu'il s'est produit des phénomènes de charriage aussi bien siliceux que caillouteux venant de la vallée de l'Armançon.

On remarque ces alluvions caillouteuses dans le sous-sol de la vallée des Laumes. César y creusa ses tranchées de défense lors du siège d'Alésia. Ces tranchées ont été remplies à la longue par des éléments voisins de couleur brune et, dans une coupe transversale qui se trouve non loin des Laumes sur le chemin de ce village à Alesia [1], on voit parfaitement ce remplissage au milieu des cailloutis blancs. L'absence de corps organisés dans ces cailloutis ne permet pas de les classer.

ROCHES DÉTRITIQUES DANS LA VALLÉE DE LA BRENNE

Sur les pentes de cette vallée on voit souvent des blocs énormes provenant de l'assise bajocienne ou de l'arête à gryphées géantes.

Des détritus plus fins mêlés aux marnes toarciennes constituent souvent un terrain excellent pour la vigne. Tous ces détritus proviennent des sommets voisins et ne contiennent :

1º Pas de fragments roulés ;

2º Pas de stratification.

Ce qui indique qu'ils ne sont pas sédimentaires.

---

1. Cette tranchée a été faite par les soins de la Société des sciences historiques et naturelles de Semur.

Grottes. — Quelques grottes se rencontrent aux environs de Vitteaux : la cave Casia au-dessus de la Motte, la grotte Barbiche au-dessus de la Sarrée et une grotte au-dessus de Cessey où l'on peut se tenir debout jusqu'à 15 mètres de profondeur ; au delà la grotte est moins élevée.

Dépôts de tufs. — Ce phénomène se produit par suite de la décomposition en carbonate peu soluble dans l'eau du bicarbonate soluble formé par l'action sur le calcaire de l'eau chargée de gaz carbonique.

L'eau des fontaines de Vitteaux est légèrement tuffante. Celle de la Brenne supérieure l'est également, mais les racines, brindilles ou feuilles incrustées, à cause de la porosité de l'enduit, ne se conservent pas longtemps, ce qui ne permet pas de dater ces dépôts.

On remarque des dépôts de tufs dans les environs :

1º Au bas de la source de Massingy-les-Vitteaux ;

2º A Thorey-sous-Charny, au-dessous des belles fontaines tombant d'un côteau. Il est peu agrégé et sert pour faire du mortier ;

3º Le dépôt de tuf le plus important et le plus remarquable est celui de Saffres. Il contient un tuf très léger et cependant résistant et non gélif. Il se divise facilement à la scie et à été employé pour la construction de cheminées, de cloisons, de murs. Un de ses derniers emplois a été la construction de la voûte de l'église d'Etais. Aujourd'hui son exploitation est abandonnée.

Comme je l'ai déjà dit, on trouvera dans le chapitre « préhistorique » des indications sur la paléontologie des dépôts dont nous venons de parler.

MATÉRIAUX DE CONSTRUCTION ET EMPIERREMENT

Les moellons pour la construction sont fournis à Vitteaux par le calcaire à gryphées et le calcaire à entroques.

Le prix des moellons des deux calcaires est, en carrière, de 2 fr. 50 le mètre cube.

La pierre de taille en calcaire à entroques coûte, en carrière, 45 francs le mètre cube. Ce prix est susceptible de variations suivant les dimensions.

Les caractères de ce dernier calcaire sont les suivants : Assez de compacité, pas de gélivité, assez d'homogénéité, peu de fissures, assez dense, assez grande dureté, ne résiste pas trop à l'écrasement. La grandeur moyenne des blocs est : longueur 1 m. 50, largeur 0 m. 25.

On a employé pour le réservoir de Grosbois un calcaire résistant très bien à l'écrasement, appelé par les carriers Choin de Villebois ou de Trept (Ain).

On emploie aussi à Vitteaux pour taille et monuments les roches suivantes :

Comblanchien (monuments funéraires), 125 francs à 135 frans le mètre cube en gare de Vitteaux ;

Mont Saint-Jean (mon. funéraires), 65 francs, voiturage.;

Anstrude jaune, 78 francs ;

Anstrude gris, 72 francs ;

Lézines dur (Yonne), 95 francs ;

Lézines d'Angy (Yonne), 58 francs.;

Dôle jaune clair et autres couleurs, 125 francs ;

Brochon ;

Premeaux ;

Granit des Vosges (mon. funéraires).

MATÉRIAUX D'EMPIERREMENT

On se sert principalement :

1° *Du calcaire à entroques* du pays, dont le prix de revient est de 5 francs. le mètre cube.

2° *De grés de Maligny*. En gare de Vitteaux le prix du mètre cube est le suivant :

Prix d'achat	5 fr. 50
Transport	4 fr. 05
Casse	3 fr. »
	12 fr. 55

3º *Granulite de Normier*, même prix que le précédent ;
4º *Grés de Sainte-Sabine*, prix en gare, 12 francs.

Il se trouve à Dracy des grés convenant fort bien pour l'empierrement. On ne les emploie pas, car le propriétaire du terrain où ils se trouvent s'est opposé à leur extraction.

Il est à remarquer qu'on a trouvé autrefois à l'extrémité de la carrière de la Justice, du côté du chemin de grande communication qui porte ce nom, des bancs de marbre rose qui ont servi à la construction de cheminées existant dans certaines maisons anciennes de Vitteaux et du bénitier qui est à côté de la petite porte de l'Eglise. Cheminées et bénitier très artistiques, indiquant qu'il existait autrefois à Vitteaux des sculpteurs d'une assez grande valeur.

On pourrait faire la même remarque pour les ébénistes, car on trouve dans quelques anciennes familles des meubles finement travaillés par des artistes locaux.

La pierre noire qui présente dans certains bancs une grande dureté a été exploitée comme calcaire-marbre. Un nommé Machurean, de Marcilly, M. Vaudrey, à Maison-aux-Moines, en ont exploité plusieurs bancs. Des industriels sont même venus de Paris pour étudier sur place les carrières Vaudrey qui se trouvent le long de la route nationale nº 70, d'Avallon à Combeaufontaine. Mais ils n'ont pas fait affaire.

Un maçon de Vitteaux, nommé Morizot, a fait, avec cette pierre dure et noire, une cheminée assez remarquable qui se trouve dans la maison qu'il occupait autrefois, rue des Coberges, à Vitteaux.

J'ai dit, d'autre part, que le bénitier qui se trouve sous la tribune d'orgue de l'église de Vitteaux est en marbre noir de notre région. Ce bénitier porte les attributs de Gaumet, maître maçon.

A côté des roches fournies par notre sol pour la construction, on trouve aussi dans nos environs :

1º De la pierre à chaux grise dans le Sinémurien ;

2º De la pierre à chaux blanche dans le Bathonien ;

3º Des argiles à briques et poteries grossières dans le Sinémurien et dans la zone à Ostœa acuminata.

Il est à remarquer que la chaux est non seulement utile à Vitteaux pour la construction, mais encore pour amender les sols de la plaine qui en manquent.

III

HYDROLOGIE

Notions générales.

Lorsqu'on remonte un cours d'eau et ses affluents, on arrive à une suite de points à partir desquels la pente dirige les eaux vers un autre bassin. L'ensemble de ces points forme la *ligne de partage des eaux* entre deux bassins. Ce serait une erreur de croire que cette ligne coïncide toujours avec les parties les plus élevées du sol.

Si l'on examine la ligne séparant en France le versant méditerranéen du versant Atlantique, on la voit partir des Pyrénées, éviter les hauteurs des Corbières pour s'égarer dans la dépression fangeuse du Lauraguais, elle devient culminante à la Montagne Noire, passe par le plateau de Larsac où les eaux sont indécises de se diriger sur un versant ou sur l'autre. Elle redevient dominante dans les Cévennes, monts du Lyonnais, Beaujolais, Charollais, évite dans la Côte d'Or l'arête principale du chaînon pour suivre le plateau de Langres qui la conduit aux Vosges.

C'est sur ce plateau que la Brenne prend sa source pour se diriger S.-O.-N.-E. vers la dépression parisienne en suivant la pente naturelle du terrain.

Tout naturellement, des affluents lui viennent de ses versants et, comme sur ces derniers il n'y a pas d'obstacles en certains points plutôt qu'en d'autres, les affluents arrivent avec une direction perpendiculaire à la direction du cours d'eau principal qui est la Brenne.

On a vérifié par l'observation, qu'un réseau hydrographique initial comporte deux directions principales à angle droit, dont la première, qui est la plus importante, est déterminée par la pente générale du terrain.

Régime. — Le régime des fleuves et rivières est défini par l'écart qui se produit entre les eaux d'étiage, c'est-à-dire la moyenne des plus basses eaux et celle des crues, c'est-à-dire des plus hautes.

Un écart *considérable* ou *faible* est l'expression d'un régime *excessif* ou *régulier.* Les crues débordent au delà du lit ordinaire du fleuve (lit mineur) et peuvent occuper une large surface (lit majeur).

Le régime des eaux varie avec les conditions d'alimentation, la nature du sol, la pente, les forêts...

Dans la région vitellienne, les cours d'eau, rivières et ruisseaux, occupant le fond d'étroites vallées à pentes assez rapides, ont un régime excessif ou torrentiel. Les inondations, citées plus loin, sont un résultat de ce régime.

Etiage. — L'étiage n'indique pas les plus basses eaux. Il est conventionnel, étant généralement établi à l'aide de calculs de hauteur d'eau à la suite d'une période assez longue de basses eaux. Il peut être calculé à des dates variables sur diverses sections d'un fleuve. Les chiffres d'étiage sont très incertains dans les fleuves au lit mouvant, comme le Rhône et la Garonne en France.

BRENNE ET SES AFFLUENTS

La région vitellienne est donc arrosée par la rivière Brenne qui prend sa source vers Sombernon au-dessus du lias supérieur, à une altitude de 544 mètres.

La Brenne coule dans la vallée creusée dans le lias et reçoit des affluents à droite et à gauche.

Dans la région qui avoisine Vitteaux, ses affluents sont :
A droite : 1° le ruisseau de Roche d'Hy ou ru d'Hy, qui après un cours peu étendu vient se jeter dans la Brenne en un point peu éloigné de celui où le vieux chemin de la Combe d'Hy rejoint la route de Vitteaux à Dijon ;

Moulin Blanc.

2º Le ruisseau de Massingy, appelé dans la traversée de Vitteaux ru de Batarde ; il se jette dans la Brenne au pied d'une vieille tour des anciens remparts, non éloignée des ponts de bois.

3º Le ruisseau de Cessey qui se jette dans la Brenne près du lieu dit « le méché ».

Les affluents de gauche sont :

1º Le ruisseau de Vesvres qui se jette dans la Brenne près du Truchot au lieu dit « comme Paris ».

2º Le ruisseau dit de l'hôpital, formé par des sources qui se trouvent dans le pré Ferrand, au bas de Fiole, dans le pré aux Oies, vis-à-vis du Parc et la Fontaine de la rue Guenyot, puis par des eaux pluviales qui longent le parc venant de Fiole.

3º Le ru du Pontot qui se jette dans la Brenne près du Chollot et qui est alimenté par des sources qui se trouvent sur la droite de la route de Vitteaux à Pont-Royal et par les eaux pluviales. A sec l'été, il donne beaucoup d'eau pendant l'hiver.

4º Le ruisseau de Myard qui passe à Marcilly et Dracy et vient se jeter dans la Brenne un peu en aval de Posanges.

SOURCES

Niveaux hydrologiques. — Dans la région vitellienne, le niveau hydrologique le plus important se trouve au-dessus des marnes du lias supérieur. C'est de ce niveau que sortent les sources les plus abondantes. Il existe aussi des sources dans le lias inférieur. Nous verrons que tous les puits de Vitteaux sont creusés dans cet étage ou dans l'infra lias. M. Tainturier, conducteur des Ponts et chaussées à Vitteaux, a dressé de ces sources la carte ci-contre qu'il a bien voulu me communiquer. Cette carte est accompagnée de la notice suivante se rapportant à trente et une sources indiquées sur la commune de Vitteaux. J'y ajoute les cinq sources captées à Massingy pour l'alimentation des bornes-fontaines de Vitteaux.

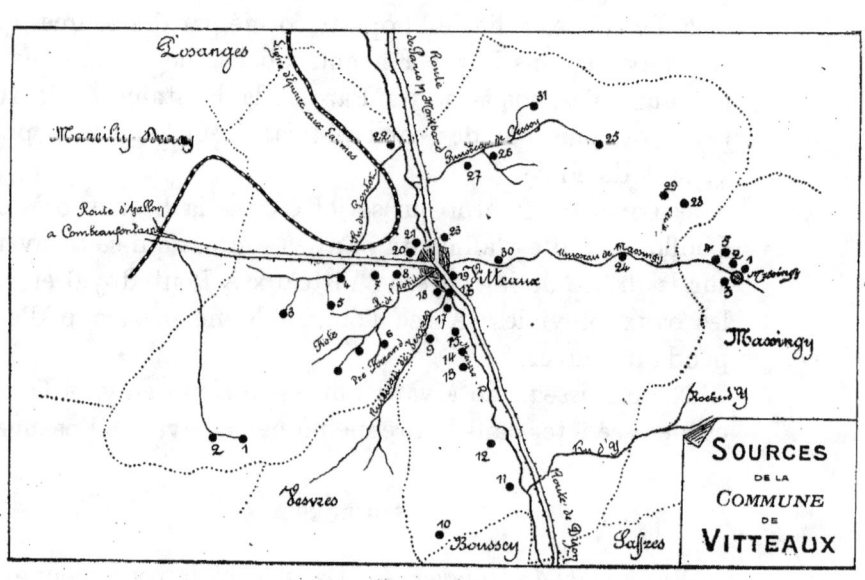

SOURCES SUR LE TERRITOIRE DE VITTEAUX

Sources Nos	DÉBIT à l'heure	QUALITÉ des EAUX	Utilisation et Renseignements divers.
1	2.500 l.	Bonne.	Alim. des habitants et du bétail de Myard.
2	600	»	Id.
3	700	»	Alim. du bétail au pâturage.
4	600	»	Alim. du ruisseau du Pontot.
5	1.000	»	Alim. du bétail au pâturage et irrigation.
6	300	»	Id.
7	1.200	»	Id.
9	900	»	Id.
8	800	»	Id.
10	800	»	Id.
11	800	»	Id.
12	1.200	»	Alim. des habitants du moulin du Foulon.
13	600	»	Alim. des habitants du moulin Brulé.
14	500	»	Id
15	300	»	Alim. du bétail et arrosage des jardins.
16	1.000	»	Id.
17	800	»	Id.
18	2.000	Méd.	Lavoir de la Croix, infiltrat. d'eaux ménagères, troublée quand il pleut.
19	800	Bonne.	Aliment. du bétail au pâturage.
20	900	»	Alim. des habitants du Moulin Blanc.
21		»	Fontaine St-Germain, alimentation, arrosage, petit lavoir.
22		»	Fontaine du Chollot.
23	1.200	»	Source captée dans l'ancienne propriété Irlande et amenée par une conduite de 1.500 m. dans maison particulière.
24	800	»	Alim. du bétail.
25	700	»	Alim. de la ferme St-Joseph.
26	1.200	»	Alim. du bétail et des travailleurs des champs.
27	1.200	»	Id.
28	500	»	Id.
29	600	»	Id.
30		»	Réservoir des fontaines de Vitteaux. L'eau vient de 5 sources captées à Massingy.
31	3.600	»	Source du Pas alimentant un réservoir placé à côté d'elle pour l'alimentation de Cessey.

SOURCES DE MASSINGY ALIMENTANT LE RÉSERVOIR DE VITTEAUX

1	4.800 l.	Source de la Tuère, à l'altitude de 485 m. 31
2	240	Petite source de la Tuère, — 485 m. 87
3	780	Sous les Aiges, à l'altitude de 470 m. 55
4	1.440	Sur les Vignes, — 483 m. 59
5	390	Des Routoirs, — 483 m. 40
	7.350 l.	

ALIMENTATION DE VITTEAUX EN EAU

Pendant longtemps Vitteaux ne fut alimenté en eau que :
1º Par la rivière servant au lavage du linge et à l'alimentation du bétail ;

2º Par des sources servant à l'alimentation de l'homme et des bestiaux et plus bas que leur origine au lavage du linge. J'en citerai plus loin quelques-unes ;

3º Par des puits ;

4º Par des citernes.

1º *La rivière.* — Nous en avons déjà parlé. Son eau est loin d'être pure, surtout en aval de Vitteaux. Les égouts, les cabinets d'aisance qui s'y déversent salissent considérablement ses eaux. Nous n'en dirons pas plus long sur ce sujet. Nous ajouterons un mot sur les désastres qu'a causés à Vitteaux la Brenne à plusieurs reprises.

LES INONDATIONS A VITTEAUX, D'APRÈS L'ABBÉ COLLON

La Brenne causa à plusieurs reprises des inondations désastreuses à Vitteaux.

En 1666, le 2 juillet, inondation par le ruisseau de Massingy qui emporte le pont de la rue de Dijon.

« En 1669, les eaux ont emporté tous les meilleurs effets des principaux habitants. »

En 1700, il y eut 8 pieds d'eau dans les maisons de la ville. C'est encore le ruisseau de Massingy qui passa sur le pont de la porte de Dijon.

En 1706, on fit construire des ponts et curer la rivière, ce qui coûta 5.000 livres, mais tout fut détruit par les grandes eaux le 6 novembre 1710. Les matériaux de plusieurs bâtiments détruits remplirent le pont de l'Horloge et celui du meix Ragnon.

En 1753, le soir de la petite Fête-Dieu, il y eut 6 pieds d'eau dans les maisons de la ville.

En 1757, inondation la nuit de la Saint-Vincent. L'architecte Antoine fait un projet dont je parlerai dans le chapitre hygiène. On ne donna pas suite à ce projet. Un plan des environs de la Braine dans la traversée de Vitteaux, fut dressé par l'architecte Antoine en 1759 et montre les dénominations données alors à certains points et le nom des habitants de cette époque.

En 1787, inondation par le ruisseau de Massingy, le pont de la porte de Dijon est obstrué par un amas de pierres. La planche qui est sur ledit ruisseeau, en la ruelle des Coberges, est emportée par les eaux, elle vient barrer le pont et finit par le franchir en mettant ainsi fin à la frayeur des habitants.

Le 30 avril 1842, le ruisseau de Massingy cause encore une inondation. Une maison écroulée à l'angle du pont de la rue de Dijon barre le ruisseau et l'eau s'écoule alors dans la ville. Ce pont s'écroule sous la poussée de peupliers entraînés. Un nommé Charlut de Boussey fut noyé ainsi que la veuve Turpin et Catherine Rivet, épouse de François Sirugue.

VERS SUR L'INONDATION DE VITTEAUX
du 30 avril 1842

Par Jean-Baptiste DUMONT, né à Vitteaux le 9 janvier 1801 et mort à Saint-Étienne août 1878.

Tous ces mondes errants, ces globes lumineux
Perdaient de leur éclat, s'éclipsaient dans les cieux ;
Cyprine, aux doux regards, seule brillait encore :
Bientôt elle pâlit devant la belle aurore.
Dans nos guérêts déjà, le sage laboureur
Adressait son hommage au divin Créateur.
Il contemplait alors cette belle nature
Qui, pour nous, s'éveillait dans toute sa parure.
L'idole de l'Incas, l'âme de l'univers
Etalait sa clarté sur tant d'objets divers,
Répandait ses trésors sur nos côtes dorées
Qui de mille couleurs se montraient décorées.

Nos treilles, nos gazons exhalaient cet encens,
Ce parfum si flatteur et si doux à nos sens.
Nos vœux étaient comblés, et déjà l'espérance
Nous montrait du bonheur, l'éternelle constance.
Non jamais, du levant, nos sites, nos coteaux
A nos regards épris, ne semblèrent si beaux.
L'horizon était pur, la campagne fleurie ;
Le pâtre avec l'oiseau chantait dans la prairie ;
La brise mollement agitait les pavots ;
L'homme goûtait enfin, ce charme, cette ivresse
Qui précèdent parfois les revers, la tristesse
Qui pour mieux nous trahir nous bercent le matin
Pour le soir nous livrer aux rigueurs du destin.
Sur la cime des monts la vapeur suspendue
Paraît sans mouvement, à peine est aperçue.
Son volume grossit, s'agite en grandissant
Et, plus tard, son aspect prend un air menaçant.
Tour à tour on la voit traverser nos campagnes,
Effleurer nos forêts, puis quitter nos montagnes
Pour joindre l'élément qui doit la réunir,
La transformer en corps, ensuite la vomir !...
Bientôt ce beau vallon, cette rive que j'aime,
Des rayons du soleil sentent l'ardeur extrême.
Bientôt le citadin avec l'homme des champs,
L'oiseau, l'être qui paît sur nos guérêts brûlants,
Sont frappés de ses feux ; le plus épais feuillage
A perdu sa fraîcheur ; l'arbre n'a plus d'ombrage ;
Ainsi que le salon, le chaume est habité ;
A peine on y respire, on se sent agité
Comme avant une crise et notre âme inquiète
Eprouve, en cet instant, une terreur secrète ;
Elle semble prévoir l'effet mystérieux
Qui, le moment d'après, dût surgir à nos yeux.
Vers le déclin du jour, la rive occidentale
Présentait de Satan la pourpre triomphale.
Soudain, d'un pôle à l'autre, un rideau lumineux
Nous laissait entrevoir un nuage cuivreux
Qui déjà répandait son odeur sulfurique
Et fréquemment lançait l'étincelle électrique.
Quel que soit son aspect, le peuple l'admirait,
Mais l'homme observateur pourtant le redoutait.
Ce fatal météor, ce sinistre présage
Recelait en effet la tempête, l'orage,
Toute l'impureté de la terre, de l'eau,

Tout ce poison mortel qui s'érige en fléau.
Le charme disparaît, une trombe hideuse,
Un énorme serpent ouvre sa gueule affreuse...
L'air n'a plus de ressort et le ciel s'obscurcit ;
L'océan, sur Vitteaux, soudain s'appesantit.
L'éclair, en ce moment, seul nous donne la lumière.
Un bruit affreux succède et de l'heure dernière
On crut voir le signal !... Ce n'était rien encore.
L'enfer planait sur nous, sur cette Côte-d'Or
Qui le matin heureuse et tranquille et féconde,
Mais qui le soir, hélas ! devait gémir sous l'onde,
Sous ce lac en fureur, sous ce gouffre béant
Dont le terrible aspect nous montre le néant.
Tout tombe avec fracas, l'eau, la foudre, la grêle,
Je ne sais quoi de plus !... enfin tout s'entremêle !
Ainsi que les vitraux, les toits sont enfoncés.
D'un horrible trépas nous sommes menacés.
Les flots de toutes parts viennent grossir la Brenne
Dont le lit trop étroit s'élargit dans la plaine.
La terreur est au comble, nous sommes sans secours,
Le voisin au voisin ne peut avoir recours !
L'époux veut rassurer et l'épouse éplorée
Et l'enfant dont la mort lui paraît assurée.
Pour braver l'élément qui déjà le poursuit,
Il cherche à s'abriter dans son propre réduit.
Chacun, pour son salut, a besoin de courage.
Nous allons nous blottir au plus haut de l'étage.
Là, de crainte saisis, on nous vit prosternés ;
Mais c'est en vain, les cieux nous ont abandonnés ;
Nos prières, nos pleurs ne percent point la nue.
De sonner notre mort la foudre continue !...
Dans cette alternative où l'on perd tout espoir
Pour un monde meilleur on se dit : A revoir !
Mais pour nous éprouver, la divine puissance
Voulut de cet instant prolonger la souffrance.
Enfin nous survivons au sinistre tableau
Que devait enfanter cet horrible fléau.
Cette calamité, cette scène indicible
Fit trembler, fit pâlir l'être dur, insensible,
L'homme qui des combats a supporté l'horreur,
L'homme qui jusqu'alors méconnut la terreur.
Pour nous anéantir, les noires Euménides
Avaient des sombres bords les ordres homicides.
Elles durent laver leurs poignards assassins

Dans un fleuve de sang, dans le sang des humains.
En ce moment affreux, le hibou, le reptile,
Dans les antres profonds du moins ont un asile.
Ces vergers, ces jardins, ces ponts que les ruisseaux
Que le fleuve Batard [1] entraîna dans ses eaux,
Tous ces trésors enfin qui bordaient le rivage
Durent trouver dans l'onde un si cruel naufrage.
La plante, l'animal, les cailloux entraînés,
Les morts et les mourants sous nos yeux amenés,
Nous font sentir alors l'angoisse, l'agonie ;
Et toujours nous luttons pour sauver notre vie.
Jamais de nos yeux, non jamais de nos jours
De semblables horreurs ne frappèrent le cours.
Je ne vous peindrai point le nombre des victimes
Que la fatalité plongea dans les abîmes ;
De celles que le sort accable en ce moment,
De celles, dis-je enfin, qui n'ont pour aliment
Que le pain partagé par la main généreuse
Qui leur fait supporter cette vie orageuse.
D'un fétide limon, nos foyers sont comblés.
L'honnête industriel et le riche accablés
Désertent ces lieux où l'âme est oppressée,
Où nos biens sont flétris sous la fange entassée.
Chacun de ses malheurs cherche à s'entretenir.
L'enfant pleure, gémit et sans se contenir
Il proclame en tous lieux sa douleur, sa misère,
En accusant les flots de la mort de son père !
Sur la grève déjà nous trouvons étendus
De ces corps mutilés les membres répandus.
Plus loin quelques débris qui faisaient notre aisance
Maintenant sans valeur ils font notre indigence.

Ainsi ces prés, ces champs, ces superbes coteaux
Qui, le matin encore, s'éveillaient si beaux,
N'offrent plus à nos yeux que l'effroi, la misère,
Que de profonds ravins hélas ! qu'un sol de pierres !

FIN

2° *Sources*. — Elles servaient à l'alimentation de l'homme et des bestiaux et en leur aval au lavage du linge :

---

1. *Ruisseau de Batarde*.

1º Le ruisseau du Méché où on allait laver la lessive ;

2º Une petite source dans la ruelles aux pierres dont l'eau servait au lavage ;

3º La fontaine Saint-Germain (arrosage, alimentation, lavage) ;

4º La fontaine de la place du Marché, située sur l'emplacement du lavoir actuel ;

5º La fontaine de la Croix, le long du bief de l'ancien moulin Mousseron. Elle se troublait par les grandes pluies ;

6º La fontaine du Truchot, dite de la Régotte (fontaine Ragot), servant à l'alimentation, à l'arrosage, au lavage ;

7º Une petite source devant la porte d'entrée du jardin appelé le Châtelet, situé le long de la route de Saffres. Elle servait à l'alimentation des habitants et un peu au lavage.

PUITS ET CITERNES

Il y a actuellement à Vitteaux 100 puits et 22 citernes, en comptant les puits fermés depuis peu.

Comme puits actuels ou récemment fermés les principaux sont :

1º Le puits du château (profondeur de 15 mètres jusqu'au niveau de l'eau. Environ $2^m,30$ d'eau). Sur ce puits il existe une légende appelée légende de la Wivre, la voici :

Une bête mystérieuse, la Wivre, portant sur le front une émeraude, existerait au fond de ce puits, bête très redoutable pour tous ceux qui l'approcheraient.

Cet animal ne pourrait être tué que dans la nuit de Noël, pendant la messe de minuit.

On prétend que cette légende a été créée par Patriat, l'acquéreur du château, quand il a été vendu comme bien national. Ce propriétaire désirait empêcher aux gens d'entrer chez lui et c'est pourquoi il cherchait à les effrayer.

2º Le puits de la ville, très ancien, alimenté par la même nappe d'eau que celui du château.

On en eût la preuve de la façon suivante :

L'eau baissa considérablement dans ce puits de la ville quand un jour on vida le puits du château pour le nettoyer. Pendant la grande sécheresse qui dura du 29 juin 1788 au 13 janvier 1789, ce puits fut le seul qui ne tarit pas. Tous les habitants de Vitteaux y vinrent puiser de l'eau.

3º Le puits Goussillon, rue Cordier, autrefois entouré d'une margelle monolithe.

Aujourd'hui à côté de ce puits fermé on a installé une pompe.

4º Le puits de la place du marché actuelle, fermé depuis quelques années, était autrefois à proximité du four banal et entouré d'une margelle remarquable.

5º Le puits des gendarmes, creusé par M. Touzet, sous la magistrature du maire Gibier (1763-1783). Ce maire donna, suivant l'abbé Collon, 150 livres au sieur Touzet pour l'aider à creuser ce puits dont l'eau n'est pas potable. Toujours suivant l'abbé Collon, ce puits en remplaçait un autre très ancien qui jadis était au milieu de la place située devant l'église actuelle, près des bâtiments de la chapelle Sainte-Anne et qui avait été creusé par les fondateurs de cette chapelle pour l'usage des chapelains et du public.

6º Le puits de M. Mathey, dans l'ancienne maison du Saint-Esprit, rue Haute-de-l'Eglise.

Ce puits porte la date de sa construction sur sa belle margelle, ainsi que sur sa remarquable poulie en bronze. Cette date est 1635.

A signaler aussi comme citerne la cave Oudry, dont il est parlé dans l'abbé Collon et qui se trouve dans le jardin de la maison occupée aujourd'hui par le notaire Febvret au bas de la rue de l'Eglise.

Le mode d'alimentation en eau de Vitteaux laissait fort à désirer. Les puits, notamment, étaient sujets à de nombreuses infiltrations d'eaux ménagères, de purins, infiltrations constatées, pour plusieurs d'entre eux, par la présence dans leurs eaux de nitrites, de chlorures... Au point de vue bactériologique, on constatait aussi la présence du coli bacille, du bacille de la fièvre typhoïde, de germes de ténias...

Touché par cet état de choses et par le nombre de plus en plus grand de puits qui étaient « perdus », suivant l'expression locale, un Vittellien, M. Audiffred, laissa en 1891, par testament à la ville de Vitteaux, une somme de 50.000 francs, destinée à y établir des fontaines publiques. Déjà il avait fait, de ses deniers, établir en 1881 un lavoir couvert à côté de la fontaine de la Croix, qui est le long de l'ancien bief du moulin Mousseron.

La municipalité choisit comme sources, cinq sources situées sur le territoire de Massingy dans le niveau d'eau le plus important de la région.

Ces sources sont :

1re *Source* principale de la Tuère. — Emergence à l'altitude de 485 m. 3, débit. . . . . . 80 l. par minute.

2e *Source*. — Petite source de la Tuère. — Emergence à l'altitude de 485 m. 87, débit. . . . . 4 l. —

3e *Source*. — Sous les Aiges. — Emergence à l'altitude de 470 m. 55, débit. . . . . . 13 l. —

4e *Source*. — Sur les Vignes. — Emergence à l'altitude de 483 m. 59, débit. . . . . . 19 l. —

5e *Source*. — Des Routoirs. — Emergence à l'altitude de 483 m. 40, débit . . . . 6 l. 50 —

TOTAL du débit à la minute. . 122 l. 50

En 24 heures on a : 122 l. 50 × 24 = 176,400 litres.

Et, comme d'après le recensement de 1906, la population de Vitteaux est de 1.292 habitants, la quantité d'eau par habitant en 24 heures est de :

$$\frac{176,400}{1,292} = 136 \text{ l. } 5.$$

Pour une commune rurale, le début constant d'un captage

doit assurer un strict minimum de 50 litres par jour et par tête d'habitant, 100 litres à 150 litres sont la moyenne désirable. Les villes importantes demandent 200 litres. Paris voudrait 400 litres.

Comme on le voit, le nombre de 136 l. 5 est la moyenne désirable. Cela ne suffit pas. Il faut encore bien d'autres conditions qui sont remplies par les sources de Massingy.

Ces sources sont en effet en amont de toute agglomération : fermes, cimetières, bassins, abreuvoirs, dont les infiltrations et résidus pourraient contaminer toute émergence située en aval.

L'analyse chimique de ces eaux qui a été faite par le laboratoire de la Faculté des sciences de Dijon est la suivante :

Analyse du 7 janvier 1889.

Résidu fixe à 100°.	0 gr. 255
Pas de colorat. par l'acide sufurique, et le sulfate ferreux, donc	*Pas de nitrates*
Produits volatils au rouge.	0 gr. 235
La perte au rouge est donc 0 gr. 255 — 0 gr. 235	0 gr. 020
Le résidu redissous et traité par le chlorure de Baryum a donné en sulfate de Baryum.	0 gr. 021
D'où l'on a par litre pour l'acide sulfurique	0 gr. 007
Sulfate de chaux correspondant.	0 gr. 012
Acide carbonique libre	0
Carbonate de chaux.	0 gr. 206
Sels de chaux.	0 gr. 028
Sels de magnésie.	0 gr. 012
Chlore	0 gr. 005
Oxygène pris au permanganate.	0 mgr. 375
Degré hydrotimétrique total.	23
Après ébullition d'une demi-heure.	3
Après précipité de la chaux.	1
Correspondant aux sels magnésiens.	1
Correspondant au gaz carbonique.	0

Ces tableaux correspondent, d'après le tableau de Boutrou et Boudet, à la teneur en calcaire obtenue directement.

L'établissement des eaux à Vitteaux a été fait avant les circulaires du 10 décembre 1900, du 13 mai 1901 et 3 novembre 1902, réglementant les formalités à accomplir pour la recherche et le choix d'une source à capter. Suivant les instructions de ces circulaires, il faut aujourd'hui un rapport géologique, une analyse chimique et un examen bactériologique. Seule, l'analyse chimique a été faite pour les eaux de Massingy.

Comparons cette analyse à celles qui ont été faites par M. Curtel, professeur à l'Université de Dijon, à Saffres en 1905 et à Boussey en 1909, pour des eaux reconnues potables et prises au même niveau hydrologique qu'à Massingy.

Le degré hydrotimétrique 23 trouvé à Vitteaux est convenable, puisque le degré hydrotimétrique admis pour une bonne eau est de 20 à 30 degrés.

A Saffres on a trouvé 25°.

A Boussey on a trouvé 22°.

Il eut été bon de constater l'absence ou la présence de l'ammoniaque, de nitrites...

MAXIMUM ADMIS

A Vitteaux pas de nitrates
A Saffres 9^{mgr} par litre } 10 à 10^{mgr} par litre
A Boussey 10 à 10^{mgr} par litre
A Vitteaux 5^{mgr} de Cl par litre
A Boussey 4^{mgr} 7 —
A Saffres 4^{mgr} 26 —

Matières organiques exprimées en oxygène pris au permanganate en milieu alcalin :

MAXIMUM ADMIS

A Vitteaux 0^{mgr} 375 par litre
A Boussey 0^{mgr} 685 — } 1^{mgr} à 1^{mgr} 5 par litre
A Saffres 0^{mgr} 25 —

Sulfates en acide sulfurique :

A Vitteaux 7^{mgr} par litre
A Boussey $9^{mgr}4$ —
A Saffres 8^{mgr} —

MAXIMUM ADMIS

30^{mgr} par litre

A part les dosages d'ammoniaque et de nitrites qui n'ont pas été faits à Vitteaux, les dosages des autres substances principales donnent des quantités généralement inférieures à celles trouvées pour Saffres et Boussey. Du reste, après son analyse du 7 janvier 1889, le laboratoire de la Faculté des sciences de Dijon avait reconnu l'eau de Massingy potable.

Reste à parler de l'examen géologique qui n'a pas été fait pour les eaux de Massingy. Cet examen aurait certainement eu les mêmes conclusions que celui fait pour Saffres et Boussey. Le niveau où l'on a pris l'eau est le même dans les trois cas, la disposition des couches la même...

Quant à l'examen bactériologique qui n'a pas été fait non plus, on peut aussi admettre qu'il eut donné d'aussi bonnes conclusions qu'à Saffres et à Boussey car l'absence de fièvre typhoïde et d'accidents intestinaux à Vitteaux depuis l'établissement des fontaines publiques, permet d'admettre qu'il n'existe dans les eaux de ces fontaines ni bacille d'Eberth, ni coli bacille.

Sources voisines. — Il existe à proximité des cinq sources donnant l'eau à Vitteaux, une source appelée source Saint-Cyr, qui alimente les bornes-fontaines de Massingy, un jet d'eau, et donne naissance à un ruisseau, qui faisait même autrefois tourner un moulin au bas du village.

Cette source, comme celles de Saint-Cassien et de Roche-d'Hy, sont très anciennes et étaient regardées, par nos ancêtres, comme guérissant certaines maladies. On élevait des temples près de ces sources et le hasard fit découvrir à Massingy, près de la source Saint-Cyr, les restes d'un ancien temple.

En 1844 un sieur Baudelot creusant, à peu de distance

de la source, les fondations d'une maison, trouva un certain nombre d'*ex-voto* en pierres et quelques médailles. Les médailles, disséminées, n'ont pu être retrouvées, et des *ex voto*, treize seulement furent rassemblés par M. Collenot et donnés au musée de Semur.

La Société des sciences naturelles de Semur ayant adjoint à son but les recherches historiques, délégua MM. Collenot, Bréon et Albert Bruzard pour faire de nouvelles fouilles. Quoiqu'elles n'aient pas été aussi complètes qu'on l'aurait désiré, ces fouilles ont donné la preuve qu'il existait un temple près de la source de Massingy. Ce temple, quoique de dimensions moins imposantes que celles du temple découvert aux sources de la Seine, avait cependant une salle principale qui mesurait 17 mètres de long sur 12 mètres de large. On ne trouva que cinq *ex votos* et quinze médailles de bronze tellement frustres qu'elles sont indéterminables. Les autres paraissent appartenir aux règnes de Vespasien, Domitien, Nerva, Trajan...

Je ne citerai que pour mémoire deux autres fontaines peu éloignées de Massingy, qui étaient regardées comme guérissant les enfants malades, celles de Saint-Cassien et de Roche d'Hy.

Revenons maintenant aux sources captées pour alimenter Vitteaux. L'eau qu'elles fournissent a été conduit à un réservoir de 600 mètres cubes, situé au lieu dit l'Auto par une canalisation en ciment jusqu'à la propriété Belime et de là au réservoir par des tuyaux en fonte. Cette canalisation doit être faite en tuyaux de ciment ou de fonte très bien joints et installés sur un lit bétonné afin d'empêcher aux joints de se dissocier par tassement ou glissement du terrain. Ils doivent être enterrés de un mètre à deux mètres afin de diminuer autant que possible les variations de température de l'eau d'une saison à l'autre.

L'eau arrive ensuite au réservoir de la Motte, creusé dans le sol, rendu aussi étanche que possible et couvert par un dôme en maçonnerie étanche aussi. Ce dôme est recouvert d'une couche de terre assez épaisse pour éviter le contre-coup des variations de température extérieure.

Voici les indications que j'ai recueillies sur ce réservoir :
Niveau supérieur de l'eau à 369 m. 98 d'altitude ;
Niveau moyen du radier à 366 m. 68 d'altitude ;
Point le plus bas du radier, réservoir vide, 366 m. 56 d'altitude ;
Capacité totale, 600 mètres cubes, 3 m. 30 d'eau non comptés dans les calculs.

Cette eau, en sortant du réservoir, est canalisée dans des tuyaux en fonte et distribuée à vingt et une bornes fontaines, un jet d'eau, trois lavoirs. Le nombre des lavoirs est en totalité de quatre, car il y en a un au-dessous de la rue Vieille édifié par M. Audiffred.

Le devis pour l'établissement de fontaines à Vitteaux a été de 95.147 fr. 16, mais on a bien dépensé en tout 120.000 francs, dont 5.000 ont été donnés par M. Audiffred. L'inauguration de ces fontaines et lavoirs a été faite le 6 décembre 1891, le même jour que l'inauguration du chemin de fer d'Epinac aux Laumes. Peu de temps après on a capté pour Cessey la fontaine du Pas, ainsi appelée d'après la légende suivante :

Il y a au-dessus de la fontaine un passage pratiqué dans le couronnement rocheux, sorte d'escalier naturel, qui permet de monter sur le plateau. Dans une des marches de cet escalier plus ou moins informe, existait autrefois une cavité qui était attribuée à l'empreinte du pas de Gargantua ou de son cheval.

Certaines personnes disent « fontaine du Pan », d'où M. J. Durandeau a conclu à « fontaine du Paon ». Un paon appartenant à une villa gallo-romaine voisine ayant eu l'habitude de se promener dans cette région.

D'autres prétendent que Pas vient de *parc*, d'où *fontaine du Parc*. Il y aurait eu autrefois un parc à bestiaux autour de cette fontaine.

Je crois que la meilleure étymologie serait *pas*, qui veut dire *passage*, c'est une acception du mot pas. Exemple :

pas de Rolland donné à un défilé des Pyrénées, et le passage est ici une espèce d'escalier qu'utilisaient sans doute les piétons pour aborder le Plateau. Fontaine du Pas, signifierait simplement fontaine du Passage.

Cette source du *Pas* est située près du bois Monsieur, à 920 m. 30 de Cessey et à 121 m. 35 au-dessus de la place publique de ce hameau.

La pente de la montagne sur laquelle elle se trouve est régulière.

Le débit de cette source est plus que suffisant pour alimenter le hameau. On n'a pas construit de réservoir. Les tuyaux ont 0 m. 06 de diamètre intérieur. Le devis s'élevait à 5.775 fr. 50. La dépense a été plus élevée. M. de Beaurepaire a donné 1.000 francs.

Il y a à Cessey, deux bornes et un lavoir à huit places. Le débit total est de 40 litres par minute. L'alimentation du lavoir est réglée à 5 litres par minute. Il reste 35 litres à partager entre les deux bornes.

PROPRIÉTÉS REMARQUABLES DES EAUX DE VITTEAUX

D'après l'abbé Collon (tome IV, page 70), « les eaux de Vitteaux ont eu de tout temps une qualité reconnue pour la trempe des armes tranchantes ». On pourrait croire que cette qualité a été la cause de la construction du château-fort qui était peut-être un dépôt d'armes, « les ouvriers, tant de coutellerie que de taillanderie, dont il y a eu toujours un très grand nombre à Vitteaux, assurent que les eaux de ce lieu sont excellentes pour la trempe. Les Sucret, les Seignot, les Fleurot, excellents ouvriers en ce genre, en sont tous d'accord ainsi que les ouvriers étrangers, en limes et enclumes, qui y ont séjourné longtemps ».

EAUX PRÉTENDUES MINÉRALES

Au Chollot se trouve une source d'eau qu'on croit ferrugineuse et conseillée autrefois à ses malades par le docteur Finot de Vitteaux.

A la métairie Saint-Joseph, existe aussi une source dont les eaux ont été analysées en 1672 par Maubec de Copponay. C'est ce qui fait indiquer, par Courtépée, Cessey comme possédant des eaux minérales. On verra plus loin une analyse de ces deux eaux.

Je pense qu'il sera intéressant de lire un extrait du traité de Maubec de Copponay, imprimé en 1679 chez Dessayre, à Dijon.

Extrait de : *Le tombeau de l'Envie*, où il est prouvé qu'il n'y a qu'une médecine, qui est la chimique, qu'il n'y a qu'un tempérament et une seule maladie et par conséquent qu'il ne faut qu'un remède pour la guérir, par Maubec de Copponay.

CHAPITRE PREMIER

Des eaux minérales de Saint-Symphorien près d'Annessy-en-Genevois, de Cessey, près Vitteaux et de Sainte-Anne, à demi-lieue de Dijon.

Page 13. — Celles (les eaux) de Cessey, près Vitteaux, *vitriolées*, participantes d'un peu de *nitre*, très peu d'alun, elles font aussi leur évacuation par les selles et quelques fois par le vomissement, si les passages d'en haut sont occupés...

Page 21. — Ce que j'ai observé sur ma personne propre aux eaux de Cessey près Vitteaux et celle du fils de M. de la Jarrie, seigneur audit Cessey, qui, après une cruelle maladie, dont Dieu m'a fait la grâce de le guérir, était si palle, si plombé, si abattu, que je craignais encore une rechute dangereuse, auquel je fis boire seulement trois verres de cette eau *préparée à ma manière*, qui ôtèrent tellement les restes de sa maladie par des selles et par des vers qu'elle fit sortir par la bouche, qu'il n'en a eu depuis aucun ressentiment, et reprit dans deux jours un embonpoint si remarquable que chacun s'étonnait d'une si prompte guérison. Plusieurs autres malades que j'avais traités dans Cessey, Viteaux et autres lieux circonvoisins en ayant beu deux ou trois fois après *mes remèdes qui doivent toujours précéder leurs usages*, ont été si promptement guéri de leurs infirmités, que l'on peut dire que jamais la médecine gallénique ny chimique n'a fourny de remèdes dont les effets ayent été si surprenants. Je ne doute pas qu'on ne découvre en elles des qualités égales du chaud du frois, du sec et de l'humidité et par conséquent elles ne soient universelles pour déraciner les maladies occultes et particulièrement les chroniques et spirituelles dont les médecins ordinaires, ne pouvant découvrir la cause, n'en peuvent arrêter les effets. Elles sont capables de purger le sang et les humeurs selon l'indication de la nature, sans qu'il soit nécessaire d'autres médicaments ny galéniques...

... Trois verres suffisent tous les matins pendant huit jours seulement.

Page 79. — Attestation du Seigneur de Cessey.

Je sous-signé, certifie à tous qu'il appartiendra que Denys de Maubec, escuyer, seigneur de Copponay et de Tavolle, exerçant la médecine empirique et ayant été prié d'apporter du secours à mon fils aîné de la Jarrie, qui était atteint d'une Hylligue passion quasy que cette maladie fût jugée par les médecins et autres qui le servaient un abcès interne attaché sur le mésanterre pour la résolation duquel l'on lui avait fait des saignées et donné plusieurs lavements carminatifs [1], qui ne faisaient qu'irriter davantage les douleurs, arriva fort à propos pour empêcher les saignées du pied que l'on était sur le point de luy faire : si bien, qu'ayant consulté son mal en conclud que sa maladie était une Hylligue passion qu'il nommait Cordapson [2] et pour marquer qu'elle était telle, il l'a guéri parfaitement en trois jours...

L'exemple de cette surprenante guérison, à cause de sa brièveté, fut cause que plusieurs malades de Viteaux et lieux circonvoisins, vinrent demander secours audit sieur Maubec pour plusieurs espèces de maladies, dont il s'en trouva six sortes dans mon village de Cessey, qu'il traita en ma présence et en celle de mon curé de paroisse, sçavoir :

Balthazar Estiot, à Cessey, tout couvert de pourpre... avec langue noire...

La femme de Jean Robin, tisserand à Cessey, guérie d'une fièvre double tierce bien qu'elle eut soixante ans.

La fille de Philippe Chappuy, de Cessey, mariée à Lugny... atteinte d'une maladie inconnue... une fièvre lente...

Anne Estiot, femme de Joseph Morisot, vigneron à Cessey, enceinte de six mois, guérie d'une fièvre triple quarte.

La femme de Morisot Mettay, guérie de l'hydropisie tympanite mêlée d'ascitte [3].

1. Qui ont la propriété d'expulser les vents des intestins.
2. Coliques violentes.
3. Hydropisie abdominale.

La fille de François Chouard, cordonnier de la ville de Viteaux, chargée de pourpre jusqu'à la langue.

Et cet tout ce que je puis protester avoir seu sans parler d'un très grand nombre d'autres, tant de la ville de Viteaux que de lieux circonvoisins.

Henry-Joseph de JARRY DE LA JARRYE, seigneur de Cessey,
proche Viteaux en Auxois, duché de Bourgogne.

ANALYSE DES EAUX DE SAINT-JOSEPH ET DU CHOLLOT

Ne trouvant rien d'extraordinaire dans ces deux eaux, j'en ai porté des échantillons à l'école de Chimie de Lyon. Voici le résultat de l'examen de ces eaux :

Eau du Chollot.

Ne contient *pas de fer*, mais du *sulfate de chaux, carbonate de chaux*, des *traces d'alumine*.

C'est en résumé une eau ordinaire. On sait que dans les eaux de notre région le sulfate de chaux provient de l'action du sulfure de fer sur le carbonate de chaux. La croyance à une eau ferrugineuse vient probablement de ce que dans le fond du bassin où l'on puise l'eau du Chollot se trouvent des grains de sable ferrugineux.

Pour que l'oxyde de ce fer fût en dissolution, il faudrait que l'eau contînt des acides libres. Ce n'est pas le cas. L'eau analysée était remarquable par sa limpidité qui la rendait très brillante.

Eau de la fontaine Saint-Joseph.

Très brillante également par son extrême limpidité.

Elle contient *des sulfates* en proportions notables (un peu moins que l'eau du Rhône), ce qui justifierait vaguement la désignation de « vitriolée » donnée par Maubec de Copponay.

Elle renferme *des traces d'alumine*, mais *pas de nitrates*.

La dureté totale correspond à 18°,7 hydrotimétriques, alors que l'eau du Rhône titre 15°. C'est en somme une eau ordinaire.

Il est à remarquer que Maubec de Copponay dit qu'il employait cette eau « préparée à sa manière », qu'on buvait cette eau « après les remèdes qui doivent toujours précéder son usage ».

D'autre part, le seigneur de Cessey ne parle pas, dans son attestation de guérisons, de l'emploi des eaux de Saint-Joseph.

Il pourrait se faire cependant que la composition de cette eau eût changé depuis 1679. Il serait curieux de savoir comment, cent ans avant Lavoisier, on procédait à une analyse d'eau.

UTILISATION DE LA FORCE HYDRAULIQUE

Elle était plus utilisée autrefois qu'aujourd'hui. Il y avait des moulins à eau pour les grains :

1° Au foulon du côté de Saffres, après y avoir eu un moulin à foulon ;

2° Au moulin Brûlé ;

3° Au moulin Mousseron ;

4° Au moulin situé près du pont du meix Raillon ;

5° Au moulin blanc ;

6° Au Chollot.

De plus, un moulin à écorce au lieu dit Carabin. Aujourd'hui, il y a une scierie au foulon du côté de Saffres, rien au moulin Brûlé, au Carabin, au moulin Mousseron, une scierie au moulin du meix Raillon, un moulin à cylindres au moulin blanc et rien au Chollot.

Une chute d'eau faisait autrefois tourner le moulin de Massingy. Cette chute a été détournée de son cours pour l'établissement de lavoirs et irrigation des prés.

A Saffres existe une chute d'eau qui débite aujourd'hui 35 litres à la seconde et tombe de 18 mètres de haut, ce qui correspond à une puissance de $\dfrac{35 \times 18}{7} =$ 8 chev. vap. 4.

Cette chute a servi autrefois de force motrice pour la filature de Saffres. On a songé un moment à l'utiliser pour créer de l'énergie électrique qu'on aurait transportée à Vitteaux.

UTILISATION DE LA FORCE DU VENT

A Vitteaux et dans les environs, on utilisait autrefois la force du vent. Il existait des moulins à vent. Je vais en citer quelques-uns.

Le 1er vendémiaire an VI, le nommé Xavier Maire, habitant de Vitteaux, demande à installer un moulin à vent sur le pâtis au-dessus du Parc, tenant aux champs de l'hospice et réclame deux journaux de ce pâtis pour cette installation.

Le cinquième jour complémentaire de l'an VI de la République une et indivisible, le même Xavier Maire demande qu'on lui permette d'arracher les arbres qui sont au midi de son moulin, car ils empêchent le vent d'y arriver. Il offre de les remplacer par d'autres moins nuisibles.

Il existait, il y a environ soixante-dix ans, un moulin à vent sur la montagne de Vesvres, entre Vesvres et Bellevue. Quand il n'y avait pas assez d'eau dans la Brenne, le meunier du moulin Brulé, un nommé Grapin, dit Maniguette, y conduisait son blé à dos d'âne.

Un moulin à vent existait aussi au-dessus de Massingy, près de la lavière, appelée encore aujourd'hui lavière du moulin. Enfin un moulin à vent existait à Brain. Sa tour a récemment disparu.

A côté des moulins à vent il y avait à Vitteaux, notamment pendant la longue sécheresse de 1788-1789, cinq moulins à bras et à chevaux, qui pouvaient moudre tous les jours au moins 150 mesures de blé. Ces moulins fonctionnaient alors jour et nuit et empêchaient la famine de sévir à Vitteaux.

REMARQUES SUR LA DIMINUTION DU DÉBIT DES SOURCES

L'eau s'en va, dit-on dans les campagnes, et il n'est en effet que trop vrai que le débit des sources diminue. On le constate dans la région vitellienne. Si on peut expliquer, en pays de montagnes, cette diminution par le déboisement, la diminution des neiges trahie par la décrue des glaciers, quelle peut être la cause de l'appauvrissement des sources dans une région de plaine ?

Il faut dire pour notre région que le bois de Charmoy, dont la contenance était de 106 arpents de Bourgogne, a disparu. D'après l'annuaire du Bureau des longitudes de 1911, cet arpent de Bourgogne valait les 0.825 de l'arpent légal qui valait lui-même 5.107 mètres carrés. La superficie du bois de Charmoy était donc de :

$$5.107 \text{ m}^2 \times 0.825 \times 106 = 48 \text{ hect. } 9006.$$

Mais, à mon avis, les forêts régularisent le débit des sources au lieu de l'augmenter.

Il est un autre fait sur lequel on n'a porté encore toute son attention. C'est l'exhalation de vapeur d'eau par les végétaux. Cette exhalation est considérable. L'absorption d'eau par les végétaux doit donc aussi être considérable. Un champ de blé, par exemple, pendant toute la période de végétation, absorbe une tranche d'eau de 8 à 20 centimètres de hauteur et même davantage. S'il a un hectare de superficie, le volume absorbé est de

$$10.000 \text{ m}^4 \times 0 \text{ m. } 10 = 10.00 \text{ mètres cubes}$$

en prenant seulement 10 centimètres de hauteur. On comprend donc que plus un pays sera livré à la culture, plus la végétation absorbera d'eau, qui sera enlevée aux sources. Par conséquent le débit des sources est lié à l'importance des terrains cultivés, en un mot, c'est la civilisation qui tue les sources.

D'après les calculs du célèbre agronome Déhérain, la jachère laisse passer dans le sol annuellement et par hectare, de plus que les terres emblavées, une tranche d'eau de 8 cent. 5 de hauteur.

M. Houillier, conducteur des ponts et chaussées, a fait, pour le département de la Somme, des calculs montrant que la suppression des jachères et l'amélioration des cultures contribuent puissamment à diminuer le débit des sources. Voici les faits qu'il a considérés et les résultats de ses calculs :

1º Il y avait autrefois, dans le département de la Somme, 170.000 hectares de jachères de plus qu'aujourd'hui ; par suite, l'excédent d'eau qu'elles abandonnaient à la circulation est égal à :

1.700.000 m² × 0 m. 085 = 144.500.000 mètres cubes par an

et comme dans l'année il y a 31.104.000 secondes le débit des sources a diminué de ce fait de :

$$\frac{144.500.000 \text{ m}^3}{31.104.000} = 4 \text{ m}^3 \text{ 6 par seconde.}$$

2º D'après les travaux d'éminents botanistes, une plante exhale un volume d'eau de 250 à 360 fois supérieur au poids des matières sèches qu'elle produit. Aujourd'hui, le sol produit à l'hectare au moins 1.000 kilogs de matières sèches de plus qu'il y a cent ans et, à cette production, correspond une absorption supplémentaire d'eau qui pour les 310.000 hectares jadis seuls emblavés, est, par an, de :

1.000 k. × 310.000 × 360 = 80.600.000.000. kilogs par an.

en ne prenant que 360 pour le nombre de fois qu'une plante produit plus de matières sèches que son propre poids.

A la seconde on a :

$$\frac{80.600.000.000}{31.104.000} = 2.591 \text{ kilogs.}$$

Ces 2.591 kilogs ont un volume de 2.591 dmc³ = 2 m³ 591 qui est le volume d'eau absorbé à la seconde. De ces deux faits, il y a pour le département de la Somme perte pour les sources de :

4 m³ 600 + 2 m³ 591 = 7 m³ 191 à la seconde.

D'après ces nombres, on peut prévoir que le débit des sources des bassins subira, par suite d'une culture plus intense, une nouvelle diminution et qu'il pourra se faire que des sources permanentes deviennent périodiques.

Ironie des choses, c'est l'homme qui, en prenant de plus en plus possession de la terre, contribue à diminuer les ressources en eau dont il a absolument besoin !

Dans la région vitellienne, il faut tenir compte de la disparition du bois de Charmoy, qui date de 1830 environ.

Un chêne isolé portant 7.000 feuilles dégage de juin à octobre, soit cinq mois, 111.225 kilogs d'eau d'après des expériences et des calculs faits par des savants.

Si l'on suppose un hectare planté en chênes et qu'un chêne couvre une surface de 16 mètres carrés, il y aura 625 chênes par hectare, soit un exhalation de :

111 t. 225 × 625 = 69.514 t. 625 par hectare.

Or, un champ d'avoine d'un hectare dégage par jour 25 tonnes de vapeur d'eau. Ne comptons que trois mois comme durée de sa végétation ou 90 jours, l'eau dégagée dans ce temps sera : 25 t. × 90 = 2.250 tonnes.

La différence de poids d'eau exhalée par un hectare de bois et un hectare d'avoine est donc :

69.514 t. 625 — 2.250 t. = 67.264 t. 625

et pour 48 hect. 9, surface du bois de Charmoy :

67.264 t. 625 × 48,9 = 3.289.240 t. 1625

Ce nombre de tonnes d'eau est restitué au sol par la disparition du bois de Charmoy, et c'est pourquoi nos sources n'ont pas subi une diminution aussi grande que dans d'autres départements.

IV

AGROLOGIE

Considérations générales.

Les connaissances géologiques sont la base de l'agriculture. La géologie fait connaître en effet à l'agriculteur la composition de la terre arable, celle du sous-sol et lui permet de se rendre compte de l'influence de l'un et de l'autre sur la végétation.

Si certains éléments nécessaires à la vie de la plante manquent dans une région, ils sont quelquefois en trop grande quantité dans d'autres. C'est encore la géologie qui indique à l'agriculture où se trouvent les gisements d'engrais, d'amendements tels que phosphate de chaux, gypse, pierre à chaux.

Elle le renseigne aussi sur les sources devant servir à l'irrigation, sur la possibilité d'un drainage lorsque celui-ci est nécessaire.

Comme on le voit, par ce court aperçu, un cultivateur doit avoir des notions de géologie.

Nous allons rapidement examiner les caractères de la terre végétale :

1º Au point de vue physique ;

2º Au point de vue chimique.

On appelle *sol* la partie de l'écorce terrestre qui est travaillée par la culture, et *sous-sol*, la partie qui se trouve sous le sol. Dans certains cas les racines puisent leur nourriture dans le sous-sol.

EXAMEN D'UN SOL AU POINT DE VUE PHYSIQUE

Un sol tire ses caractères physiques de la proportion plus ou moins grande des quatre éléments physiques qu'il renferme : sable, argile, calcaire, humus.

Un terrain *sableux* est léger, d'un travail facile, sans consistance, absorbant l'eau très rapidement et se desséchant vite. Mêlé à du terreau, il constitue la terre de bruyère et on y voit pousser alors réséda jaune, petite oseille...

Ce terrain sableux n'est pas forcément siliceux et inversement un terrain siliceux n'est pas nécessairement sableux. Si un terrain sableux est siliceux et est superposé à des roches siliceuses, on y rencontre la digitale, le châtaignier... Il est à remarquer que le châtaignier pousse aussi dans d'autres terrains.

Un terrain *argileux* est l'opposé du terrain sableux. Compact, d'un travail difficile, formant une pâte glissante lorsqu'il est mouillé, il se fendille par la sécheresse. Un terrain nettement argileux est mauvais pour la culture, mais il existe des mélanges tels que : terrains argilo-calcaires ou terres fortes, argilo-sableux ou terres légères qui valent mieux. Dans les terrains argileux poussent la chicorée sauvage, la laitue vireuse, l'agrostis traçante...

Dans les argilo-calcaires on rencontre frêne, sainfoin, laitue vivace...

Les terrains *calcaires* sont ceux où prédomine le calcaire ou carbonate de chaux. S'il n'y a que du calcaire, le sol est mauvais, peu fertile, sec à cause de ses nombreuses fissures (Champagne, Causses). S'il est argilo-calcaire, il est bien meilleur (Limagne). Dans les calcaires se développent surtout : noyer, noisetier, chardon, coquelicot.

Les terres *humiques* sont celles qui sont formées par la décomposition des matières organiques (terre de bruyère, tourbe). Elles sont en général trop acides et souvent trop humides. Il faut neutraliser leur acidité par la chaux et y opérer des drainages si cela est nécessaire.

Il est à remarquer que le sol siliceux ou argileux d'une prairie surtout peut devenir acide à la longue, cela se reconnaît à ce qu'il y pousse de la mousse au lieu d'herbes. Le chaulage ou le marnage est alors nécessaire.

EXAMEN DU SOL AU POINT DE VUE CHIMIQUE

On dit qu'une terre est bonne au point de vue physique lorsque les racines des végétaux qu'on y cultive s'y plaisent bien. Mais cela n'est pas suffisant pour la vie de la plante ; il faut aussi que le sol renferme les éléments nécessaires à la nutrition des végétaux. Ces éléments ont été déterminés par de nombreuses analyses de plantes.

Ils sont au nombre de douze, mais nous ne citerons que les sept éléments fondamentaux, les cinq autres se trouvant généralement en quantité suffisante dans le sol.

Ces sept éléments sont : le carbone, l'oxygène, l'hydrogène, l'azote, le phosphore, la potasse et la chaux.

Carbone. — Ce gaz est emprunté par les parties vertes des végétaux au gaz carbonique de l'air sous l'influence de la lumière. L'agriculteur n'a donc pas à se préoccuper de l'alimentation de la plante en carbone.

Oxygène et hydrogène. — L'oxygène est aussi emprunté à l'air par la plante (respiration) et l'hydrogène à l'eau du sol. De même que pour le carbone, l'alimentation en oxygène et hydrogène se fait sans qu'on ait à s'en occuper.

Chaux et potasse. — Sont empruntés au sol, s'il en contient assez. Dans le cas contraire, il faudra lui en fournir. Nous verrons plus loin comment.

Acide phosphorique et azote. — Ces deux corps, à part quelques réserves faites pour l'azote, sont fournis à la plante par le sol dans lequel ils sont rarement en quantité suffisante. Nous verrons plus loin comment on fournit ces deux corps à la plante.

Après chaque récolte il faut, pour que le sol ne s'appauvrisse pas, lui restituer ce qu'on lui a emprunté. Cette restitution lui a été faite pendant longtemps exclusivement par le fumier. Mais on sait aujourd'hui que c'est un moyen insuffisant pour obtenir, pendant longtemps du moins, de forts rendements tout en maintenant la bonne composition du sol.

Il est à remarquer en effet, que la composition du fumier de ferme est très variable et en rapport avec la composition du sol dont il provient. Des terres pauvres en azote et acide phosphorique, par exemple, ne produiront que des récoltes dans lesquelles ces deux substances seront en faibles proportions et le fumier qui en résultera sera lui-même faible en azote et acide phosphorique.

De plus, le fumier ne contient pas la totalité des éléments empruntés au sol, les grains, les fruits, les animaux que l'on vend ont assimilé des aliments qui ne seront pas restitués au sol par le fumier.

On complète aujourd'hui le fumier par l'adjonction de matières capables de restituer au sol ce qui lui a été emprunté ou de lui donner ce qui lui manque.

Ces matières sont appelées *engrais chimiques*.

La géologie en indique des gisements parfois considérables.

Une question se pose ici : Les engrais chimiques ne pourraient-ils pas se substituer complètement au fumier de ferme? Non, et en voici la raison :

L'humus ou terreau est un des facteurs importants de la fertilité du sol. Il rend les terres légères, assez compactes pour qu'elles puissent conserver un peu d'humidité et ameublir les terres fortes, les rend plus poreuses et mieux aptes à absorber les principes fertilisants.

Sa couleur noirâtre permet à la terre d'absorber plus facilement la chaleur solaire.

Elle a aussi l'inconvénient suivant :

Dans les hivers rigoureux, l'absorption facile de chaleur se fait dans la journée et une émission très grande la nuit, d'où une succession de gels et de dégels qui nuisent au développement des plantes, du blé par exemple. Dans l'hiver de 1890-1891, le blé a, pour cette raison, beaucoup moins bien réussi dans les terres noires que dans les terres blanches.

L'humus est donc un agent physique très important du sol. Or, l'humus disparaît rapidement quand on incorpore à la terre des engrais chimiques et surtout des engrais azotés. Pour prévenir cette fâcheuse conséquence, il est donc de toute nécessité de faire de temps en temps des apports de fumier pour que le sol soit toujours largement pourvu d'humus.

En résumé, les engrais chimiques ne peuvent se substituer au fumier, mais lui servent de complément indispensable, comme on l'a vu plus haut.

ENGRAIS

On divise les principaux engrais en *engrais azotés, engrais phosphatés, engrais potassiques*. La chaux est plutôt regardée comme un amendement [1].

Engrais azotés — Nitrification. — Presque tous les sols sont accessibles à la végétation car ils renferment tous des débris végétaux et quelquefois animaux qui contiennent des matières azotées. On peut donc conclure de là que le sol renferme toujours de l'azote.

Au contact de l'oxygène de l'air atmosphérique, l'azote du sol se transforme perpétuellement en acide *azotique* ou *nitrique*. Ce phénomène est très important car, à part

---

1. Un *engrais* modifie la composition chimique du sol et sert d'aliment à la plante. On l'emploie en quantités relativement faibles. Un *amendement* modifie bien aussi la composition chimique du sol, mais il modifie surtout ses propriétés physiques. On l'emploie en grandes masses. Exemple : la chaux, la marne sont regardées comme amendements.

quelques exceptions, on sait que l'azote ne peut être assimilé par les racines des plantes qu'après avoir été transformé en acide azotique.

Comment se fait cette transformation ?

Il ne suffit pas qu'un composé azoté soit en présence de l'air pour donner de l'acide azotique.

Cette combinaison ne se forme que sous l'influence d'un organisme microscopique appelé *ferment nitrique* qui se rencontre dans presque tous les sols.

L'action de ce ferment est indispensable. Il faut de plus que la matière et le ferment se trouvent dans les conditions suivantes qui sont souvent réalisées :

1º Sol *suffisamment meuble* pour que l'oxygène de l'air, indispensable à la nitrification, puisse pénétrer jusqu'à la matière azotée. Par suite les labours favorisent la nitrification.

2º Le sol doit renfermer une assez forte proportion de *calcaire* dont la chaux se combinera avec l'acide nitrique au fur et à mesure de sa formation [1].

La nitrification est très lente dans les pays granitiques (Morvan) où des amendements calcaires sont nécessaires.

3º L'humidité favorise la nitrification qui s'arrête quand la terre est trop desséchée.

4º La nitrification s'arrête lorsque la température descend au-dessous de $+5°$ centigrades. Son maximum d'activité paraît avoir lieu vers $35°$. Elle s'arrête donc pendant l'hiver, devient plus active pendant l'été.

Ces notions sont utiles à l'agriculteur qui, s'il ne peut pas régler la température peut cependant :

1º Par des labours plus ou moins répétés, hâter ou retarder la nitrification suivant que cela est nécessaire.

2º Ajouter de la chaux ou de la marne aux terres qui en manquent et bien se garder d'en ajouter quand cela n'est pas nécessaire.

---

[1]. Si on laissait s'accumuler dans le sol l'acide nitrique libre produit par les bactéries nitrifiantes, cet acide nitrique tuerait sûrement ces bactéries qui alors ne pourraient plus jouer leur rôle nitrificateur.

Les engrais azotés sont divisés généralement en **deux** catégories :

1º Engrais à azote minéral ;

2º Engrais à azote organique.

Les premiers se divisent en deux sous-groupes :

1º Engrais à azote nitrique (azotates de soude et de potasse) ;

2º Engrais à azote ammoniacal (sulfate et chlorhydrate d'ammoniaque).

Remarque importante. — L'azote ammoniacal doit, pour être absorbé par la plante, subir la nitrification.

Les engrais à azote organique sont :

a. Les détritus du corps des animaux (sang, viande, corne, cuir, laine). On peut y ajouter le *guano*.

b. Les déjections de l'homme et des animaux (engrais humain, fumier).

c. Les résidus des plantes (engrais verts, tourteaux, compost, marc de raisin).

Remarque très importante. — Tous ces engrais à azote organique, le fumier par exemple, ne peuvent servir à la nutrition des plantes que si leur azote organique subit la nitrification.

Comme on le voit, la nitrification est un phénomène des plus importants en agriculture et le cultivateur devra s'appliquer à la régler autant qu'il sera en son pouvoir.

Phosphate de chaux. — La question de l'assimilation d'acide phosphorique par les plantes est encore sujette aujourd'hui à discussion. Autrefois on prétendait que, pour être assimilable, un phosphate devait être soluble dans l'eau. On n'employait alors pas les phosphates naturels insolubles dans l'eau et que l'on trouve dans le sol, mais un corps provenant du traitement de ces phosphates naturels par l'acide sulfurique et portant le nom de superphosphate. Aujourd'hui on réagit contre cette idée trop absolue (de Launay) et l'on considère que les phosphates naturels et les scories de fer phosphatées *finement* moulus peuvent donner des résultats excellents presque comparables à ceux des superphosphates. Les poils absorbants des racines secréteraient des liquides acides dissolvant l'acide phosphorique des phosphates naturels et aussi la chaux du carbonate de chaux.

COMMENT DOIT-ON EMPLOYER LES ENGRAIS ?

Cette question est fort importante et présente une certaine difficulté dans sa résolution.

1º Par l'aspect de ses récoltes, un cultivateur peut voir à peu près quelle catégorie d'engrais ou d'amendements il doit employer.

D'après M. de Mauray, quand le blé et autres céréales donnent beaucoup de paille et versent fréquemment, c'est que le sol est riche en azote. La betterave renseigne de même sur le sous-sol ; lorsqu'elle pousse vigoureusement c'est que le sous-sol a de l'azote en abondance.

Si, dans un fond argileux de vallée, les luzernes et les pommes de terre poussent bien, mais si le blé y est maigre, c'est qu'il y a abondance d'azote et de potasse, mais que le phosphore manque. Au contraire dans les terres hautes, si le grain de blé est plein et lourd, c'est qu'il y a suffisammend d'acide phosphorique.

La luzerne vient bien quand le sous-sol est riche en potasse, la pomme de terre quand le sol en contient abondamment.

Toutes ces remarques, qui ne donnent que des renseignements généraux, ne sont pas suffisants et il y a lieu de procéder autrement.

2º *Procédé des champs d'expériences.*

Voici sommairement comment on peut installer un champ d'expériences :

On détermine dans un champ cinq carrés d'un are chacun, par exemple.

Cinq carrés sont suffisants car on ne fait généralement l'essai que pour l'azote, l'acide phosphorique et la potasse.

Dans *le premier carré*, on ne met point d'engrais, c'est le carré témoin.

Dans le deuxième, on met engrais azoté, phosphaté, potassique (nitrate de soude, superphosphate de chaux, sulfate de potasse).

Dans le troisième, engrais azoté et phosphaté (nitrate de soude et superphosphate).

Dans le quatrième, engrais azoté et potassique (nitrate de soude et sulfate de potasse).

Dans le cinquième, engrais phosphaté et potassique (superphosphate et sulfate de potasse).

Si ces cinq carrés donnent respectivement par are :

Premier carré, 22 kilogs de blé ;

Deuxième carré, 30 kilogs de blé ;

Troisième carré, 29 kil. 8 de blé ;

Quatrième carré, 27 kilogs de blé ;

Cinquième carré, 25 kilogs de blé ;

on voit que le maximum de récolte est atteint dans le n° 2, où les trois engrais sont réunis, qu'il l'est presque dans la parcelle 3 où la potasse manque comme engrais. Il est donc inutile d'employer la potasse comme engrais, mais très utile d'employer l'acide phosphorique et l'azote, puisqu'il y a eu récolte moindre dans 4 où l'engrais phosphaté faisait défaut et dans 5 où manquait l'engrais azoté.

Résultats donnés par les champs d'expériences.

Ces résultats ne sont applicables que pour la terre où l'on a expérimenté et pour des terres identiques. Il faut, de plus, répéter l'expérience pour chaque plante cultivée.

On pourrait arriver à déterminer la quantité d'engrais à employer par de nombreuses expériences comparatives.

Comme on le voit, l'analyse du sol par la plante est un travail long et compliqué.

3° *Analyse d'une terre par un chimiste.*

Dans ce cas, le cultivateur a encore besoin de connaissances géologiques pour le prélèvement de l'échantillon à envoyer au laboratoire.

Il arrive, en effet, que dans un champ de peu d'étendue, il y a des affleurements de terrains très différents : calcaires, sable, argile. Par conséquent, si le cultivateur envoie au chimiste un échantillon de terre pris au hasard, ce dernier ne pourra le renseigner que sur les engrais à employer au point où l'échantillon a été prélevé et non pour toute la propriété.

Il faut donc procéder autrement.

On doit d'abord reconnaître sur le sol la disposition des diverses catégories de terrains. Puis, pour chaque catégorie, il faut faire une prise d'essai moyenne, c'est-à-dire prélever des échantillons de terre en plusieurs points, les bien broyer, les mélanger, et envoyer 100 grammes ou 200 grammes du mélange au laboratoire. On sera alors renseigné sur ce qui manque à chaque catégorie de terrain. On ne saura pas toujours si les autres éléments y sont en quantité suffisante, car l'analyse ne fait pas connaître si ceux-ci y sont à l'état assimilable.

On pourrait être renseigné sur ce point en analysant les plantes que produit spontanément le sol et savoir par suite ce qu'elles ont pu en tirer.

Un examen géologique du sous-sol indiquera aussi s'il est avantageux de le ramener à la surface par un labourage profond.

En résumé, tous les procédés que je viens de passer en revue pourront se contrôler mutuellement et, de cette façon, le cultivateur arrivera à connaître à peu près exactement son sol et sera ainsi renseigné sur ce qu'il devra lui fournir.

TABLEAU DES PRINCIPAUX ENGRAIS CHIMIQUES ET AMENDEMENTS UTILISÉS

1° *Pour l'azote.* — Matières azotées. — Sulfate d'ammoniaque. — Nitrate de soude du Pérou. — Nitrate de potasse. — Guano.

Remarques. — Le sulfate d'ammoniaque s'applique surtout aux plantes à racines superficielles. Dans un sol calcaire, il donne sulfate de chaux et carbonate d'ammoniaque volatil qui se perd rapidement. Même inconvénient lorsqu'on mélange sulfate d'ammoniaque et chaux et aussi fumier et chaux.

Au contraire, l'humus retient l'ammoniaque, c'est donc dans les terres humiques peu chargées de chaux que le sulfate d'ammoniaque convient le mieux.

Les nitrates de soude et de potasse ne se décomposent pas par la chaux et conviennent pour les plantes à racines profondes. Ils ont l'inconvénient d'être rapidement entraînés par les pluies hors de la portée des racines.

Les répandre à la surface du sol par petites portions.

2° *Pour le phosphore.* — Emploi de phosphates *moulus en poudre très fine*, mais qui doivent contenir le phosphore sous une forme assimilable. Rejeter ceux contenant plus de 5 °/$_0$ de fer et d'alumine, car ces deux corps transforment le phosphate assimilable en phosphate non assimilable (rétrogradation).

Employer phosphates naturels, scories phosphatées, superphosphate, os pulvérisés, noir animal.

3° *Pour la potasse.* — Sels de Stassfurt (nitrate, chlorure, sulfate et carbonate). — Cendres des végétaux. Beaucoup de terre en renferment en quantité suffisante. La potasse est nécessaire surtout pour la vigne, les pommes de terre, les légumineuses.

4° *Pour la chaux.* — Employer chaux, marne, plâtre. La *chaux* s'emploie surtout en terrains acides (prairies contenant de la mousse). On emploie la *marne* dans les terrains siliceux ou argileux.

La chaux a pour avantage de neutraliser les acides en s'unissant à eux, elle met en liberté l'azote des matières organiques, mais peut brûler certaines plantes délicates.

L'action du *plâtre* sur les plantes étant immédiat, on l'emploie généralement sur les légumineuses et les crucifères, lorsqu'elles sont déjà poussées. D'après M. Dehérain, il ferait passer les alcalis de la couche superficielle dans la couche profonde où ils sont utilisés par les racines.

RECHERCHE LOCALE DES ENGRAIS ET AMENDEMENTS

La géologie, non seulement fait connaître à l'agriculteur, avant toute analyse chimique, les éléments qui peuvent manquer au sol, mais lui permet aussi de reconnaître souvent dans son voisinage des gisements de minéraux qu'il devrait faire venir de loin à grands frais.

Dans la région qui nous occupe, je ne vois guère à signaler que des gisements de pierre à chaux et de phosphates naturels.

Pierre à chaux. — Le calcaire à gryphées est une très bonne pierre à chaux. Il est d'autant plus avantageux d'avoir à proximité ce calcaire que la plupart des sols de la vallée de la Brenne manquent de chaux. On a vu combien la chaux était nécessaire dans les terrains. Un agriculteur de Vitteaux, nommé Brulot, avait fait construire, vers 1860, dans un de ses champs, le champ Ozerain, un four à chaux qui servit pendant quatre ou cinq ans et est aujourd'hui démoli.

A côté du calcaire à gryphées, dont la composition est la suivante :

Carbonate de chaux	83 %
Phosphate	0,43 %
Potasse	0,15 %

Quelques autres éléments moins importants.

il existe un autre calcaire qui, d'après M. Coquillon, est beaucoup plus riche en phosphates que le précédent. Ce calcaire se trouve en bancs considérables dans l'Auxois, dans la zone à Am. Birchii (zone supérieure du lias inférieur). Dans certains cas, sous l'influence de l'eau chargée de gaz carbonique, la pierre s'est délitée, le carbonate de chaux dissous a été entraîné au loin et il est resté le phosphate de chaux qu'on a exploité sous cette forme aux environs de Semur et de Saint-Thibault. Dans d'autres cas, le calcaire est resté compact et le phosphate se trouve comme enchâssé au milieu de sa masse. Il faut, quand on le peut, donner la préférence à ce calcaire.

D'après ce que nous venons de dire, il résulte, pour notre région, deux faits importants pour l'agriculture :

1º La terre arable manque souvent de chaux, son calcaire dissous par l'eau chargée de gaz carbonique ayant été entraîné au loin. L'agriculteur devra donc souvent chauler ou marner ses sols. La présence de la mousse dans les prés l'avertira de leur acidité et de la nécessité d'y répandre de la chaux ou de la marne. L'analyse des terres cultivées lui révélera le même fait ;

2º Le phosphate de chaux se trouve souvent dans les deux zones supérieures du lias inférieur sous l'aspect de nodules irréguliers quelquefois blanchâtres, le plus souvent jaunâtres, de la grosseur du poing à celui d'une noisette.

Il est facile à extraire aux environs de Semur où il présente l'aspect d'un vieil empierrement de route entamé par la pioche. Il a été fort exploité, comme je l'ai déjà dit.

Selon Collenot, les nodules phosphatés se rencontrent encore dans un limon argileux de couleur jaune foncé, assez souvent noirâtre, avec grains de fer et un peu de manganèse connu dans le pays sous le nom de *machefer* ou de *cran*, qui recouvre les bancs du lias inférieur sous une épaisseur variant de quelques centimètres à 2 ou 3 mètres.

On a eu l'idée d'employer à la fabrication des superphosphates les fossiles si abondants du Sinémurien, mais on a dû y renoncer, car :

1° Ces fossiles renferment peu de phosphates ;
2° Ils sont très durs, et par suite difficiles à pulvériser ;
3° Ils contiennent, unis à l'acide phosphorique, du protoxyde ou un autre oxyde de fer, ce qui les rend difficilement attaquables par les acides.

Pour bien mettre en évidence l'absence de chaux et la présence d'une notable quantité de phosphore dans certains terrains des environs de Vitteaux, je donne ci-dessous l'analyse de deux échantillons de terre d'un champ appelé *grande pièce de Charmoy*, limité au sud par le ruisseau du Pontôt. Le long de ce ruisseau, et sur une certaine largeur, s'étend une terre rouge foncée (machefer), reposant sur la roche peu profonde du lias inférieur. A une plus grande distance du ruisseau, vers le sommet de la pente du terrain est une terre blanche, alluvions de grande épaisseur, reposant sur le lias moyen.

ANALYSE DE LA TERRE DE CHARMOY

1° *An. mécanique*	Terre rouge	Terre blanche	Quantités nécessaires
Gravier	16 %	18 %	
Terre fine	84 %	82 %	
Analyse chimique			
Azote	1.82 $^{00}/_{00}$	1.08 $^{00}/_{00}$	Bonne terre 1 $^{00}/_{00}$
Acide phosphorique.	4.62 $^{00}/_{00}$	1.62 $^{00}/_{00}$	Terres pauvres au-dessous de 1 $^{00}/_{00}$ Riche 1 au-dessus de 1 à 1 ½ $^{00}/_{00}$
Potasse	4.58 $^{00}/_{00}$	3.12 $^{00}/_{00}$	Bonne terre à 2 $^{00}/_{00}$
Carbonate de chaux.	1. $^{00}/_{00}$	0.7 $^{00}/_{00}$	Bonne terre à 3 %
Magnésie	0.3 $^{00}/_{00}$	0.4 $^{00}/_{00}$	Bonne terre à 3 $^{00}/_{00}$
Analyse physiquochimique			
Argile	32,24 %	28,13 %	
Sable silicieux. . .	61,48 %	64,70 %	
Humus	2,23 %	1.75 %	

Terres assez riches en éléments fertilisants, manquent de chaux. On peut, comme amendements, employer les marnes du lias moyen ou supérieur.

ENGRAIS VERTS

On appelle ainsi les plantes qu'on cultive afin de les enfouir dans le sol auquel elles serviront d'engrais.

Il faut employer des plantes de la famille des légumineuses, parce que les nodosités des racines de ces plantes renferment des microbes qui peuvent assimiler l'azote gazeux de l'air. Cet azote ne coûte rien. Les légumineuses les meilleures à employer sont : pois, vesce, trèfle, lupin. Toutes ces plantes enfouies dans le sol enrichissent ce dernier en azote.

Il faut aussi remarquer que, dans une terre en jachère, la nitrification se fait comme dans une terre cultivée, mais, dans la jachère, l'azote nitrique est entraîné dans les profondeurs du sol et à peu près perdu pour les cultures suivantes. En cultivant les légumineuses dans les jachères, on retient l'azote, en même temps qu'il y a absorption par ces racines d'acide phosphorique et de potasse.

En résumé, l'engrais vert rassemble les divers éléments utiles du sol pour les mettre à la disposition des cultures suivantes.

Dans la région vitellienne, comme engrais verts, on laboure souvent la deuxième coupe de trèfle.

IRRIGATION

L'eau est nécessaire à la nutrition du végétal. Elle fournit aux plantes la fraîcheur et l'humidité nécessaires à leur développement, subvient aux besoins de leur exhalation de vapeur d'eau, sert de véhicule aux matières minérales qui ne sont généralement assimilables qu'en dissolution et fournit au végétal l'hydrogène qui lui est nécessaire.

Certaines plantes, comme la salade, contiennent 90 °/$_0$

d'eau, 100 kilogs d'herbes ne donnent guère, après dessication, que 25 kilogs de foin, les 75 kilogs de différence ne sont autre chose que de l'eau.

Traversant les couches supérieures du sol, l'eau entraîne vers les racines les principes fertilisants. Par les sels minéraux qu'elle contient, elle joue le même rôle que le fumier.

D'après M. de Launay, 100 kilogs de fumier contenant 4 à 5 kilogs d'azote, 2 à 7 kilogs d'acide phosphorique, 5 à 6 kilogs de chaux, 3 à 4 kilogs de potasse, 1 kilog. de soude, il faut produire l'équivalent :

	EAU DE SEINE	EAU D'ÉGOUT DE PARIS
Azote	20.000 m^3	100 m^3
Chaux	59 m^3	14 m^3
Alcalis	637 m^3	42 m^3

En moyenne, l'irrigation procure un accroissement de revenu d'au-moins 200 francs par hectare.

L'avantage de l'irrigation d'un sol dépend surtout de sa nature géologique.

Indispensable dans les terrains perméables, l'irrigation est très utile aussi dans les terrains dits imperméables, car elle y apporte des sels minéraux.

Dans la vallée de la Brenne, on irrigue beaucoup les prés en février et mars surtout.

Par dérivation d'un cours d'eau, on établit dans la partie haute de la prairie un canal de déversement dont l'eau déborde par diverses rigoles pour se répandre sur la prairie. La quantité d'eau employée varie de 6.000 mètres cubes à 10.000 mètres cubes à l'hectare. Il est bon de la répartir en huit ou dix arrosages.

On emploie des sources à défaut de cours d'eau importants. Dans le territoire de la commune de Vitteaux, les sources sont assez nombreuses. M. Tainturier, conducteur des Ponts et Chaussées à Vitteaux, en a signalé trente et une.

L'imperméabilité du sol et l'abondance des sources, permettent d'établir facilement des abreuvoirs, parfois par une simple cavité creusée dans le sol, d'autres fois par cette même cavité, limitée par des murs en pierres sèches.

Lorsqu'on irrigue un pré avec de l'eau trouble, les matières en suspension se déposent et constituent un excellent engrais.

DRAINAGE

Si l'eau répandue en justes proportions et en temps opportun dans le sol est pour lui un élément de fertilité, elle peut, au contraire, le rendre stérile si elle s'y accumule et y croupit.

La fermentation des matières organiques acidifie alors le sol qui manque aussi d'aération. L'herbe y pourrit et il n'y pousse que des mousses et des joncs.

Il est par suite nécessaire de débarrasser un sol de l'excès d'eau qu'il contient. On peut s'y prendre de plusieurs manières :

1º Par des rigoles à ciel ouvert, creusées suivant la ligne de plus grande pente. Ce procédé ne prive pas la terre de l'eau qui lui est nécessaire, car elle en retient encore 10 à 20 % par capillarité.

2º Quand on ne peut utiliser ce premier procédé, on creuse des fossés que l'on remplit de pierres, laissant entre elles des interstices ou des lignes de tuyaux avec des ouvertures à chaque joint (draînage proprement dit).

Quelquefois la géologie permet d'établir un draînage naturel. Supposons qu'un sol imperméable, argileux, par exemple, d'une épaisseur d'environ 1 mètre à 1 m. 50, soit superposé à un terrain perméable, sableux par exemple, il suffira pour enlever l'eau du sol, d'établir quelques drains entre sa surface et la couche perméable.

Dans la vallée de la Brenne, on draîne surtout au moyen de fossés remplis d'assez grosses pierres.

ASSOLEMENTS

Un bon cultivateur ne doit pas cultiver la même plante dans le même sol, car :

1º Chaque sorte de plante enlève à la terre certains éléments que ne lui enlèvera pas une autre plante. Exemple : Le blé enlève au sol plus d'azote que de potasse, par conséquent, une terre, où on ne cultiverait que du blé, s'appauvrirait vite en azote. Au contraire la pomme de terre enlève au sol plus de potasse que d'azote, par suite, si l'on cultive dans une terre exclusivement de la pomme de terre, celle-ci s'appauvrirait vite en potasse.

2º D'autre part, dans une culture de blé, certaines plantes échappées au sarclage donnent des graines qui tombent sur le sol avant la moisson. Ces graines germeront l'année suivante et, si l'on cultive encore du blé dans le même lieu, cette culture sera infestée de mauvaises herbes qu'il sera difficile d'extirper. Au contraire, dans une culture de pommes de terre, on pourra, par plusieurs binages, détruire les mauvaises herbes avant qu'elles aient donné des graines (plantes sarclées).

C'est pour ces deux raisons principales que le cultivateur divise ses terres en plusieurs parties ou *soles* et que l'on a donné le nom d'assolement au nombre des divisions d'une exploitation agricole et aussi au nombre d'années séparant la culture d'une même plante sur la même terre.

Dans la vallée de la Brenne, on suit un assolement triennal : blé, orge ou avoine, jachère nue ou plantes sarclées (pommes de terre, betterave).

Inconvénients de la jachère nue :

1º Il faut labourer à plusieurs reprises pour détruire les mauvaises herbes. Le blé qu'on y cultive ensuite devra payer ces labours et reviendra plus cher au cultivateur.

2º Pendant la jachère nue, l'azote nitrique est entraîné par les grandes pluies dans les profondeurs du sous-sol. L'eau chargée de gaz carbonique dissout le calcaire et l'entraîne également.

Le mieux serait de semer dans la jachère nue une légumineuse que l'on enfouirait en vert (jachère verte). Elle utilise l'azote nitrique formé, ainsi que le carbonate de chaux dissous par l'eau carbonatée et fixe par ses racines l'azote atmosphérique. Elle améliore donc le sol mais ne donne, par contre, aucun produit vendable. Il ne faut donc pas trop la généraliser.

D'après le professeur américain Milton Withney, la raison des assolements est la suivante : Les substances excrétées par les racines d'une plante sont toxiques pour cette plante et non pour des plantes différentes.

Il ne faut donc pas cultiver la même plante dans un sol avant que ce sol ait eu le temps de se purifier lui-même. L'orge réussit après la pomme de terre et non après l'orge.

APERÇU GÉNÉRAL DE LA FERTILITÉ DU SOL AUX ENVIRONS DE VITTEAUX

En s'élevant de la vallée aux sommets, on rencontre successivement le calcaire à gryphées, des marnes, le calcaire à bélemnites, les marnes du lias supérieur et le calcaire bajocien. En somme des marnes et des calcaires.

Ces roches, lorsqu'elles ne sont pas trop caillouteuses, donnent des terres suffisamment riches en chaux et acide phosphorique, mais quelquefois insuffisantes en potasse. Les céréales s'y plaisent beaucoup. Les marnes, mélange de calcaire et d'argile, sont assez compactes pour maintenir une certaine humidité, mais pas trop pour empêcher l'eau surabondante de s'infiltrer. Ces conditions sont excellentes pour l'établissement de paturages. Aussi les paturages du lias sont-ils excellents !

Il est à remarquer que, dans la plaine, il s'est effectué une décalcarisation par l'eau chargée de gaz carbonique et que le sol y est pourvu en chaux, mais, par contre, riche en phosphore.

Quant aux affleurements du calcaire bajocien, ils donnent des champs secs et pierreux à cause de l'infiltration de l'eau dans les fentes du calcaire. Sur ces affleurements se développe naturellement du gazon (chaumes). On peut y cultiver des essences forestières et même quelquefois de la vigne.

V

AGRICULTURE SPÉCIALE

Prairies.

Le lias est par excellence la terre des riches herbages. Les pâturages du Charollais sont dans le lias. C'est dans ce terrain que s'est formée la belle race charollaise et lorsque cette race a quitté le charollais pour d'autres régions, c'est dans des régions liasiques qu'elle s'est d'abord répandue. Elle n'a quitté ces régions pour se répandre dans d'autres, que lorsque le sol de ces dernières a été transformé par des amendements calcaires qui en modifiaient les paturages.

C'est la nature des herbages de Saône-et-Loire et son climat qui ont tout fait pour la race charollaise. Les anciens n'ont aucun souvenir de la moindre tentative faite dans un but d'amélioration.

Le sol de Vitteaux et des environs est donc excellent pour l'établissement de prairies, aussi depuis quelques années, le nombre de ces dernières a-t-il considérablement augmenté. La pratique de l'embouche tend également de plus en plus à s'établir.

Situation topographique. — A ce point de vue, on divise les prairies en :

1º *Prairies basses.* — Elles sont au-dessous du niveau des eaux et donnent un foin vaseux de mauvaise qualité. Il en existe peu à Vitteaux.

Dans ces prairies basses, on rencontre des carex ou laiches, des joncs... laissés de côté par les animaux.

2º *Prairies moyennes*. — Elles donnent des herbes plus fines, plus tendres et plus appréciées que celles des prairies basses. A Vitteaux, elles débutent le long de la Brenne et des ruisseaux pour s'élever un peu sur la pente des côteaux. Ces prairies donnent de bon foins et comme conséquence d'excellents beurres (beurres de Posanges, de Marcilly, de Dracy).

3º *Prairies hautes*. — Elles font suite aux prairies moyennes et s'élèvent parfois presque jusqu'au sommet des montagnes bordant la vallée. Renferment des espèces qui donnent au foin deux bonnes qualités : arôme et finesse.

Création. — A Vitteaux, on crée une prairie en semant des graines convenables dans un terrain préparé à l'avance. Cela est préférable au procédé des semis spontanés avec lequel les espèces nuisibles dominent toujours.

On a remarqué que, par ce dernier procédé, sur trente-huit espèces, il n'y en a que huit d'utiles dans les prairies basses et, dans les prairies hautes, sur vingt-neuf espèces, quatre utiles seulement.

Les espèces nuisibles s'introduisent toujours beaucoup trop à la longue dans une prairie même lorsqu'on n'y a semé que des plantes nutritives, aromatiques, appréciées du bétail.

L'ensemble des plantes devant constituer un bon foin se compose de deux tiers de graminées et de un tiers de légumineuses, quelques ombellifères labiées et composées.

ANALYSE D'UNE PRAIRIE MOYENNE SISE EN LA MALADIÈRE, VIS-A-VIS DE LA BORNE 30 KILOM. 2 DE LA ROUTE NATIONALE Nº 70, D'AVALLON A COMBEAUFONTAINE. CONTENANCE, 3 HECTARES.

Dans ce pré, la composition varie suivant que l'on s'avance de l'ouest vers l'est. Du côté de l'ouest, le fond est riche en légumineuses et assez de graminées. Du côté de l'est, au contraire, peu ou pas de légumineuses à cause de l'existence de mousse, graminées plus rares qu'à l'ouest, la fétuque des brebis domine.

Légumineuses. — Trèfle des prés, bon, beaucoup à l'ouest.
Minette, bonne, beaucoup à l'ouest.
Sainfoin, bon, beaucoup à l'ouest.
Lotier corniculé, bon, beaucoup à l'ouest.

Graminées. — Fromental, bon, peu à l'ouest.
Paturin commun, bon, peu à l'ouest.
Vulpin des prés, bon, peu à l'ouest.
Brome mou, mauvais, assez à l'ouest.
Avoine jaunâtre, médiocre, assez à l'ouest.
Dactyle aggloméré, bon, assez à l'ouest.
Fétuque des brebis, bonne, assez à l'ouest.
Ivraie vivace, bonne, peu à l'ouest.

Autres plantes. — Quelques colchiques d'automne à arracher, peu de composées :
Grande marguerite (médiocre).
Centaurée jacée (médiocre).
Peu d'ombellifères (médiocres).
Quelques pimprenelles (passable).
Peu de renoncules (mauvaises).
Quelques primevères officinales (médiocres).
Assez de gaillet blanc (médiocre).
Très peu de carex (très mauvais).

Pour que ce pré fut meilleur, il faudrait d'abord arracher les colchiques, détruire la mousse par le sulfate de fer ou neige à raison de 500 kilogs par hectare, y semer : fléole et houlque laineuse, bonnes graminées qui lui manquent, ainsi que les légumineuses suivantes : trèfle blanc, anthillide vulnéraire.

L'irrigation en est facile et la pente du sol ne permet pas la stagnation de l'eau. C'est dans la partie est surtout qu'il faut semer les légumineuses et les graminées indiquées ci-dessus.

Destination. — Le foin récolté dans la région vitellienne est expédié à Lyon ou Marseille.

AGRICULTURE SPÉCIALE

Revenu pour le locataire d'un pré fauché

On loue en moyenne 20 francs la soiture (17 a. 14 cent.),
soit, pour l'hectare . . . . 120 fr.
Prix du fauchage de l'hectare . . . . . . 18 fr.
Prix de la rentrée du foin d'un hectare . . . 18 fr.
Prix de l'engrangeage . . . . 6 fr.
               DÉPENSES . . . . . 162 fr.

On regarde les autres frais d'exploitation : fumier, irrigation, réparation des clôtures..., comme payés par la valeur du regain (ce regain a, dans certains cas, une valeur supérieure à ces frais).

On récolte en moyenne 500 kilogs de foin par soiture, ce qui fait à raison de 28 francs en moyenne les 500 kilogs pour la valeur du foin donné par un hectare.

$$28 \text{ fr.} \times 6 = 168 \text{ fr.}$$

Le revenu net par hectare est donc de :

$$168 \text{ fr.} - 162 \text{ fr.} = 6 \text{ fr.}$$

Revenu pour le propriétaire récoltant.

3.000 francs, valeur moyenne d'un hectare de pré, rapportent 168 francs moins les frais d'exploitation (42 fr.) et l'impôt (4 fr.), soit 46 francs, c'est-à-dire :

$$168 \text{ fr.} - 46 \text{ fr.} = 122 \text{ fr.}$$

pour 100 fr. : $\dfrac{122 \times 100}{3.000} = 4 \text{ fr. } 06 \,°/_0$.

EMBOUCHES

1° *Dans l'Auxois en général.*

J'emprunte à M. Laprugne, professeur d'agriculture à Semur [1], les considérations suivantes sur l'engraissement du

---

1. *La Bourgogne rurale*, 5ᵉ année, n° 50.

bétail dans l'Auxois : « L'Auxois, région de riches paturages reposant sur l'étage argilo-calcaire du lias est particulièrement favorable à l'élevage et l'engraissement du bétail. »

Comme dans le Nivernais, les pâturages d'engraissement des bovins y sont appelés « embouches » et les herbagers qui les exploitent sont connus sous le nom « d'emboucheurs ».

L'engraissement commence au printemps et se poursuit jusqu'en octobre. Les animaux sont généralement achetés aux foires de mars et répartis dans les paturages proportionnellement à la richesse du sol et à la valeur nutritive des herbes qu'il fournit.

On observe par conséquent des différences entre les prairies d'embouche, différences qui se traduisent par des variations dans la valeur locative de ces prairies. Ainsi les meilleurs herbages, ceux qui permettent d'engraisser le plus gros poids de bétail à l'hectare, sont loués parfois plus de 150 francs l'hectare (25 francs la soiture à Vitteaux)[1]. Les bons pâturages se louent 120 à 130 francs l'hectare (20 francs la soiture), les moins riches 100 francs l'hectare (16 fr. 50 la soiture).

La richesse de l'herbage doit suffire seule pour amener les animaux à l'état d'engraissement désiré pour la vente.

La science de l'herbager consiste surtout à savoir choisir les animaux destinés à l'engraissement, à les grouper dans les pâturages de façon à utiliser le plus complètement les ressources fourragères, à les surveiller pour en suivre le développement et faire varier, s'il est nécessaire, le nombre de têtes dont il a chargé l'embouche. Parfois même, il y a lieu d'éliminer un animal défectueux, lent à engraisser et par conséquent mauvais transformateur de l'herbe en viande.

Bovins. — L'engraissement des jeunes bovins est le plus généralement répandu dans l'Auxois.

Toutefois on rencontre aussi des bœufs soumis à l'en-

---

1. La soiture de Vitteaux vaut 17 ares 14 centiares.

graissement dans quelques localités avec les châtrons et les taures. On engraisse aussi des vaches mauvaises laitières et quelques taureaux.

Dans les prés d'embouche de *moyenne qualité* on compte que l'hectare (6 soitures) engraisse un châtron et demi. Les mêmes prairies peuvent engraisser deux bœufs dans un hectare deux tiers environ (8 soitures).

Les *meilleurs herbages* peuvent conduire à l'état de gras deux châtrons à l'hectare et quelquefois un peu plus. Dans les herbages les plus maigres, il faut réduire le nombre des animaux.

Si l'on évalue le coût de l'engraissement par rapport à la valeur locative du pâturage, on reconnaît que le châtron consomme jusqu'au moment où il est vendu de 70 francs à 75 francs d'herbe. Le bénéfice de l'exploitation s'établit par différence entre le prix de vente et le prix d'achat de l'animal, défalcation faite de la valeur de l'herbe consommée, de l'intérêt du capital engagé, des divers frais entraînés par l'exploitation elle-même et de l'amortissement des pertes éventuelles résultant d'accidents et de maladies.

Il est difficile de donner un chiffre moyen comme évaluant ce bénéfice, car les années sont très variables au point de vue des cours du marché de la viande et de l'abondance des fourrages. Cependant, en année ordinaire, les châtrons achetés au printemps valent 350 francs en moyenne, les génisses 300 francs, les vaches 300 à 450 francs, les taureaux de pâturage 250 à 300 francs. La différence entre le prix d'achat et le prix de vente, toujours en année ordinaire, atteint de 90 à 100 francs pour les châtrons et des taures, 250 à 300 francs pour une paire de bœufs et 100 francs pour un taureau.

Les taures s'engraissent plus vite que les châtrons et par suite coûtent moins cher à engraisser. Elles sont vendues de bonne heure, en juillet-août, ce qui permet, dans les bons prés, de les remplacer par de nouveaux animaux.

Les bœufs d'engraissement sont âgés de quatre ans. On n'engraisse pas dans l'Auxois de bœufs adultes. Ces derniers, connus sous le nom de *sucriers*, quittent le pays, surtout Saulieu et Rouvray, pour être expédiés dans les régions à betteraves.

Les vaches et les taureaux sont entretenus autant que possible dans les pâturages les moins bons car leur âge leur permet d'utiliser un fourrage qui serait insuffisant pour l'accroissement des châtrons et des génisses.

Les résultats de l'engraissement d'embouches ne sont pas aussi brillants qu'on pourrait le croire. L'élevage de l'espèce chevaline vient y ajouter un bénéfice complémentaire.

Dans l'Auxois, on élève aussi des poulains de race de gros trait, très appréciés.

Achetés en septembre, octobre et novembre, les poulains sont mis au printemps au pâturage avec les châtrons et les génisses et y sont laissés jusqu'à fin septembre pour les mâles et un peu plus tard pour les pouliches, moment où l'on fait leur vente.

On élève deux ou trois poulains en même temps que douze à quinze châtrons. Il est raisonnable de compter 300 francs de bénéfice par poulain ou 900 francs au total sur les trois poulains. Ce bénéfice s'ajoute à celui donné par les bovins nourris sur une superficie de 9 à 10 hectares. »

2º *Dans la région vitellienne.*

La pratique des embouches à Vitteaux a environ trente ans d'existence [1]. On élève, en général, de jeunes bovins, châtrons ou taures de race charollaise. De plus, chaque cultivateur élève du bétail pour la boucherie. On peut évaluer à deux cents le nombre des animaux nourris actuellement à Vitteaux pour la boucherie. La destination de ces bovins est Paris pour les grosses bêtes et Lyon pour les animaux plus jeunes.

Le prix moyen du kilog., poids vif, est de 0 fr. 45 à 0 fr. 50.

---

1. Il existe deux ou trois emboucheurs principaux.

Pour les achats sur place, ils ont lieu plutôt à l'écurie ou le pré que sur les foires. On élève, en général, deux têtes de bétail par hectare.

Calcul du bénéfice d'un emboucheur qui nourrit dans son pré.

Prix d'achat d'un bovin.	350 fr.
Intérêts du prix d'achat pendant six mois à 3 %.	5 fr. 25
Valeur de l'intérêt du capital pré à 3 % (un demi-hectare pendant un an). . . .	45 fr.
Frais d'exploitation par bovin.	2 fr.
Amortissement pour accident ou maladie. .	10 fr.
Total.	412 fr. 25

Prix de vente : 470 francs en moyenne.
Bénéfice par bovin : 470 fr. — 412 fr. 25 = 57 fr. 75.

Calcul du bénéfice d'un emboucheur nourrissant dans un pré loué.

Prix d'achat d'un bovin.	350 fr.
Valeur de l'herbe consommée par un bovin.	60 fr.
Intérêt du prix d'achat pendant six mois à à 3 %.	5 fr. 25
Frais d'exploitation	2 fr.
Amortissement pour accidents et maladies. .	10 fr.
Total.	427 fr. 25

Prix de vente : 470 francs en moyenne.
Bénéfice par bovin : 470 fr. — 427 fr. 25 = 42 fr. 75.

PATURAGES ET CHAUMES

Dans la région vitellienne, il y a peu de pâtures, mais par contre une étendue assez considérable de chaumes.

Une grande partie du sommet des montagnes, assises

supérieures du bajocien, est en chaumes; d'autres parties sont en bois et le reste en culture.

Sur ces chaumes, les moutons peuvent trouver une bonne pâture. C'est là aussi que se trouvent les lavières fort exploitées autrefois à Vitteaux.

On y rencontre aussi beaucoup de champignons en septembre et octobre.

CHAMPS

Dans les champs, on cultive des céréales, des plantes fourragères, des racines et des tubercules.

La surface totale des champs qui, dans notre région était en 1836 de 1.264 hect. 83 est en 1908 de 882 hectares. Beaucoup de champs ont été convertis en prés.

Céréales. — On cultive le blé, l'orge, l'avoine et le seigle.

Espèces. — Les espèces de blé d'hiver cultivées à Vitteaux sont : le blé mouton, le blé blanc, le blé d'Alkirch, le blé rouge.

Les espèces d'avoine sont : l'avoine ordinaire et l'avoine grise. Comme orge et seigle, on cultive l'orge et le seigle communs, très peu de seigle.

Rendements. — Le blé, l'avoine et l'orge donnent en moyenne à Vitteaux 100 doubles décalitres à l'hectare, le seigle 75 doubles décalitres.

Revenu donné par la culture du blé à Vitteaux.

Revenu brut. — Le blé donne en moyenne 100 doubles décalitres à l'hectare. Le poids moyen d'un double décalitre est de 16 k. 66, 100 doubles pèsent 1.666 kilogs, ce qui, à 22 francs les 100 kilogs en moyenne donne le prix du blé d'un hectare :

$$22 \text{ fr.} \times 16,66 = 366 \text{ fr. } 52.$$

Le poids de la paille est généralement les 5/3 du poids

du blé, soit comme poids de la paille donnée par un hectare :

$$1.666 \text{ kilog.} \times 5/3 = 8.330 \text{ kil.}$$

qui à 5 francs le quintal donnent pour le prix de la paille d'un hectare :

$$5 \text{ fr.} \times 83,30 = 138 \text{ fr. } 80$$

Le revenu brut est :

$$366 \text{ fr. } 52 + 138 \text{ fr. } 80 = 505 \text{ fr. } 32.$$

Frais pour un hectare.

3 coups de charrue à 24 francs le coup (4 fr. par journal)	72 fr.
12 doubles de semence à 3 fr. 50 le double. . .	42 »
24 voitures de fumier à 6 francs.	144 »
Frais de moisson à la machine (2 fr. 50 le journal).	15 »
Frais de rentrée (à 2 fr. 50 le journal).	15 »
Engrangeage	6 »
Frais de battage (1/3 de journée 117 francs par jour)	39 »
Impôts	6 »
Total.	339 fr.
Intérêts à 3 % de la valeur d'un hectare, soit 1.800 francs	54 fr.
Total.	393 fr.

Revenu net d'un hectare de blé :

$$505 \text{ fr. } 32 - 393 \text{ fr.} = 112 \text{ fr. } 32.$$

Destination des céréales. — Pour le blé, les grands moulins de commerce. L'orge et l'avoine sont la plupart du temps consommés à la maison. La paille de seigle sert à faire des liens.

Plantes fourragères. — Luzerne, trèfle, minette, sainfoin, généralement consommés pour la nourriture du propriétaire ou du locataire. Surfaces cultivées : 75 hectares.

Racines et tubercules. — 16 hectares de pommes de terre et betteraves consommés dans la maison.

Cultures disparues. — Le chanvre.

Cultures nouvelles. — Un peu de consoude, de lin et de chou fourrager.

MAUVAISES HERBES DES CULTURES

1º *Dans les champs.*

Ravenelle, chou blanc, sauves. — *Raphanus raphanistrum L.*
Moutarde des champs, chochenove. — *Sinapis arvensis L.*
Prêles ou queue de renard. — *Equisetum arvense L.*
Yèbles ou yoles. — *Sambucus ebulus L.*
Oseille au serpent ou rouandes. — *Rumex variés.*
Anottes. — *Lathyrus tuberosus L.*
Liseron des champs ou vieillie. — *Convolvulus arvensis L.*
Coquelicot ou rachet. — *Papaver rhœus L.*
Bleuet ou œillet bleu. — *Centaurea cyanus L.*
Nicele des blés ou nêle. — *Agrostemma githago L.*
Véronique à feuilles de lierre. — *Veronica hœderœfolia L.*
Chiendent ou grimon. — *Agropyrum repens L.*
Gratteron, laprais ou reson. — *Galium apparine C. et G.*
Bardane ou pignolot. — *Lappa minor D. C.*
Pas d'âne ou biote. — *Tussilago farfara L.*
Chicorée sauvage. — *Cichorium intybus L.*
Gaude. — *Reseda luteolar L.*
Ivraie. — *Lolium perenne L.*
Baume. — *Menthes variées.*
Ladane. — *Galeopsis ladanum Anck.*
Pissenlit ou dent de lion. — *Taraxacum dens leonis L.*
Rougeole. — *Melampyrum arveuse L.*

2º *Dans les prés.*

Primevère, pied de chat. — *Primula officinalis Jacq.*

Colchiques ou voyottes. — *Colchicum autumnale L.*
Bassignots ou boutons d'or. — *Différentes renoncules.*
Louèches ou laiches. — *Carex variés.*
Mousses. — *Muscinées variées.*

MOYENS DE SE DÉBARRASSER DES MAUVAISES HERBES

1º Employer des semences pures débarrassées de mauvaises graines :

A. Par le crible ou la tarrare, on peut séparer les graines de ravenelle, ivraie, coquelicot, bleuet, chrysanthèmes.

B. Par le trieur, on se débarrasse des graines de vesces, mélampyres, renoncules....

2º Par la jachère nue et des façons culturales appropriées, on évite la propagation du chiendent, des agrostis, de l'avoine folle, de l'avoine à chapelets, du tussilage, du liseron des champs, des chardons et des prêles...

Lorsqu'au cours de la végétation, quelques-unes de ces plantes se développent trop, on a recours à un sarclage ou à un binage.

3º Par l'emploi de solutions cuivreuses ou ferrugineuses, on peut se débarrasser de sauves et de ravenelles. Au moment de la floraison, répandre sur le sol, à l'hectare, 800 litres d'une solution 3 % de sulfate de cuivre ou 10 % de sulfate de fer ou 300 à 400 kilogs de sulfate de fer anhydre en poudre.

Dans les prés, on se débarrasse aussi des mousses par le même procédé en faisant précéder l'épandage d'un hersage énergique.

On doit arracher les colchiques, détruire les carex, joncs et prêles par le drainage et l'apport d'éléments calcaires.

PHANÉROGAMES PARASITES DES PLANTES FOURRAGÈRES

Je ne parlerai que des principales : la cuscute, les orobanches, les rhinantes ou crêtes de coq et le rhizoctome de la luzerne.

Cuscute. — C'est un végétal sans chlorophylle, vivant aux dépens des autres végétaux, surtout sur la luzerne. C'est un parasite de la tige.

Pour l'éviter, n'employer que des graines décuscutées. Quand la cuscute apparaît, on fauche la partie atteinte que l'on brûle sur place. Arroser la place avec une solution de 4 à 5 % de sulfate de fer. Comme la cuscute ne s'attaque pas aux graminées, on pourrait semer du ray gras sur les parties contaminées.

Orobanches. — Plantes qui sont aussi sans chlorophylle, qui vivent aux dépens des *racines* des végétaux (luzernes, trèfles…). Il faut, pour s'en débarrasser, les arracher avant que ces orobanches soient en graine et labourer profondément.

Rhinantes ou crêtes de coq. — Comme l'orobanche, sont parasites de la *racine* des végétaux (graminées). Pour s'en débarrasser, il faut faucher avant qu'ils soient en graine.

Rhizoctomes de la luzerne. — Encore un parasite de la *racine*. La luzerne attaquée jaunit et se fane. Il faut arracher les pieds malades et les brûler, isoler la tâche produite par un fossé du reste du champ, labourer cette tâche et y semer des fourrages annuels.

CRYPTOGAMES PARASITES DES CÉRÉALES

Je ne signalerai que les principales : carie, charbon, rouille, ergot.

Carie (Tilletia caries). — C'est un champignon qui transforme l'amidon des grains en une poussière noire, grasse au toucher et dont l'odeur est fétide. Au battage, ses spores se disséminent sur les pailles et le grain. Elles germent avec le grain et en transforment l'amidon.

Pour éviter cet inconvénient, il faut traiter le grain, avant la semence, par solution chaude de sulfate de cuivre 5 %.

Charbon (Ustilago carbo). — Champignon qui, après l'épiage, forme à la place des épillets une poussière noire, de là son nom. Attaque blé, orge, avoine, maïs et graminées vivaces. Traiter comme pour la carie.

Rouille (Uredo ou puccinia graminis). — Attaque la chlorophylle des végétaux sur lesquels elle forme une poussière jaunaâtre (d'où son nom). Comme on a remarqué qu'une des formes transitoires de ce champignon se développe sur les feuilles et les fruits d'épine vinette et que son évolution est favorisée par un temps chaud et humide, il faut ne pas cultiver d'épine vinette dans le voisinage des céréales qu'on sèmera de préférence dans les lieux élevés et secs.

Ergot, Clariceps purpura. — Se développe surtout sur le seigle dans les années humides, forme une excroissance noire violacée (d'où son nom), qui dépasse les glumes. Sa farine est un poison. Il faut éviter de cultiver trop souvent du seigle dans le même champ et enclaver cette culture dans les autres, car l'ergot se développe de préférence sur le bord des chemins.

PLANTES FOURRAGÈRES, RACINES, TUBERCULES

A Vitteaux, on cultive comme plantes fourragères de la luzerne, du trèfle violet, du trèfle incarnat, du sainfoin, de la minette, un peu de consoude de lin et de chou fourrager. La navette et le colza sont cultivés pour leurs graines oléagineuses. On cultive aussi un peu de vesces, de fèves. On cultivait autrefois du chanvre et du sarrazin, mais ces cultures ont disparu.

Comme plantes sarclées, on cultive la betterave fourragère (disette), peu de carottes fourragères, quelques choux raves.

Les pommes de terre sont assez plantées dans les *sombres* (jachères). Les espèces les plus répandues sont : Magnum bonum, Institut de Beauvais, Early rose, Chardon géante bleue. Richter imperator.

STATISTIQUE OFFICIELLE DE VITTEAUX POUR 1908

Terres labourables		882 hect.
Bois et forêts.		136 hect.
Blé	Superficie cultivée	300 hect.
	Rendement moyen à l'hectare.	20 hectol.
	— — au journal.	3 hectol. 33
	Production totale.	6.000 hectol.
Seigle . . .	Superficie cultivée	2 hect.
	Rendement moyen à l'hectare.	12 hectol.
	— — au journal.	2 hectol.
	Production totale.	24 hectol.
Orge	Superficie cultivée	40 hect.
	Rendement moyen à l'hectare.	24 hectol.
	— — au journal.	4 hectol.
	Production totale	960 hectol.
Trémois		0 hectol.
Avoine . . .	Superficie cultivée	260 hect.
	Rendement moyen à l'hectare.	25 hectol.
	— — au journal.	4 hectol. 16.
	Production totale.	6.500 hectol.
Sarrazin		0 hectol.
Féverolles .	Superficie cultivée	16 hect.
	Rendement moyen à l'hectare.	20 hectol.
	— — au journal.	3 hectol. 33
	Production totale.	320 hectol.
Pommes de terre . . .	Superficie cultivée	16 hect.
	Rendement moyen à l'hectare.	80 hectol.
	— — au journal.	13 hectol. 33
	Production totale.	1.280 hectol.
Betteraves fourrag^{es}.	Superficie cultivée	12 hect.
	Rendement moyen à l'hectare.	200 hectol.
	— — au journal.	33 hectol. 33
	Production totale.	2.400 hectol.
Colza, Superficie cultivée.		1 hect.

AGRICULTURE SPÉCIALE

Prairies artificielles. Superficies cultivées.	Tréfle.	15 hect.
	Luzerne	50 hect.
	Sainfoin.	10 hect.
Prairies naturelles .	Superficie cultivée	200 hect.
	Rendement moyen à l'hectare.	20 quint.
	— — à la soiture.	3 quint. 33
	Production totale.	4.000 quint.
Herbages et embouches. Superficie pâturée.		400 hect.
Pâturages et pacages		130 hect.

ÉVOLUTION DE L'AGRICULTURE

Considérations générales. — Pendant longtemps, le but de l'agriculteur a été d'obtenir de la terre ce qui lui était nécessaire pour lui et sa famille.

Comme, à cette époque, il était coûteux de faire venir des produits de régions éloignées, le surplus de la production était alors facilement vendu dans le pays même.

On devait cultiver, dans une même région, toutes les plantes nécessaires à la vie et, par suite, certaines récoltes pour lesquelles le sol n'était pas convenable, étaient peu abondantes, mais alors le produit obtenu se vendait à un prix assez élevé, ce qui compensait la médiocrité de la récolte.

Aujourd'hui, la facilité des communications importe chez nous des produits obtenus à l'étranger dans des conditions favorables, ce qui fait à certains de nos produits obtenus difficilement par suite de la non-appropriation du sol, une concurrence redoutable.

Les conditions économiques étant changées, il a été nécessaire de changer le système de culture et de productions agricoles.

L'agriculteur a senti la nécessité d'augmenter le rendement de ses terres en appliquant à la culture les données scientifiques et en se spécialisant dans les cultures les mieux appropriées aux milieux dans lesquels il se trouvait placé.

Des produits considérés longtemps comme secondaires sont devenus importants par suite du développement industriel qui, rendant la population plus dense, créait de nouveaux débouchés. On peut citer le lait, le beurre, les fromages, les fruits et les légumes.

La facilité et le bon marché des transports, les nouveaux procédés industriels de conservation ont favorisé l'agriculture.

Pendant longtemps, l'agriculteur s'est contenté de produire, il vendait alors ses produits qu'on venait lui acheter à domicile, mais aujourd'hui, la surproduction a amené une baisse considérable des prix, l'offre étant bien supérieure à la demande.

Il a donc fallu organiser commercialement l'agriculture, établir des associations pour la production et pour la vente.

Sous l'influence de l'enseignement agricole et des recherches scientifiques, la production s'est considérablement accrue surtout en céréales, bétail, laiterie, produits des vergers et jardins.

Voici quelques traits de cette évolution.

Fumure du sol. — Le fumier de ferme étant insuffisant, on a employé des engrais complémentaires :

		Emploi de superphosphate	Rendement à l'hectare
En France	1889,	425,000 tonnes	11 quintaux
	1899,	975.000 tonnes	14 quintaux

Travail du sol. — Il a été amélioré par des charrues perfectionnées, des semoirs, herses, rouleaux nouveaux...

Choix des semences. — Un sol mieux cultivé peut recevoir des semences de plantes plus délicates, plus exigeantes, mais d'un rendement plus élevé. Aussi il y a eu en France une extension considérable dans l'emploi des graines sélectionnées.

Augmentation dans la production de la viande. — L'habitant de la ville consommant plus de viande que celui de la campagne, les éleveurs ont trouvé de nouveaux débouchés pour la vente de leur bétail car la population des villes s'accroît au détriment de celle de la campagne.

Cette production s'est encore accrue grâce à la facilité des communications et de la conservation qui permet d'expédier la viande dans les pays les plus éloignés.

Industrie laitière, fruits, légumes. — Des progrès immenses ont été réalisés dans l'industrie laitière ainsi que dans la production des fruits et des légumes.

Vin. — Dans certaines régions, le vignoble reconstitué produit du vin en abondance. De 47.908.000 hectolitres en 1899 on passe à 67.333.000 en 1900.

Betterave. — La production dépasse de beaucoup la consommation, 400.000 tonnes exportées.

S'il y a une augmentation dans la production, cette augmentation a produit un effet malheureux : c'est la baisse du prix de vente.

En Allemagne, la culture intensive ne couvre plus les frais de production (Mueller).

Selon le Français Brandin, à propos de la surproduction du blé, il serait sage, non de rechercher l'augmentation des rendements, mais de s'ingénier à réduire les frais de culture, au risque de diminuer quelque peu la production.

Il faut que l'agriculture s'industrialise. La spécialisation serait ainsi une excellente chose. J'en parlerai dans le chapitre sociologie et économie rurale.

ÉVOLUTION DE L'AGRICULTURE DANS LA RÉGION VITELLIENNE

Après ces considérations générales, voyons maintenant l'évolution de l'agriculture dans notre région.

Fumure du sol. — Dans la région vitellienne, on se sert comme engrais surtout de fumier. Les engrais chimiques sont peu employés. On ne sait pas assez que le fumier que produit une culture ne suffit pas à la fumure du sol où l'on a récolté. Il serait nécessaire que les cultivateurs fissent analyser la terre de leurs propriétés pour savoir quels engrais ils doivent employer et dans quelles proportions ils doivent en faire usage. Dans la plupart des champs de Vitteaux, la chaux produirait un excellent effet, c'est ce qu'avaient bien compris autrefois MM. Millot et Brulot. Leur exemple n'a pas été suivi.

Dans l'emploi des engrais, il y a donc à réaliser un grand progrès dans notre région.

Travail du sol. — Dans notre région jusqu'en 1830, on a employé la charrue à soc de bois. A cette époque, fut introduite la charrue Meugnot à soc de fer. Cette charrue fut un grand progrès. En 1908, on employa la charrue fixe à deux socs. Cette charrue, une fois réglée, n'a pas besoin d'être tenue, mais elle nécessite au moins trois chevaux ; par contre, on fait deux fois plus d'ouvrage qu'avec la charrue à un soc. Il fallait autrefois six jours pour labourer un hectare de terre ; aujourd'hui, il n'en faut plus que deux.

Le temps est loin où, dans les côteaux, trois hommes étaient nécessaires pour le labourage, le premier conduisait les chevaux, le second tenait la charrue, et le troisième, à l'aide d'une corde, l'empêchait de descendre suivant la pente.

La *herse* en bois a été changée d'abord en une herse en bois à dents de fer, puis en une herse articulée en fer.

Le *rouleau* en *pierre* ou en *bois* a fait place à un rouleau composé de plusieurs pièces de fer.

Pour les pioches, il y a peu de changement, si ce n'est l'emploi aujourd'hui d'une pioche bineuse légère.

La *bêche*, autrefois pleine, a été remplacée par une bêche à trois ou quatre dents plates.

Le *rateau en bois* avec dents de bois était autrefois le seul employé dans les jardins, puis est venu le rateau en bois avec dents de fer, puis le râteau tout en fer. Pour les champs et les prés, on emploie encore le rateau en bois et quelquefois un très long rateau en bois avec fines dents de fer.

Les *fourches* étaient autrefois coupées dans les forêts ; aujourd'hui on emploie des fourches américaines en acier avec dents très pointues et manche en bois.

Emploi fréquent aujourd'hui d'*extirpateurs* et d'*étaupeuses*.

Jusqu'en 1896, on faucha les prés à la faux, mais depuis cette époque on se sert de faucheuses mécaniques. Le nombre total de ces faucheuses à Vitteaux est d'environ trente.

Jusqu'en 1850, on moissonna à la faucille, et à partir de cette époque, jusqu'en 1896, on coupa les blés et avoines à la faux. On commença alors à employer la faucheuse combinée. Aujourd'hui toutes les faucheuses, au nombre de trente environ, sont combinées.

On emploie aussi en petit nombre, deux seulement, la moissonneuse-lieuse.

La mise du blé en *moyettes* fut introduite en 1865 par M. Millot.

Battoirs. — Autrefois on battait le blé exclusivement au fléau, puis on employa des battoirs fixes installés dans les granges et mus par des chevaux. On se servit ensuite de batteuses, petits battoirs mobiles mus par un cheval. Aujourd'hui on voit quelques battoirs mus par un cheval se déplaçant sur un plan incliné et appelés tripoteuses et également quelques battoirs avec moteur à pétrole.

On se sert surtout de battoirs à vapeur qui, aujourd'hui très perfectionnés, donnent du blé parfaitement nettoyé et prêt à vendre.

Vans et tarare. — Autrefois, le blé étant battu, il fallait le vanner pour le débarrasser des balles ou graines étrangères qu'il contenait. On se servait pour cela du *van*, espèce de panier à deux anses, plat d'un côté. On y secouait le blé en tenant ce panier placé devant soi et en l'agitant de bas en haut, de haut en bas, de droite à gauche et de gauche à droite.

On se servit plus tard d'un tarare où le blé était soumis à un courant d'air produit par une roue à ailes en bois, tournant avec une certaine rapidité. Aujourd'hui l'usage de ces instruments est laissé de côté puisque les battoirs à vapeur donnent le blé tout nettoyé.

En un jour, un de ces battoirs peut battre 8.000 kilogs de blé.

Dépense par jour :

Location du battoir	40 fr.
Briquettes	10 »
14 hommes à 2 fr. 50	35 »
Aliments solides	21 »
Vin	7 »
Eau-de-vie	4 »
TOTAL	117 fr.

Modification dans le genre de culture. — Ce qui domine dans notre région, c'est l'extension des prairies et la diminution des vignes (voir aux statistiques). Le phylloxera ayant détruit un grand nombre de vignes, on n'a pas reconstitué les vignes basses qui étaient trop sujettes à la gelée et on les a remplacées par des prés.

De plus, des améliorations apportées à la culture des terres, ont donné des rendements plus élevés.

Le tableau suivant va mettre en évidence les changements survenus dans la production.

Rendement par journal de 17 ares 14 centiares.

	Autrefois	Aujourd'hui
Blé	12 doubles décal.	20 doubles décal.
Avoine	15 doubles décal.	20 doubles décal.
Artificielles : peu de changement.		
Pommes de terre :	1.000 kilogs	1.500 kilogs

	Autrefois	Aujourd hui
Vin	Beaucoup	Bien moins (statistiques).
Foin	500 kilogs et plus	375 kilogs.
Paille	1 kilog	2 kilogs.

Le méteil (mélange de blé et de seigle) appelé *concia*, était cultivé autrefois en petite quantité et ne l'est plus aujourd'hui.

Choix des semences. — On sème des blés différents de ceux d'autrefois. On a introduit dans la culture de nouvelles espèces de pommes de terre. De nouvelles vignes remplacent les anciennes détruites par le phylloxera. On cultive aujourd'hui un peu de consoude, de lin, de choux fourragers, mais plus de chanvre.

Augmentation de production de la viande. — Dans la région vitellienne l'élevage des animaux de boucherie a considérablement augmenté. A côté de plusieurs emboucheurs, les cultivateurs font en petit l'élevage et en retirent un grand profit.

Industrie laitière. — Cette industrie est aussi en progrès à Vitteaux où l'on vend beaucoup de lait, mais peu de beurre, crême et fromages.

Fruits. — La production fruitière a beaucoup diminué. Les jeunes ne s'occupent pas assez de la culture des fruits qui est fort rémunératrice. Les marchands de fruits en gros qui existaient à Vitteaux, ont disparu.

Légumes. — A côté des légumes anciens, on cultive aujourd'hui des légumes nouveaux : tomates, crosnes du Japon, endives.

Vin. — La culture de la vigne a beaucoup diminué à Vitteaux. Le temps n'est plus où il existait quatre-vingts vignerons et cinq tonneliers. Aujourd'hui il n'y a plus de vigneron s'occupant exclusivement de la vigne.

En résumé, la culture de la vigne a considérablement

diminué à Vitteaux, mais l'élevage s'y est développé dans de grandes proportions et la culture du blé et de l'avoine mieux faite donne des rendements meilleurs qu'autrefois.

MYARD

Dans la partie du territoire de Vitteaux qui porte ce nom est actuellement une ferme importante dont nous parlerons plus loin.

Ce point du territoire a probablement dû commencer à être habité à l'époque gallo-romaine. On ne le sait pas au juste.

En tout cas, pendant le moyen âge, Myard a un finage propre avec ses limites s'étendant sans doute assez près de Vitteaux.

Aujourd'hui on appelle encore « côteau de Myard, montagne de Myard », toute la colline qui s'étend de la « croix de Myard » aux vignes de Fiole. Peut-être ces vignes étaient-elles englobées dans le finage de Myard qui aurait ainsi abouti aux chemin du Castel.

Dans un acte remontant au VIIIe siècle, du cartulaire de Flavigny, acte concernant une donation de biens en Myard, en faveur de l'abbaye de Flavigny, il est question de vignes. Peut-être s'agit-il de vignes en Fiole, mais, peut-être aussi, existait-il sur un des côteaux de la combe de Myard, des vignes disparues depuis. En tout cas, Myard est mentionné trois fois dans le cartulaire de Flavigny, il y est latinisé.

1º *in villa Miare* (au titre de la charte), *in villa Miardo* (dans le corps de la charte) ; sous le règne du roi Pépin au VIIIe siècle ;

2º *in villa quæ Miardis dicitur*, fin du XIe siècle ;

3º *Miart*, 1149.

Quant à l'étymologie du mot Myard, elle m'est inconnue.

Dans les réparations que M. Moreau, le propriétaire actuel, fit faire, on trouva de vieux aqueducs dans la cour, de plus, au-dessus du champ loué, on relève des briques, des pierres mureuses et de taille.

MYARD.

On verra plus loin les découvertes faites au Mises qui appartenaient probablement autrefois au territoire de Myard.

DOMAINE ACTUEL DE MYARD

La plus grande partie est sur Vitteaux et par extension sur Beurizot.

Sur Vitteaux	120 hect. 27 a. 60 cent.
Sur Beurizot	26 hect. 60 a. 40 cent.
Superficie totale . . .	146 hect. 88 ares.

Prés
- Superficie . . . . 27 hect. 75 a. 75 cent.
- Rendement à l'hect. 5 tonnes
- Destination . . . nourriture du bétail de la ferme.

Artificielles
- Superficie . . . . 14 hectares.
- Rendement à l'hect. 5 tonnes.
- Destination . . . Consommé à la f^{me}.

Pâtures . . . . 19 hect. 15 a. 28 cent.
Friches . . . . 31 a. 10 centiares.

Blé
- Superficie . . . . 25 hect. 40 ares.
- Rendement à l'hect. 1.200 kilogs.
- Destination . . . Consommation à la ferme, vente au commerce.

Orge
Avoine
- Superficie . . . . 25 hect. 40 ares.
- Rendement à l'hect. 120 doubles décal.
- Destination . . . Consommation et vente.

Pommes de terre
Betteraves
- Superficie . . . . 4 hectares.
- Rendement à l'hect. Betteraves 54 m^3. Pommes de terre 15 m^3.
- Destination : Tout consommé à la ferme.

Jachère nue . . . . 21 hect. 40 ares.
Bois et plantations de sapins . . . 9 hect. 69 a. 40 cent.

Jardin . . . . 40 a. 30 centiares.
Vigne. . . . . Néant.
Pommiers à cidre . . . . 30 hect.

Faune. — On trouve, au Myard, des blaireaux, renards, lièvres, hérissons, sangliers, putois, lapins, belettes, écureuils, fouines, buses, corbeaux, perdrix, vipères.

Mauvaises herbes. — 1° *Des prés* : Oreille de lièvre ou scabieuse, joncs, glache (carex), genet des teinturiers, hièble, ronces, chardons, réveille-matin.

2° *Champs* : Chiendent, chardon, seneçon, nielle, bleuet, coquelicot, anote, sauves ou chechnoves blancs et jaunes, hiebles.

Elevage. — Espèce ovine, 200 moutons.
Espèce bovine, 50.
Espèce chevaline, 15.
Espèce porcine, 10 gros porcs, 10 nourrins, 60 porcelets.

Destination : vente au commerce ou consommation à la ferme.

Carrières. — Carrières de pierre mureuse et de lave pour couvrir les maisons.

Sources. — Plusieurs, dont une a été captée pour l'alimentation de la ferme.

Les bâtiments d'exploitation ont été considérablement augmentés par M. Moreau, le propriétaire actuel, qui a bien voulu me fournir les renseignements ci-dessus.

LA VIE RURALE DANS UNE MOYENNE CULTURE
(DE 10 A 40 HECTARES)

Nombre des membres de la famille : 2 hommes, 2 femmes.
Espèces et surfaces de culture : Champs, 12 hect. 33
Prés, 6 hect. 34
Vignes, 0 hect. 77
Pâtures, 0 hect.

Nombre de travailleurs dans la famille : 4.
Journées de manœuvres (prix) : 125 fr. ⎫
Gage du berger :   150 fr. ⎬ 275 fr.

Champs ...
- Blé : 22 journaux de 17 a. 14 centiares.
- Orge et avoine : 27 journaux.
- Pommes de terre et betteraves : 4 journaux.
- Sombres : 14 journaux.

Prairies artificielle ....
- Luzerne : 7 journaux.
- Trèfle : on en cultive certaines années.
- Sainfoin :   —

Instruments employés..
- Charrue 1 (une à double soc).
- Voitures 3 (dont une légère)
- Tombereau 1.
- Herse en fer 1.
- Rouleau en fer 1.
- Faucheuse combinée 1.
- Location du battoir.
- Pioches, pelles, bêches, piochons, rateau...

Animaux ...
- Chevaux 2 — Poulain 1.
- Vaches à lait 2 (20 litres de lait, fromage 0, beurre 0), veaux 3.
- Moutons 40 — Agneaux 20.
- Porcs 2.
- Chien de berger 1.

Basse-cour ..
- Poules 30 (90 œufs par poule, en tout 2.700 œufs.
- Canards 0.
- Oies 8.
- Dindes 10.
- Lapins 15.

Jardin de famille. — Surface, 8 ares. — Culture maraîchère et fruitière. — Bons produits consommés par la famille.

Maison de cultivateurs et ses habitants.

Dépenses.

Achat de bétail.		
	Equidés	0 fr.
	Bovidés 2.	440 fr.
	Ovidés 20.	600 fr.
	Sindés 2	60 fr.

Pas d'achat de blé, d'orge, d'avoine, pommes de terre, betteraves, foin, fournis par la culture.

Viande (3 fr. par semaine).	160 fr.
Vêtements et linge	100 »
Mobilier et vaisselle	20 »
Frais de battage	100 »
Charron	15 »
Maréchal	30 »
Bourrelier	50 »
Amodiations	681 » 50
Impôts	93 »
TOTAL	2.349 fr. 50

Recettes.

Vente de bétail.		
	Equidés.	400 fr.
	Bovidés.	650 fr.
	Ovidés.	800 fr.
	Suidés	150 fr.

Vente de blé	800 fr.

L'orge, l'avoine, la pomme de terre, les betteraves, la luzerne, le trèfle, le sainfoin, la minette, le foin, sont consommés à la maison.

Poules	30 fr.
Œufs (moitié consommés à la maison). . . .	75 »
Lapins	10 »
Oies, canards	0 »
Dindes	20 »
Lait	720 »

Beurre, fromage, crème . . . .   0 fr.
Vente de laine (40 moutons, frais déduits). . .   192 »
          Total. . . . . 3.847 fr.

Bénéfice net : 3.847 fr. — 2.349 fr. 50 = 1.497 fr. 50.

LIEUX DITS DE VITTEAUX SUIVANT LE CADASTRE

Essai d'explication de l'origine du nom de ces lieux dits.

Certains noms de lieux dits et de rues sont très anciens. En 1434, suivant l'abbé Collon, le fondateur de la chapelle Sainte-Anne, donnent 4 journaux de champ au champ *loot*, un pré *es pré Poisson*, un pré en *pré Buux*, un autre la *fontaine du Pré*, le pré *Challin* en Myard. On cite aussi le *rus du Pontot*. En 1502, fondation de la chapelle Saint-Claude, on parle de vignes en *Chaumont*, d'un pré près du bois de *Fiole*, de champs en la *Millière*, de vignes en la *Mothe*.

Saint-Germain était le domaine de la Cure.

Le *pré Saint-Esprit* dépendait de la chapelle Saint-Esprit.

Bossière se rapproche de *Bussière*, abbaye qui avait des propriétés à Vitteaux.

La *Régotte*, fontaine près du Truchot, appartenait autrefois à un M. Ragot.

Le *Ru Piget*, tire son nom de la maison Belin actuelle où demeurait un nommé Piget.

La *Bolarde* vient de Bolard, nom d'un propriétaire voisin.

Le *Muraillon* vient de meix Ragnon (meix appartenant à M. Ragnon).

ESSAI D'EXPLICATION DE LEUR ORIGINE

Noms des lieux dits tels qu'ils sont inscrits au cadastre

Perrières ou *Porères*. — Lieu d'où l'on extrait des pierres. Se rencontre en plusieurs localités (Dijon).

Champs de l'eau. — Champs de *Loo* ou de partage (J. D.)[1].

Les ouches. — Terres grasses et fécondes, la plupart sur le bord de l'eau.

Batarde. — Vient probablement de batardeau, digue pour détourner un cours d'eau. Au temps où l'eau passait dans les fossés du château (es fossés), il y avait probablement une digue en travers du ruisseau de Massingy pour envoyer l'eau dans ces fossés.

La motte. — Nom qui vient de ce que cette région est une éminence précédée du côté de Vitteaux par une butte appelée *hautot* (on appelle hauteaux en géologie des buttes mamelonnées).

La Carrée. — *Carré*, coin, angle (J. D.).

Finchey. — Terme de moquerie signifiant herbe fine, mauvaise, qu'on ne peut attraper avec la faux. On appelle *poë de chien* l'herbe que l'on peut encore faucher (P. S.).

Véroille. — Nom donné à un côteau étroit au bas duquel coule un ruisseau (P. S.).

Comme Beaunon. — En patois Cône Bonon. — Cornes qui bruyent (beuglent) (P. S)..

Truchot. — Trochot, diminutif de troche, au sens bourguignon. Troichot, trochot, truchot, troche d'herbe (touffe d'herbe) (J. D.).

Le Terrou. — Tirou, nom d'homme.

Pré Fleury. — Fleury, nom d'homme, frère de Madame Bidaut, dont le mari, ancien juge de paix, demeurait dans la maison Simonot Chardenot (P. S.).

La Barre ?

Champ Corniot. — Corniot, diminutif de Corne (J. D.).

Sur la Madeleine. — Le creux de la Madeleine, où périt une petite bergère appelée Madeleine, était jadis un endroit profond de la rivière, au-dessus du moulin Brûlé (J. D.).

Fontaine Saint-Martin. — Fontaine dédiée à saint Martin.

---

1. MM. J. Durandeau et Picard Suchetet ont bien voulu me dire ce qu'ils pensaient de l'origine des lieux dits (J. D.) indique le premier de ces Messieurs (P. S.) le second.

Pré Bret. — Où les bêtes *bruyent* (beuglent) (P. S.).

La Monot. — Nom d'homme habitant ce lieu, Monot généralement pour Simonnot (J. D.).

Le Clou. — Cloux et Clousier. Le Clousier jadis surveillait les clous ou clos de vignes (J. D.). Clou se prononce à Vitteaux *kio* pour clos.

Pouilleport.

Croix voisin. — Croix voisine du pays.

La Chaple. — On prononce à Vitteaux la Chépīe.

Pré poisson. — Il dut y avoir là un petit étang empoissonné (J. D.). Il y existait probablement une combe comblée par la descente des terrains.

La Justice. — A cause de sa proximité de l'endroit où se trouvaient les fourches patibulaires. Là on exposait le corps des suppliciés. Ces fourches se trouvaient dans le lieu dit Larrey des piliers sur Chevraine. On y voyait encore il y a peu de temps des piliers, vestiges de ces fourches patibulaires (P. S.).

Larrey Crépin. — Terrain en pente appartenant jadis à un cordonnier (P. S.).

Sur Chevraine. — Sol raide pour chèvres (P. S.).

Larrey de Nevet. — Nevet, nom de personne (P. S.).

Sur la Foux. — Non la Foux, mais la Toux pour Tour, roche contournée de la Justice, ressemblant à une tour (P. S.).

Comme au Flamand. — Combe au Flamand. — Flamand, nom de personne (J. D.).

Meix fossé. — Il faudrait probablement *mé*, mauvais fossé (J. D.).

Pré Cottin. — Plutôt pré Gottin où l'eau coule partout (P. S.).

Sarrée. — Quantité de pays ont des Sarrées ou Serrées, côteaux en pente rapide, écrasés par la roche (J. D.).

Pré Lollier. — Lollier, nom d'homme (J. D.).

La peute pièce. — Peute, laide, vilaine (J. D.).

Montoillot. — Petit mont, vers pré rond (J. D.).

Pré Viard. — On dit via, vert, pré vert (P. S.).

Pré Millier. — Millier, nom de personne.

Comme Paris. — Combe pairi ou comme pari. — Paris nom d'homme (P. S.).

Bossière. — Vient probablement de Bussières (l'abbaye de Bussières avait des propriétés à Vitteaux).

La Millière. — Nom de personne (P. S.).

Creux Lhuillier. — L'eau des creux, quand il fait chaud, prend à sa surface l'aspect de l'huile (P. S.).

Bréteaux ?

Cœur Naudin. — Pour creux Naudin (Naudin, nom d'homme).

Bellevue. — Ainsi nommé à cause de sa situation.

Fiole. — Doit être un vieux mot Gaulois (J. D.).

Les Plantes ?

Le Castel. — Ancien petit château dont certaines personnes actuellement existantes ont vu les ruines (J. D.).

La Fouchère. — Pour Fougères, terre aride à mauvaises herbes.

Pré Chalin. — Chalin, nom d'homme.

Pièce des carreaux. — Ce champ est pavé de dalles, laves ou carreaux, que la charrue relève souvent.

Myard. — Doit être un nom gaulois (J. D.), mi-brûlé (P. S.).

Montruat. — Nom employé pour désigner des terres dures en pente, ne produisant rien.

Les Peux Champs. — *Champs Bleus.* — Contiennent de l'argile couleur d'ardoise, d'où champs bleus. Peux signifie laid, mauvais champ actuellement implantés de sapins.

Les Mises. — Le vieux mot est *méses*, diminutif *mésières*, *masures*, restes d'une localité gauloise (J. D.).

La Feuillée. — Nom d'un bois.

Bois Marchet. — Marchet, nom d'homme.

Champ loué. — Champ à loup. Louère, fosse contenant de l'eau pour prendre des loups. Un habitant de Vitteaux se noya, au siècle dernier, dans une louère en allant de Boussey à Uncey.

L'arpent. — Contenance d'un bois.

Buisson Labbé. — Bois, Labbé, nom d'homme.

Ruelle aux ânes. — Il passait beaucoup d'ânes attelés à des voitures dans cette ruelle qui aboutissait à la route nationale n° 70.

Charmoy. — Là était un bois où dominaient les charmes. On y allait jadis beaucoup s'y promener les dimanches et les jours de fête.

Plaingeville. — Dans certains actes je l'ai vu écrit plein cheville ?

Pontot. — Petit pont qui a donné son nom au ruisseau qui passe dessous et qu'on appelle *ru du Pontot*.

Rigolot ?

Pranot ?

Pré de Poux.

Fontaine aux cochons. — Fontaine où on rencontrait autrefois beaucoup de cochons.

Maladière. — Lieu où était autrefois la Maladrerie.

Bouchure Violet ou champ Nabot. — Violet, peut-être nom d'homme. Nabot est un terme qui apparaît çà et là, mais le sens en est-il connu ? (J. D.).

La Cognée ?

Pièce Robin. — Robin, nom d'homme.

Mapas. — Mauvais pas ou past, pâturage (J. D.).

Paquier. — Pâtis communal.

Saint-Nicolas. — Emplacement de l'hôpital de ce nom, brûlé en 1589.

Corvée. — Lieu où l'on faisait les corvées dans l'ancien temps.

Chollot. — Paraît le diminutif de Chol, mais que signifiait Chol ? (J. D.). L'abbé Collon prétend que Chollot vient de chaude l'eau, eau chaude !

Pré Maillot. — Maillot, nom d'homme.

Pré Michey. — Meix cher, coûteux ou Mi cher (P. S.).

Pré Saint-Esprit. — Propriété de la chapelle du Saint-Esprit.

Moulin blanc. — Nom donné à beaucoup de moulins, probablement à cause de la couleur de la farine.

Saint-Germain. — Dépendance de l'église Saint-Germain.

Champeigne. — Pour Champagne, campagne.

Batiot ?

Champ Ozerain. — Il y eut à Vitteaux un menestrier venu de Villy, qui se fit appeler Ozerain ou d'Ozerain. Peut-être ce champ lui appartenait-il (J. D.).

Chaumont. — Mont chauffé par le soleil.

Carabin ?

Crot Bachot. — Désignation ancienne d'un creux rempli d'eau qui se trouvait derrière la maison actuellement occupée par M. Montandon et qui appartenait sans doute à un nommé Bachot. Vitteaux était alors bâti surtout de ce côté là.

Garlette. — Garlette, nom d'une femme qui habita jadis la maison désignée sous ce nom, située au-dessus de la rue de l'Eglise.

VI

VITICULTURE

Vignes dans la région vitellienne.

Les vignes sont ordinairement situées dans notre région sur les flancs de la vallée à une altitude de 250 à 450 mètres, à une exposition très variée de l'est au sud-ouest.

Les principales localités viticoles du canton sont :

Vitteaux, Massingy, Thorey, Villeberny, Saffres, Beurizot, Villy, Villeferry.

En allant de la base au sommet des collines, on constate toujours la même succession d'assises géologiques :

1º *Lias inférieur* dans lequel on rencontre prairies et céréales ;

2º *Lias moyen* où l'on cultive la vigne ;

3º *Lias supérieur* où l'on cultive aussi quelquefois la vigne ;

4º *Le bajocien*, occupé par des chaumes ou des bois.

C'est donc dans le lias moyen que se trouve surtout le vignoble dans nos environs. Autrefois, il existait des vignes basses (lias inférieur) mais, à cause des gelées, elles ont été remplacées par des prairies.

Ce lias moyen est formé par une couche fort épaisse de marnes micacées qui forment une masse homogène. Elles se débitent à l'air et donnent un sol assez fertile. Pendant l'hiver, la partie cultivée est souvent entraînée suivant la pente, mais elle met alors à nu de nouvelles couches qui produisent une nouvelle surface arable. Absorbant beaucoup d'eau pendant l'hiver, ces marnes se crevassent pendant l'été, mais si la culture est bonne, la vigne n'y souffre pas.

Quand la vigne s'élève dans le lias supérieur, elle y trouve un meilleur sol fourni par les éboulis du bajocien.

Dans la partie supérieure du lias moyen, on rencontre, au lieu de marnes micacées, les calcaires noduleux de la couche à gryphées géantes, moins fertiles que les couches qui lui sont inférieures et supérieures.

Composition du lias moyen à Chassey. C'est à très peu près la même composition que dans notre région.

Analyse de la terre fine		Fertilité de la terre fine	
Gravier . . % 18	Argile . . . . % 22,9	Azote . . . . °⁰/₀₀	1,56
Cailloux . . % 7	Sable siliceux % 69,1	Ac. phosphorique . . °⁰/₀₀	1,20
Terre fine . % 75	Calcaire . . . % 2	Potasse . . . . . . °⁰/₀₀	4,25
	Humus . . . % 2,5	Magnésie . . . . . °⁰/₀₀	1,75
		Chaux totale (carbonate) . . . . . . °⁰/₀₀	24,5

Voir pour une étude plus générale : *La vigne dans la Côte-d'Or*, par Durand et Guichard. Félix Rey, éditeur à Dijon, rue de la Liberté, 26.

Suivant M. Sagourin *(De la reconstitution du vignoble dans l'Auxois*, 1899), « les rendements s'élèvent dans ces terrains jusqu'à 100 à 150 hectolitres à l'hectare d'un vin acide peu alcoolique et qui possède le plus souvent un fort goût de terroir, dû au sulfure des marnes, mais de bonne couleur et cependant d'une saveur fraîche et agréable, deux qualités qui en font un excellent vin de coupage ». Autrefois les cépages cultivés étaient, suivant Morelot (1832), le Gamay, le Pinot, le Malain.

Il s'est introduit un plant rapportant abondamment mais donnant un vin âpre surtout parce que la maturation du raisin est tardive, c'est l'Enfariné et Chaigneau ou Urio ou Saint-Martin. Comme on le voit, ce plant a quatre noms principaux. Ce cépage conviendrait beaucoup mieux dans le Midi que chez nous. Un autre cépage, mais blanc, le Melon, donne aussi abondamment, mais le vin en est un peu trop acide.

Aujourd'hui le Gamay, quoique moins vigoureux, domine, car il est plus régulièrement fertile que le Pinot, qu'il mûrit mieux que l'Enfariné et parce qu'on préfère les vins rouges du Gamay aux vins blancs du Melon.

En résumé :

Cépages anciens : Urot ou Urio, Gamay, Pinot noir, Melon, Amandelle, Malain.

Cépages nouveaux greffés : Gamay Bévy, Gamay d'Arcenant, Chaudenay, Aligoté, Peu de Pinot, Melon, Gamay d'Ormoy.

Principaux porte-greffe : Aramon rupestris Ganzin n° 1, Solonis, Riparia rupestris n° 3309.

Peu de directs : Othello, Couderc, Seibel. Ces deux derniers n'ont donné que de mauvais résultats.

Hybrides : Auxerrois Rupestris Soulages.

Les plants directs et les hybrides n'ayant donné que de mauvais vins, on leur préfère de beaucoup les plants greffés qui sont presque exclusivement cultivés aujourd'hui.

Nature du vin. — Rouge surtout, un peu de blanc qui vaut mieux que le rouge.

Destination. — Consommation ménagère.

Extrait de la statistique de la culture de la vigne en 1908.

	RAISINS DE CUVE Superficie totale	RENDEMENT MOYEN EN VIN	RENDEMENT TOTAL EN VIN
Arnay	18 hectares	80 hectolitres	1.200 hectolit.
Bonney	5 —	20 —	120 —
Posanges	12 —	12 —	60 —
Saffres	33 —	45 —	645 —
Thorey	90 —	45 —	1.900 —
Vitteaux	20 —	40 —	4.430 —

Remarque. — Cette statistique ne donne pas de renseignements exacts, car beaucoup de propriétaires ne déclarent pas.

En 1831, Morelot donne la statistique suivante :

	NOMBRE	RENDEMENT TOTAL
Arnay	25 hectares.	608 hectolitres
Bonney	13 —	337 —
Posanges	9 —	222 —
Saffres	44 —	1.120 —
Thorey	39 —	1.114 —
Vitteaux	138 —	3.000 —

CULTURE DE LA VIGNE

1º *Autrefois*. — Les vignes étaient divisées en *soillons*, séparés par des *ros* ou raies. Les grandes *ros* traversant un *climat* (lieu dit) de vigne, servaient de passage aux hottiers.

Lorsqu'on provignait, on plantait la vigne de la façon suivante :

On faisait de larges fosses suivant la pente du sol, ces fosses larges d'environ 0 m. 70 étaient à environ 1 mètre les unes des autres et d'une profondeur de 0 m. 45.

On plantait des chapons (boutures d'un an) ou des chevelées (boutures de deux ans) dans ces fosses.

Pour provigner, on creusait de longues fosses dans la partie de la vigne qui semblait la plus languissante, on tirait à droite et à gauche, les ceps qu'on voulait coucher, on les établissait dans la dépression, on les recouvrait de terre et faisait saillir le brin couché suivant la pente du terrain.

Culture d'hiver. — Creusage des fosses, enlèvement des ceps morts ou *soichons*, montage de la terre descendue pendant l'année précédente. On aiguisait au coin du feu les échalas (paissias) rentrés à la maison. Aujourd'hui, on les aiguise sur place. Au mois de février, on commençait à tailler, on plantait les échalas, auxquels on attachait les tiges de vigne. Les vieux ceps étaient appelés des *côrants* et la taille de la vigne de la *javelle*. Les petits copeaux résultant de l'aiguisage des paissias s'appelaient des *égusottes*. Avant l'emploi du sécateur, on se servait de serpettes et de gouzots (grosses serpettes), pour les *côrants*.

Culture de printemps et d'été. — On labourait la vigne trois fois à l'aide de la pioche, la première fois en avril, cela s'appelait *sombrer ;* un deuxième coup se donnait sur la fin de mai *(binage)* et une troisième à la fin de juin entre fauchaison et moisson, afin de débarrasser la vigne des mauvaises herbes. Au printemps on attachait la vigne aux échalas (accolage) et on coupait l'extrémité des rameaux (ébrossage). Au mois d'août, on enlevait les petites tiges venues à l'aisselle des feuilles (éperonnage).

2º *Aujourd'hui.* — Pour planter actuellement la vigne, il faut d'abord préparer le terrain. On doit procéder à un défoncement : on creuse à une profondeur d'environ 0 m. 50 et on nivelle ensuite le sol en ayant soin d'enfouir racines, souches anciennes et mauvaises herbes. Ce travail se paie 0 fr. 10 par mètre carré. Dans les sols pierreux on ajoute 1 franc à 1 fr. 25 par mètre cube de pierre enlevé. Dans un terrain moyen, un ouvrier peut défoncer 60 mètres carrés dans une journée de 10 heures de travail, ce qui lui rapporte 6 francs, sans compter l'extraction des pierres. Un hectare de vigne à défoncer coûte par suite 1.000 francs et l'ouvrée de Vitteaux de 24 à l'hectare

$$\frac{1000}{24} = 41 \text{ fr. } 60.$$

En Côte-d'Or, le vigneron ne fait pas ensuite de travaux profonds. Il y a avantage à ne pas creuser au printemps, soit à la charrue, soit à la pioche, à plus de 6 à 8 centimètres de profondeur. A l'automne, on peut aller jusqu'à 10 centimètres pour enfouir les engrais et permettre à la terre ameublie de mieux conserver l'eau après les pluies d'hiver.

On plante en ayant bien soin de choisir le porte-greffe au terrain cultivé.

Première année. — On bine en juin ou juillet et une seconde fois en août et septembre.

Ce binage a pour effet de détruire les mauvaises herbes et de favoriser l'aération du sol. Puis, on butte les plants avant l'hiver afin de les préserver de la gelée.

Il est aussi nécessaire de préserver les jeunes plants du mildew par trois sulfatages dont le dernier se fait en septembre. On a soutenu les jeunes greffes par des échalas de rebut.

Deuxième année. — Paisselage avec échalas neufs qui sont maintenant nécessaires. — Taille de la vigne. — *Premier labour* fin mars avec la *meigle*, à 8 centimètres ou 10 centimètres de profondeur. — *Deuxième labour* au 15 mai au 5 juin avec le fessou (on dit à Vitteaux fossou) qui sert à débarrasser la terre des plantes parasites en la râclant sur une épaisseur de 2 centimètres à 5 centimètres. — *Troisième labour* (binage) pour enlever les mauvaises herbes. Un vieux dicton bourguignon est : Qui bine, vine.

Ces trois labours étaient autrefois suffisants, mais aujourd'hui il en faut *un quatrième* (retiercer), fin août ou septembre pour dégager le raisin qui serait trop près du sol.

Enfin il faut le *labour d'hiver*. On enterre à la pioche fumier et mauvaises herbes.

Troisième année. — A peu près même culture que dans la deuxième année. On ébourgeonne, on accole, on attache, on rogne et on relève.

En hiver, on enlève et aiguise les paisseaux, on remonte la terre, enlève les pierres, etc.

Avoir bien soin de fumer, non pour donner du bouquet au vin, que le sol lui procure, mais pour ajouter l'acide phosphorique et l'azote nécessaires à la lutte contre les maladies cryptogamiques.

Selon MM. Germain Martin et Paul Martenot, l'ébourgeonnement (épamprage et evasivage) doit se faire dans les vignes greffées à partir de la troisième année. L'accolage et le relevage des sarments se fait jusqu'à trois fois par les vignerons du 1er au 15 juin [1].

A partir de la fin de juin, le vigneron ne s'occupe guère de sa vigne que pour suivre les progrès de la maturité.

Vendanges. — Aujourd'hui, on peut vendanger à volonté. Autrefois, il n'en était pas ainsi. On publiait des bans de vendange, c'est-à-dire des dates fixées pour la vendange, dans tel ou tel lieu dit. On croyait qu'il y avait avantage à ce que les vendanges d'un même lieu se fissent le même jour car, disait-on : Chacun étant dans sa vigne, on ne peut lui voler ses raisins mais, d'autre part, il faut remarquer qu'il était alors facile de dérober de la vendange dans un autre lieu dit que celui dans lequel étaient tous les vendangeurs.

Le ban de vendange était fixé, après visite des vignes, par une délégation de vignerons désignés par le conseil de la commune. Ces bans ont subsisté jusqu'en 1877 ; on fixait en même temps l'époque où le grapillage était permis. Voici du reste le texte du dernier ban de vendanges :

Le maire de la ville de Vitteaux,

Vu la loi sur l'administration municipale en date du 18 juillet 1837,

Vu l'avis des principaux propriétaires vignerons de la localité,

Considérant qu'il est temps d'effectuer les vendanges,

ARRÊTE :

ARTICLE PREMIER. — Les vendanges sont ouvertes à partir de lundi prochain, 15 courant, dans tous les climats.

---

1. Germain Martin et Paul Martenot, *Etude d'économie rurale*, 1909, Arthur Rousseau, éditeur, Paris.

ARTICLE 2. — Il est expressément défendu de grapiller avant le 1er novembre prochain.

ARTICLE 3. — Les chasseurs ne pourront pénétrer dans les vignes également qu'à partir du 1er novembre prochain.

ARTICLE 4. — Les gendarmes et les gardes-champêtres sont tenus de verbaliser contre toute personne qui enfreindra le présent arrêté.

Vitteaux, le 8 octobre 1877.

Le Maire,

Callabre DELALOGE.

La vendange a, cette année-là, été avancée au 12 octobre par suite des dégats causés par la gelée des jours précédents (arrêté du 12 octobre).

Au jour fixé, vendangeurs et vendangeuses vont dans la vigne désignée avec des paniers dits : paniers de vendanges Ils remplissent ces paniers de raisins coupés avec de ciseaux ou une serpette et versent le contenu des paniers pleins dans la hotte portée par un homme vigoureux, *le hottier*. Chaque vendangeur devait suivre exactement son *odion*, espace comprenant la largeur occupée par trois ou quatre ceps, sans anticiper sur celui du voisin. Le *hottier* chargé va verser le contenant de sa hotte pleine soit dans une *balonge* ou *bélonge*, sorte de cuve allongée contenant environ quatre tonneaux de vendange, soit dans des tonneaux défoncés placés sur une voiture.

Là, il foule pour la première fois le raisin avec un *pilon*.

Quand la *bélouge* et les tonneaux sont remplis, on les conduit à la cuve où l'on verse la vendange avec des seaux et où on la pile de nouveau. Aujourd'hui on écrase le raisin avec un fouloir mécanique.

Si la cuve était pleine à la fin de la journée, la fermentation commencerait au bout de vingt-quatre heures, mais il n'en est pas toujours ainsi, ce qui donne à la fermentation un retard nuisible à la qualité.

Aujourd'hui on déjeune sous la vigne, en mangeant surtout le traditionnel jambon bourguignon avec hachis de persil, arrosé de vin apporté dans des barils. Il était autrefois d'usage de terminer le goûter de midi des vendanges par du fromage de gruyère appelé alors Véchelin ou Méchelin. Les enfants qui vendangeaient devaient ramasser les grains qu'ils laissaient tomber sans quoi on les privait de méchelin.

Autrefois aussi, le gros propriétaire de vignes offrait à ses amis un véritable dîner appelé : dîner sous la vigne. Là, sur une nappe étendue sur l'herbe, on disposait de nombreux mets dont chacun mangeait avec appétit. Le soir, la journée terminée, vendangeurs et vendangeuses se tenant par le bras revenaient au pays en chantant.

Il existait aussi une coutume, un peu oubliée maintenant, celle du « grain de vendange » : Un jeune vendangeur, ayant sur sa main quelques grains de raisin passait cette main du côté de la joue d'une jeune vendangeuse opposée à celle qui se trouvait vis-à-vis de lui. Il écrasait légèrement ces quelques grains de raisin sur la joue, mais surtout attirait à lui la joue opposée sur laquelle il déposait un vigoureux baiser.

Il était curieux de voir quelles ruses déployaient les jeunes garçons pour s'approcher des jeunes filles sans qu'elles s'en aperçussent et quelles ruses contraires employaient les jeunes filles pour s'éloigner de ceux qui leur déplaisaient.

La vendange se fait toujours assez tard à Vitteaux ou dans les environs, du 1er au 15 octobre ordinairement. Cela vient du climat assez frais de la région. Pendant les longues nuits d'octobre, le raisin se refroidit et donne une vendange dont la qualité laisse à désirer.

Vinage. — En général, on laisse cuver une huitaine de jours, la durée dépend des conditions atmosphériques.

Quand le travail de la fermentation est achevé, on soutire le vin (vin de pied, vin sous la cuve).

Autrefois, on ajoutait de l'eau au marc restant, on laissait fermenter à nouveau et on pressurait ensuite. On obtenait ainsi un liquide appelé : boisson, piquette, d'une saveur aigrelette assez agréable. On préparait aussi la piquette en versant de l'eau sur du marc de raisin mis dans un fût et l'on tirait le liquide obtenu tant qu'il avait une saveur agréable.

D'autres fois, on pressurait sans ajouter d'eau pour une seconde fermentation et on obtenait un vin appelé *pressurage*, qu'on consommait dans la famille, tandis qu'on vendait le vin tiré de la cuve. On procède encore parfois de cette façon aujourd'hui. Certains ne pressurent pas le marc afin d'obtenir plus d'eau-de-vie par distillation.

On mettait au trou inférieur de la cuve une cheville qu'on appelait *bocria*. Ce bocria a été remplacé par un robinet.

Vin sucré. — Dès l'année 1876, on faisait à Vitteaux une seconde cuvée en ajoutant de l'eau et du sucre au marc de raisin après avoir tiré le vin. Certains recommençaient même une seconde fois cette opération. On raconte qu'en 1880, les vignerons de la rue de Massingy faisaient secrètement du vin sucré.

Ils se faisaient conduire le sucre pendant la nuit en se cachant de leurs voisins qui opéraient de même.

Les règlements actuels de la régie rendent maintenant cette fabrication difficile et peu rémunératrice, On accorde 6 kilogs de sucre par personne habitant la maison. On exige la présence de chacun d'eux, même celle des enfants en bas âge. Du reste, le vin sucré n'était que de médiocre qualité.

On fit aussi, depuis 1876, venir des raisins du Midi, mais la mauvaise qualité du vin obtenu a fait renoncer à cet arrangement depuis sept ou huit ans.

Pressoirs. — Autrefois il y avait, dans chaque localité, de grands pressoirs fixes où chacun devait apporter son marc à pressurer. Au lieu de dire pressurer, on disait alors *trouiller*.

A Vitteaux, il y avait deux grands pressoirs fixes, l'un

situé dans la rue de l'Eglise, au rez-de-chaussée de la maison occupée aujourd'hui par le notaire Febvret, l'autre dans la la rue de Massingy, dans un local situé entre les habitations de MM. Picard-Suchetet et Durandeau. Un troisième était situé dans une vieille maison, remplacée aujourd'hui par la maison neuve où demeure Bardin, bourrelier, dans la rue Corne-Bornon.

On portait la matière à pressurer à ces pressoirs dans de grands seaux appelés *tines*, d'une contenance d'un hectolitre environ, et portés par les épaules de deux hommes au moyen d'un bâton de bois.

Cette *tine* servait à rapporter le pressurage à la cave et à y transporter dans des tonneaux le vin tiré de la cuve.

Ces grands pressoirs avaient des dimensions parfois considérables. On tournait leur vis au moyen d'une grande barre de bois poussée par plusieurs hommes. A cette époque, un grand dîner était donné le soir du jour du tirage du vin et du pressurage.

Dès 1850, M. Décailly père exploita un pressoir mobile sur chariot. On appelait ces premiers pressoirs, qui étaient cylindriques et horizontaux, des *garlots*, à cause de leur ressemblance avec des étuis à aiguilles appelés aussi *garlots*. Aujourd'hui il y a un grand nombre de ces pressoirs ambulants.

Qualités et défauts du vin récolté. — Quelques anciennes vignes plantées en pinot donnaient de bon vin. Le gamay donne une qualité passable mais le vin d'*urot* ou *gros* est est toujours âpre et très acide. Cela est dû surtout au défaut de maturité de ce dernier raisin dans notre pays. On devrait le cultiver dans le midi.

Le mélange des vins de ces divers cépages est âpre, peu coloré, dépourvu d'alcool et d'une acidité très marquée. C'est cette acidité qui lui permet de se conserver un certain temps. La culture du cépage appelé *teinturier* a donné plus de coloration au vin.

Pendant l'hiver, l'acide tartrique se dépose autour du

vase où est renfermé le vin, la fermentation s'achève et ce vin est généralement consommé dans la famille. Autrefois sa principale destination était Paris. Il se vendait de 30 à 80 francs le tonneau de 228 litres, suivant l'abondance.

Conservation des marcs pressés. — On met le marc ou *genne* dans des tonneaux défoncés et on le recouvre d'une couche de terre argileuse bien tassée, d'une épaisseur de 6 à 8 centimètres. On peut ainsi le conserver pendant un mois et demi.

Distillation des marcs. — Autrefois les alambics se transportaient et s'établissaient dans chaque maison. On distillait à feu nu un mélange de genne et d'eau et on obtenait de la *petite eau*, liquide peu alcoolique. Puis, on distillait de nouveau cette petite eau, cette opération s'appelait *repasse.*

On obtenait un liquide qu'on titrait à 21° Baumé, c'est-à-dire à 55° centésimaux. Le premier liquide distillé marquait plus que ce titre, on continuait à distiller jusqu'à obtention de 21° B.

Cette opération, pendant laquelle le *brandvigner* s'installait dans chaque maison, se poursuivait nuit et jour.

Aujourd'hui, l'eau-de-vie se fait dans des alambics placés dans une maisonnette en bois, transportée par un chariot. La distillation se fait au bain-marie et l'on ne rencontre plus cette eau de-vie de marc ayant une saveur de brûlé, « un goût d'empyrum », disaient les anciens.

Résultats obtenus. — Un tonneau de marc pressé donnait 5 litres d'eau-de-vie, non pressé de 12 à 14 litres.

Chez presque tous les cultivateurs, on distille un mélange de prunes, poires, pommes, en laissant fermenter environ un mois. Un tonneau de prunes donne de 15 à 16 litres d'eau-de-vie.

M. Lévêque, père a essayé autrefois de distiller des baies d'asperges, des fruits d'églantier. M. Decailly père faisait de l'eau-de-vie de pommes de terre.

Autrefois les bourgeois et les gens de métier de Vitteaux possédaient des vignes qu'ils faisaient cultiver par des vignerons.

Dans ce temps, la façon d'une ouvrée de vigne ne valait que 8 francs, tandis qu'aujourd'hui le vigneron demande 18 francs, sans compter les frais accessoires.

A la suite de mauvaises années et en présence de l'augmentation des prix et du manque d'ouvriers à façon, bourgeois et gens de métier ont vendu leurs vignes et les 20 hectares qui restent ne sont plus en possession que d'habitants qui les cultivent eux-mêmes.

QUELQUES CONSIDÉRATIONS SUR L'ANCIEN TEMPS

Dès la charte communale de 1250, il y avait des gardes-champêtres spéciaux pour les vignes, appelés *vigniers*, lesquels devaient être agréés par le seigneur.

Au cours du XVIIIe siècle, les vignerons étaient très nombreux à Vitteaux. Les actes de l'état civil d'alors donnent les noms d'un grand nombre. On y trouve plus de trente noms dont les familles subsistent encore à Vitteaux : Rousseau, Commard, Picard, Gaucher, Jobard, Rhétoret, Brullebeuf, Péchinot, Lefol, Charlut...

Dans l'énumération des biens nationaux vendus sous la Révolution, on relève :

16 ouvrées de vignes appartenant à la chapelle Saint-Claude ;

8 ouvrées de vignes appartenant à la chapelle de tous les Saints ;

7 ouvrées de vignes appartenant à la chapelle Saint-Jean ;

22 ouvrées de vignes appartenant à la chapelle Sainte-Anne.

L'abbé Collon dit dans ses mémoires que l'on compte à Vitteaux 9.000 ouvrées de vignes soit environ

$$\frac{9.000}{24} = 375 \text{ hectares}$$

et en 1760, quatre-vingt-quatre vignerons et six tonneliers.

En 1830, Morelot ne comptait que 138 hectares de vignes à Vitteaux, et aujourd'hui il n'y en a plus que 20 hectares.

Quant aux vignerons, il n'y en a plus qui ne s'occupent que de la culture de la vigne et il reste *un* tonnelier.

Les hottes étaient l'objet d'un commerce important. On les abreuvait de l'eau additionnée de chaux ou de cendres.

Il ne faut pas confondre la hotte avec l'*hottriau* (petite hotte), dans lequel le vigneron emportait son goûter, son *barot* ou baril de vin, ses outils, et dans lequel il rapportait ses javelles ou un paquet d'*osières* (brins d'osiers). Il avait souvent un âne avec ses *beuillots* (paniers portés par le bât de chaque côté du corps de l'âne).

PRIX DE L'ÉTABLISSEMENT D'UN HECTARE DE VIGNE ET DE SA CULTURE PENDANT TROIS ANS

Défoncement à la main à 0 fr. 10 le mètre carré	1.000 fr.
Achat de 1.200 plants greffés à 16 fr. le cent.	1.920 »
Frais de plantation	100 »
Prix de neuf labours (trois par an) à 50 fr. le labour	450 »
Prix de deux tailles (deuxième et troisième année)	60 »
Un ébourgeonnement, attachage, accolage	70 »
Fumure, première année et échalassage, deuxième année	1.200 »
TOTAL	4.800 fr.

REVENU D'UN HECTARE DE VIGNE

Dépenses.

L'amortissement de ces 4.800 fr. en quarante ans.	120 fr.
Frais de culture annuelle.	350 »
Frais de fumure annuelle.	120 »
TOTAL	590 fr.

Intérêt annuel de la valeur du sol d'un hectare de
vigne, soit 1.200 fr. . . . . 36 fr.
Impôt pour un hectare. . . . . 16 » 80
   TOTAL DES DÉPENSES. . 642 fr. 80

Recettes. — Rendement de 1 hectol. 5 par ouvrée à 25 fr. l'hectolitre, soit 37 fr. 50. Par hectare que comprend 24 ouvrées : 37 fr. 50 × 24 = 900 francs.

Bénéfice net par hectare [1].
   900 fr. — 642 fr. 80 = 257 fr. 20

Le capital foncier, 1.200 francs, rapporte donc 257 francs, soit pour 100 : $\dfrac{257 \text{ fr. } 20 \times 100}{1.200} = 21 \text{ fr. } 43$.

Remarque. — Ce revenu de 21 fr. 43 % paraît élevé, mais il faut tenir compte des années mauvaises, telles que 1909 et 1910, où la récolte a été absolument nulle dans notre région.

Comme on le voit, si l'établissement d'une vigne coûte cher, son rapport est bon dans les années moyennes. Il faut compter, comme je l'ai dit, sur les mauvaises années, mais la récolte d'une année est souvent supérieure à 2 hectolitres.

J'ai examiné le cas où il fallait reconstituer par main-d'œuvre, mais si le vigneron reconstitue lui-même, son travail lui est largement payé. De plus il peut faire lui-même ses greffes et préparer ses porte-greffes. Cette dernière préparation pourra se faire moyennant 15 à 20 francs par hectare et en immobilisant 5 ares environ de bonne terre pour la culture de ces porte-greffes.

---

1. 257 francs est le bénéfice net par hectare en supposant que les frais de vendanges et de vinification sont payés par la valeur de l'eau-de-vie de marc qui se vend en moyenne 2 francs le litre. J'ai vu faire de 60 à 70 litres d'eau-de-vie de marc pour 18 ouvrées de vigne, ce qui fait 90 litres environ à l'hectare.

RECONSTITUTIONS ET AMÉLIORATIONS A APPORTER

Après l'apparition du phylloxera, constatée à Chassey en 1885, la reconstitution a commencé dans l'Auxois et s'y est poursuivie rapidement. Dans les terres mouilleuses, c'est l'eau qui constitue le plus grand obstacle à une bonne adaptation du porte-greffe américain.

Il faudrait aussi, pour éviter le pourridié, assainir les sols du vignoble en y creusant des fossés de drainage et en plantant la vigne sur des planches bombées.

A côté du porte-greffe Riparia X Cordifolia 106, qui s'adapte très bien aux terrains humides en hiver, secs en été, on peut également employer Riparia, Solonis X Riparia, Riparia, Rupestris.

Il ne faut pas oublier que le bon choix du porte-greffe est la condition absolue du succès.

DES ENNEMIS DE LA VIGNE DANS NOTRE RÉGION

Insectes.

Coléoptères. — *Eumolpe de la vigne* (adoxus vitis) écrivain Gribouri.

Altise de la vigne (Altica ampelophaga), Puce de terre, Tiquet.

Rhynchite du bouleau (Rhynchites betuleti), Rouleur, Cigarier ou Cigareur.

Coupe-bourgeons aériens (Otiorhyncus cneorhinus), Coupe-bourgeons, Charançon de la vigne, Perdrix.

Coupe-bourgeons souterrains (Asida grisea), Ver fil de fer (larves ressemblant à des fils de fer un peu rouillés).

Cétoine mouchetée (Cetonia strictica).

Cétoine velue (Cetonia histella).

Hanneton commun (Melolontha vulgaris), Canquoine Ver blanc.

Anomale bronzée (Anomale œnea).

Insectes des sarments (Apale sexdentata et Agrilus derasophasciatus).

Hyménoptères. — *Emphyte bordé* (Emphytus cinctus).
Guêpes et Polystes (Guêpe commune, Vespa vulgaris L.).
Guêpe germanique (Vespa germanica Fabr.).
Guêpe française (Polystes gallicus L.).

Lepidoptères. — *Pyrale de la vigne* (Œnophthica Pilleriana), Pyrale, ver coquin, ver à tête noire.
Cochylis de la grappe (Cochylis Roserana), ver rouge, ver de vendange, ver de la grappe.
Ecaille martre (Chelonia caja).
Sphinx de la vigne (Sphinx elepenor).
Noctuelle des moissons (Agrostis segetum), Ver gris, Ceupote, Soupote.
Cassus gâte bois (Cossus ligniperda).
Hemiptères. — *Cochenille de la vigne* (Pulvinaria vitis).
Phylloxera de la vigne (Phylloxera vastatrix).
Cigales de la vigne : deux espèces :
1º Cigale sanglante (Cicada hœmatodes) ;
2º Petite cigale noire (Cicada aira).
Fulgore de la vigne (Hysteropterium grilloïdes).

Diptères. — *Ephippigère de la vigne* (Cecidomya œnophilla).

Myriapodes.

Blaniule moucheté (Blaniulus guttulatus).

Arachnides.

L'Erinose provient de la piqûre d'un acarien, le *Photoptus vitis*.

Mollusques.

Limaces et escargots (Helix hortensis, nemoralis, pomatia).

Végétaux.

Parasites. — Oïdium, Black Rott, Rot blanc, Anthrachnose, Mildew, Pourriture dorée, grise, noble, verte, Pourridité, Roncet, Court noué.

Mauvaises herbes de la vigne. — On appelle généralement viticoles : certaines graminées, les mercuriales, le reseda phyteuma, des Lamium, des malva, des Euphorbes et surtout le Convolvulus arvensis qui est très envahissant.

A Vitteaux, on rencontre surtout dans les vignes :

Du *pain d'oiseau* (Sedum album), des *chardons variés*, la *grande linaire* (Linaria vulgaris), des *lierges* (Sonchus oleraceus), de la *vieillie* (Convolvulus arvensis); quelquefois des *pas d'âne* (Tussilago farfara) et de la *doucette* (Valerianella olitoria) appelée aussi torche c... de vigneron.

Maladies non parasitaires.

Chlorose, Brunissure, Rougeot et maladie pectique, Folletage, Ercissement, Brûlure, Grillage et échaudage, Coulure et Millerandage.

A tous ces ennemis, il faut ajouter la grêle et les gelées d'hiver, de printemps et d'automne.

VII

HORTICULTURE

HORTICULTURE MARAICHÈRE

Depuis de longues années, il a existé plusieurs jardiniers à Vitteaux. Ceux-ci appartenaient pour la plupart aux familles Baulot et Simonot.

Autrefois on allait chercher le jardinage chez les jardiniers ou on le leur achetait sur la place du marché les dimanches, les jeudis matin, les jours de foire. Aujourd'hui, on achète encore au jardin, les jeudis matin et jours de foire, mais les jardiniers conduisent eux-mêmes les légumes à domicile à l'aide d'une voiture à bras ou à âne.

De plus, ils vendent des primeurs qu'ils font eux-mêmes venir des pays où on les cultive en grand.

Comme légumes cultivés anciennement à Vitteaux, on peut citer très peu de lentilles, jamais dans les jardins, des pois, haricots, carottes, panais, épinards, oseille, des choux Milan hâtifs et tardifs, des choux cabus, des cœur-de-bœuf, de Bruxelles, choux-fleurs, radis, raves, poireaux, céleris. Salades : laitue, scarole, chicorée, chicons.

En 1800, on cultivait peu de pommes de terre. Cette culture a commencé dans les jardins puis ensuite dans les champs.

Aujourd'hui on cultive beaucoup plus de carottes qu'autrefois. Les haricots l'emportent de beaucoup sur les petits pois. Aux épinards, sont venus s'ajouter les tétragones. Un essai d'arroche, sorte d'épinard d'été, serait peut-être excellent.

Il y a quarante-cinq ans, s'introduisait la culture de la

tomate. On en planta d'abord une dizaine de pieds, aujourd'hui on en cultive plus de *cent*.

La culture de l'aubergine, essayée il y a quelques années, n'a pas réussi faute de vente.

L'essai d'une culture de crosnes du Japon n'a pas réussi non plus, car il faut à cette plante un terrain sableux, qui n'existe pas à Vitteaux. On en cultive beaucoup à Saint-Seine d'où on les expédie sur Paris.

Depuis quelques années, on cultive à Vitteaux des endives et des pissenlits améliorés et ces essais paraissent devoir réussir.

Comme pommes de terre maraîchères cultivées à Vitteaux, on peut signaler la pomme de terre de quarante jours, la Victor, Vittelotte, Early rose...

HORTICULTURE FRUITIÈRE

De tout temps il a existé à Vitteaux des jardiniers chez lesquels on achetait les arbres fruitiers, mais, depuis plusieurs années, il existe dans notre ville un pépiniériste, M. Lefol, qui vend arbres fruitiers, vigne, arbres forestiers et plants pour clôtures.

Le sol se prête bien à Vitteaux à la culture des arbres fruitiers et je ne doute pas que, si l'on avait maintenu de nos jours cette culture aussi étendue qu'autrefois on n'en ait retiré un grand revenu.

Dans la région lyonnaise, au Mont-d'Or, où le sol est analogue à celui de notre pays, on retire de gros avantages de la culture fruitière.

C'est à tort qu'aujourd'hui on néglige cette culture, car l'étranger recherche beaucoup nos fruits et les paie un prix rémunérateur.

Si les jeunes voulaient reconstituer les vergers d'autrefois, bien soigner leur culture, organiser les transports de fruits, ils retireraient, j'en suis persuadé, de la culture fruitière, des avantages considérables.

Je reviendrai sur ce sujet dans un autre chapitre.

1° *Autrefois.*

Pommes. — *Espèces cultivées.* — Pomme-poire (très, ancienne et rare aujourd'hui), Calville rouge et blanc, Belle fleur, Court pendue, Reinette carrée (appelée aujourd'hui Reinette de Cuzy), Reinette grise, Canada gris, Pomme quarteron, Api rouge, Pomme d'Eve.

Quantités. — Beaucoup de vergers, avant le désastreux hiver de 1879, où l'on récoltait de grandes quantités de pommes.

Destination. — Ces pommes étaient vendues à des marchands locaux : Mathey vers 1840, ensuite Roy à Vitteaux, Collin à Posanges..., qui les conduisaient à Dijon, Arnay-le-Duc, Saulieu...

Qualité. — Bonne et assez bonne.

Valeur. — On vendait au double ou au tonneau, en général, vingt sous le double.

Remarque. — A Saffres il existait de nombreux vergers. M. Cazet, ancien instituteur de ce village, dit avoir vu vendre 1.000 francs la récolte d'un hectare de verger et 40 francs celle d'un seul poirier. M. Clémencet continue à bien soigner son verger et en retire un grand prix.

2° *Aujourd'hui.*

Pommes. — *Espèces cultivées.* — Beaucoup d'espèces anciennes auxquelles on a ajouté Rambour, Reinette d'Angleterre, Souvenir du Congrès, Belle fille normande (pommier à cidre), en grande quantité...

Quantité. — Beaucoup moins qu'autrefois.

Qualité. — Amélioration par les espèces nouvelles des espèces anciennes ; les reinettes forment le fond de la culture.

Valeur. — 2 francs le double.

Destination. — Dijon.

1° *Autrefois.*

Poires. — Messiregent, Cadillat, Culotte de Suisse, Crassane, Sucré vert, Poire d'Uncey, Saint-Germain d'été, d'hiver, Doyenné d'automne, d'hiver, gris, Beurré blanc, Bergamottes, Sept en gueule, Poires Magdeleine, Saint-Jean, Cuisse dame, Sanguines (dans l'Ouche), Fenouillettes, Duchesse, Louise Bonne...

2° *Aujourd'hui.*

Poires. — Beaucoup d'anciennes espèces et beurrés. Giffard, William, Dawy, Darembert, Bergamotte de la Pentecôte, Espéren Doyenne du Comice, Passe-Colmar...

Prunes. — Reine-Claude, Sainte-Catherine, Damas, Perdrigon, Mirabelle ordinaire et de Metz, Belle-Dame, Abricotée, Quetsch. Le prunier greffé sur mirobolan ne trace pas. On emploie cette greffe aujourd'hui.

Cerises. — Anglaises hâtives et tardives, Montmorency, Bigarreau blanc, Napoléon, Reine Hortense, Impératrice-Eugénie.

Pêches. — Les pêchers durent peu de temps à Vitteaux. Ceux qui résistent le mieux résultent de la plantation d'un noyau.

Comme pêchers greffés, je citerai la précoce de Hales, Amsden, Grosse mignonne hâtive... On dit que le pêcher greffé sur prunier dure plus longtemps ; l'expérience que j'en ai faite ne confirme pas cette assertion.

Abricots. — Peu cultivés.

Groseilles. — Blanches, rouges, cassis.

Framboises. — Rouges et blanches, remontantes et autres.

HORTICULTURE FORESTIÈRE

Sapin, Mélèze, pin d'Autriche, Sylvestre, peuplier suisse de 0 fr. 75 à 1 franc le pied, appelé eucalyptus, peuplier argenté, frêne.

On rencontre dans les bois de la région le chêne en abondance, le charme, le hêtre, l'orme, le tremble, le frêne, le tilleul. Sur le bord de l'eau, les saules.

HORTICULTURE DE CLÔTURE

L'épine blanche (aubépine), qui ne trace pas ; vente de 50 à 60.000 pieds par an. Emploi de l'épine mirobolan non branchue et à tige bien droite.

VIII

CLIMAT ET MÉTÉOROLOGIE

Climat.

On a défini le climat « *l'ensemble des phénomènes* météorologiques qui caractérisent *l'état moyen* de l'atmosphère en *un point* de la surface terrestre » (Hann, 8).

Il y a trois points à retenir dans cette définition :

1º *Etat de l'atmosphère en un point de la surface terrestre,* c'est-à-dire de la zône de contact de notre globe avec l'atmosphère.

Pour connaître la cause de cet état, il est le plus souvent nécessaire de la rechercher dans les couches élevées de l'atmosphère de même que pour connaître la cause du relief terrestre, il est souvent indispensable d'étudier le sous-sol.

Par conséquent, il existe entre la climatologie et la météorologie ou étude des phénomènes de l'atmosphère le même rapport qu'entre la morphologie terrestre et la géologie.

2º *Etat moyen de l'atmosphère.* — La climatologie est basée sur l'étude des moyennes. On pourra dire à la fois : le climat n'est pas froid, ici en hiver, et le temps a été très froid ici cet hiver.

3º Le climat est un *ensemble de phénomènes* qui se tiennent.

La climatologie devra rechercher et mettre en lumière *les relations complexes existant entre température,* pression atmosphérique, humidité, pluie, tandis que la météorologie étudie chacun de ces phénomènes à part. Il est toutefois utile de faire une étude séparée des divers éléments du climat afin de voir comment ils peuvent se combiner.

On peut diviser les éléments du climat en trois groupes d'après les propriétés physiques de l'atmosphère :

1º *Etude de la température de l'air.* Car une des propriétés les plus importantes de notre atmosphère est de retenir la chaleur solaire.

2º *Etude de la densité ou pression atmosphérique.* Comme des couches d'air de densités différentes se trouvent en contact à toutes les altitudes, ce qui provoque les mouvements de l'air, avec l'étude la pression atmosphérique, on devra mener de front celle des vents.

3º Enfin on devra *étudier en même temps* tous les météores aqueux : évaporation, humidité de l'atmosphère, nébulosité, précipitations.

Quoique Vitteaux soit dans le bassin de la Seine, son climat se rattache au climat vosgien. C'est un climat continental, caractérisé par des variations, qui diffère nettement du climat Rhodanien de Dijon et du climat Séquanien de Paris.

Ce climat est créé par l'influence qu'exerce le plateau de Langres sur notre région.

Voyons maintenant les différents éléments du climat vitellien.

Température. — D'après les observations de la station météorologique, la moyenne thermique de Vitteaux est de 9º16 environ en partant de l'hiver 1904 à l'été 1909 inclusivement. La température moyenne est + 4º28 et celle de l'été + 14º06.

Pluie. — D'après le tableau de Raulin par Arnoud du dictionnaire Dechambre, Vitteaux fait partie du régime 1 : « à été le moins et à hiver le plus pluvieux », la moyenne est de 800 millimètres pour le pays de ce régime. 714 millimètres à Vitteaux (1890-1908), station météorologique confiée aux soins de M. Lévêque-Décailly.

Si l'on considère en particulier l'année 1893, où il y eut

une sécheresse remarquable, il ne tomba pas d'eau du 17 mars au 8 mai et du 17 mars au 1er juin, il n'en tomba que 18 millimètres pour deux mois et demi. Dans la même année le mois d'octobre fut très humide. Pendant dix-huit jours de ce mois, on enregistra 200 millimètres sur 671 millimètres pendant toute l'année.

Pression. — Comme l'altitude de Vitteaux est de 330 mètres et que la pression diminue de 1 millimètre pour 10 m. 5 d'altitude, la hauteur mercurielle moyenne à Vitteaux devrait être de 760 mm. — 33 mm. = 727 mm. Cependant la ramenant à la pression de 760 millimètres, les résultats de 1893, 1894, 1895, donnent 763 millimètres et ceux de 1906, 1907, 1908 donnent 723 millimètres, 723 millimètres, 743 millimètres.

Vents. — Les vents dominant dans la contrée sont les vents du sud-ouest.

D'après les notes prises à la station météorologique de Vitteaux dans les années 1893, 1894, 1895, on a le tableau suivant :

1893.	Nord : 102 fois.		Sud : 112 fois.		Ouest 72 fois.		Est : 79 fois.	
1894.	—	95 »	—	115 »	—	131 »	—	54 »
1895.	—	96 »	—	128 »	—	84 »	—	54 »
	Moyenne	97 fois.	Moy.	118 fois.	Moy.	97 fois	Moy.	63 fois.

Dans les années sèches, comme 1893, les vents nord-est sont très fréquents.

Les vents du sud-ouest amènent souvent des orages dans notre région, orages qui causent des inondations parfois considérables. Les années 1666, 1757, 1788 et 1842 sont à signaler à ce point de vue. En 1842, l'inondation eut lieu le 30 avril. Une trombe accompagnée de grêle fit grossir subitement la rivière et ses affluents. L'eau coulait rue de la Ville à une hauteur de 1 m. 50 à 2 mètres, par suite surtout du barrage du ruisseau de Massingy. Ce barrage se fit par suite de la démolition d'une maison alors en construction. L'eau, au lieu de suivre son cours, passa par la rue principale et envahit les maisons. Cette dernière inondation entraîna la mort de trois personnes et causa des dégats d'au moins 200.000 francs.

Certaines maisons de la rue de la Ville ont conservé depuis ce temps une très grande humidité.

Brouillards, Gelées, Grêles, Foudre — Il est à remarquer qu'à Vitteaux, les brouillards sont assez rares, mais, au contraire, les gelées tardives du printemps, si nuisibles à la vigne, sont assez fréquentes. La grêle fait aussi des apparitions, mais tout-à-fait irrégulières. Quelques accidents sont aussi causés par la foudre. A Vitteaux, tremblements de terre en 1783 et 19 avril 1905.

Les observations météorologiques ont été commencées à Vitteaux par M. Belime de 1854 jusqu'à 1890. Malheureusement, le résultat de ses observations n'a pas été communiqué par sa famille. Elles ont été continuées de 1890 à mai 1893 par M. Larget, alors percepteur à Vitteaux, et depuis mai 1893 par M. Lévêque-Décailly, dont le zèle a été apprécié par M. le ministre de l'Instruction publique qui, en 1899, lui a décerné un médaille de bronze et, en 1909, une médaille d'argent.

J'ai essayé de résumer quelques observations de M. Lévêque dans le tableau suivant qui, non seulement donne des observations météorologiques, mais fait connaître certaines phases de la vie pendant le cours de trois années :

VITTEAUX

		1906	1907	1908
Hauteur d'eau de l'année		762 millim. 9	753 millim. 8.	722 millim. 2.
Température maxima		+34° 1/2 (18 juillet).	+36° 1/4 (5 août).	+34° (30 juin).
Température minima		—17° (31 décembre).	— 6° (23 novembre).	— 22° (31 décembre).
	Semailles	Septembre et octobre.	Du 20 sept. au 15 oct.	Du 20 sept. au commencement de novembre.
Blé d'hiver	Sortie de terre	»	16 octobre.	Du 15 octobre à fin novembre.
	Moisson	16 juillet au 4 août.		
	Rendement	En plaine, 1.800 à 1.850 kg. à l'h. En mont., 1.500 à 1.550 kg. à l'h.	En plaine, 2.100 kilog. à l'hect. En mont, 1.600 kg. à l'hect.	En plaine, 2.200 kilog. à l'hect. En mont., 1.700 kilog. à l'hect.
Seigle	Semailles	»	»	1er septembre.
	Moisson	30 août.	1er septembre.	9 juillet.
Orge commune de printemps	Semailles	11 juillet.	22 juillet.	24 mars.
	Moisson	15 mars.	26 mars.	4 août.
Avoine commune de printemps	Semailles	Fin juillet.	11-30 août.	18 mars.
	Moisson	7 mars.	6 mars.	4 août.
	Rendement	20 juillet au 30 août. Faible et variable à cause de sécheresse.	10-30 août. Variable par sécheresse de 1.400 à 1.500 kilog. à l'hect.	»
Luzerne	Verdit	»	30 mars.	1er avril.
	Floraison	15 mai.	15 juin.	8 juin.
	Fauchaison	6 juin.	»	1er avril.
Trèfle	Verdit	»	»	»
	Floraison	15 mai.	»	8 juin.
	Fauchaison	1er juin.	»	3 avril.
Prés hauts et secs	Verdissent	3 mars.	»	»
	Floraison	14 juin.	19 juin.	12 juin.
	Fauchaison	18 mars.	Rendement d'un tiers en moins qu'en 1906.	7 avril. Rendement de 1/4 supérieur à celui de 1907.
Prés bas	Verdissent	»	»	»
	Floraison	18 juin.	Fin de la fauchaison, 19 juillet, à cause de la pluie[1].	5 juin. Regains assez bons.
	Fauchaison	»	»	»
Vigne	Bourgeonnement	1er avril.	20 avril.	14 avril.
	Feuillaison	2 mai.	15 mai.	15 juin.
	Floraison	»	6 juillet.	»
	Vendange	8 octobre.	17 octobre.	5 octobre.

1. La sécheresse a perdu les regains.

CLIMAT ET MÉTÉOROLOGIE

		1906	1907	1908
Vignes *(suite)*.	{ Apparition de l'oïdium.			
	} Apparition du mildiou.	Fin juillet.	Fin août.	Mildiou de la grappe et blackrott. Les vignes non malades donnent de 200 à 228 litres de vin à l'ouvrée. Qualité supérieure à celle de 1907.
	Rendement.	12 août.		
		80 à 100 litres de vin par cuvée de 4 a. 28. Qualité supérieure mais quantité faible à cause de sécheresse.	80 litres par ouvrée. Vin de qualité inférieure à celui de 1906. Rendement variable à cause du mildiou de la grappe.	
Violette des bois.	Feuillaison	Fin février.	15 mars.	10 mars.
	Floraison	Du 11 mars au 8 avril.	1er avril.	5 avril.
Primevère	Feuillaison	»	16 mars.	»
	Floraison	5 mars.	16 avril.	15 avril.
Narcisse	Feuillaison	1er avril.	15 mars.	8 mars.
	Floraison	5 mars.	15 avril.	12 avril.
Ortie blanche	Feuillaison	1er avril.	16 avril.	12 avril.
	Feuillaison	»	3 mai.	1er mai.
Aubépine	Floraison	2 mai.	»	»
Lilas	Feuillaison	9 avril.	15 mai.	10 mai.
	Floraison	»	Bourgeons, 22 mars.	12 mars.
Groseillier	Feuillaison	»	9 mai.	7 mai.
	Floraison	15 avril.	6 avril.	15 avril.
Marronnier d'Inde.	Feuillaison	13 avril.	24 avril.	1er mai.
	Floraison	2 mai.	15 mai.	10 mai.
Noyer.	Feuillaison	7 mai.	Fin mai.	10 mai.
	Récolte	28 septembre.	29 septembre.	5 octobre.
Hirondelle de fenêtre.	Arrivée	13 avril.	22 avril.	25 avril.
	Départ	17 août-4 octobre.	4 août-30 septembre.	10 août-27 septembre.
Rossignol ordinaire, premier chant.		1er mai.	1er mai.	27 avril.
Gros bec, pinson, premier chant		1er mai.	22 mars.	19 mars.
Corbeau	{ Arrivée	25 octobre.	1er novembre.	1er novembre.
	{ Départ	3 mars.	2 mars.	6 mars.
Abeilles, commencent à butiner.		»	Beaucoup d'essaims.	24 mars.
Guêpes, apparition		Septembre et octobre.	Très nombreuses.	Très peu d'essaims. Moins qu'en 1907.
Limaces, grises et rouges		Peu de limaces rouges.	Peu de limaces.	Beaucoup de rouges, moins de grises.

IX

HYGIÈNE

Influence du sol.

Suivant l'abbé Collon, les murs du château étaient autrefois entourés de marécages, puis on a successivement élevé le sol. A cette époque, les inondations étaient fréquentes, l'eau envahissait les maisons et entretenait une humidité permanente.

Le relèvement du sol a été mis en évidence par la découverte que l'on fit lors de l'établissement d'un aqueduc et de fouilles pour des conduites d'eau, de deux pavages anciens, l'un qui est à 1 mètre au-dessous du pavé actuel, c'est le deuxième pavage, l'autre, qui est à 2 mètres au-dessous du deuxième pavage, c'est le premier pavage.

Actuellement, le niveau de la rivière est à 2 m. 50 au-dessous du pavage actuel. On voit donc qu'il est supérieur de 0 m. 50 au niveau du premier pavage qui est à 3 mètres au-dessous du pavage actuel.

Des modifications apportées au cours de la rivière ont été faites à plusieurs reprises. La dernière importante a été proposée par l'architecte Antoine en 1759. Ces modifications avaient été décidées le 12 mai 1758 par un arrêt du conseil d'Etat du roi, ainsi qu'il suit :

« Considérant que le lit de la rivière et les ponts sont engorgés par les ruines de bâtiments anciens, trop près de la rivière, et les sables, notamment au pont du meix Ragnon, où l'eau ne passe presque plus, ordonne qu'il y a des mesures à prendre. »

Devis des constructions et démolitions à faire au cours de la rivière de Braine pour garantir la ville et le faubourg de Viteaux des inondations de ladite rivière, par Antoine, architecte.

1º Donner une largeur de 36 pieds et 5 pieds de profondeur ;
2º Construire des murs de soutènement ;
3º Achever la démolition de la tour du nommé Chazeau et démolir celle du nommé Mary (tour carrée) ;
4º Démolir l'appendice joignant le pont de l'Horloge, soutenu sur quatre piliers et accolé contre la maison dudit Mary ;
5º Construire deux écluses.

On demandait également la destruction du moulin Simonot (du meix Ragnon), pour faciliter l'écoulement des eaux.

Des déblais faits en 1757 sous le pont de l'Horloge avaient coûté 1.902 francs.

Il est à remarquer qu'aujourd'hui comme autrefois, l'écoulement de l'eau de la rivière n'est pas assez rapide dans la traversée de Vitteaux et que la suppression du moulin Simonot, appartenant aujourd'hui à M. Robert, serait une bonne chose pour faciliter l'écoulement de l'eau.

Avec un courant plus rapide, la rivière ne déposerait pas tant de terre et de cailloux. Elle balayerait les déjections des égouts et les résidus des abattoirs, ce qu'elle ne fait guère aujourd'hui. Il en résulterait également une économie des sommes dépensées pour le curage nécessaire et périodique de la rivière.

Donc économie et création de conditions hygiéniques meilleures par suite de l'entraînement de l'eau des égouts qui n'occasionnerait plus d'émanations insalubres.

De plus, si l'on examine la structure géologique de Vitteaux dans le voisinage de la rivière, on observe les faits suivants :

1º Le pont dit de l'Horloge a été construit en 1832 sur pilotis, d'après le témoignage des anciens habitants [1]. Cela a causé une grande dépense, amenant la ruine de l'entrepreneur Gamet et le suicide d'un des ouvriers. La maison Berthoud aurait été aussi construite sur pilotis. Mais dans la maison Laurent-Chardenot la roche est à 0 m. 50 du niveau du pavage de la rue Basse-de-l'Eglise. De l'autre côté de la rivière, dans les puits Aubertin et Malaclet, on a trouvé la roche à 4 mètres de profondeur.

Si, dans le cours de la rivière, qui est aujourd'hui à 2 m. 50 au-dessous du niveau du pavé de la rue de la Ville, la roche eût existé, au moment de la construction du pont, à 4 mètres de profondeur, au-dessous de ce même niveau, elle aurait été à 1 m. 50 du niveau actuel de la rivière et on n'eut pas recouru à la construction sur pilotis pour le pont. On eut pu asseoir ses fondations sur la roche elle-même.

De plus, dans les points de la rive gauche de la rivière, où l'on a pu observer la direction des couches rocheuses, au cimetière par exemple, depuis le portail jusqu'à la porte d'entrée de ce cimetière, dans plusieurs caves, on a pu remarquer que ces bancs rocheux plongeaient vers la rivière. On peut donc en conclure que le cours de la Brenne, dans la traversée de Vitteaux, a été produit par un effondrement à peu près nord-sud.

Cet effondrement aurait produit un mouvement de bascule des couches de la rive gauche.

Quelle est la largeur de cet effondrement?

Sur la rive gauche, il ne viendrait au plus qu'à la maison Laurent-Chardenot. Sur la rive droite, il pourrait s'étendre jusqu'au pied du château. De ce côté, un remblai considérable a été fait puisque le premier pavage est à 3 mètres au-

---

[1]. L'administration des ponts et chaussées n'a pu me donner aucun renseignement sur ce point.

dessous du pavage actuel. L'assertion de l'abbé Collon qu'il existait autrefois un marais au pied du château n'aurait donc rien d'invraisemblable.

De l'inclinaison des couches de la rive gauche vers la rivière, il faut aussi conclure que le cimetière de Vitteaux est mal placé au point de vue hygiénique.

En effet, les eaux, suivant la pente, coulent du cimetière vers la ville, ce qui peut contribuer à rendre l'eau des puits peu potable.

Il faut constater que cela existe pour nombre de puits autrefois utilisés. Plusieurs analyses, faites par moi et contrôlées par plusieurs de mes amis, chimistes et bactériologistes, ont montré qu'il n'était pas prudent du tout de boire l'eau de plusieurs puits de la rive gauche.

Heureusement l'établissement de bornes-fontaines a permis d'abandonner l'usage des puits. La population s'en trouve fort bien, car les cas de fièvre typhoïde assez fréquents ont aujourd'hui complètement disparu.

X

INFLUENCE DU SOL SUR LA POPULATION

Montesquieu dit, livre XVIII, chapitre 1ᵉʳ de l'*Esprit des Lois* :

« La bonté des terres d'un pays y établit naturellement la *dépendance*. Les gens de la campagne qui y font la principale partie du peuple ne sont pas si jaloux de leur liberté, ils sont trop occupés et trop pleins de leurs affaires particulières. »

Dans le chapitre IV du même livre :

« La fertilité d'un pays donne avec l'aisance, la mollesse et un certain amour pour la conservation de la vie. »

Dans la région vitellienne, on remarque en effet, que les cultivateurs sont fort occupés de leurs affaires particulières ; ils deviennent aisés par leur travail, mais ne s'amollissent point. On en rencontre d'infatigables, même lorsqu'ils sont arrivés à une vieillesse avancée. Si certains craignent pour leurs jours, d'autres, au contraire, voient arriver la mort avec calme et souvent même la désirent, car ils se sentent incapables au travail et une charge pour leurs enfants.

Livre XXIII, chapitre XIVᵉ, on lit :

« Les pays de pâturages sont peu peuplés parce que peu de gens y trouvent de l'occupation. Les terres à blé occupent plus d'hommes et les vignobles infiniment davantage. »

Il faut peut-être chercher dans la diminution des vignes et l'augmentation des pâturages, une des causes de la dépopulation de Vitteaux [1].

---

[1] « En Angleterre, on s'est souvent plaint que l'augmentation des pâturages diminuait le nombre des habitants et on observe en France

Le tableau suivant va nous montrer ces variations :

POPULATION A VITTEAUX	PRÉS	VIGNES
7 prairial an VI. 2.073 hab. Cessey non compris.	En 1836. 194 hect.	En 1836. . 64 hect.
1841 . . . . . . 1.898 » Cessey non compris.		
1906 . . . . . . 1.292 » Cessey compris.	En 1987. 600 hect.	En 1908. . 20 hect.

Morelot, dans un ouvrage sur la vigne, indique en 1831, 138 hectares de vigne à Vitteaux et l'abbé Collon, dans l'année 1760, 9.000 ouvrées, soit 9.000 : 24 = 375 hectares de vigne avec quatre-vingt-quatre vignerons et six tonneliers. Aujourd'hui, il n'y a plus de vigneron proprement dit, et il reste *un* tonnelier.

Nous verrons plus loin les autres causes de dépopulation.

Chapitre XXVIIIe : « Lorsque la dépopulation (dit Montesquieu) vient de longue main par un vice intérieur et un mauvais gouvernement, c'est un mal presque incurable. Pour rétablir un Etat ainsi dépeuplé, on attendrait en vain le secours des enfants qui pourraient y naître ; il n'est plus temps, les hommes dans leur désert sont sans courage et sans industrie. »

Du temps de Montesquieu, existait la grande propriété possédée par le Clergé, le Prince, les Villes, les Grands, la terre était en grande partie inculte, l'homme de travail ne possédait rien, aussi cet écrivain donnait-il le remède suivant à la dépopulation :

Distribuer les terres à toutes les familles qui n'ont rien, leur procurer les moyens de les défricher et de les cultiver.

Ce remède ne vaut rien actuellement, car la propriété

---

que la grande quantité de vignobles y est une grande cause de la multitude des hommes » (Montesquieu). Que les temps sont changés !

est très divisée et ce n'est pas le manque de posséder qui entraîne les gens jeunes à la ville.

Ce n'est pas d'aujourd'hui que les campagnes sont dépeuplées. Chez les Romains, alors que Rome avait deux millions d'habitants, les campagnes étaient désertes. En vain Virgile fit-il les *Géorgiques* et les *Bucoliques*, les habitants de l'Italie préféraient, à la vie des champs, le pain et les spectacles de la ville.

En France, c'est l'industrialisme qui, commençant sous Colbert et se continuant sous Louis XIV et Louis XV, amena un mouvement de la diminution de la population des campagnes.

En 1801, il y avait en France trois villes au-dessus de 100.000 habitants, il y en a quinze aujourd'hui, et les habitants de ces quinze villes forment un septième de la population.

D'après M. René Lavollée, au commencement du XVIIIe siècle, les trois quarts de la race française vivaient aux champs ; en 1846, la population urbaine ne constituait pas le quart de la population totale ; elle en constitue aujourd'hui les cinq-douzièmes.

D'après des statistiques de M. Deherme dans *la Coopération des Idées*, et de M. Imbart de la Tour, il y a dans toute l'Europe exode des campagnes vers les villes. On semble délaisser peu à peu l'agriculture pour l'industrie.

Et cependant on a tort de croire que l'industrie a devant elle un horizon sans fin. L'agriculture et l'élevage, en renovant leurs procédés, en adoptant des méthodes commerciales nouvelles, peuvent prétendre à un développement considérable.

J'ai fait voir, par des calculs, que la culture de la terre était, à Vitteaux, bien rémunératrice, telle qu'on la pratique aujourd'hui.

On pourrait encore en tirer plus, en modifiant les procédés. Nous n'avons, pour nous en convaincre, qu'à jeter un coup d'œil sur les importations nécessaires pour l'Angleterre et l'Allemagne, importations auxquelles nous pourrions participer dans une large part. Voyons ce que nous pourrions leur fournir à l'une et à l'autre.

En 1907, l'Angleterre a acheté 213.000 tonnes de beurre. Ce beurre aurait pû être fourni par nos vaches normandes et même par l'Auxois, où le beurre est excellent. Pas du tout, il est venu de Danemark et de Sibérie. Ce dernier pays est si bien outillé au point de vue du transport (wagons frigorifiques...), qu'en Angleterre on reçoit le beurre sibérien aussi frais que s'il sortait de nos prairies normandes.

Pourquoi nos paysans ne s'associeraient-ils pas pour la production du beurre? Il y aurait de quoi occuper lucrativement bien des filles et des garçons qui, aujourd'hui, fuient la campagne.

Que dirai-je des œufs? L'Angleterre en achète annuellement en Russie et Autriche-Hongrie 149.000 tonnes, et l'Allemagne 139.000 tonnes.

Quant à notre bétail, que nous pourrions accroître sans crainte de ne pas l'exporter, l'Angleterre en importe d'Australie avec des frais très lourds de transport, réfrigération et manutention. Il y a là encore beaucoup à faire.

L'Auxois étant un excellent producteur de bétail est tout désigné pour des marchés avantageux.

Nos volailles et notre gibier sont à peine exportés et cependant l'Angleterre en demande chaque année 49.000 tonnes et l'Allemagne 38.000.

Nous ne sommes point outillés pour l'envoi des légumes dont cependant l'Allemagne importe chaque année 220.000 tonnes venant de diverses régions.

Nos fruits ont cependant la prépondérance en Angleterre où la vente de la pomme baisse cependant par suite de l'introduction de la banane. Combien aurions-nous aussi à faire en Allemagne à ce point de vue !

La région vitellienne se prête admirablement à la culture fruitière qui y était autrefois très développée. Il y avait plusieurs marchands de fruits qui les achetaient à chaque propriétaire de verger et les revendaient en gros. J'ai donné ces détails dans le chapitre : arboriculture fruitière. Il serait bon de reprendre cette culture dont les produits trouveraient une exportation certaine. Dans la région du Mont-d'Or lyonnais dont le terrain est analogue à celui de notre région, on cultive depuis quelques années beaucoup de fruits et on en tire un produit très rémunérateur.

La France est la première sur tous les marchés pour ses fruits dont l'excellence est due autant au climat et au sol qu'aux soins des cultivateurs.

Elle est la dernière pour les denrées qui nécessitent un complément de soins, une organisation d'achat et de vente.

Que nos ruraux s'appliquent donc à produire plus, qu'ils s'ingénient, non pas à trouver des débouchés puisqu'ils existent, mais à en profiter, qu'ils retiennent près d'eux la jeunesse qui, par son initiative et même parfois son audace, saura réussir là où ils n'ont rien tenté ou bien là où ils ont échoué.

Alors cette jeunesse sera largement récompensée de ses peines lorsqu'elle aura conquis la clientèle des nations voisines, elle ne se tournera pas vers la ville et restera à la campagne pour le travail sain et lucratif du verger, du champ et de la ferme.

XI

HABITATIONS — MOBILIER — VÊTEMENTS

HABITATIONS

Dans les régions calcaires de l'Auxois, les habitations sont resserrées, car les sources sont en des endroits déterminés, et c'est près d'elles que se groupent les populations. Dans les régions granitiques, le Morvan, par exemple, comme il y a des sources un peu partout, les habitations sont très éparpillées.

En général les villages de notre région sont situés sur les flancs des côteaux (Vesvres, Cessey, Massingy), car le sommet de ces côteaux, souvent couvert de forêts ou à peu près inculte, est peu habitable. Cependant il y a des exceptions (Dampierre-en-Montagne, Flavigny, Salmaise). Cette position sur le plateau est due souvent à des raisons historiques : le village s'abritait sous les murs du château qui devait occuper une situation stratégique.

Les premiers habitants de Vitteaux, pour jouir des eaux de la Brenne et du ruisseau de Massingy et n'être point incommodés par les grandes eaux, placèrent d'abord leurs maisons sur deux monticules, le premier à droite, du côté du levant, sur le sommet duquel fut construite l'ancienne forteresse. Ce premier monticule finit au méché. Le second, à la rive gauche, sur la tête duquel l'église Saint-Germain fut bâtie et qui se termine au nord dans la combe du Chollot.

Les habitants sont ensuite descendus dans la vallée pour s'abriter sous les murs du château et ils ont souvent eu à souffrir des inondations.

Quelquefois les villages (Boussey, Vesvres), se sont établis à l'abri des vents du sud-oust.

On remarque que les habitants ont toujours cherché, dans notre région, non la facilité des transports, mais la proximité des sources pour l'alimentation de l'homme et du bétail. A Saffres et à Massingy, il y a d'abondantes sources dans le pays même.

A Vitteaux, deux sortes d'habitations sont à considérer :

1º Des maisons bourgeoises où habitent les fonctionnaires, les commerçants, elles sont situées surtout rue Saint-Jean, rue de la Ville, rue de Dijon, rue de l'Eglise, rue Cordier. Elles ne présentent rien de particulier. Leurs habitants ont quelquefois un jardin attenant à la maison. Dans le cas contraire, ils en louent un à une certaine distance.

2º Des maisons habitées par les cultivateurs et qui se trouvent souvent dans les rues de Cessey et Massingy, quelques-unes rue Vieille. Ces habitations peuvent être divisées en deux catégories :

a) Habitations ne comprenant autrefois qu'un rez-de-chaussée et à toit aboutissant à peu de distance du sol (rue haute de l'Eglise) ;

b) Autrefois on rencontrait beaucoup de maisons à grands escaliers, conduisant à un palier au niveau de la chambre principale. Sous cet escalier, on logeait souvent les poules et les porcs. Au rez-de-chaussée était une espèce de cellier servant à la fois de cave et de réceptacle pour les pommes de terre et la cuve. Dans bien des cas, on y veillait éclairé par une lampe fumeuse à l'huile de colza. Les femmes tricotaient ou filaient, soit au rouet, soit au fuseau et on y racontait des histoires de revenants capables de faire trembler les plus braves.

Les constructions sont faites en pierre du pays, soit en calcaire noir à gryphées, soit en calcaire jaune de la Justice. Aujourd'hui, on emploie pour les couvertures, soit de la pierre tendre venant d'Anstrude, soit des briques. Autrefois les murs étaient formés de deux parties (duites en patois), assez éloignées l'une de l'autre. L'espace libre était rempli de terre, surtout de terre de l'*auto*.

Dans ces murs épais de 1 m. 50 ou plus, il se formait, par tassement, des cavités qui servaient de refuge aux rats.

Les cheminées étaient construites en tuf extrait surtout de Saffres. Leurs têtes étaient enduites avec un mortier formé de brique pilée. Les cloisons étaient faites en torchis

MAISON RUE DE L'ÉGLISE.

(tufs empilés entre des madriers en bois recouvert souvent d'un enduit en plâtre et poil de vache).

Les maisons furent d'abord couvertes en laves, pierres calcaires plates et peu épaisses extraites des lavières de Myard et de Massingy. Cette couverture exigeait des murs solides et une robuste charpente, car on empilait autrefois sur un toit des masses de lave d'une épaisseur considérable.

Aujourd'hui la couverture à mortier est bien moins épaisse. Cette sorte de couverture conservait bien la chaleur pendant l'hiver et empêchait son entrée pendant l'été. Elle a été remplacée en grande partie par des couvertures en tuile venant tout d'abord de Pont-Royal et de Saffres, puis aujourd'hui des usines des Laumes et de Montchanin.

L'ardoise couvre aujourd'hui quelques maisons. Elle est de deux provenances :

1º L'ardoise d'Angers qui conserve toujours un beau noir ;

2º L'ardoise de Savoie, qui blanchit au bout d'un certain temps.

Les maisons étaient généralement alignées le long des routes et des chemins conduisant aux pays voisins.

A l'intérieur, elles étaient blanchies à la chaux et le sol était une aire argileuse. Depuis, on a dallé avec de grandes dalles, puis carrelé avec de petits carreaux en briques, puis enfin parqueté.

Autrefois une petite porte et une petite fenêtre, n'ayant souvent qu'un carreau mobile, ne permettaient qu'une aération incomplète.

On rencontrait tout d'abord, en entrant dans la maison, une vaste pièce mal éclairée, servant de cuisine, salle à manger, évier, chambre à coucher. L'âtre avait un manteau de cheminée très élevé et était si vaste qu'il servait de lieu de réunion à toute la famille.

Derrière cette pièce en était une autre beaucoup plus petite servant de dortoir aux filles et aux petits enfants. Les garçons, déjà grands, couchaient à l'écurie comme les domestiques. Une dernière chambre servait de cellier, de laiterie et de cave.

Malgré le peu d'élégance de ces habitations anciennes, le cœur de ceux qui y demeuraient était d'or, l'hospitalité qu'on y recevait était admirable. Tous les étrangers qui pénétraient dans la maison, étaient invités à y boire et, si l'on était proche de l'heure du repas, à se mettre à table avec les membres de la famille, parfois fort nombreux. Pour ne citer qu'un exemple, je le prendrai à Saffres, où un potier nommé Son, dit Faraud, avait dix-huit enfants.

Un étranger entrant un jour dans la maison fut invité à se mettre à table avec les vingt personnes qui s'y trouvaient. Il n'accepta pas, se croyant au milieu d'une noce.

Aujourd'hui, il y a en général amélioration de l'habitation. Sur le rez-de-chaussée, on a bâti un premier étage, quelquefois un second. Il existe encore quelques logis

Maison à grand escalier, rue de Massingy.

enfumés et, ce qu'il y a d'étonnant, c'est que le cultivateur qui a l'habitude de vivre en pleine lumière et au grand air, ne se sente pas incommodé par sa résidence dans des habitations si malsaines.

On rencontre encore trop, dans le voisinage des maisons, le purin de fumier qu'à grand tort on laisse perdre et qui, transporté par les chaussures, salit considérablement l'intérieur des habitations.

MOBILIER

Une grande table avec des bancs mobiles en chêne ciré. A un bout de cette table un tiroir où l'on plaçait cuillères, fourchettes, et quelquefois le pain auprès de son couteau en forme de croissant. Un *dressoir* (dressou en patois), où était dressée et non empilée la vieille vaisselle. Les amateurs d'antiquités ont acheté, à vil prix, cette vaisselle qui était fort agréable à l'œil. Une grande horloge (eurloge). Une vaste armoire (ormoire) aux ferrures de fer pour placer le linge. Des sellettes (selles) à trois pieds, pour se placer près du foyer. Un grand lit à colonnes avec des rideaux en serge verte où couchaient les maîtres du logis. Il était recouvert d'une couverture en *rigaudelle*, étoffe dans laquelle les côtes étaient formées par du fil gros uni à du fil fin. Deux lits dans la chambre voisine où couchaient quelquefois séparés fillettes et garçonnets. Près de la cheminée était le coffre à sel (selignon) et une boîte où l'on plaçait verticalement des allumettes soufrées. Là où l'aisance était plus grande, on voyait des fauteuils en bois avec sièges en paille. Au coin de la cheminée étaient pelles et pincettes, ainsi qu'un tisonnier, tige de fer creuse et pointue à travers laquelle on soufflait le feu avec la bouche.

VÊTEMENTS

Femmes. — Chez les femmes, chemises rondes en toile de ménage, jupons en *bacompte* (étoffe de fil et coton), ainsi que le corsage et le corset, les bas en laine non dégraissée, les sabots avec brides très étroites, le dimanche quelquefois des souliers bas portant de chaque côté un ruban qu'on attachait à la jambe, autour de la cheville.

Comme coiffures, elles portaient des bonnets ronds, des bonnets piqués formés de deux pièces d'indienne entre lesquelles était du coton maintenu par une piqûre, on appelait cela une *cale*. Sous ces bonnets en était un petit appelé *calot*. Puis vinrent les bonnets en lingerie blanche plissés et ensuite tuyautés.

Pendant la semaine, les femmes se couvraient souvent la taille d'un fichu d'indienne croisé sur le corsage. Le dimanche, elles remplaçaient ce fichu par des châles mis en pointe, les uns en mérinos fin et riche, les autres en lainage de couleurs variées, plus épais que le mérinos.

L'hiver elles portaient souvent un manteau en mérinos recouvert d'une grande pélerine. L'usage des chauffrettes appelées *couvets* était très répandu.

Hommes. — Autrefois les hommes portaient la culotte à pont en *droguet* (étoffe de fil et laine), ainsi que le gilet et une petite veste courte pour le dimanche. Ils portaient quelquefois des bas en laine non dégraissée, le plus souvent, ils étaient pieds nus. Ils chaussaient des sabots sans brides recouverts sur le cou-de-pied d'une pelisse blanc-jaune de peau de mouton avec sa laine, des chaussons fabriqués à la maison, en droguet la plupart du temps.

Pendant la semaine, au lieu de veste, ils portaient une blouse (biaude) en toile de ménage teinte en bleu, puis, plus tard, achetée chez le marchand.

La chemise en toile de ménage était terminée par un col très haut, non empesé, qu'on entourait d'une cravate, sorte de mouchoir plié, qui faisait deux fois le tour du cou.

La coiffure était composée soit d'un bonnet de coton blanc ou de couleurs bariolées, de calottes et de chapeaux en feutre mou.

Peu de souliers, brodequins grossiers.

Aujourd'hui tout le monde est à peu près à la mode du jour.

Enfants. — Quant aux enfants, on les emmaillottait dès leur naissance en les privant de leurs mains et on les déposait dans un petit berceau (bré) posé à terre, que l'on agitait parfois vivement à l'aide d'une ficelle pour provoquer le sommeil. L'allaitement au sein était le seul connu et se faisait la plupart du temps par la mère. Les commerçants et fonctionnaires mettaient cependant leurs enfants en nourrice.

Aujourd'hui, le luxe s'est étendu aux enfants, qu'on habille avec la plus grande élégance. L'élevage au biberon est pratiqué sur une large échelle.

XII

COMMERCE

FOIRES ET MARCHÉS

Suivant l'abbé Collon, qui écrivit ses mémoires en 1801, il y avait autrefois à Vitteaux six foires et marchés :

Première foire. — Le jour de la Saint-Mathieu, le 21 septembre.

Deuxième foire. — Le pénultième jour d'octobre.

Troisième foire. — Le jeudi avant la Saint-Thomas (21 décembre).

Quatrième foire. — Jeudi gras avant Carême entrant.

Cinquième foire. — Jour et fête de Saint-Nicolas (9 may).

Sixième foire. — Jour de fête de Saint-Lazare (28e jour de juillet).

Marchés : Les lundis et jeudis.

COMMERCE A VITTEAUX EN 1760 (ABBÉ COLLON)

« Le commerce des bêtes à laine était fort considérable à Vitteaux, ainsi que celui du gros bétail. MM. Baudenet s'étaient enrichis à ce commerce ; ils élevaient bon nombre de troupeaux dans les terres, bâtimens et clôtures de la Maladière, sur le chemin de Vitteaux à Dracy, et en faisaient partir tous les ans pour Paris, ainsi que d'autres riches propriétaires qui vivaient de leur temps et sont venus après eux.

La cire, le miel et les mouches qu'on élevait avec plus de soin qu'aujourd'hui à Vitteaux, y étaient encore une branche de commerce.

On ne voyait que cire et miel aux deux marchés qui se tenaient avant la Chandeleur (2 février) et qui valaient mieux que les foires d'aujourd'hui.

Les pruneaux, jadis connus de toutes les foires de l'Europe, étaient une branche de commerce fort considérable. Ces pruneaux sont faits avec les prunes Sainte-Catherine, Damas, venant de Syrie, d'où elles nous furent apportées par les seigneurs de Saffres à leur retour des croisades. Les seigneurs de Saffres et Vitteaux sont les premiers qui se plurent à cultiver cet excellent fruit et, à leur exemple, les seigneurs des environs et les particuliers en propagèrent l'espèce et apprirent la manière d'en faire des pruneaux. Lorsque les prunes sont dans cet état, leur goût est délicieux, le fruit charnu et sucré est bien au-dessus de ceux de Tours, qui sont ordinairement maigres, noirs et secs.

Avant la Révolution, la ville présentait au prince de Condé, tous les trois ans, lorsqu'il passait pour aller tenir les Etats de Bourgogne, douze boîtes des plus beaux pruneaux, accompagné d'anis de Flavigny et de vin de Beaune.

Les pruneaux de Viteaux traversaient les mers, on les présentait devant les rois et ils allaient faire connaître jusqu'au bout du monde l'excellence de la terre qui les avait produit.

Lorsque les prunes à cuire étaient abondantes à Viteau et à Saffres, les fourniers du four banal de Viteau avaient de profit *six cents francs* pour les faire sécher *année commune d'abondance*, à ne compter que *six liards* par claye qu'on leur payait alors. Chaque claye ayant plus de deux pieds de diamètre, on peut juger par là à quoi pouvait aller le commerce [1].

Les pruneaux médiocres, mais cependant d'assez bonne

---

[1]. A 0 fr. 075 la claye, pour 600 fr. on faisait sécher $\dfrac{600}{0,075}$ = 8.000 clayes. Si chaque claye contenait un kilog. de pruneaux, ce qui est peu, à raison de 1 fr. 50 la livre ou 3 francs le kilog., la valeur des pruneaux séchés par le four banal de Vitteaux était de 24.000 francs. On n'en vend plus aujourd'hui.

qualité, se vendaient de vingt à trente sols la livre, et les plus beaux de quarante à cinquante sols. Peu de temps après que les pruneaux étaient façonnés, les personnes qui en faisaient le commerce allaient les vendre à Dijon à tous les seigneurs du Parlement et autres qui affluaient alors dans cette ville et tous les seigneurs qui passaient par Vitteaux à la poste, qui était très fréquentée, et surtout les lords anglais, ne s'en retournaient jamais sans en emporter une boîte dans leur voiture. »

Le 11 avril 1636, un marchand tanneur de Vitteaux achetait vingt-et-un milliers de fagots d'écorce.

« On récoltait beaucoup de vin qui se conservait bien. Un auteur du temps dit que les vins de Montbard et de Viteau l'emportent sur les vins d'Auxerre. »

En 1760, il y avait à Vitteaux 9.000 ouvrées de vigne, 84 vignerons, 6 tonneliers. En 1706, il y avait 8 tonneliers.

« Les foins fournissaient, à la fin du XVIIIe siècle et au commencement du XIVe, une branche de commerce importante à Viteau. On y vendait, outre ceux du pays, ceux qu'on récoltait à Saint-Thibault, Maison aux moines... et, à cette époque, il n'était pas rare de voir, lorsque la récolte était abondante, tous les matins de juillet, sur la place Saint-Jean-de-Viteau, à l'entrée du parc, trente à quarante chars de foin, qui étaient bientôt enlevés par les négotians » (Abbé Collon, tome IV, page 505).

On vendait aussi sur les marchés et dans les foires beaucoup de chanvre, fils, toiles, droguets, de belles laines teintes par M. Loreau, puis par son gendre André Vandœuvre. Ces laines teintes étaient fort en réputation. Viteau était, comme on le voit, un centre important où les communes voisines venaient faire les échanges des produits de leurs pays. »

Pendant le XIXe siècle, le nombre des foires a été porté tout d'abord à huit : 15 février, 23 mars, 9 mai, 23 juin, 29 juillet, 27 septembre, 26 octobre, 15 décembre ; puis on a ajouté la foire du 13 janvier et enfin celles du 17 avril, 25 août, 13 novembre.

Il en résulte que chaque mois a sa foire.

Il existait autrefois des louées au moment de la moisson et des vendanges. Le commerce de laines fut, au siècle dernier, très important à Vitteaux. On peut citer les maisons Charlut, Noirot, Garnier. A la fin du siècle, il avait à peu près cessé. On continue cependant encore à filer de la laine.

XI

FLORE DES ENVIRONS DE VITTEAUX

CHAMPIGNONS

Notions préliminaires. — Si on laisse de côté les petits champignons pour ne s'occuper que des grandes espèces des bois et des prés, on peut classer ces champignons en deux groupes, suivant le mode de formation des germes et spores qui servent à les reproduire.

1° Les *Basidiomycètes*, dont le type est le champignon de couche. On les divise quelquefois en deux ordres : *a)* les *Hyménomycètes*, champignons ayant une partie (lamelles, pointes...) portant des spores ; *b)* les *Gasteromycètes* dont les spores sont renfermées dans une enveloppe arrondie.

2° Les *Ascomycètes*, dont le type est la truffe.

Expliquons la signification de ces noms : Si dans les feuillets rayonnants d'un champignon de couche, on détache avec un rasoir une coupe très mince et qu'on l'examine au microscope, on voit une assise fertile de cellules appelées *basides*, surmontées de deux ou quatre petites tiges terminées par des corps ovoides appelés *spores*.

En germant dans le sol, ces spores donnent le blanc de champignon appelé aussi *mycelium*, qui est la partie *végétative* du champignon. Ce que l'on appelle vulgairement champignon n'est que l'appareil reproducteur du champignon.

Les champignons qui, comme les champignons de couche, ont les spores portées par des basides, s'appellent Basidiomycètes (basidium, base, mycès, champignon).

Si, à l'aide d'un rasoir, on détache une lame mince du tissu interne d'une truffe, on voit un grand nombre de cellules ovoïdes, contenant à l'intérieur des spores. Ici les spores sont *internes*, elles sont au contraire *externes* chez le champignon de couche. Ces cellules à spores s'appellent des *asques*. Les champignons qui en possèdent se nomment *Ascomycètes* (ascos, outre ; mycès, champignon).

Remarque. — On verra par la suite qu'il n'est pas besoin de ces caractères microscopiques pour distinguer ces deux groupes de champignons.

Basidiomycètes.

Comprenant huit familles :

1º Les *Agaricinées*, caractérisées par l'existence de lames à la face inférieure du chapeau. Ces lames ou feuillets rayonnent d'ordinaire autour du pied (champignon de couche, mousserons de printemps et d'automne), se divisent suivant la couleur de leurs spores.

2º Les *Polyporées*, caractérisés par la présence de petits trous ou pores. Ces trous sont à l'extrémité de petits tubes contenant des spores (Bolets).

3º Les *Hydnées*, qui ont des aiguillons sous le chapeau ou des lanières pendant sur le côté d'un tubercule ou un arbuscule ramifié. Aiguillons, lanières et arbuscules portent les spores (hydne bosselé avec aiguillons sous le chapeau).

4º Les *Clavariées*, sous forme de petit arbre ramifié, d'une massue ou d'une colonne (clavaire jaune, barbe de chèvre).

5º Les *Téléphorées* n'ont aucune des formes précédentes. Les spores se trouvent sur la face inférieure du chapeau, sur une surface à peu près lisse. Elles ont la forme de lames étalées sur la terre, de croûtes en parties fixées sur du bois, de corne d'abondance ou de toupie (craterelle, corne d'abondance, trompette de la mort).

6º Les *Lycoperdées*, spores restant très longtemps à l'intérieur d'une enveloppe sèche. En pressant cette enveloppe entre les doigts, on en fait sortir une poussière sporifère (vesse de loup).

7° Les *Clathrées*, d'un pied entouré d'un étui ou volve part une colonne surmontée d'une tête ou d'un réseau (phallus).

8° Les *Trémellinées*, champignons gélatineux tremblottants.

Ascomycètes.

Je ne citerai que les quatre divisions renfermant les espèces de notre région :

Genre Pezize. — Espèces en forme de coupe.

Genre Bulgarie. — Pousse sur le bois, de consistance gélatineuse (Bulgarie salissante, miche des cosaques).

Genre morille. — Pied et tête creusés d'alvéoles.

Genre truffe. — Champignons souterrains à chair marbrée de noir, de brun rougeâtre ou de gris foncé. Quelquefois truffes blanc-jaune.

Je vais donner un tableau renfermant un certain nombre d'espèces trouvées dans notre région.

Ce tableau pourra être complété plus tard avec les espèces non encore découvertes dans nos environs.

Les déterminations faites par mon compatriote et ami Léon Berthoud et ses conseils m'ont puissamment aidé dans mes recherches. Je lui en exprime ici mes meilleurs remerciements.

Nota. — M. Viallanes, professeur à l'Ecole de médecine et de pharmacie de Dijon, a publié dans le Bulletin n° 12, année 1893, de la Société syndicale des pharmaciens de la Côte-d'Or : *Contribution à la flore cryptogamique de la Côte-d'Or.*

Les espèces examinées ont été trouvées dans des excursions faites par M. Viallanes aux environs de Marcelois, Chevannay, Saffres, Avosnes, Grosbois...

Pour de plus amples renseignements sur les champignons, on peut consulter :

1º *Flore mycologique,* de R. Bigeard, édit. Bertrand, à Chalon-sur-Saône ;

2º *Petit atlas de 52 planches,* du même auteur ;

3º *Atlas des champignons,* de Costantin, édit. Paul Dupont ;

4º *Nouvelle flore des champignons,* de Costantin et Dufour. Librairie générale de l'Enseignement, Paris ;

5º *Petite flore des champignons,* id.

CHAMPIGNONS DES ENVIRONS DE VITTEAUX

Premier ordre. — BASIDIOMYCÈTES

Première famille : AGARICINÉES

NOM SCIENTIFIQUE	NOM VULGAIRE	HABITAT ET DATE DE RÉCOLTE	PROPR. ALIMENTAIRES	PARTICULARITÉS
1° *Spores blanches.*				
Amanita rubescens Pers.	Golmotte.	Bois de St-Thibault, 21 sept. 1910.	Comestible.	Anneau, pied tigré, taches sur le chapeau, devient rosé sur blessures.
Amanita vaginata. Bull.	Grisette, Collemelle grise.	Bois de Lignières, 22 sept. 1910.	Comestible excellent dans le Midi.	Volve au pied assez profonde en terre, pas d'anneau.
Lepiota cristata A. et S.	Lepiote à crête.	Plateau de Myard, 19 sept. 1910.	Suspect.	Pied grêle blanc avec teinte purpurine ou fauve.
Tricholoma personatum Fr.	Pied bleu.	id.	Comestible estimé à Vitteaux.	Pied teinté de violet ou lilas.
Armillaria aurantia Schott.	Armillaire orangée.	Mont. Saint-Joseph, 23 sept. 1910.	Non comestible.	Odeur désagréable, saveur âcre.
Tricholoma albobrunneum Fr.	Tricholome brunissant.	Bois de Saint-Thibault, 21 sept. 1910.	Comestible.	Pied blanc au sommet, brunâtre à la base.
Tricholoma sulfureum Bull.	Tricholome soufre.	id.	Vénéneux.	Couleur soufre, gros d'habitude.
Tricholoma pessundatum (foulé aux pieds).	Agaric enterré.	Bois de Lignières, 22 sept. 1910.	Comestible.	Sur le bord des chemins, couleur de feuille, miniatisme.
Tricholoma terreum Sch.	Tricholome terreux, triste petit gris.	Mont. Saint-Joseph, 23 sept. 1910.	Comestible.	Gris souris, plucheux.
Tricholoma grammopodium B.	A pied rayé.	id.	Comestible.	Pied rayé de petites fibres brunes.
Tricholoma vaccinium Pers.	Tr. roux.	id.	Douteux.	Chapeau très écailleux, à bords laineux, brun-rouge, pied rouge orangé, chair rousse.
Tricholoma Georgii.	Mousseron de printemps.	Au printemps dans les chaumes, les prés, souvent en cercles.	Comestible estimé.	Chair compacte, blanche, odeur et saveur agréables.
Clitocybe dealbata Fr.	Clitocybe blanche.	Mont. de Myard, sept.	Comestible.	Pied court, dans les gazons, bord des chemins.
Clitocybe laccata Sow (Variété amethystina).	Clitocybe améthyste.	Bois de Saint-Thibault, 21 septembre 1910.	Comestible.	Violet foncé.
Clitocybe odora Bull.	Clytocybe odor¹⁰·, verte.	Bois de conifères Berlin.	Comestible.	Odeur d'anis.

NOM SCIENTIFIQUE	NOM VULGAIRE	HABITAT ET DATE DE RÉCOLTE	PROPR. ALIMENTAIRES	PARTICULARITÉS
1° *Spores blanches* (suite).				
Hygrophorus conicus Scop.	Hygrophore conique.	Plat. de Myard, sept.	Suspect.	Chapeau jaune orangé, noircit dans la vieillesse.
Hygrophorus psittacinus Schœf.	Hygr. perroquet.	Bois de Lignières, sept.	Suspect.	Chapeau et pieds verts ou nuancés de vert.
Hygrophorus miniatus Fr.	Hygr. vermillon.	id.	id.	Rouge.
Collybia dryophila Bull.	Col. des chênes.	Plat. de Myard, sept.	Comestible.	Pied fauve ou jaunâtre.
Mycena pura Pers.	My. pure.	Bois de St-Thibault, sept.	Suspecte.	Odeur de radis, pied fistuleux, laineux à la base, de la couleur du chapeau.
Pleurotus ulmarius B.	Pl. de l'orme.	Sur l'orme de Vesvres, septembre 1910.	Comestible.	Chapeau blanc crème.
Lactarius vellereus Fr.	L. laineux.	Bois de St-Thibault, sept.	Suspect ou vénéneux.	Acre, en troupe dans les bois.
Lactarius torminosus Schœf.	L. à coliques.	Chemin de Vesvres, sept.	Vénéneux.	Chapeau incarnat rosé à bords laineux, lait très âcre.
Lactarius deliciosus L.	L. délicieux.	Bois de sapins en Bertin, septembre.	Comestible.	Orangé et lait orangé.
Lactarius controversus Pers.	L. controversé.	Chemin de Vesvres, sept.	Suspect.	Sous peupliers, lait d'abord doux, puis âcre.
Russula cyanoxantha Schœf.	Charbonnier.	Bois de St-Thibault, sept.	Comestible.	Chapeau violet mêlé de vert et de pourpre.
Russula ochroleuca Pers.	R. blanc ocracé.	Bois de St-Thibault, sept.	Suspecte.	Chapeau blanc à bords jaunes.
Russula lactea Pers.	R. blanc de lait.	Au-dessus de Cessey, septembre.	Non comestible.	Très blanche, chapeau presque plat.
Panus stypticus Bull.	Panus styptique.	Bois de St-Thibault, sept.	Vénéneux.	Sur troncs d'arbres.
2° *Spores roses.*				
Entoloma clypeatum L.	E. en forme de bouclier.	Plat. de Myard, sept.	Suspect.	Chapeau gris livide par l'humidité.
Clitopilus orcella Bull.	Meunier.	Bois du Roy, septembre.	Comestible.	Odeur agréable de farine fraîche.
3° *Spores ocracées.*				
Cortinarius alboviolaceus Pers.	C. blanc violet.	Bois de St-Thibault, sept.	Suspect.	Chapeau blanc violacé.
Inocybe rimosa B.	I. fendillé.	Plat. de Myard, sept.	id.	Chapeau craquelé.
Hebeloma sinapisaus ou crustiliniformis B.	H. échaudé.	Chaumes de St-Joseph, septembre.	Douteux.	Odeur de radis.
4° *Spores purpurines bruns pourpres ou violettes.*				
Psaliotta ou pratella arvensis Schœf.	Gros pied. Boule de neige.	Plat. de Myard, sept.	Excellent comestible.	Chapeau blanc, d'abord en boule et s'ouvrant ensuite.
Psaliotta ou pratella campestris L.	Mousseron d'automne, m. rose, m. des prés.	Partout dans les prés, octobre.	Bon comest., très connu.	Chair blanche, pren. à l'air une teinte rose, odeur et saveur agréables.
Stropharia œruginosa Curt.	S. vert-de-gris.	Pâtis du Maupas, sept.	Suspect.	Sur tronc, de peupliers, enduit glutineux.
Hypholoma fasciculare Huds.	H. fasciculé.	id.	Vénéneux.	En touffes sur les souches.
5° *Spores noires.*				
Paneolus campanulatus L.	P. campanulé.	Chaumes de Bertin, sept.	Douteux.	Chapeau plus bas que les lames, voisin des Coprius, mais ne se liquéfient pas.
Coprinus comatus Fr. D.	C. chevelu.	Pâtis du Maupas, sept.	Comestible.	Délicat quand il est jeune.
6° *Cantharellées.*				
Agaries à lames épaisses creusées en gouttières et formées de plis ou de simples rides.				
Cantharellus cibarius B.	Girolle. Jaunotte.	Bois de St-Thibault, sept.	Non comestible.	Chapeau plan, bossu au milieu.
Deuxième famille : POLYPORÉES				
1er *Genre : Bolet.*				
Boletus luridus Schœf.	B. blafard.	Plateau de Myard, sept.	Vénéneux.	Pied rouge, encaissant le chapeau, chair blanche qui bleuit aussitôt.
Boletus edulis Bull.	B. comestible, cèpes.	Bois de Lignières, sept.	Comestible très rech.	Chair épaisse, molle, blanche, rougeâtre sous la cuticule.
Boletus scaber Bull.	B. rude.	id.	Comestible peu estimé.	Pied hérissé de squammules.
Boletus luteus B.	B. jaune.	Bois de conifères Bertin, septembre.	Comestible,	Chair blanche, puis jaunâtre.
Boletus granulatus L.	B. à pied granulé.	Chaumes de Bertin, sept.	d.	Chair blanc jaunâtre.
4° *Genre : Polypore.*				
Polyporus sulfureus B.	P. soufré.	Sur bois mort, sept. à Vitteaux.	Suspect.	Pores jaune soufre, chair amère ou piquante.
13° *Genre : Tramètes.*				
Trametes gibbosa Pers.	T. bossu.	Cessey sur bois mort, septembre 1910.	Non comestible.	Chapeau plan, bossu au milieu.

NOM SCIENTIFIQUE	NOM VULGAIRE	HABITAT ET DATE DE RÉCOLTE	PROPR. ALIMENTAIRES	PARTICULARITÉS
		Troisième famille : HYDNÉS		
1er *Genre :* Hydne. Hydnum repandum L.	Langue de bœuf.	Bois de Saint-Thibault, 21 septembre 1910.	Comestible estimé.	Même couleur que la Gyrole, mais piquants sous le chapeau comme dans tous les Hydnes.
		Quatrième famille : CLAVARIÉES		
Clavaria flava Schœf.	Barbe de bique.	Bois de Saint-Thibault, 21 septembre 1910.	Comestible.	Rameaux jaunes nombreux, chair blanche.
Clavaria pistillaris L.	Cl. en forme de pilon.		Comestible médiocre.	Couleur roussâtre, en forme de massue.
		Deuxième ordre. — CYASTÉROMYCÈTES		
6e *Genre :* Lycoperdon. Lycoperdon gemnatum Fl. D., sertie de pierreries.	Vesce de loup.	Plateau de Myard. Bois de St-Thibault, sept.	Comestible jeune (Bulliard).	Pied de trois à quatre centimètres.
		Deuxième classe : ASCOMYCÈTES		
3e *Famille :* Géoglossés. Leotia lubrica Pers.	L. visqueuse.	Bois de Saint-Thibault, 21 septembre 1910.	Douteux.	Cartilagineux, gélatineux, petit, violet.
5e *Famille :* Pezizées. Bulgaria inquinans Fr.	Bulgarie salissante, miche de cosaque, miche de vache.	Bois du Roy, septembre. Bois de St-Thibault, sept.	Comestible. Douteux.	Toute l'année sur les vieux troncs.

NOTA. — Les champignons parasites de la vigne, des céréales, des légumineuses, sont dans des chapitres particuliers.

Il m'a été raconté par plusieurs personnes que vers 1848-1850, venait à Vitteaux un truffier qui parcourait avec son chien les bois de Dampierre et de Cessey. Il y trouvait des truffes blanches et les vendait aux bourgeois de Vitteaux.

Il sera peut-être intéressant de connaître les champignons des environs de Vitteaux rangés par excursions. C'est pourquoi je donne ces tableaux ci-après.

EXCURSION SUR LE PLATEAU DE MYARD LE 19 SEPT. 1910.	BOIS DE SAINT-THIBAULT 21 SEPTEMBRE 1910	BEURIZOT, LIGNIÈRES, BOIS DU TRIA DE LA DAME, AU-DESSUS DES TILLOTS, CHAUMES DE MYARD 22 SEPT. 1910
Psaliota arvensis. Lycoperdon gemmatum. Boletus luridus. Inocybe rimosa. Hygrophorus conicus. Tricholoma personatum. Clitocybe dealbata. Cortinaria ? Entoloma clypeatum. Tricholoma ? Collybia dryophila. Lepiota cristata. Lactarius torminosus.	Boletus edulis. Clavaria ? Russula cyanoxantha. Cantharelius cibarius. Hydnum repandum. Amanita rubescens. Cortinarius alboviolaceus. Lactarius vellereus. Lycoperdon gemmatum. Mycena pura. Hygrophorus ? Tricholoma albo-brunneum. Bulgaria inquinans. Clitocybe laccata. Clavaria flava. Tricholoma sulfureum. Hebeloma sinapisans. Lactarius ? Cortinarius ? Amanites vaginata. Russula ochroleuca. Panus stipticus. Leotia lubrica.	Clavaria pistillaris. Boletus scaber. Tricholoma pessundatum. Mycena ? Hygrophorus psittacinus. Amanita vaginata. Eutoloma clypeatum. Hebeloma. Hygrophorus miniatus. Hygrophorus conicus. Une espèce de truffe blanche dans une taupinière. sur le plateau de Myard. D'après M. Barbier, de Dijon, c'est un sclérote ou mycélium condensé dont peut sortir un appareil reproducteur. Engites flaccida.

NOTA. — Les champignons sont indiqués dans l'ordre où on les a trouvés.

BOIS DU ROY, PETIT BOIS DE SAPINS, CHAUMES SAINT-JOSEPH, 23 SEPT. 1910.	PATIS DU MAUPAS, SEPT. 1910.	CHEMIN DE VESVRES SEPTEMBRE.	SUR BOIS A VITTEAUX SEPTEMBRE.
Bulgaria inquinans. Boletus ? Boletus granulatus. Hebeloma sinapisans. Lactarius deliciosus. Tricholoma terreum. Tricholoma vaccinium. Panæolus campanulatus. Trametes gibbosa. Mycena pura. Russula lactea.	Coprinus comatus. Hypholoma fasciculare.	Lactarius controversus. Lactarius torminosus.	Polyporus sulfureus.

MANIÈRE D'ÉVITER L'EMPOISONNEMENT PAR LES CHAMPIGNONS

A la suite des champignons, je crois qu'il est utile de donner quelques conseils aux personnes inexpérimentées, afin de leur permettre d'éviter l'empoisonnement par ces cryptogames.

Les cas graves d'empoisonnement constatés cette année à Paris et à Trévoux, et beaucoup d'autres lieux font de ce sujet une question d'actualité.

On recherche les champignons à cause de leur saveur agréable. Moins nourrissants que la viande, ils le sont plus que la plupart des végétaux. Si les empoisonnements sont fréquents, c'est que la science des prétendus connaisseurs de champignons est basée sur des croyances populaires qui sont autant d'erreurs dangereuses.

Bien autrement est féconde la connaissance des caractères botaniques des champignons. Cette connaissance est le seul moyen d'éviter les empoisonnements.

Si la détermination des diverses espèces de champignons est difficile, il est cependant certains caractères qui permettent de distinguer facilement les champignons dangereux.

Tous ces champignons appartiennent à la famille des Agaricinées. Ce sont des champignons portant des lamelles sous leur chapeau. Deux faits importants sont à considérer.

1º Lorsque certains champignons sortent de terre, ils ont un chapeau absolument sphérique, parce que les bords du chapeau sont reliés au pied par une membrane moins épaisse que le chapeau et qu'on nomme *voile* (A). Quand le champignon a atteint un certain degré de croissance, le voile s'est déchiré et a laissé une partie de lui-même autour du pied. Cette partie constitue ce qu'on appelle l'*anneau* (B).

2º D'autres champignons ressemblent à un œuf quand ils sortent du sol, ils sont entourés par une coque nommée *volve*. Lorsque le champignon grandit, cette volve se déchire soit très près du pied, soit à une assez grande distance.

Dans le premier cas, *le plus défavorable*, il ne reste autour du pied *que quelques écailles*, le reste de la volve est adhérent aux bords du chapeau, on peut l'en enlever avec l'ongle, mais la pluie aussi peut le balayer.

Dans le second cas la déchirure laisse à la base du pied une sorte de bourse ou d'étui d'où semble émerger ce dernier.

Champignons « mortels ».

Ils sont tous à *volve*, cependant tous les champignons à volve ne sont pas mortels.

Il faudra, pour bien reconnaître l'existence de cette volve, déterrer le champignon jusqu'à sa base et rejeter le champignon si elle existe. Rejeter aussi sans hésitation les champignons coupés ou brisés au ras du sol, car dans ce cas on ne peut reconnaître s'ils ont une volve ou non.

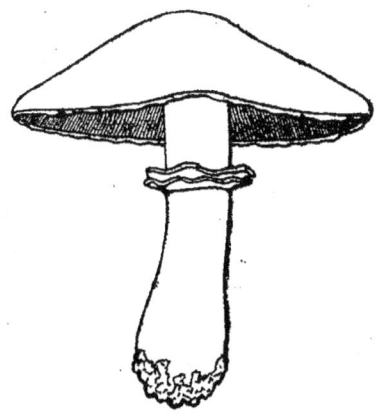

Pratella arvensis, ou Boule de neige des champs, espèce comestible généralement confondue avec les Amanites et les Volvaires mortelles. Le chapeau est blanc sale ou blanc jaunâtre ; il existe un anneau (comme chez les Amanites) et des lames roses (comme chez les Volvaires), mais il n'existe pas de trace de volve.

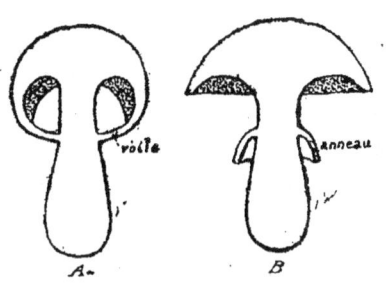

Coupe longitudinale d'un jeune Champignon à anneau (Pratelle) : *A*, avec le voile intact ; *B*, avec le voile rompu et transformé en anneau.

C'est ce manque de précaution qui a fait confondre à Trévoux la boule de neige, excellent comestible, avec l'amanite phalloïde, poison des plus dangereux. Sur vingt-trois personnes atteintes, neuf sont mortes. Le nombre des morts est généralement beaucoup plus élevé.

D'autres amnanites, l'amnanite printanière, l'amnanite vireuse, l'am. citrine sont aussi mortelles. L'am. citrine provoque moins d'empoisonnements, car elle dégage une odeur désagréable qui la rend peu appétissante ; les deux autres sont regardées aujourd'hui comme des variétés de l'amnanite phalloïde.

Les volvaires, champignons également à volves, sont mortels.

Il est à remarquer que chez ces champignons mortels, le poison, *la phalline*, ne produit pas d'effet immédiat et parfois souvent après une vingtaine d'heures.

Il est passé dans le sang et il est difficile alors d'empêcher son action.

Coupe longitudinale d'un jeune Champignon à volve et anneau (Amanite).

Champignons dangereux.

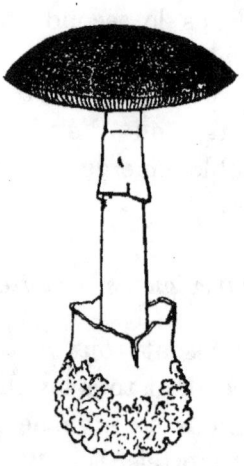

Amanita phalloïdes. Champignon produisant 98 % des empoisonnements mortels. Le chapeau peut présenter toutes les teintes entre le blanc verdâtre et le vert olive avec des poils bruns ; un anneau (comme chez les Pratelles), mais en plus une volve très nette. Réduction du tiers.

Ils sont encore à volve, et par suite faciles à reconnaître au point de vue de l'empoisonnement. Quoique parmi les champignons à volve il y en ait d'excellents, il ne faut pas hésiter à n'en manger aucun.

Ici le poison est la *muscarine*, qui produit des symptômes précoces et terrifiants, mais qui n'amène qu'exceptionnellement la mort.

Champignons suspects.

Les champignons étant souvent un aliment indigeste, provoquent parfois des indigestions qu'on prend pour des empoisonnements.

D'autre part, les champignons s'altèrent vite et peuvent, dans le cas d'altération, produire des indispositions plus ou moins sérieuses.

Certains champignons toxiques ne sont pas cependant considérés comme dangereux, car ils produisent des vomissements et de la diarrhée d'une façon si rapide et si intense, qu'ils sont rejetés avant d'avoir pu être absorbés.

Conclusion. — Rejeter tous les champignons à *volve* et ceux dont le pied brisé au ras du sol ne permet pas de reconnaître cette volve. Se contenter de consommer les espèces comestibles faciles à reconnaître, telles que les chanterelles, les hydnes, cornes d'abondance, helvelles, morilles, truffes.

ALGUES

Quelques algues d'eau douce; conserves, ainsi que des nostocs et protococcus.

LICHENS

Trouvés sur le plateau de Myard, sur les arbres de la route n° 72. Dans les bois des environs :

Peltigera canina ;
Everina prunastri ;
Ramalina calicaris ;
Parmelia olivacea ;
Parmelia saxatilis ;
Parmelia acetabulina.

MOUSSES

Marchantia polymorpha, petite hépatique verte appelée herbe d'alot. Ruisseaux.

Hycoloconium triquetrum B.-E., ou *Hypnum triquetrum* L.

Bryum cœspititium L.

12

FOUGÈRES

NOM SCIENTIFIQUE	NOM VULGAIRE	NOM PATOIS A VITTEAUX	HABITAT ET SAISON	APPLICATIONS
Ceterach officinarum Wild.	Herbe dorée.		Mai, septembre. Vieux murs.	Diurétique et astringente.
Polypodium vulgare L.	Polypode.	Réglisse de bô.	Mai, octobre. Rochers, vieux murs, puits.	Laxative et expectorante.
Asplenium trichomanes L.	Capillaire.		id.	Diurétique et astringente.
Asplenium rutamuraria L.	Rue des murailles.		id.	id.
Asplenium adiantum nigrum L.	»		id.	id.
Scolopendium vulgare Sym.	Scolopendre.	Langue de cerf.	Juillet, octobre. Puits, lieux humides, rochers à l'ombre.	Béchique et astringente.
Pteris aquilina L.	Grande fougère. F. aigle.		Juin, sept. Bois.	Ornementale.

ÉQUISETACÉES

Equisetum arvense L.	Prêles.	Queue de rena.	Avril, mai. Près humides.	Mauvaises herbes.
Equisetum talmateya Etr.			Avril, mai. Bois et champs argileux.	id.

GYMNOSPERMES

Abiétinées.

Pinus sylvestris L.	Pin sylvestre.		Cultivé.	Bois de construction.
Pinus austriaca Hoen.	Pin d'Autriche.		id.	id.
Abiès alba Mill.	Sapin.		id.	id.
Abiès excelsa Poir.	Epicea.		id.	Ornemental.
Larix europea De.	Mélèze.		id.	id.

MONOCOTYLÉDONES

Graminées.

Anthoxantum odoratum L.	Flouve odorante.		Mai, juin. Prés.	Bon fourrage.
Alopecurus pratensis L.	Vulpin des prés.	Couotte.	Mai, juin. Prés.	id.
Agrostis canina L.	Trainasse.		Terres argil. Juin, août.	
Avena sativa L.	Avoine.	Evœigne	Cultivée.	Alimentaire.
Avena flavescens L.	Avoine jaunâtre.		Juin. Prés.	Fourrage.
Poa pratensis L.	Paturin.		Mai, juin. Prairies.	Pâturage.
Briza media L.	Amourette.	Amourette.	Mai, juin. Prés, bois.	Ornementale.
Dactylis glomerata L.	Dactyle agglomérée.		Mai, juin. Prés.	Fourrage.
Bromus arvensis L.	Brome des champs.		Mai, août. Moissons culture.	id.
Bromus mollis L.	Brome mou.		id.	id.
Festuca ovina L.	Fétuque des brebis.		Mai, juin. Prés.	id.
Hordeum murinum L.	Orge à souris.	Sorcier.	Mai, juillet. Bord des chemins.	id.
Hordeum vulgare L.	Orge vulgaire.	Orge.	Cultivé.	Alimentaire.
Secale cereale L.	Seigle.	Seigle.	id.	id.
Triticum sativum Lam.	Blé.	Blé.	Juin, juillet. Cultivé.	id.
Triticum turgidum L.	Blé poulard		id.	id.
Agropyrum repens L.	Chiendent.	Grimon.	Juin, septem. Moissons.	Mauvaise herbe.
Lolium perenne L.	Ray grass. Ivraie.	Ivra.	Mai, septembre. Prés.	id.
Lolium temulentum L.	Ivraie enivrante.	id.	id.	id.

Cypéracées.

Carex glauca Murr.	Laiche.	Louèche.	Avril, juin. Prés humides.	Mauvaise herbe.
Scirpus lacustris L.	Jonc des tonneliers.		Juin, juillet. Bord de l'eau.	Pour boucher les fuites des futailles; nattes, paillassons.

Aroidées.

Arum maculatum L.	Pied de veau.		Avril, mai. Broussailles.	Tubercules frais vénéneux, feuilles vésicantes.

Typhacées.

Typha angustifolia L.	Massette.	Inflorescence en grappe fructifiée, appelée matelas par les gamins.	Juillet, août. Bord de l'eau.	

Joncées.

Juncus glaucus Ehrh.	Jonc des jardiniers.		Juin, juillet. Bord de l'eau.	Liens et nattes.

Liliacées.

Tulipa.	Tulipe.	Toulipe.	Cultivé.	Ornementale.
Ornithogalum umbellatum L.	Dame d'onze heures.		Mai, juin. Champs.	id.
Ornithogalum pyrenaicum L.	Asperge sauvage.		Mars, juin. Bois, prairies artificielles.	Hampe florifère non épanouie, mangée à Vitteaux comme asperge sauvage.
Gagea arvensis Schult.			Mars, avril. Champs, cultures.	Ornementale.

NOM SCIENTIFIQUE	NOM VULGAIRE	NOM PATOIS A VITTEAUX	HABITAT ET SAISON	APPLICATIONS
Liliacées (suite).				
Scilla bifolia L.	Scille à deux feuilles.		Mars, avril. Bois.	Ornementale.
Allium ursinum L.	Ail des ours.		Mai, juin. Bois argileux.	id.
Allium oleraceum L.	Ail sauvage.		Juin, juillet. Vignes.	Mauvaise herbe.
Allium cepa L.	Oignon.	Ognon.	Cultivés.	Alimentaires.
Allium fistulosum L.	Ciboule.	Ciboulette.	id.	id.
Allium ascalonicum L.	Echalotte.		id.	id.
Allium sativum L.	Ail.		id.	id.
Allium porrum L.	Poireau.	Poreau.	id.	id.
Muscari comosum (Miel).			Juin, juillet. Champs friches.	Mauvaise herbe.
Muscari racemosum.			Avril, mai. Vignes, moissons.	id.
Asparginées.				
Asparagus officinalis L.	Asperge.		Cultivée.	Alim. par leurs turions qui sont diurétiques et purgatifs.
Convallaria maialis L.	Muguet.	Passerose.	Mai, juin. Bois.	Ornemental, suc puissant cardiaque.
Polygonatum officinale All.	Sceau de Salomon.		id.	Rhizome astringent, diurétique.
Polygonatum multiflorum All.			Mai, juin. Bois argileux, Saint-Thibault.	
Dioscorées.				
Tamus communis L.	Herbe aux femmes battues.		Juin, juillet. Bois couverts, buissons.	Tubercules purgatifs et diurétiques.
Orchidées.				
Orchis militaris.	O. militaire.		Mai, juin. Pelouses.	Ornemental.
Orchis maculata.	O. tacheté.		Mai, juin. Bois, prés.	id.
Cephalanthera grandiflora (Babyt).			Juin, juillet. Bois taillés.	id.
Amaryllidées.				
Narcissus poeticus L.	Narcisse des poètes.	Jeannette blanche.	Avril, mai. Prairies, cultivé.	Ornemental.
Narcissus pseudo narcissus L.	Faux narcisse.	Jeannette jaune.	Mars, avril. Bois, cultivé.	id.
Leucoium verum L.	Niveole.		Février, mars. Bois couverts.	id.
Colchicacées.				
Colchicum autumnale L.	Colchique d'automne.	Voilotte. Le fruit : colas prêtre.	Flor. Septembre, octobre. Prés humides.	Plante officinale vénéneuse. Base des spécifiques anti-goutteux.
Iridées.				
Iris fœdissima L.	Iris gigot.		Juin, juillet. Bois argil.	Ornemental.
Iris pseudo acorus L.	Iris des marais.		Juin, juillet. Bord de l'eau.	id.
Iris germanica L.			Cultivés.	id.
Iris florentina L.	Iris.		id.	id.
Iris pallida Lamk.			id.	id.
Lemnacées.				
Lemna trisulca L.	Lentille d'eau.		Mai, juin. Eau dormante.	
Potamées.				
Potamogeton ?				
Butanées.				
Butomus umbellatus L.	Jonc fleuri.		Juillet, août. Bord de l'eau.	Rhizome cuit comestible.
Alismacées.				
Alisma plantago L.	Plantain d'eau.		Juin, sept. Bord de l'eau.	Rhizome féculent et comestible, feuilles âcres et rubéfiantes.

DICOTYLÉDONES

NOM SCIENTIFIQUE	NOM VULGAIRE	NOM PATOIS A VITTEAUX	HABITAT ET SAISON	APPLICATIONS
Salicinées.				
Salix alba. L.	Saule blanc.	Sauces.		Echalas, cercles, vannerie.
Variété vitelliua Lorey.	Osier jaune.	Osières jaunes.		Liens.
Salix purpurea L.	Osier rouge.	Osières rouges.		
Salix caprea L.	Saule marsault.	Masauces et masaulés.	Fl. Mars, avril. Bord de l'eau.	
Populus alba L.	Peuplier de Hollande.	Peuplier d'Allemagne et tramplié.	id.	
Populus tremula L.	Peuplier tremble.	Tramblée.	id.	
Populus pyramidalis Rozier.	Peuplier d'Italie.	Peuplier d'Italie.	id.	
Betula alba Tourf.	Bouleau.	Boulâ.	Fl. Avril. Bois.	Bois très tenace, écorce pour tannage, sir. antiscorbutique.
Alnus glutinosa (Gœrtn).	Aune.	Verne.	Fl. Mars, avril. Bord de l'eau.	Bois léger pr poudre, mauvais sabots.

NOM SCIENTIFIQUE	NOM VULGAIRE	NOM PATOIS A VITTEAUX	HABITAT ET SAISON	APPLICATIONS
Cupulifères.				
Fagus sylvatica L.	Hêtre.	Foyard, le fruit : faîne.	Fl. Février, mars. Bois.	De la faîne on retire de l'huile, bois estimé pour charronnage et sabots.
Castanea vulgaris Luck.	Châtaignier.		Fl. Mai, juin. Derrière la bergerie de Bellevue. Montagne de Myard.	Fruit comestible, bois estimé pour cercles et constructions.
Quercus sessiliflora Sm.	Chêne rouvre.	Châgne.	Fl. Avril, mai. Bois.	Écorce employée en tannerie, bois recherché pour construction et chauffage.
Quercus pedunculata Ehrh.	Chêne blanc.	id.	id.	
Corylus avellana L.	Noisetier.	Le fruit : nouzotte; codre, côrère.	Fl. Février, mars. Taillis.	Huile de noisette officinale, bois employé en vannerie.
Carpinus betulus L.	Charme.		Fl. Avril, mai. Bois.	Bois très dur pour charronnage et chauffage.
Juglandées.				
Juglans regia L.	Noyer.	Lefruit : Calot, Calas.	Fl. Avril, mai. Cultivé.	Officinal, teinture, ratafia, ébénisterie, sabots.
Platanées.				
Platanus orientalis L.	Platane d'Orient.	Piatane.	Fl. Avril, mai. Paris.	Ornemental.
Platanus occidentalis L.	Piatane d'occident.	id.	id.	id.
Ulmacées.				
Ulmus campestris L.	Orme.		Mars, avril. Bois.	Seconde écorce employée contre hydropisie et maladies de peau.
Urticées.				
Urtica urens L.	Petite ortie.		Juin, octobre. Bord des chemins.	Révulsif extérieur, suc contre hémorrhagies.
Urtica dioica L.	Grande ortie.		Juin, août. Bord des chemins.	
Parietaria diffusa Merk.	Pariétaire.		Juin, oct. Vieux murs.	Diurétique.
Cannabis sativa L.	Chanvre.	Chenovre.	Cultivé autrefois.	Industrielle.
Humulus lupulus L.	Houblon.		Juillet, août. Haies.	Amère, tonique, sédative.
Euphorbiacées.				
Euphorbia helioscopia L.	Réveille-matin.		Mai, octobre. Cultures.	Suc émétique et rubéfiant.
Euphorbia peplus L.	E. peplus.		Juin, oct. Lieux cultivés.	Graines purgatives.
Euphorbia cyparissias L.	E. cyprès.		Avril, juin. Bord des chemins.	
Euphorbia sylvatica Lorey.	E. des bois.		Mai, juillet. Bois.	
Mercurialis annua L.	Mercuriale.	Varcouriau.	Juillet, octobre. Cultures.	Purgative.
Daphnoïdées.				
Daphne laureola L.	Lauréole.		Mars, avril. Bois.	Vénéneuse, vésicante.
Daphne mezereum L.	Bois gentil.	Bois de garou.	id.	id.
Loranthacées.				
Viscum album L.	Gui.		Mai, avril. Pommiers, peupliers.	Remède autrefois contre l'épilepsie, les convulsions ; aujourd'hui, fabrication de la glu.
Polygonées.				
Rumex acetosa L.	Grande oseille.	Osille.	Mai, juin. Prairies humides, jardins.	Rafraîchissante, alimentaire.
Rumex acetosella L.	Petite oseille.		Mai, juin. Bois.	id.
Rumex patientia L.	Patience des jardins.	Chou gras.	Prés, bords des chemins.	Tonique et sudorifique.
Rumex scutatus L.	Oseille ronde.	Rouandre.	Vieux murs. Mai, août.	
Polygonum aviculare L.	Traînasse.	Herbe aux cochons.	Juin, octobre, décembre.	Astringente, antidysentérique.
Polygonum persicaria L	Persicaire.		Juin, oct. Bord de l'eau.	Âcre et même vésicante.
Fagopyrum esculentum (Mœnch).	Sarrazin.	Blé noir.	Juin, août. Cultivé.	Alimentaire.
Salsolacées.				
Beta vulgaris L.	Bette.	Disette.	Juillet, sept. Cultivés.	Alim. du bétail.
Atriplex variés.	Arroche.		Cultivés.	Alim. de l'homme.
Chenopodium variés cultivés.	Épinards.	Épinards.	Cultivés.	id.
Chenopodium bonus Henricus L.	Épinard sauvage.		Bord des chemins. Juillet, septembre.	Alimentaire.
Plantaginées.				
Plantago lanceolata L.	Plantain.	Piantain.	Avril, octobre. Bord des chemins.	Officinale.
Plantago major L.	Grand plantain.	Grand piantain.	Mai, octobre. Bord des chemins.	Maladie des yeux.
Verbénacées.				
Verbena officinalis L.	Verveine officinale.		Juillet, septembre. Bords des chemins.	Un peu astringente. Autrefois très réputée.

NOM SCIENTIFIQUE	NOM VULGAIRE	NOM PATOIS A VITTEAUX	HABITAT ET SAISON	APPLICATIONS
Labiées.				
Mentha arvensis L.	Menthe des champs.	Baume.	Juillet, sept. Champs argileux, humides.	Odeur forte lorsqu'elle est frottée entre les doigts.
Mentha sylvestris L.	Menthe des bois.	id.	Juillet, sept. Bord des eaux.	id.
Mentha rotundifolia L.	Baume, menthe sauvage.		Bord de l'eau. Juillet, septembre.	
Salvia pratensis L.	Sauge des prés.		Mai, juillet. Prés.	Ornementale.
Origanum vulgare L.	Marjolaine.		Juillet, septembre. Bord des chemins.	id.
Thymus serpyllum L.	Serpolet.	Piment.	Juin, septembre. Pelouses	Condiment.
Thymus vulgaris L.			Cultivé dans les jardins.	id.
Thymus acinos L.			Juin, août. Moissons.	
Hyssopus officinalis T.	Hysope.		Juin, septembre. Cultivé.	Stomachique tonique.
Calamintha officinalis Mœnch.	Calament.		Juillet, octobre. Taillis, brous.	Stimulante et tonique.
Clinopodium vulgare L.	Clinopode commun.		Juillet, septembre. Bois, buissons.	
Melissa officinalis L.	Citronelle.	Mélisse.	Juillet, août. Cultivé.	Stimulante.
Glœchoma hederacea L.	Lierre terrestre.	Rondotte.	Avril, mai. Bord des chemins.	Pectorale, excitante.
Lamium album L.	Laurier blanc.	Ortie blanche.	Avril, octobre. Bord des chemins.	Stimulante.
Lamium purpureum L.	Laurier rouge.	Ortie rouge.	id.	Mauvaise herbe.
Lamium maculatum L.	Laurier tacheté.		id.	id.
Galeobdolon Tuds.	Laurier jaune.	Ortie jaune.	Mai, juin. Buissons.	id.
Galeopsis ladanum Auct.	G. Ladane		Juillet, oct. Moissons.	id.
Galeopsis tetrahit L.	G. Tétrahit.		Juillet, sept. Chemins.	id.
Stachys germanica L.	Epiaire.		Juillet, août. Rare, chemins.	Ornementale.
Stachys alpina L.	id.		id.	id.
Stachys sylvatica L.	id		Juillet, août. Haies, taillis.	Antispasmodique.
Betonica officinalis L.	Bétoine.		Juillet, sept. Prairies.	Acre, sternutatoire.
Marrubium vulgare Tar.	Marrube.		Juin, sept. Friches.	Amère, tonique, fébrifuge.
Ballota fœtida Lam.	Ballote fétide.		Juin, août. Friches.	id.
Brunella vulgaris L.	Brunelle.		Juillet, sept. Prés.	Astringente, vulnéraire.
Ajuga reptans L.	Bugle rampant.		Avril, juin. Prés, taillis.	Astringente, regardée autrefois comme puissant vulnéraire.
Teucrium scordium L.	Germandrée aquatique.		Juillet, sept. Bord de l'eau	Odeur d'ail, fébrifuge.
Teucrium botrys L.			Juin, sept Friches	
Teucrium chamœdrys L.	Petit chêne.		Juillet, sept Rochers	Officinale. amère, excitante, fébrifuge.
Orobanchées.				
Orobanche Galii Vauch.	Or. du Gaillet.		Juin, juillet. Sur les Golium mollugo.	Mauvaise herbe.
Orobanche epithyum D. C;	Or. du thym.		Juin, juillet. Sur thymus serpyllum.	id.
Scrofularinées ou Personées.				
Veronica hœderefolia L.	Véronique.		Mars, octobre. Jardins.	id.
Veronica becabunga L.	Cresson de cheval.	Cresson à la vache.	Mai, septembre. Fossés.	Antiscorbutique, dépurative.
Veronica chamœdrys L.	Petit chêne.		Avril, juin. Prés.	
Scrophularia nodosa L.	Grande scrofulaire.		Juin, août. Lieux frais.	Tonique, sudorifique, résolutive.
Scrophularia aquatica L.	Scrofulaire.		Juin, août. Fossés.	Vulnéraire.
Digitalis lutea L.	Digitale jaune.		Juin, juillet. Côteaux calc.	Sédatif du cœur.
Anthirrinum majus Tourni.	Muflier.	Gueule de lion.	Juin, juillet. Cultivé.	Ornementale.
Linaria vulgaris Mœnch.	Grande Linaire.		Juin, septembre. Bord des chemins.	Mauvaise herbe.
Linaria striata D. C.	L. striée.		Juin, sept. Lieux incultes.	id.
Linaria cymbalaria Mill.	Cymbalaire.	Ruines de Rome. Chevelure du diable.	Vieux murs.	Ornementale.
Linaria spuria Mill.	Velvote fausse.		Raies des champs, après moissons.	
Rhinantus major Ehrh.	Crête de coq.	Grillot.	Mai, juin. Prés humides.	Mauvaise herbe.
Rhinantus minor Ehrh.	id.	id.		id.
Melampyrum arvense L.	Rougeole.	Couchim.	Juin, août. Moissons.	id.
Melampyrum pratense L.			Juin, août. Bois de montagne.	id.
Euphrasia officinalis L.	Casse-lunettes.		Juin, octobre. Pelouses arides.	Vantée pour les affections des yeux.
Odontites rubia.			Juillet, oct. Moissons. Bord des chemins.	Mauvaise herbe.
Variété serotina Rchb.				
Verbascées.				
Verbascum thapsus L.	Molène.	Bouillon blanc.	Juil., sept. B. des chem.	Officinale pectorale.

NOM SCIENTIFIQUE	NOM VULGAIRE	NOM PATOIS A VITTEAUX	HABITAT ET SAISON	APPLICATIONS
Verbascées (suite).				
Verbascum nigrum L.	Molène.	Bouillon blanc.	Juillet, août. Friches.	
Verbascum lychnitis L.	id.	id.	Juillet, sept. Friches.	
Solanées.				
Solanum dulcamara L.	Douce-amère.		Juin, sept. Haies.	Officinale dépurative.
Solanum nigrum L.	Morelle noire.		Juillet, oct. Décombres.	Officinale narcotique.
Solanum tuberosum L.	Pomme de terre.	Treufe, cartouche. Les feuilles : Cheilla ou cheuillons.	Juin, sept. Cultivée.	Alimentaire.
Solanum lycopersicum L.	Tomate.		Juillet, sept. Cultivée.	id.
Belladona baccifera Lam.	Belladone.		Juin, sept. Bois.	Très vénéneuse.
Datura stramonium L.	Pomme épineuse.		Juille, sept. Décombres.	Vénéneuse, antiasthmatique.
Hyoscyamus niger Tar.	Jusquiame.		Mai, juillet, Décombres.	Calmante, vénéneuse.
Borraginées.				
Borrago officinalis L.	Bourrache.		Juillet, oct. Décombres.	Officinale, sudorifique.
Lycopsis arvensis L.	Petit buglosse.		id.	id.
Symphytum officinale L.	Grande consoude		Mai, août. Lieux humides, cultivée à fleur bleue.	Mucilagineuse, astringente.
Myosotis variés.	Myosotis.		Un peu partout. Avril, septembre.	Ornementales.
Cynoglossum officinale L.	Cynoglosse.		Mai, juillet. Ch. incultes.	Réputée narcotique.
Lithospermum arvense L.	Grenil des champs.			
Lithospermum officinale L.	Herbe aux perles.	Thé.	Taillis. Juin, août.	Succédané du thé.
Lithospermum purpureo cœruleum L.	Grenil violet.		Juin, août. Bois montag.	Ornementale.
Pulmonaria vulgaris Lorey.	Pulmonaire vul.		Avril, juin. Bois.	Mucilogineuse, adoucissante.
Echium vulgare L.	Vipérine.	Chienne chaude.	Juin, septembre. Bord des chemins.	
Heliotropium europeum L.	Herbe aux verrues.		Juin, sept. Friches.	Remède populaire pour la guérison des verrues.
Cuscutacées.				
Cuscuta major Lorey.	Grande cuscute.	Herbes à la vierge.	Juillet, sept. Champs de luzerne et de trèfle.	Fléau des cultures.
Convolvulacées.				
Convolvulus arvensis L.	Liseron des champs.	Vieillie.	Juin, sept. Champs, jardins.	Mauvaise herbe.
Convolvulus sœpium L.	Liseron des haies.	Quiochette.	Juin, septembre. Haies.	Ornementale.
Gentianées.				
Erythrœa centaurium Pers.	Petite centaurée.		Juin, octobre. Taillis, pelouses.	Très bon fébrifuge indigène.
Gentiana lutea L.	Grande gentiane.		Juillet, sept. Bois, friches.	Racine tonique, stomachique, fébrifuge.
Gentiana germanica Wild.	G. germanique.		Août, oct. Chaumes.	Ornementale.
Gentiana cruciata L.	Croisette.		id.	id.
Chlora perfoliata L.	Chlorette.		Septembre, oct. Granges de Vesvres, Léon Berthoud.	id.
Asclepiadées.				
Vincetoxicum officinale (March).	Dompte venin.		Juin, juillet. Bois de montagne et friches.	Racine âcre, diurétique.
Oléacées.				
Ligustrum vulgare L.	Troëne.		Jardin cultivé.	Ornemental.
Lilac vulgaris L.	Lilas.		Mai, juin, Subspontané dans les haies et cultivé.	id.
Fraxinus excelsior L.	Frêne.		Bois, fleur. Avril, mai.	Offic. contre goutte et rhumatismes.
Fraxinus ornus L.	Orme.		Souvent planté le long des routes.	De son tronc et de ses branches s'écoule la manne laxative.
Apocynées.				
Vinca major L.	Grande pervenche.		Mars et avril. Subspontanées près des jardins.	Ornementale, officinale.
Vinca minor L.	Petite pervenche.			id.
Primulacées.				
Primula officinalis Jacq.	Primevère.	Pied de chat.	Avri, mai. Prés.	Ornementale et pectorale.
Lysimachia vulgaris L.	Lysimaque chasse bosse.			Ornementale et vulnéraire.
Anagallis arvensis L.	Deux variétés : mouron, rouge et bleu.	Moron roge et bien.	Bord de l'eau de la Brenne. Juin.	Mauvaise herbe.
Ericinées.				
Calluna vulgaris Sal.	Bruyère.		Août, septembre. Bois de Saint-Thibault.	Ornementale.

NOM SCIENTIFIQUE	NOM VULGAIRE	NOM PATOIS A VITTEAUX	HABITAT ET SAISON	APPLICATIONS
Ericinées (suite).				
Azalea indica.	Azalée.		Cultivés.	Ornementale.
Rhododendrons variés.	Rhododendrons.		Cultivé.	id.
Cucurbitacées.				
Bryonia dioica Jacq.	Bryone.	Bave de serpent, du diable.	Juin, juillet. Haies.	Médicinale, purgative, vénéneuse.
Cucumis sativus L.	Cornichon.		Cultivés.	Comestible.
Cucumis melo L.	Melon.		id.	id.
Cucurbita maxima Duch.	Courge, citrouille, potiron.	Corge.	id.	id.
Cucurbita pepo.			id.	id.
Campanulacées.				
Campanula glomerata L.	C. agglomérée.	Quiochettes.	Juin, septembre. Bord des chemins.	Ornementale.
Campanula rotundifolia L.	C. à feuilles rondes.	id.	Juin, septembre. Rochers, friches.	id.
Campanula rapunculoïdes L.	Clochette.	id.	Prairies artificielles. Juin, août.	id.
Campanula persicifolia L.	C. à feuilles de pêcher.	id.	Juin, août. Bois découverts.	id.
Specularia speculum D.	Miroir de Vénus.		Mai, août. Moissons.	Mauvaise herbe.
Composées.				
Cirsium acaule All.	Chardon aneret.		Juillet, sept. Pelouse.	
Carduus crispus L.	Chardon.	Chadion.	Juin, sept. Moissons.	id.
Lappa minor D. C.	Bardane.	Copeau. Le fruit : pignolot.	Juin, sept. Décombres.	Racine amère, dépurative.
Centaurea calcitrapa L.	Chausse-trape.		Juin, sept. Friches, chemins.	
Centaurea cyanus L.	Bleuet.	Œillet bleu.	Juillet, août. Moissons.	Ornementale.
Centaurea jacea C. et G.	Jacée.	Malou.	Mai, septembre. Prés.	Mauvais fourrage.
Bidens tripartita.	Chanvre d'eau.		Ruisseau de Dracy. Juillet, octobre.	
Eupatorium cannabinum L.	Eupatoire.		Juil., oct. Bord de l'eau.	Tonique et purgative.
Artemisia vulgaris L.	Armoise.		8uil., oct. Bord de l'eau.	Emménagogue.
Artemisia dracunculus L.	Estragon.		Juillet, sept. Cultivé.	Condiment.
Artemisia absinthium L.	Absinthe.		id.	Excitant, vermifuge.
Achillea millefolium L.	Achillée.	Seignette. Herbe au charpentier.	Juin, oct. Bord des chemins.	Remède populaire contre les coupures.
Chamomilla nobilis God.	Camomille romaine.		Juillet, sept. Cultivé.	Aromatique, calmante.
Anthemis arvensis L.	Fausse camomille.		Juillet, sept. Moissons.	
Leucanthemum vulgare Lm.	Grande marguerite.		Mai, juillet. Prairies.	Ornementale.
Bellis perennis L.	Petite marguerite.		Mars, nov. Bord des chemins.	id.
Calendula arvensis L.	Souci.		Mars, oct. Cultures.	Ornementale, antiscorbutique.
Tussilago farfara L.	Pas d'âne.	Riote.	Mars, avril. Lieux humides.	Pectorale.
Pulicaria dyssenterica Gurt.	Aunée dysentérique.		Juillet, sept. Fossés humides.	Autrefois antidysentérique.
Solidago virgo aurea L.	Verge d'or.		Juillet, sept. Taillis.	Ornementale.
Aster amellus L.	Aster.		Mars, nov. Bois.	id.
Senecio vulgaris L.	Seneçon des jardins.		Juillet, août. Friches.	Herbe pour lapins et oiseaux.
Senecio jacobea L.	Seneçon Jacobée.		Juin, sept. Décombres.	Ornementale.
Senecio viscosus L.	Seneçon visqueux.		Sur les plateaux vers les lavières.	id.
Lampsana communis L.	L. commune.		Juin, sept. Bord des chemins.	id.
Cichorium intybus L.	Chicorée sauvage.		Variété endivia L. cultivée.	Succédané du café.
Tragopogon pratense L.	Salsifis des prés. Barbe de bouc.	Balibot.	Mai, juillet. Prés.	Racine et tige comestibles.
Taraxacum dens bonis L.	Dent de lion.	Pissenlit. Pissenlit fleuri (crolaine).	Avril, juin. Prairies.	Salade de printemps.
Lactuca sativa L.	Laitue.		Var. scariola cultivée. Décombres carrières. Juillet, septembre.	Salade.
Lactuca saligna L.				
Sonchus oleraceus L.	Laiteron.	Lierge. Groin d'âne.	Juin, oct. Cultures. Fl. Mai. Bord des chemins.	Nourriture des lapins. Salade d'hiver.
Barkausia taraxacifolia D. C.	id.		Mai, juin. Lieux herbeux.	
Crepis biennis.	id.			
Hieracium pilosella L.	Piloselle.		Mai, sept. Pelouses.	
Hieracium murorum L.	Epervière.		Mai, sept. Vieux murs.	

NOM SCIENTIFIQUE	NOM VULGAIRE	NOM PATOIS A VITTEAUX	HABITAT ET SAISON	APPLICATIONS
Cultivées.				
Calistephus sinensis.	Reine-marguerite.		Jardins.	Ornementale.
Dahlia variabilis.	Dahlias variés.		id.	id.
Zinnia elegans.	Zinnia.		id.	id.
Cynara carduncellus.	Cardon.		id.	Comestible.
Cynara scolymus.	Artichaut.		id.	id.
Cineraria.	Cinéraire.		id.	Ornementale.
Dipsacées.				
Knautia arvensis Coult.	Scabieuse des champs.	Oreille de lièvre.	Mai, juin. Prés, bois.	Fourrage, ornementale.
Dipsacus fullonum Mill.	Cabaret des oiseaux.	Treue.	Juillet, septembre. Bord des chemins.	Chardon à foulon autrefois.
Valérianées.				
Centrantus angustifolius D. C.			Juillet, octobre. Au-dessus Justice.	Ornemental.
Centrantus latifolius Dufr.	Lilas d'Espagne.	Lilas d'Espagne.	Juillet, oct. Cultivé.	id.
Valeriana officinalis L.	Valériane.	Herbe aux chats.	Juin, août, Bois frais.	Calmant.
Valerianella olitoria Poll.	Doucette.	Torche c. de vigneron.	Fl. avril, juin. Vignes, jardins.	Alimentaire, salades.
Rubiacées.				
Asperula odorata L.	Asperule odorante.	Reine des bois.	Mai, juillet. Cultivée.	Ornementale, très odorante par dessication.
Asperula cynanchica L.	Herbe à l'esquinancie.		Juin, sept. Plateaux.	Officinale.
Galium cruciata Scop.	Croisette.		Avril, juin. Bord des chemins.	Vantée comme antispasmodique.
Galium verum L.	Caille-lait jaune.		Juin, septembre. Bord des chemins.	
Galium mollugo L.	Caille-lait blanc.		id.	Antispasmodique.
Galium aparine C. et G.	Gratteron.	Laprais. Beson.	Juin, septembre. Haies.	Fruits diurétiques; ils ont été employés torréfiés comme succédané du café.
Sherardia arvensis L.			Moissons, pelouses.	Ornementale.

Caprifoliacées.				
Sambucus nigra L.	Sureau.	Seuiller.	Juin, juillet. Haies.	Fleurs sudorifiques.
Sambucus ebulus L.	Yèbles.	Icles.	Juin, sept. Friches.	
Viburnum lantana L.	Viorne.	Mancenne.	Mai. Bois.	Sert à faire des liens.
Viburnum opulus L.	Obier.	Boule de neige.	Mai. Bois humides, variétés cultivées.	Ornementale.
Lonicera caprifolium L.	Chèvrefeuille des jardins.		Jardins.	Officinal, sudorifique et astringent, ornemental.
Lonicera xylosteum L.	Bois blanc.		Haies. Juin.	Baies purgatives.
Diervillea grandiflora.	Vegelia.		Mai. Jardins.	Ornemental.
Viburnum tinus.	Laurier-tin.		Cultivé.	Id.
Cornées.				
Cornus mas L.	Cornouiller mâle.	Fruit : cornules.	Fl. Février, avril. Bois.	Bois très dur, fruits très astringents pour confiture.
Cornus sanguinea L.	Cornouiller sanguin.	Sauviot.	Fl. Mai, juin. Haies.	Graines oléagineuses.
Araliacées.				
Hedera helix.	Lierre.	Liare.	Fl. Sept., octobre. Murs, rochers.	Fruit purgatif, feuilles vulnéraires servant au lavage des étoffes bleues.
Ombellifères.				
Eryngium campestre L.	Panicaut.		Juillet, sept. Friches.	Racine diurétique.
Daucus carota L.	Carotte.		Juillet, septemb. Friches, espèces cultivées.	Racine diurétique alimentaire.
Pastinaca sativa L.	Panais.	Patenailles.	Cultivé.	Alimentaire.
Œthusa cynapium L.	Petite ciguë.		Décombres. Juillet, sept.	Très vénéneux, se confond avec le persil.
Petroselinum sativum (Hof.).	Persil.		Fl. Juin, août. Cultivé.	Condiment.
Cicuta virosa L.	Ciguë vireuse.		Juillet, sept. Aquatique.	Vénéneux.
Scandix pecten veneris L.	Peigne de Vénus.		Mai, sept. Moissons.	id.
Anthriscus cerefolium (Hof.).	Cerfeuil.		Fl. Mai, juin. Cultivé.	Plante aromatique.
Conium maculatum L.	Grande ciguë.		Juillet, sept. Décombres.	Très vénéneux.
Apium graveolens.	Céleri.		Cultivé.	Comestible et emménagogue.
Pimpinella saxifraga.	Boucage.		Juin, sept. Prairies de côteaux.	Fourragère.
Saxifragées.				
Saxifraga tridactylites L.	Perce-pierre.		Mars, mai. Vieux murs.	Autrefois contre maladie de foie.

NOM SCIENTIFIQUE	NOM VULGAIRE	NOM PATOIS A VITTEAUX	HABITAT ET SAISON	APPLICATIONS
Grossulariées.				
Ribes uva crispi L.	Groseillier épineux.	Fruit : grosses greuselles.	Fl. Avril, mai. Haies, cultivé. murs de Batio, ruelle du Chollot.	Comestible, confitures.
Ribes nigrum L.	Cassis.		Fl. Avril, mai. Cultivé.	Comestible, liqueurs.
Ribes rubrum L.	Groseillier rouge. Variété blanche.	Greuselier.	Id.	Comestible, sirop, confitures.
Onagrariées.				
Epilobium hirsutum L.	Epilobe hérissé.		Juin, sept. Bord de l'eau	
Œnothera biennis L.	Herbe aux ânes.		Juin, sept. Cultivée.	Ornementale.
Lythrariées.				
Lythrum salicaria L.	Salicaire.		Juil. août. Bord de l'eau.	Astringente, tonique.
Rosacées.				
Amygdalus persica L.	Pêcher.		Fr. Août, sept. Cultivé.	Fruits comestibles.
Prunus domestica L.	Pruniers cultivés.		Id.	Fruits comestibles, pruneaux.
Prunus spinosa L.	Prunellier.		Fl. Avril, mai Haies.	Fruit astringent, eau-de-vie.
Prunus armeniaca L.	Abricotier.		Fr. Juillet. Cultivé.	Fruit comestible, confitures.
Cerasus avium (Mœnch).	Cerisier.		Fl. Avril, mai. Cultivé.	Fruit comestible, pédoncules diurétiques.
Cerasus mahaleb (Mill).	Cerisier de Sainte-Lucie.		Fl. Avril, mai. Haies.	Bois pour ébénisterie.
Spirœa ulmaria L.	Reine des prés.		Juin, août. Lieux humid.	Fleurs diurétiques.
Geum urbanum L.	Benoîte.		Juin, août. Bord des chemins.	Souche odorante, astringente
Potentilla reptans L.	Potentille rampante.	Herbe à cinq feuilles.	Mai, août. Lieux incultes.	
Potentilla anserina L.	Argentine.		Mai, sept. Lieux humides.	Astringente, fébrifuge.
Fragaria vesca L.	Fraisier.		Avril, mai. Bois, lieux incultes. Esp. cultivées	Souche astringente, tonique.
Rubus idœus L.	Framboisier.		Mai, juin. Bois. Cultivés.	Fruit comestible, racine astringente.
Rubus fruticosus Lorey.	Mûrier.	Fruit : Mourot.	Juin, juillet. Haies.	Fruit comestible, rafraichissant.
Rubus cœsius L.			Juin, sept. Rampe dans les haies des champs.	id.
Rosa canina L.	Eglantier	Fruit : gratte-cul.	Mai, juin. Rampe dans les haies des champs.	Fruit comestible. Fr. très astringent, fl. ornementale.
Agrimonia eupatoria L.	Aigremoine.	Thé noir.	Juin, octobre. Bord des chemins.	Tonique, astringente.
Sanguisorba officinalis L.	Grande pimprenelle.		Juillet, août. Prés humides.	Vulnéraire autrefois.
Poterium dictyocarpum (Spach)	Pimprenelle.		Mai, août. Prés herbeux.	
Mespilus germanica L.	Néflier. Nèfles.	Fruit : cul de singe.	Fl. Mai. Cultivé.	Fruits blets, très astringents.
Cratœgus oxyacantha L.	Aubépine.	Epine blanche. Fr : senelles.	Fl. Mai Haies.	Fruits astringents.
Cratœgus pyracantha L.	Buisson ardent.		Fr. Sept. Cultivé.	Fruit astringent, confitures, gelées.
Cydonia vulgaris (Tourn.).	Cognassier.		Fruit. Juillet, sept. Bois, haies.	Fruit comestible.
Pirus communis L.	Poirier.	Fruits : poirottes.	Fruits. Juillet, sept. Espèces cultivées.	id.
Pirus malus L.	Pommier.	Fruits : poumottes.	Bois, cultivé. Fr. sept.	Fruit acerbe, puis comestible, ébénisterie.
Sorbus domestica L.	Sorbier domestique.	Cormier, Epruyer. Fr : Eprues.	Fr. Sept. Cultivé. Rochers calcaires de Vesvres.	Fruits recherchés par les oiseaux.
Sorbus aucuparia L.	Sorbier des oiseleurs.			
Sorbus aria (Crantz).				
Papilionacées.				
Cytisus laburnum L.	Faux ébénier.		Fl. Mai, juin. Bois de montagnes.	Gr. très vénéneuses, bois flexible et dur.
Genista prostrata Lam.	Genêt couché.		Fl. Avril, mai. Rochers.	
Genista sagitalis L.			Fleurs. Mai, juin. Friches.	
Genista tinctoria L.	Genêt des teinturiers.		Fleurs Mai, juin. Friches. Myard.	Anciennement employée en teinture jaune.
Ononis procurrens (Vall.).	Arrête-bœuf.	Tendon.	Juillet, août. Champs.	Aiguillons à piqûres dangereuses.
Anthyllis vulneraria L.	Anthyllide vulnéraire.	Vulnéraire.	Mai, juillet. Champs.	Passait jadis comme vulnéraire.
Lotus corniculatus L.	Lotier corniculé.		Mai, octobre. Prés.	Très bon fourrage.
Melilotus officinalis Des.	Mélilot.	Meugot.	Juin, août. Cultures.	Officinale, malad. des yeux, fourrage.
Medicago sativa L.	Luzerne.		Mai, octobre. Cultivé.	Fourrage.
Medicago lupulina L.	Minette.	Minette.	Id.	id.
Medicago falcata L.	Luzerne jaune.		Juin, sept. Bord des chemins.	
Trifolium arvense L.	Tr. patte de lièvre.		Juin, septembre. Friches.	
Trifolium pratense L.	Tr. des prés.	Trèfle.	Mai, sept. Cultivé.	Bon fourrage.
Trifolium incarnatum L.	Tr. incarnat.		Mai, juillet. Cultivé.	id.
Trifolium repens L.	Trèfle rampant.	Trulau.	Mai, oct. B. des chemins.	id.
Phaseolus vulgaris L.	Haricot cultivé.		Fl. Juillet, août. Jardins.	Comestible pour l'homme.
Robinia pseudo acacia L.	Acacia (naturalisé).	Agacia.	Mai, juin. Promenades.	Bois de charronnage, fl. pour faire des beignets.

NOM SCIENTIFIQUE	NOM VULGAIRE	NOM PATOIS A VITTEAUX	HABITAT ET SAISON	APPLICATIONS
Papilionacées (suite).				
Astragallus glycyphyllos L.	Réglisse sauvage.		Mai, juillet. Chemin de Dracy.	Racine sucrée qui peut remplacer la réglisse.
Vicia sativa L.	Vesce commune.	Voice.	Mai, septembre. Culture.	Bon fourrage.
Vicia sœpium L.	Vesce sauvage.	id.	Mai, août. Buissons.	id.
Vicia lens (Cos. et St-G.)	Lentilles cultivées.		Juin, août. Champs.	Alimentaire de l'homme.
Vicia cracca L.	Vesce en grappe.		Mai, juillet. Haies.	
Vicia tenuifolia Rolh.	Vesce à feuilles étroites.	Jargillerie.	Mai, juillet. Moissons.	Mauvaise herbe.
Faba vulgaris Mœnch.	Féverolle.		Mai, août. Culture.	Culture alimentaire.
Pisum sativum L.	Pois cultivé.		Mai, septembre. Jardins, champs.	id.
Lathyrus tuberosus L.	Gesse tubéreuse.	Anotte.	Juin, juillet. Moissons.	Tubercules sucrés, agréables au goût.
Coronilla varia L.	Coronille bigarrée.		Mai, septembre. Bord des chemins.	
Onobrychis sativa Luck.	Sainfoin.	Sainfoin.	Avril, août, cultivé.	Bon fourrage.
Ampélidées.				
Vitis vinifera L.	Vigne cultivée.	Veigne.	Fl. Juin. Vignes.	Donne le vin.
Vitis quinquefolia L.	Vigne vierge.		Jardins.	Ornementale.
Ilicinées.				
Ilex aquifolium L.	Houx.	Glorieux.	Fl. Mai, juin. Plateaux bajociens.	Baies émétiques, purgatives, ornementale.
Buxacées.				
Buxus semper virens Tour.	Buis.		Fl. Mars, avril. Rochers calcaires.	Amère, purgative et émétique, bordure des jardins, bois très dur, inaltérable, recherché dans l'industrie.
Célastrinées.				
Evonymus europœus L.	Fusain.	Bonnet carré.	Fl. Mai, juin. Haies, bois.	Emétique, purgative; son bois carbonisé donne le fusain.
Rhamnées.				
Rhamnus catharticus L.	Nerprun.		Fruits noirs. Mai, juin.	
Rhamnus frangula L.	Bourdaine.	Arbre à poudre.	Mai, juin. Haies, bois.	
Rhamnus alpinus L.			Plateaux bajociens. Plante alpestre. Mai, juin.	
Hippocastanées.				
Œsculus hippocastanum L.	Marronnier d'Inde.		Fl. Mai, sept. Promenades.	Ecorce amère, astringente, vénén[se].
Acérinées.				
Acer campestre L.	Erable.		Mai. Haies, bois.	Charronnage, chauffage.
Acer platanoïdes L.	Faux sycomore.		Avril, mai. Promenades.	Ornemental.
Acer pseudo platanus L.	Sycomore.		id.	id.
Géraniées.				
Geranium robertianum L.	Herbe à Robert.		Avril, sept. Vieux murs.	
Geranium molle L.	Ger. mou.		Mai, septembre. Friches.	
Geranium pyrenaïcum L.	Ger. des Pyrénées.		Mai, septembre. Bord des chemins.	
Erodium cicutarium (l'Her).			Avril, octobre. Bord des chemins.	
Hypericinées.				
Hypericum perforatum L.	Millepertuis.	Milpotu.	Juin, sept. Bord des chemins.	Vulnéraire, stimulante.
Tiliacées.				
Tilia platryphyllos Scop.	Tilleul.		Fl. Juin, juillet. Promenades, bois.	Officinale.
Malvacées.				
Malva alcea L.	Mauve alcée.		Juin, sept. Taillis.	Ornementale.
Malva rotundifolia L.	M. à feuilles rondes.		Mai, oct. Partout.	Emolliente.
Malva sylvestris.	Petite mauve.		Rues, décombres, cultures. Mai, octobre.	id.
Althœa rosea.	Grande mauve.	Rose en bâtons.	Cultures.	Ornementale.
Linées.				
Linum usutatissimum L.	Lin.		Cultures, avoines.	Emollient.
Crassulacées.				
Sedum album L.		Pain douzia.	Mai, juillet. Vieux murs, toits.	
Sedum acre L.	Sedum acre.		Murs, rochers. id.	Vénéneux, caustique.
Sedum sempervivum L.	Joubarbe.	Artichaut sauvage.		Anticor.

NOM SCIENTIFIQUE	NOM VULGAIRE	NOM PATOIS A VITTEAUX	HABITAT ET SAISON	APPLICATIONS
Caryophyllées.				
Dianthus Carthusianorum L.	Œillet des Chartreux.		Juin, août. Pelouses, bajociens arides.	Ornementale.
Dianthus barbatus L.			Cultivé.	id.
Saponaria officinalis L.	Saponaire.		Juillet, sept. Bord des chemins.	Dépurative, dégraisse les étoffes.
Cucubalus baccifer L.	Cucubale.		Juin, août. Haies.	id.
Agrostemma githago L.	Nielle.	Nèle.	Juin, août. Moissons.	Dépurative, graines vénéneuses.
Stellaria holostea L.	Stellaire holostée.		Avril, juin. Buissons.	Ornementale.
Stellaria media Vill.	Mouron des oiseaux.	Môron.	Mars, oct. Jardins.	Pour les petits oiseaux.
Polygalées.				
Polygala vulgaris L.	Polygala.		Mai, août. Pelouses.	Ornementale.
Résédacées.				
Reseda lutea L.	Reseda.		Juin, août, lieux incultes.	Saveur piquante.
Reseda luteola L.	Gaude.		id.	Tinctoriale jaune.
Violariées.				
Viola odorata L.	Violette.		Mars, mai. Bord des chemins.	Ornementale et pectorale.
Viola tricolor.	Pensée sauvage.		Mai, juin. Moissons.	Dépurative.
Crucifères.				
Raphanus raphanistrum L.	Ravenelle.		Mai, sept. Moissons, cultures.	Mauvaise herbe.
Cheiranthus cheiri L.	Giroflée.	Choublanc.	Avril, juin. Vieux murs.	Ornementale.
Barbarea vulgaris R. Br.	Barbarée.	Carafée.	Avril, juin. Lieux humides.	Vulnéraire.
Arabis arenosa Scop.	Arabette. Lilas bâtard.		Avril, sept. Rochers.	Ornementale, odeur agréable.
Cardamine pratensis L.	Cardamine des prés.	Trempée.	Avril, mai. Prés humides.	Ornementale, dépurative *trempée* dans du vin.
Sisymbrium alliaria Scop.	Alliaire.		Avril, juin. Lieux incult.	Rubéfiante, odeur d'ail.
Sysimbrium officinale Scop.	Herbe aux chantres.		id.	Officinale.
Brassica cultiva L.	Choux, navette, colza.	Chou, navette.	Mai, octobre.	Alimentaires.
Sinapis arvensis L.	Moutarde des champs.	Choche nove.	Mai, octobre. Cultures.	Mauvaise herbe.
Nasturtium officinale Rob.	Cresson de fontaine.		Avril, sept. Ruisseaux, sources.	Alimentaire et dépuratif.
Draba verna L.	Drave.		Pelouses, bord des routes. Mars, mai.	
Capsella bursa pastoris Mœnch.	Bourse à pasteur.		Mars, octobre. Bord des chemins.	id.
Thlaspi arvense L.	Tabouret.	Teraspi.	Mai, août. Moissons.	Ornementale.
Fumariacées.				
Fumaria officinalis L.	Fumeterre.		Mai, août. Jardins.	Officinale dépurative.
Papavéracées.				
Papaver rhœas L.	Coquelicot.	Rachais.	Eté. Moissons.	Pétales calmants, ornementale.
Chelidonium majus L.	Grande éclaire. Herbe aux verrues.	Clairie.	Printemps, été. Vieux murs, décombres.	Vénéneuse, caustique.
Nymphéacées.				
Nuphar luteum Sm.	Nénuphar.	Ninflat.	Etangs. Eté.	Officinale, ornementale.
Berbéridées.				
Berberis vulgaris L.	Epine vinette.		Mai, juin. Buissons des plateaux calcaires.	Fruit comestible, confitures, tr. rare dans la région.
Renonculacées.				
Clematis vitalba Tourn.	Herbe aux gueux.	Fumeur.	Haies. Eté.	Sert à faire des liens, vésicante, fumée autrefois par les enfants.
Anemone nemorosa L.	Sylvie.		Bois. Printemps.	Ornementale.
Anemone pulsatilla L.	Pulsatille.		Pelouses. Printemps.	id.
Anemone hepatica L.	Trinitaire.		Bois. Printemps.	id.
Adonis autumnalis L.	Goutte de sang.		Moissons. Eté.	id.
Adonis æstivalis L.	id.		id.	id.
Ranunculus repens L.	Bassin d'or.	Piépou.	Eté. Jardins, vigne.	Mauvaise herbe.
Ranunculus bulbosus L.	id.	Bassignot Truche bœuf.	Prés.	id.
Ranunculus acris L.	id.	id.	Prés.	id.
Ranunculus arvensis L.	id.		Champs.	id.
Ficaria ranunculoides M.	Grenouillette.		Lieux humides. Print.	Feuilles cuites alimentaires.
Caltha palustris.	Populage.		Printemps, ruisseaux.	Ornementale.
Helleborus fœtidus L.	Pied de griffon.	Masailie ; goilou.	Bord des chemins. Eté.	Purgative. Rhizome employé autrefois pour guérir la folie.
Nigella arvensis Tourn.	Nigelle des champs.		Moissons. Juin, août.	Grains à saveur piquante et aromatique.
Aquilegia vulgaris L.	Clochette.	Quiéchotte.	Friches. Mai.	Officinale et ornementale.
Delphinium consolida L.	Dauphinelle.	Pied d'alouette.	Moissons. Juin, sept.	Ornementale.

Nota. — Les plantes indiquées dans le présent tableau ont été récoltées soit par mes amis botanistes M. Mathey Léon et Stéphen Berthoud, soit par moi. Il peut parfaitement se faire que quelques plantes de la région vitellienne manquent dans cette énumération. J'ai indiqué le plus de noms patois possible, en ne me servant que du *patois de Vitteaux exclusivement*. Je serais très content si l'on voulait bien m'en indiquer d'autres que ceux qui se trouvent dans ce tableau. Je pourrais les publier dans un supplément. La flore patoise me semble fort intéressante, mais difficile à établir.

REMARQUES SUR LA FLORE DE VITTEAUX.

Cette flore ne présente pas ou peu de plantes silicicoles que l'on rencontre dans la partie morvandelle de notre région. On n'y trouve pas non plus la flore d'étangs que possède aussi le Morvan.

Il n'y a guère chez nous qu'un point assez caractéristique, c'est la flore des plateaux bajociens sur lesquels poussent des plantes qu'on ne retrouve ni dans la plaine, ni sur les coteaux.

Liste des plantes qui paraissent plus spécialement bajociennes :

Berberis vulgaris ;
Arabis arenosa ;
Dianthus carthusianorum ;
Malva alcea ;
Rhamnus alpina ;
Rhamnus frangula (moins spécial) ;
Buxus sempervirens ;
Ilex aquifolium ;
Genista sagittalis ;
Viburnum lantana (aussi en coteau) ;
Asperula cynanchica ;
Centrantus angustifolius ;
Senecio viscosus ;
Vincetoxicum officinale ;
Gentiana lutea ;
Gentiana germanica ;
Gentiana cruciata ;
Sorbus aria.

BOIS ACTUELS SUR LE TERRITOIRE DE VITTEAUX

Bois Marchet.

Nos du cadastre	contenances
755	45 hect. 90 a.
756	9 hect. 48 a.
757	8 hect. 21 a.
	63 hect. 59 a.

Feuillée.

769	25 hect. 86 a.
770	1 hect. 45 a.
771	1 hect. 77 a. 30 cent.
772	6 hect. 64 a. 20 cent.
	35 hect. 72 a. 50 cent.

Bois de Myard.

777 . . . .   5 hect. 94 a.

Bois de la Roche.

778 . . . .   1 hect. 31 a. 60 cent.

Buisson Labbé.

779 . . . .   3 hect. 49 a.

L'arpent.

780 . . . .   55 a. 70 cent.

Surface totale des bois sur Vitteaux :   110 hect. 61 a. 80 cent.

VITTEAUX

SUR LE TERRITOIRE DE CESSEY

Section A dite de Saint-Joseph

Nos

N°	Désignation	Superficie
18	La chaume ès Beret et chaume Ronde. Communal	25 hect. 18 a. 60 cent.
47	La Forêt (bois particulier)	76 hect. 67 a. 60 cent.
48	Bois Crève (bois particulier)	9 hect. 20 cent.
49	Montagne de Massingy (communal)	7 hect. 53 a. 40 cent.

Deuxième Feuillée

N°	Désignation	Superficie
85	Bois communal	1 hect. 4 a. 20 cent.
107	Bois communal	16 a. 20 cent.
109	Bois communal	35 a. 70 cent.
110	Bois particulier	1 hect. 8 a. 60 cent.
116	Bois Monsieur (particulier)	40 a. 70 cent.
117	— —	9 a. 10 cent.
118	— —	48 a. 90 cent.
119	Bois particulier	2 hect. 70 a. 70 cent.
120	Bois de la Cure (communal)	91 a. 20 cent.
120 *bis*	Bois Monsieur (particulier)	6 hect. 57 a. 20 cent.
175	—	60 a. 10 cent.
171	—	9 a. 40 cent.
177	—	7 a. 05 cent.
375	Chaume Payot (particulier)	39 a. 30 cent.
376	—	51 a. 40 cent.
377	—	22 a. 30 cent.
378	Communal	3 hect. 37 a. 60 cent.
	TOTAL	137 hect. 39 a. 40 cent.

Résumé : Sur le territoire de
Vitteaux . . . . . . 110 hect. 61 a. 80 cent.
Sur le territoire de Cessey. . 137 hect. 39 a. 40 cent.
SURFACE TOTALE . . . . 248 hect. 01 a. 20 cent.

Il existe aussi sur le territoire le petit bois du Roy, appelé autrefois bois Champy, noms de ses propriétaires successifs.

Anciennement aussi existait le bois de Charmois dans le lieu dit actuel. Il fut arraché vers 1840 par M. Bordot-Godard, qui eut à cette occasion un procès avec l'Etat. Ce bois était, suivant l'abbé Collon, composé de deux parties : 1º le grand bois (100 arpents) ; 2º le petit bois (6 arpents).

CHARPENTE, CHARRONNNAGE, MENUISERIE, ÉBÉNISTERIE ET CHAUFFAGE

Pour la charpente et le charronnage, on emploie à Vitteaux : le chêne, le tilleul, le hêtre, le tremble, l'orme, le charme, le peuplier... qui croissent dans le région. Le bois de sapin vient des Vosges.

Pour la menuiserie et l'ébénisterie on emploie de plus : le cerisier, le poirier, le sorbier domestique (cormier). Ce dernier sert à faire des rabots.

Le chêne est aussi employé comme piquets de clôture.

Les saules têtards donnent des perches employées comme échalas.

Les bois de chauffage sont surtout : le chêne, le charme, le tilleul, le tremble, exceptionnellement le mérisier.

Ils se vendent au moule pour le gros bois et à la corde pour la charbonnette ou petit bois.

Dimensions du moule :

Longueur des bûches . . . . 1 m. 15
Longueur de la pile . . . . 2 m. 66
Hauteur . . . . 0 m. 70

Il vaut 2 st. 14.

VITTEAUX

CORDE MORVANDELLE

Longueur des bûches . . 0^m,66.
Longueur de la pile . . . 5^m,43.
Haut . . . . 0^m,70.
    Elle vaut 2 st. 46.

GRANDE CORDE

Longueur des bûches . . 0^m,66.
Longueur de la pile . . . 4^m.
Haut . . . . 1^m,05.
    Elle vaut 2 st. 77.

XIV

FAUNE DES ENVIRONS DE VITTEAUX

Je ne dirai rien des Protozoaires, Eponges, Cœlentères, Echinodermes qui, à ma connaissance, sont de peu d'impotance ou n'existent pas dans notre région.

Vers. — Annélides : Ver de terre ou lombric (Lumbricus terrestris) ;
Sangsue médicinale (Hirudo officinalis). Ruisseaux ;
Nématodes : Ascaris lumbricoïdes (ver des enfants) ;
Oxyuris vermicularis (petits vers du rectum des enfants) ;
Anguillules du vinaigre (Anguillula aceti).
Princ. Cestodes : Ténia armé (Tœnia solium), intest. homme ;
Ténia inerme (Tœnia saginata), intest. homme ;
Ténia cénure (Tœnia cœnurus), intest. du chien ;

Cœnurus cerebralis, cystique du précédent, se développe dans le cerveau des moutons et cause le tournis.

ARTICULÉS

Crustacés. — *Ecrevisse* (astacus fluviatilis), deux variétés :
Ecrevisse à pattes blanches (côté de Boussey) ;
Ecrevisse à pattes rouges (côté Posanges), la plus grosse et la plus estimée ;
Cloportes (oniscus), lieux humides ;

Acariens. — *Tiques* (Ixodes), attaquent surtout les chiens ;
Sarcopte de la gale (S. scabiei Hominis), très rare ;
Mites du fromage (tyroglyphus siro) ;

Demodex folliculorum. Trés petit, vit dans les poils ;

Leptus autumnalis (Latr) ou *acarus autumnalis* (Schaw), appelé bête d'août. Très commun sur les graminées et quelques plantes potagères en automne. Trés petit et rouge, appelé pour cela le rouget par les gens de la campagne. Il grimpe après les jambes, s'insinue sous la peau et cause des démangeaisons insupportables mais peu dangereuses. On peut les faire cesser en se frottant avec un peu de vinaigre et d'alcali.

Arachnides. — Araneïdes : Faucheurs (Phalangium) ;
Thomises (Thomisus), produisent les fils de la Vierge ;
Araignée domestique (Tegenaria domestica) ;
Araignée de cave (Segestria cellaria) ;
Epeires (Epeira), toiles verticales avec fils concentriques et fils rayonnants.

Myriapodes. — Polydesmes (Polydesmus) ;
Lithobius forficatus, voisins des scolopendres ;
Iules (Iulus), ravagent quelquefois les champs de betteraves.

INSECTES

Diptères. — Cousin commun (Culex pipicus), moustiques ;
Taons (Tabanus) ;
Mouches communes (Musca domestica), grisâtre ;
Mouches à viande (Musca vomitoria) ;
Mouches bleuâtres (Calliphora) ;
Mouches vertes (Lucilia Cœsar), œufs sur charognes et plaies ;
Puces (Pulex irritans), puce de l'homme ;
Puces du chien et du chat (Pulex canis, felis).

Hemiptères. — Punaise des lits (Cimex lectularius) ;
Punaise des bois (Pentatoma) ;
Tigre du poirier (Tingis piri) ;
Phylloxera vastatrix, de la vigne ;
Poux (Pediculus capitis), pou de tête ;
Pucerons variés.

Lépidoptères principaux. — Vanesses. — Sphinx. — Tête de mort. — Piérides (du chou). — Pyrales. — Teignes. — Liparis chrysorhœa, sa toile appelée en Bourgogne *masa* ou *masard* des pommiers, enveloppe ces derniers.

Hyménoptères. — Abeilles (Apis mellifica), abeille commune ;
Guêpes (Vespes vulgaris), guêpe commune ;
Frêlons (Espèces du genre guêpe. — Vespres crabro) ;
Cynips (Insectes produisant des galles sur les feuilles).

Néroptères. — Libellules (Libellula), demoiselles à Vitteaux).

Orthoptères. — Grillons (Gryllus domesticus) des maisons ;
Sauterelles (Locusta viridissima) verte. Biques à Vitteaux ;
Courtillères (Gryllotalpa) ;
Blattes (Blatta orientalis), cafard des cuisines ;
Perce-oreilles (Forficula) ;
Lepismes (Lepisma), artes à Vitteaux.

Coléoptères. — Carabe doré (jardinière), jardins ;
Gyrins (Gyrinus), surface de l'eau ;
Dermestes (Dermestes), mangent les fourrures ;
Cerf-volant (Lucanus cervus) ;
Cetoines (Cetonia) ;
Charançons (Calandra granaria), du blé ;
Coccinelles ou bêtes à bon Dieu ;
Hanneton (Melolontha vulgaris), cancoine à Vitteaux ;
Vers luisants (Lampyris) ;
Scarabée nasicorne ou rhinocéros (Oryctes nasicornis), commun dans le tan ;
Bousiers (Copris), dans les excréments de vache.

Mollusques. — Limaces (Limax) jaunes et rouges ;
Escargot de Bourgogne (Helix pomatia) ;
Autres petits escargots jaunes ou bariolés.

VERTÉBRÉS

Poissons. — 1º Nageoire dorsale épineuse :
Quelques perches (Perca) ;
Des chabots (Cottus gobio), tétards à Vitteaux ;
2º Nageoire dorsale molle :
Des goujons (Gobio) ;
Des vairons (Phoxinus) ;
Des ablettes (Alburnus) ;
Des loches (Cobitis barbula), moutelles à Vitteaux ;
Des gardons (Cyprinus idus) ;
Des *Chevènes* (Cypridés des genres Leuciscus et Squalinus), chavasson ou chavoneau à Vitteaux ;
Des carpes (Cyprinus), dans les étangs ;
Des anguilles (Anguilla), rivière et étangs ;
Des brochets (Esox), échappés du barrage de Grosbois.

Batraciens. — 1º Sans queue :
Rainette (Hyla arborea) ;
Grenouille verte (Rana esculenta) ;
Grenouille rousse (Rana temporaria) ;
Grenouille jaune (Rana argilis) ;
Crapaud gris (Bufo vulgaris), cachés sous les bancs, font entendre le soir un cri monotone : Tou ! Tou ! et pour cette raison sont appelés des tous à Vitteaux ;
Crapaud vert (B. viridis) ;
Crapaud jaune (B. calamita).
2º à queue apparente : Salamandre terrestre (S. maculosa) ;
Triton (Triton), lézards d'eau.

REPTILES

Sauriens. — Lézard gris (Lacerta argilis) des murailles ;
Orvet, serpent de verre (Anguis fragilis), Envo à Vitteaux, réputé dangereux bien à tort.

Ophidiens. — *Vipère ordinaire* (Vipera aspis), variété rouge, noire et grise, assez commune ;

Vipère péliade (Pelias berus), plus rare que vipera aspis, ressemble à la couleuvre. Les chasseurs de vipères croient que c'est un métis de couleuvre et de vipère ;

Couleuvre verte et jaune (Zamenis viridiflavus) ;

Couleuvre lisse (Coronella lœvis) ;

Couleuvre à collier (Tropidonotus natrix).

OISEAUX

Rapaces. — *Diurnes* : Faucon (Falco) ;
Aigle de Bourgogne (Aquila), tué près Saint-Thibault ;
Eperviers (Accipiter), grand et petit ; le mâle *Tiercelet* ;
Buse (Buteo).
Nocturnes : Chouette (Ulula vulgaris) ;
Effraie (Strix) ;
Grand et petit duc (Bubo) ;
Hibou (Otus).

Passereaux. — 1° *A bec conique* : Pinson des Ardennes (Fringilla) ;
Alouette (Alauda) ;
Bouvreuil (Pyrrhula) ;
Moineau (Passer) ;
Mesanges (Parus) ;
Geai (Garrulus), *Jacques* à Vitteaux ;
Etourneaux (Sturnus), *Sansonnets* à Vitteaux ;
Corbeaux (Corvus) ;
Pies (Pica).
2° *A bec denté* : Loriot (Oriolus) ;
Grives (Turdus), plusieurs sortes ;
Merles (Merula) ;
Rouge-gorge (Rubicula) ;
Fauvettes (Curruca), tête grise ;
Rossignol (Luscinia) des murailles et ordinaire ;
Roitelet (Regulus) ;
Bergeronnettes (Budytes).

3° *A bec fendu* : Hirondelle (Hirundo), migrateur ;
Martinets (Gypselus).

4° *A bec grêle* : Huppe (Upupa).

Grimpeurs. — Pic-vert (Picus viridis) ;
Coucou (Picus cuculus).

Colombins. — Pigeons domestiques, plusieurs races ;
Pigeon ramier (Columba palumbus) ;
Tourterelle (Columba turtur) ;
Quelques pigeons voyageurs isolés (Ectopistes migratorius).

Gallinacés. — Poules, dindons, pintades, paon domestique.
Perdrix (Perdix) grises et rouges.
Cailles (Coturnix).

Echassiers. — Passages de cigognes, grues, hérons ;
Poules d'eau (Gallinula) ;
Râle des genêts (Crex pratensis) ;
Bécasses (Scolopax) ;
Bécassines (Gallinago).

Palmipèdes. — Canards sauvages (Anas boschas) et domestiques ;
Oies (Anser) domestiques ;
Quelques sarcelles (Anser querquedula) ;
Quelques mouettes (Gavia), étang de Grosbois ;
Stercorarius parisiticus ou *longicaudus*, oiseau de mer tué en septembre 1909 par un chasseur vers Marcilly-les-Vitteaux.

MAMMIFÈRES

Solipèdes. — Cheval, âne, mulet, domestiqués.

Ruminants. — Bœuf, vache, mouton, chèvres, domestiqués.

Porcins. — Porc domestique.
Autrefois sangliers (Sus scrofa), plus aujourd'hui.

Rongeurs. — Ecureuil (Sciurus), bois ;
Lérot (Myoxus nitella), jardins, vulgairement rat *voiseux* ;
Rat noir (Mus rattus), maisons ;
Rat gris ou surmulot (Mus decumanus), égouts ;
Souris de bois ou mulot (Mus sylvaticus), bois ;
Souris domestique (Mus musculus), maisons ;
Campagnols (Arvicola arvalis), champs ;
Lièvre commun (Lepus timidus), champs ;
Lapin de garenne (Lepus cuniculus), terriers, en Myard, Fiolle, Combe d'Y ;
Lapins domestiques.

Insectivores. — *Hérisson* (Erinaceus vulgaris), deux espèces : à nez de chien et à nez de porc, vergers ;
Musaraigne (Sorex vulgaris), maisons ; en patois *sri* ;
Taupe (Talpa europœa), champs, prés, jardins.

Carnivores. — Pas de félins.

Vermiformes. — Loutre d'Europe (Lutra vulgaris), bords de la rivière ;
Putois commun (Putorius fœtidus), voisinage des habitations ;
Furet (Putorius furio), domestiqué ;
Belette commune (Putorius vulgaris), champs.

Canidés. — Chiens domestiques ;
Renard vulgaire (Vulpes vulgaris), Cessey ;
Plus de loups.

Plantigrades. — Blaireau (Meles taxus), en patois *Tasson*, en Myard et Cessey.

Chéiroptères. — Plusieurs espèces de vespertilions.

Quadrumanes. — Pas.

Bimanes. — L'homme.

ESSAI D'ÉLEVAGE DES VERS A SOIE A VITTEAUX

De 1864 à 1867, M. Fauléau, alors peintre à Vitteaux, essaya d'élever des vers à soie pour en vendre les œufs, appelés communément graines de vers à soie.

En 1865, il éleva, dans une mansarde de la maison Sirot-Chapelier, qui lui appartenait alors, de 4.000 à 5.000 vers. Il vendit pour 300 francs de graine à 18 francs l'once.

En 1866, dans une chambre plus grande, il en éleva 10.000.

En 1867, il atteignit le nombre de 30.000.

Il se servait de claies et de filets qu'il avait eu à Commarin et réussissait environ 85 % avant la déclaration de la pébrine.

Il nourrissait ses vers à soie avec des feuilles de mûrier récoltées sur deux gros mûriers qui se trouvaient dans le jardin de sa sœur, situé à côté du couvent des Sœurs de la Providence de Vitteaux, et d'une vingtaine de ces arbres qui étaient dans la haie de son verger. La deuxième année, il alla chercher des feuilles de mûrier à Munois et la troisième à Montoillot.

La pébrine faisant des ravages dans son élevage, M. Fauléau partit pour Commarin en 1868, espérant y mieux réussir, mais là encore la graine était mauvaise.

La cinquième année, c'est-à-dire en 1869, tous les vers moururent de la pébrine à la troisième mue.

En 1845, il y avait déjà eu un essai d'élevage, toujours par la famille Fauléau.

Des mûriers, qui existaient à Vitteaux à cette époque, il n'en reste plus qu'un, qui se trouve dans une haie sur le chemin de Boussey, au coin du chemin qui va au Carabin.

Ce qu'il y a de curieux, c'est que c'est en 1867 que Pasteur publiait ses *Nouvelles études sur les maladies des vers à soie* ; la pébrine était au nombre de ces maladies ; il indiquait le remède. Quelques années plus tard, alors que ce remède était bien vulgarisé, M. Fauléau eut peut-être parfaitement réussi.

APICULTURE A VITTEAUX

Vers 1850, on employait à Vitteaux des ruches en paille, couvertes avec un pot de Saffres ; on les coupait en dessous.

Vinrent ensuite des ruches à calottes, ou cabolot, ou cabot.

Il y en avait peu, réparties par deux ou trois chez chaque propriétaire de ruches.

Le miel se vendait à Vitteaux, 100 kilogs ou 150 kilogs pour la région. Deux cabolots donnaient de 25 à 30 livres de miel qui se vendait 16, 18, 20 sous la livre.

Depuis vingt ans, on emploie des ruches à cadres qui sont beaucoup plus productives.

Le miel de la première récolte qui se fait en mai-juin, provient des fleurs de sainfoin, luzerne, trèfle et est plus clair que celui de la seconde (miel brun) provenant des fleurs de tilleul, bourrache (très bonne), sphacélie (bonne).

On expédie le miel provenant des cadres, généralement à Dijon pour le pharmacie, la fabrication du pain d'épice et du nougat. Il se vend de 0 fr. 55 à 0 fr. 60 la livre. Son prix a diminué avec celui du sucre.

Une ruche à cadre donne à Vitteaux de 40 à 50 kilogs au lieu de 12 à 15 kilogs donnés par les ruches à calotte.

Les ruches nouvelles rendent beaucoup plus que les anciennes, parce qu'on retire le miel des cadres avec un extracteur et qu'on replace le cadre avec sa cire. Les abeilles trouvant là cire intacte, remplissent de nouveau les alvéoles de miel sans avoir à refaire ces alvéoles, construction qui leur demandait beaucoup de temps.

On admet que les abeilles, pendant qu'elles font une livre de cire en rayon, peuvent faire huit à dix livres de miel. Cela est très variable et n'a rien de positif.

Dans les anciennes ruches à cabo, on enlevait le cabo d'où l'on sortait cire et miel et on le replaçait. Pendant que les abeilles font cire et miel, ce qui leur demande plus de temps que pour faire le miel seul, la miellée se passe et les abeilles trouvent plus difficilement le miel nécessaire pour remplir les alvéoles préparées de nouveau.

Comme je l'ai dit, dans nos pays, on ne dépasse guère 40 kilogs comme production d'une ruche à cadre ; M. de

Beaurepaire de Cessey a obtenu ce rendement en 1909.

Ce rendement est grand et même trop grand car, dit M. Gabriel Lévêque, de Vitteaux, la reine ayant à sa disposition beaucoup de miel pond beaucoup plus. Il arrive alors souvent qu'elle s'épuise et qu'elle part (cela est arrivé en 1909 dans le rucher de M. Lévêque). Alors la ruche étant veuve, végète et est perdue si l'on ne s'aperçoit pas à temps de la disparition de la reine. Il faut alors, dans ce cas, introduire une nouvelle reine dans la ruche. C'est ce qu'a fait M. Lévêque et il a réussi à ramener le travail au sein de ses abeilles.

On peut obtenir, comme rendement maximum, 65 kilogs, mais alors il est bon de changer les reines au bout de deux ans, sinon elles pondent des œufs donnant surtout des mâles et peu d'ouvrières.

Les ruches à cadre demandent beaucoup plus de soins et de surveillance que les vieilles ruches en paille. Il faut les visiter plus souvent.

La teigne et les papillons s'y introduisent plus facilement, mais on les voit mieux.

APICULTEURS DE LA RÉGION VITELLIENNE

M. Lévêque, au château de Vitteaux, 8 ruches et quelques-unes aux granges de Vesvres.

M. Clair, à Vitteaux, 8 ruches artistiquement organisées.

M. Chanorier, 20 ruches près de la gare. A commencé en 1900.

M. de Beaurepaire, à Cessey, un grand nombre de ruches.

Saffres produit annuellement au moins 300 kilogs de miel.

Ruches à Villeberny et à Massingy.

La production totale du canton est d'environ 700 à 800 kilogs de miel.

A Velars, près Dijon, un grand apiculteur, M. Bertrand, vend tout ce qui concerne l'apiculture.

A Vesvres, le premier miel se maintient beaucoup mieux que le second qui est très mou.

Remarques. — Pour une livre de cire, on a environ 8 livres de miel. On mélange souvent à la cire animale (cire d'abeilles), de la cire végétale (cire du Japon, extraite de graines de Rhus, succedaneum, cire de Sumatra, extraite du Pinus cerifera, cire de Bornéo, extraite du Sophora, etc…), ou des cires d'origine minérale (Ozokérite ou cire fossile, dont il y a des gisements énormes en Moldavie, Texas ; elle est brun noirâtre. On en extrait par distillation la cérésine que l'on teinte et qui sert à falsifier la cire d'abeilles…)

La cire d'abeille est bien recherchée, quoique moins employée qu'autrefois. Alors les cierges qui étaient en cire sont aujourd'hui en stéarine. On se sert cependant toujours de cire pour les parquets.

L'important, pour un apiculteur, est de savoir quelles sont les périodes de miellée.

Dans certains pays, Vitteaux, par exemple :

Première période : sainfoin, luzerne, trèfle…

Deuxième période : Tilleul, bourrache…

Ce qui est récolté en dehors de ces deux périodes est pour l'entretien de la ruche et la réserve.

Dans d'autres pays, il y a les miellées :

1º des sapins ;

2º de l'esparcette ou sainfoin ;

3º du blé noir ou sarrazin.

Le talent d'un apiculteur est de tenir sa ruche prête pour les époques de miellées, c'est-à-dire d'avoir, à cette époque, sa ruche bien pleine.

Il devra, si cela est nécessaire, réchauffer son rucher et donner à manger aux abeilles du sirop de sucre ou du miel.

Si le rucher était, par exemple, en retard de quinze jours sur la floraison du sainfoin, il faudrait, l'année suivante, le mettre de quinze jours en avance sur l'année précédente.

Il n'y a presque jamais de miellée sur la floraison des arbres fruitiers, car elle a lieu trop tôt.

J'ajouterai seulement un mot sur les **différentes races d'abeilles utilisées** :

1º Race noire du pays ;

2º Abeilles italiennes, ayant trois anneaux d'un beau jaune. Elles se croisent avec les noires et la race finit par disparaître ;

3º Abeilles Caucasiennes, velues et grisâtres.

BÉTAIL

On n'élève guère à Vitteaux de races pures, mais plutôt des produits de croisements.

Race chevaline. — Autrefois on employait des chevaux de race morvandelle, dégénérescence du percheron. Aujourd'hui le percheron domine, mais n'est pas pur sang. Quelques chevaux boulonnais.

Race bovine. — Comme race blanche, on élève des charollais, et comme race de couleur des normands et fribourgeois. Quelques Durhams.

Race ovine. — Anciennement, on élevait la race mérinos seulement. Aujourd'hui, des mérinos croisés avec Dhisley et Southdown. On croise depuis quinze ou vingt ans.

Race caprine. — Chèvre ordinaire en petit nombre.

Race porcine. — Autrefois, on élevait la race morvandelle, dite celtique ; grands porcs allongés donnant beaucoup de viande, peu de lard. Aujourd'hui, on élève des croisements de cette race avec des races anglaises : la race bretonne-craonaise, la race normande, porcs longs et gras, bas sur pattes.

Poules. — Races de Faverolles, Orpington, Houdan et beaucoup de races croisées.

Pintades. — On en élève peu.

Dindons. — Quelques bandes.

Canards et oies. — On en élève peu.

FAUNE 215

Lapins. — Nombreux. A remarquer une race, la race *angora*, élevée pour son poil blanc et long, utilisé pour faire gants, chaussettes, plastrons.

Le prix de vente du kilogramme a été autrefois 35 francs, aujourd'hui il n'est plus que 25 à 26 francs.

La maison Patard, qui utilise ce poil, est installée au moulin Gruet, à Lons-le-Saulnier. Elle a vingt ans d'existence et fait bien ses affaires. Un lapin peut produire par an de 250 à 350 grammes de poil.

STATISTIQUE OFFICIELLE POUR VITTEAUX
LE 1er NOVEMBRE 1908

Espèce chevaline.

Animaux au-dessous de trois ans	40 ⎫
Animaux de trois ans et au-dessus	100 ⎬ 158
Poulains et pouliches dans l'année	18 ⎭
Mulet	1
Anes	12

Espèce bovine

Taureaux	5 ⎫
Bœufs	6 ⎪
Vaches	260 ⎬ 491
Elèves d'un an et au-dessus	130 ⎪
Elèves de moins d'un an	90 ⎭

Espèce ovine.

Nombre de troupeaux	10 ⎫
Béliers de plus d'un an	12 ⎪
Brebis	650 ⎬ 962
Moutons	100 ⎪
Agneaux et agnelles de moins d'un an . .	200 ⎭

Espèce porcine.

Verrats	2	
Truies	10	
Animaux à l'engrais de moins de six mois . .	200	242
Animaux à l'engrais de plus de six mois . .	30	

Espèce caprine 10

XV

GRANDES VOIES DE COMMUNICATION
A VITTEAUX

Il y a à Vitteaux trois voies principales de communication :

1º La route nationale nº 70 d'Avallon à Combeaufontaine (Haute-Sâone). Cette route s'arrête aujourd'hui au milieu de Vitteaux, emprunte la route nº 5 jusqu'à Dijon et reprend son numéro au delà de Dijon jusqu'à Combeaufontaine.

2º La route nº 5 de Paris à Genève, de construction plus récente. Elle vient de Posanges, passe à Vitteaux, au bas de Saffres, Uncey, Grosbois...

3º Le chemin de fer d'Epinac aux Laumes, qui a aujourd'hui trois trains d'un côté et trois trains de l'autre.

Route nationale nº 70 d'Avallon à Combeaufontaine.

Je n'ai pu trouver de document officiels sur l'établissement de cette route, quoique je me sois adressé à tous les degrés hiérarchiques des Ponts et Chaussées.

Aussi je reproduirai ici ce qu'en dit l'abbé Collon dans ses mémoires. Il y a copié un manuscrit de M. Vacher concernant cette grande route.

Tome V, page 187. — La vieille route de Vitteaux à Dijon passait, pour éviter la montagne, près de la chapelle Croix-Voisin et gagnait la Maison-Dieu par le dessus de Roche d'Hy. Elle avait seulement dix-huit pieds de large. On y avait fait poser les fourches patibulaires [1]. Au commencement du XVIIIe siècle, elle était en très

---

1. Il existe aujourd'hui dans cette région un lieu-dit appelé Larrey-des-Piliers où l'on a trouvé des restes de piliers soutenant les poteaux où

mauvais état et il fallait plusieurs jours pour aller à Dijon.

Page 189. — Projet de changement du chemin allant de Dijon à Paris par le Val-Suzon, Chanceaux, Montbard, Aisy, et de là à Noyers et Auxerre (année 1734), par M. Chartrain, seigneur de Bierres, Montigny, Charrigny, pour la faire passer à Pont-de-Passy, Sombernon, Vitteaux, Rouvray, Cussy et la faire rejoindre à la route de la diligence de Châlon à Paris, proche Rouvray.

La montée de Sombernon et celle de Viteaux ont coûté plus de 200.000 francs chacune, celle de Clermont, proche Rouvray, a coûté le double. Enfin, on est venu à bout de ce grand ouvrage en dix ou douze ans.

Dans le mois de novembre 1734, on commença à travailler au chemin qui en sortant de Vitteaux conduit à la Maison *Neuve*, vers le lieu que l'on nomme « la Croix du Pâquier», sous la direction d'un nommé Guyot, du village de Brau et la paroisse de Viteaux fut chargée de cet ouvrage jusqu'à ladite croix. Les habitants furent divisés en trois bandes qui avaient chacune leur jour de travail et se succédaient. On nommait un *échevin* et un autre *bourgeois* pour présider à l'ouvrage, on les appelait *picqueurs*. Comme le picqueur, les échevins et les habitans travaillaient *gratis*, l'ouvrage allait très lentement, la journée se passait à *prendre du tabac*, à causer, à se reposer sur la pelle et la pioche et à quitter ensuite à demi-journée. Ce n'est qu'à force de temps et de monde qu'il s'est enfin fini ; trente hommes journaliers, qui auraient été payés et auraient eu un bon surveillant, auraient fait plus d'ouvrage que toute la communauté de Viteaux. Aussi ce travail se faisait-il avec une dureté inconcevable. Outre les garnisons de cavaliers, dont les frais étaient considérables, contre les délinquants, l'on faisait venir des communautés éloignées de deux à trois lieues de l'endroit où on les plaçait pour le travail et à peine étaient-elles arrivées au terme, qu'après avoir mangé un morceau de pain que chacun portait et avoir travaillé deux heures, il fallait retourner dans son village et revenir le lendemain, *quod testor vidi*, ainsi que bien d'autres.

Les magistrats de Viteaux étaient alors :

Maire : Alexandre Derepas.

Echevins : Claude Durey, chirurgien ; Claude Charreau, marchand, Claude Larget, barbier.

Sindic : Etienne Piget, bourgeois.

Le jeudi 5 novembre 1743 fut faite à Dijon au Palais des Etats,

l'on exposait le corps des suppliciés. On voulait effrayer les populations et les empêcher de s'adonner au crime. Ce Larrey est situé au-dessus du lieu dit « Chevraine ».

On appelle larrey, dans la Côte-d'Or, un terrain en assez forte pente.

dans la chambre des élus, la délivrance du chemin neuf à construire dans la montagne de Viteaux, à prendre depuis la porte de la ville, y comprenant tout le faubourg de Dijon qui sera pavé à neuf, jusqu'au-dessus de la montagne de la *justice*. Ce chemin, qui est tracé à travers les champs et le côteau, dans un endroit où il n'y a jamais monté que des chèvres...

Page 193. — La délivrance fut faite au sieur Machureau, l'un des directeurs des chemins neufs, demeurant à Semarey, Guyot l'aîné, concierge du château de Bierre, Louet, procureur à Semur, Perrault, architecte dudit Semur et Sirugue, maître de poste à Viteaux pour le prix de cent dix mille livres.

Lorsque le chemin depuis le bas de Viteaux jusqu'au haut de la montagne fut fini et en état, on marchanda aux mêmes entrepreneurs le restant à faire sur la montagne depuis la Roche jusqu'au bois d'Hy, où le nouveau chemin devait rejoindre l'ancien, et le prix de la délivrance par Messieurs les élus fut de *vingt mille livres*. Il n'a été fini que sur la fin de 1747 et on y a planté des arbres de chaque côté, dans le mois de janvier et février de l'année 1749. On avait mis des *buis* pour soutenir les terres dans l'endroit où on en a le plus rapporté l'année d'auparavant dans le mois de mars 1748.

Ici finit le manuscrit de M. Vacher, concernant la grande route. L'abbé Collon continue :

Il est étonnant qu'il ne parle pas de deux découvertes assez importantes qui se firent sur la montagne de Viteaux dans le temps de ces ouvrages, je veux dire de la *marbrière* et des médailles, qui sont des faits assez intéressants pour l'histoire du pays, et qui auraient mérité trouver place dans le détail que M. Vacher nous donne des ouvrages de la route. Car, outre la carrière de *marbre noir mêlé de taches blanches*, connu depuis plus de deux cents ans à Viteaux ; on découvrit sur ladite montagne une autre carrière de marbre d'un rouge pâle et terne mêlé de tâches blanches dont on a fait de fort beaux ouvrages et en même temps une trentaine de médailles de bronze, toutes de Jules César. Le prieur Piget en eut deux que j'ai vues et le comte de Tressant emporta le reste...

Page 194. — Ce fut aussi à l'occasion de cette ouverture de la grande route que l'on fit bâtir à Viteaux plusieurs maisons neuves à la place des anciennes que l'on força le propriétaire de faire abattre pour l'alignement d'où se forma une rue qui retint le nom de *rue Neuve*, ou *rue Saint-Jean*.

Au-devant de cette rue, du côté de la ville, était une grande et très ancienne maison appartenant à M. l'avocat Amyot qui, comme une barrière, fermait l'entrée de la rue Saint-Jean du côté de la ville. Elle touchait du côté du nord à la maison de M. Thubet, actuellement Cornesse (aujourd'hui, 1911, Laurent Chardenot) et du côté du midi à celle de l'abbé Thibaut, actuellement Clémencet (aujourd'hui, 1911, maison Noirot). Plus haut, du côté de Paris, était une autre maison [1], qui, comme une autre barrière, fermait ladite rue Saint-Jean. Elle appartenait à un nommé Duvigne et entre ces deux maisons était un grand jardin dépendant de la maison Amyot, à l'extrémité duquel s'élevait une terrasse fort haute sur laquelle était un cabinet de charmille avec une table de pierre et des bancs.

De ce lieu, on voyait la rue Mont-Chevreau, la route de Semur, l'église des Minimes et la place du four banal, car pour entrer dans cette dite rue Saint-Jean, il fallait passer par celle dite de Mont-Chevreau.

Il y avait à cette maison Amyot des croisées par où on voyait les réjouissances que la ville avait coutume de faire faire sur la place *Dauphin*, ainsi nommée de l'auberge où pendait pour enseigne le *dauphin*, actuellement la maison Perriquet, proche la Rivière. Il y avait aussi dans la place où est la rue *Neuve* ou rue *Saint-Jean*, un grand pressoir avec vinée dépendant de la maison Amyot.

Page 195. — Avant l'ouverture de la *rue Neuve*, on passait, pour aller à Dijon sur le pont du *meix Ragnon* et avant la construction de ce pont, on passait sur celui de la rue Vieille. (La poste royale commença en 1745).

Page 200. — Le passage de la route par la ville de Viteaux, fut cause de la construction de plusieurs bâtimens neufs qui formèrent la rue *Neuve*. On vit, en même temps, se former plusieurs auberges, cabarets et boulangers qui s'y établirent.

Le *Soleil d'or* était l'enseigne de la poste aux chevaux appartenant à M. Sirugue, qui tenait toujours trente à quarante chevaux dans les écuries de l'hôtel construit à neuf, avec cinq postillons.

L'auberge de *l'Etoile d'argent* était en face de la poste, construite par M. Julien. Le *Dauphin* et *l'Ecu de France* étaient aussi de bonnes auberges.

Page 202 (1556). — Le *Logis de Notre-Dame*, situé au bourg de Viteaux, c'est-à-dire dans la ville actuelle, appartenait à honorable homme Joseph Casard.

En 1646, la maison de veuve Claude Durandeau, située au bas de la rue de l'Eglise, était une auberge où pendait pour enseigne la *Croix d'or*, en 1681.

1. La rue Saint-Jean était barrée entre les maisons Noirot et Laurent-Chardenot et probablement entre les maisons Laurent Colin et Darcy. Entre ces deux barrages était un vaste jardin.

Cette maison touche actuellement à celle de M. Gagnereaux, provenant des héritiers Gibier et elle se trouvait placée auprès du pont du meix Raignon.

En 1670, Pierre Deligny était hôte du logis où pendait pour enseigne un Saint-Nicolas.

Je parle, à l'article hygiène, de la construction sur pilotis du pont appelé pont de l'horloge et sur lequel passe la route n° 70.

Route nationale n° 5.

Cette route, l'une des plus importantes du département, n'est pas formée, dans son ensemble, par une ancienne route des Etats de Bourgogne. Elle comprend, au contraire, des parties de routes diverses réunies par des portions récentes, c'est-à-dire construites depuis la Révolution, vers 1840.

Depuis son origine, vers l'Yonne, jusqu'à Fain-les-Montbard, elle emprunte la route n° 12 des Etats de Bourgogne. De ce point jusqu'à l'embranchement de la route nationale n° 77 *bis* à Sombernon, elle est moderne et a emprunté des parties d'anciens chemins.

Dans la traversée de Vitteaux, sa largeur est très réduite sur 100 mètres de longueur.

L'élargissement, comprenant le rescindement de bâtiments importants, exigerait des dépenses considérables qui ont fait ajourner la présentation de projets d'amélioration.

On trouve traces de la construction d'un pont sur l'Oze et d'un autre sur l'Ozerain vers 1840.

CHEMIN DE FER D'ÉPINAC AUX LAUMES

Fut inauguré par M. Sadi Carnot, président de la République, le 6 décembre 1891.

Depuis longtemps cette ligne était désirée par les habitants de la région. Sa création causa la cessation d'un service fait une fois par jour sur les Laumes par un omnibus, ainsi que celui fait sur Verrey, également fait une fois par jour par un autre omnibus. Le dernier entrepreneur de ces deux services était M. Colardot Millot.

L'établissement de cette ligne changea beaucoup le commerce vitellien. Par suite d'une facilité plus grande, on s'habitua à voyager beaucoup plus et à faire ses achats à l'extérieur du pays.

Les commis-voyageurs qui autrefois devaient, pour leurs affaires, séjourner plusieurs jours à Vitteaux, y viennent le matin et en repartent le soir.

Les foires, qui duraient autrefois toute la journée, n'occupent plus qu'une partie de la matinée. Les acquéreurs de bétail l'embarquent dans le train de 11 heures, se dirigeant sur les Laumes, et partent avec lui.

Quoiqu'il en soit, cette ligne est d'une grande facilité pour ceux qui ont besoin de voyager.

XVI

PROMENADES DE VITTEAUX

Aujourd'hui il ne reste plus que le Parc, le long de la route n° 70, à la sortie de Vitteaux, du côté d'Avallon.

Cette promenade fut plantée en 1763, M. Baudenet étant maire. Elle avait alors 360 pas de long, 26 de large, trois allées plantées de 206 pieds d'arbres, neuf bancs en pierre de taille.

Les trois allées étaient couronnées par un petit bouquet de cinq allées plantées de tilleuls et de platanes.

Lors de l'établissement du champ de foire, on a pris du côté de Vitteaux une partie du parc. Il ne reste plus aujourd'hui que 129 marronniers dans le parc proprement dit à trois allées ; 11 de ces arbres sont aujourd'hui dans le champ de foire. Dans la partie supérieure se trouvent 59 platanes et tilleuls.

La promenade du Parc est peu fréquentée aujourd'hui, car il y fait très frais en temps ordinaire. Elle n'est agréable que pendant les chaleurs de l'été. Du reste, on ne se promène plus guère aujourd'hui. Un cordier s'y est installé et c'est un emplacement pour les baraques les jours de fêtes.

Avant le Parc, la promenade la plus fréquentée était le Châtelet, propriété particulière de deux propriétaires, où l'on pouvait cependant aller danser et se promener.

Cette propriété est située à côté et au-dessus de la route nationale n° 5, au point où cette route reçoit la descente de la Louère.

Voici ce qu'en dit l'abbé Collon :

On y monte du côté de la ville par un escalier de soixante-six marches. En y rentrant, on trouve une grande allée couverte en charmille, qui a dix pas de large sur quatre-vingt-huit de long. Au bout de cette allée est une roquaille au fond de laquelle est peinte à fresques une jolie perspective.

Sur la droite de cette allée, du côté du château, est un cabinet de verdure à quatre rangs, au fond duquel est un gazon avec une table de pierre.

La charmille qui est à l'autre bout du jardin du côté de la Louère, est de même longueur que la grande allée et elle est ainsi que les autres, de la hauteur naturelles des charmes.

Du bout de l'une à l'autre grande charmille et du côté de la ville règne une autre charmille élevée seulement à la hauteur d'appuy du milieu de laquelle sortent, de distance en distance, vingt pieds de charmes taillés en pains de sucre.

La longueur de cette charmille est de cent dix pas. Au milieu est un demi-cercle saillant du côté de la ville dans lequel on a placé deux bancs de pierre tournés du côté de la grille de fer qui sépare le jardin de la cour de cette maison.

Autrefois existait aussi comme lieu de promenade le chemin des Dames, formé d'une pelouse verte et qui aujourd'hui, a été converti en un chemin pierré faisant communiquer le chemin de Marcilly avec la route n° 70.

Les habitants de Vitteaux se dirigeaient aussi volontiers du côté du bois de Charmoy, qui fut arraché vers 1830.

En somme, on se promenait beaucoup plus qu'aujourd'hui. On avait plus de loisirs que dans notre siècle, où les affaires occupent la plus grande partie du temps des habitants.

XVII

PRÉHISTOIRE ET PROTOHISTOIRE

La préhistoire dans la région vitellienne.

On appelle époque préhistorique la période pendant laquelle l'homme a existé sans avoir laissé de documents écrits.

Ce qu'il nous reste de lui sont des squelettes relativement rares et surtout des produits de son industrie : silex taillés, polis, os préparés pour les usages de la vie...

Dans la région vitellienne, les objets trouvés autrefois et qui nous restent, sont assez rares. On parle de beaucoup de découvertes anciennes, mais rien ne les rappelle exactement. Des objets trouvés, on ne rencontre que peu de spécimens, dispersés çà et là, sans indication précise du lieu où ils ont été recueillis.

Quant aux découvertes récentes, elles sont en général bien localisées et ont eu lieu pour le plus grand nombre dans les montagnes de Myard et de Vesvres.

M. I., Cazet instituteur à Beurizot, s'occupa et s'occupe encore beaucoup de phéhistorique. Voici quelques renseignements donnés par M. Cazet :

Environ deux cents objets en silex ont été trouvés par lui et par ses élèves, sur les différentes parties du territoire de Beurizot. Le plus grand nombre a été recueilli sur la montagne contiguë à celles de Myard et de Vesvres. Ces objets, qui datent de l'âge de la pierre polie, consistent surtout en pointes de flèches, grattoirs, couteaux et haches. Une de ces dernières, qui était en jade, lui a été soustraite à un concours d'Auxerre. Il n'a conservé que quelques spécimens pour sa collection, les autres ont été remis à M. Cunisset-Carnot et M. Marlot, qui les ont déposés au Musée de la Commission des Antiquités de la Côte-d'Or. Il n'a pas trouvé d'autres objets en fer ou en bronze que des médailles gauloises ou romaines. Il y a six ou sept ans, une bague en or d'une certaine valeur par son ancienneté, a été trouvée à Saint-Beury. M. Cunisset l'a payée 30 francs. Je parlerai plus loin d'autres objets préhistoriques trouvés depuis peu.

Si l'on sort un peu du préhistorique, on peut citer deux bas-reliefs trouvés aux environs de Vitteaux et conservés au Musée de Saint-Germain. Ce sont : l'un représentant la déesse Epona, l'autre un dieu ou une déesse tenant d'une main une corne d'abondance et de l'autre un pain.

M. J., Durandeau de Vitteaux, possède aussi une déesse Epona, trouvée aux Mises.

Je vais citer dans ce chapitre, non seulement les objets trouvés dans notre région, mais aussi dans les régions voisines, afin de donner une idée de ce qu'on a pu ou pourrait trouver chez nous, si, d'une part, on avait su garder les trouvailles faites et, d'autre part, si, à l'avenir, on ne les disséminait pas un peu partout sans s'occuper de ce qu'elles peuvent devenir.

Ainsi, un cultivateur de Vitteaux, M. Léon Baulot, a trouvé aux Mises, lieu dit du territoire de notre commune avoisinant la borne kilométrique 30 de la route route d'Avallon à Combeaufontaine, deux monnaies en bronze d'Antonin Ier. Cet empereur vivait en l'an 96 de notre ère. Ces deux médailles passèrent tout d'abord dans des mains inconnues, mais finalement M. Berthoud Léon est parvenu à s'en assurer la possession.

Il aurait été trouvé également au même lieu une monnaie du règne de Henri IV ; plus de traces de cette monnaie. Ces deux trouvailles paraîtraient indiquer que cette région des Mises, située au nord-est de Vitteaux, a été habitée depuis le commencement de notre ère jusqu'au XVIIe siècle. Dans les mêmes champs. on a trouvé également un fût de colonne cannelée, qui se trouve comme pierre de construction dans le mur du verger de M. Vendeuvre, vis-à-vis l'Ouche.

Il serait excellent de fonder dans chaque canton un musée où seraient réunis tous les objets intéressant la région, on rassemblerait ainsi des documents devant servir à l'histoire locale.

Comme je l'ai dit dans la préface, MM. Combes et Maurice Faure ont, lorsqu'ils étaient ministres de l'Instruction publique, adressé des circulaires aux instituteurs, les engageant à faire des recherches archéologiques et historiques dans leurs communes.

A ma connaissance, deux instituteurs du canton de Vitteaux, M. Cazet Etienne, ancien instituteur à Saffres, et Cazet Isidore, instituteur à Beurizot, ont écrit les monographies de Saffres et de Beurizot [1]. Ces monographies sont fort intéressantes et bien documentées. Il serait à désirer que cet exemple fut suivi par tous les instituteurs du canton. On aurait ainsi connaissance de beaucoup de faits ignorés ou connus simplement de quelques personnes et chacun saurait ainsi mieux l'histoire de sa petite patrie, région dans laquelle il est né.

Espérons que l'avenir sera, à ce point de vue, meilleur que le passé.

Divisions de la période préhistorique

La période préhistorique se divise en deux sous-périodes :

1º La période paléolithique, âge où l'homme ne se servait que d'instruments ou armes en *silex simplement taillés* et d'objets en os sur lesquels on voit se révéler un commencement de l'art du dessinateur.

A ce moment l'homme est chasseur de nombreuses

---

1. Cazet Etienne, *Bulletin de la Société des sciences naturelles et historiques de Semur*, 1896. Cazet Isidore, *Bulletin de la Société des sciences naturelles et historiques de Semur*, 1890-1891.

espèces d'animaux aujourd'hui en partie disparues. L'art du potier lui est inconnue.

2º *Période néolithique* ou époque des instruments en pierre polie et silex admirablement taillés.

L'homme n'est plus seulement chasseur, mais pasteur et agriculteur. L'agriculture le fixe au sol, il se sert de métaux et atteint un degré assez élevé de civilisation [1].

PÉRIODE NÉOLITHIQUE

Epoque chelléenne.

Les vestiges les plus anciens de l'homme dans notre région ont été trouvés lors de l'exploitation, en 1876, des gisements de phosphate de chaux dans les arrondissements de Semur et de Beaune.

Les couches de phosphates se trouvent dans la zone supérieure du lias inférieur et la zone inférieure du lias moyen. Ces zones sont constituées, le plus souvent, par une couche de mâchefer recouvert généralement d'argile jaune.

D'après M. Marlot, dans la commune de Musigny, près d'Arnay-le-Duc, on a trouvé, sous les couches de mâchefer et de limon jaune, au voisinage de la couche phosphatique, des silex étrangers à cette région, taillés *sur les deux faces*, d'un côté ces silex étaient en pointe, de l'autre, ils présentaient une partie épaisse et arrondie.

M. Gabriel de Mortillet a appelé cette forme *coups de poings chelléens*, parce qu'ils devaient servir à donner des coups de poings redoutables et que cette forme a été trouvée en grande quantité à Chelles, près de Paris.

On a également trouvé ces mêmes silex à Meilly-sur-Rouvres, Maconges, Forcy, Pouligny, Bard, Carombles, Cernois, Marcigny-sous-Thil. Au musée de Semur, sur cent

---

1. Voir pour plus de détails : *L'Auxois dans les époques préhistoriques*, de M. Marlot ; *Bulletin de la Société des sciences naturelles et historiques de Semur*, années 1898 et 1901.

cinquante échantillons de paléolithique, cent vingt sont de Cernois.

On a aussi trouvé d'autres formes paraissant appartenir à la même époque : Disques massifs taillés sur toutes les faces, boules de quartz servant à tailler les pierres... En somme, peu d'outils, ce qui semble indiquer que les premiers hommes devaient être peu nombreux et n'avaient que le seul souci de se défendre contre les animaux.

Dans cette période chelléenne vivait l'éléphant, ce qui semble indiquer un climat tempéré.

Comme restes humains, on n'a trouvé d'abord qu'un seul crâne, appelé crâne de Néanderthal, localité située près de Dusseldorf. On n'a été, jusqu'à ces derniers temps, que peu renseigné sur la race humaine de cette époque. Des découvertes faites récemment à la Chapelle aux Saints, à Menton, en Suisse, permettent de se rendre mieux compte aujourd'hui de l'homme primitif.

Il est à remarquer que les outils chelléens font complètement défaut sur les sommets. Ceux de l'époque suivante (moustérienne), s'y rencontrent en petit nombre. Il est, par suite, probable, que l'homme chelléen vivait dans des cavernes creusées dans des rochers dominant la plaine, et c'est en creusant dans les éboulis de ces rochers qu'on a le plus de chance de trouver des vestiges de cette époque.

A ma connaissance, rien n'a été trouvé dans notre région se rapportant à l'époque chelléenne.

Epoque moustérienne.

Moustier est une localité de la Dordogne, où Lartet a trouvé le type le mieux caractérisé de cette époque.

Le silex est encore taillé ou éclaté, mais *simplement sur une face*, et les os appointés viennent compléter l'outillage.

Dans l'Auxois, on a rencontré une grande quantité de vestiges de l'époque du moustier.

Pour ce qui concerne la région vitellienne, je citerai quelques silex taillés moustériens, que l'on a trouvé (Berthoud Stéphen) au-dessus de la ferme des Tillots, reconnus comme tels par M. de Mortillet. Ces silex, que l'on trouve sur ces sommets, au milieu du limon rouge qui provient de la décomposition des roches bathoniennes, couronnant

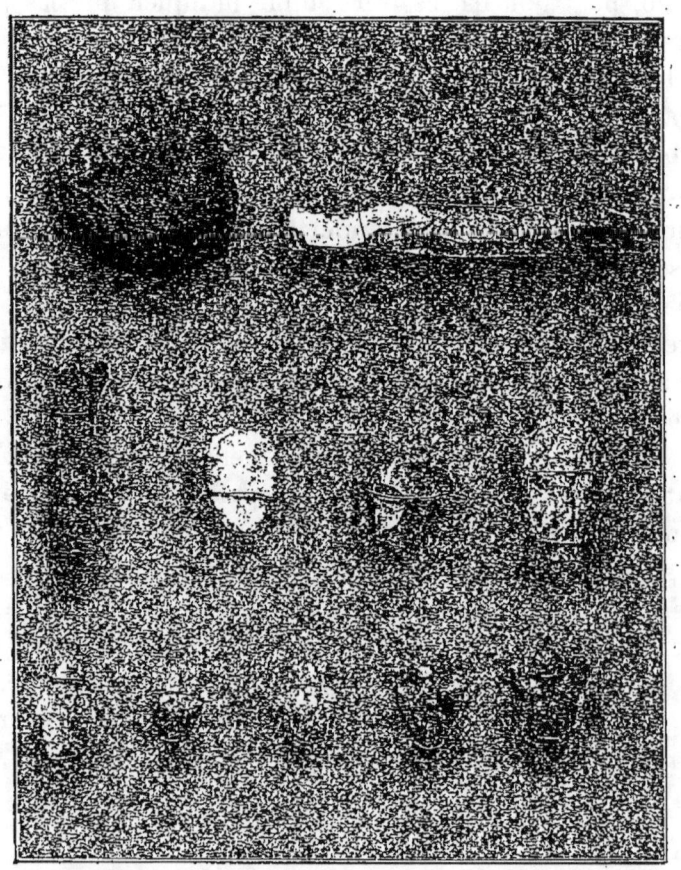

Silex taillés.

autrefois nos montagnes, étaient-ils contenus dans ces roches ou ont-ils été importés des régions où l'on rencontre les silex dans la craie ?

Cette question très controversée n'est pas encore résolue. Quoi qu'il en soit, il est établi qu'à l'époque moustérienne, l'homme habitait notre région vitellienne. A ce propos le docteur Berthoud Stéphen publia dans l'*Indépendant de l'Auxois*, le 28 février 1894, un article que l'on peut lire aussi dans le *Bulletin de la Société des sciences naturelles et historiques de Semur*, année 1901.

Haches polies et objet en bronze.

On trouve encore des silex dans le lias moyen (vignes hautes du Moirlot), mais ils ne paraissent pas avoir été taillés. Nos ancêtres s'en servaient comme de pierres à feu pour enflammer l'amadou. Ils sont recouverts d'une couche blanche d'agate terreuse appelée *cacholong*, provenant probablement d'un long séjour dans le sol.

Dans beaucoup d'autres régions de l'Auxois, on a trouvé des vestiges de l'époque du moustier : brêche osseuse de Genay près Semur, sablières de Ménetreux-le-Pitois. Plus loin, abri de Saint-Aubin près Nolay, caverne de Balot près Châtillon-sur-Seine, grottes d'Arcy-sur-Cure.

Dans cette époque où vivaient le mammouth, le rhinocéros, le cerf-élaphe, le renne, l'ours des cavernes, le cheval, le bœuf,... les instruments en pierre siliceuse ont une forme parfaitement définie : *Faces taillées d'un côté et lisses de l'autre*, prenant la forme de racloirs, grattoirs, pointes, scies... Ils sont généralement en beaux silex de la craie, mais quelquefois en roches locales : calcaires silicifiés, grés, granulites...

On trouve aussi de cette époque des os dont la moelle est extraite (les hommes primitifs étaient très friands de moelle). Chez les sauvages actuels, la moelle est encore réservée aux chefs.

On ne rencontre pas de poteries. L'usage du feu était connu, car on a trouvé des os carbonisés à Genay, Saint-Aubin, Sautenay.

Epoques de Solutré et de la Magdeleine.

Ces époques sont assez mal caractérisées dans l'Auxois, dit M. Marlot.

Une belle pointe double en feuille de laurier, trouvée à Cernois, est à peu près le seul spécimen de ces époques rencontré dans nos régions.

On n'a pas découvert les instruments caractéristiques de l'époque de la Magdeleine : silex taillés en grattoirs à l'un des bouts, outils en os sur lesquels étaient quelquefois tracés des dessins d'animaux.

Les seuls restes que l'on peut attribuer à ces époques sont des foyers creusés dans l'alluvion ancienne et gisant autour des fontaines de Vic de Chanenay.

Les cendres ou résidus de ces foyers n'ont produit aucun effet sur la végétation. C'est le contraire pour les cendres des foyers de l'époque de la pierre polie.

Néolithique. — Pierre polie.

Les vestiges de cette époque sont très disséminés dans l'Auxois et dans tout le département.

Dans la région vitellienne, c'est dans les montagnes de Myard, et de Vesvres et dans celles qui leur sont contiguës, que l'on a trouvé le plus d'intruments fabriqués par l'homme à cette époque.

J'ai parlé déjà des découvertes de M. 1. Cazet, instituteur à Beurizot. J'y ajouterai les suivantes, en complétant ce que j'ai déjà dit. Une belle hache en silex recouverte de cachalong [1], trouvée par M. Edair, de Vitteaux, au-dessus de Lignères (dans ma collection), une hache en chloromélanite, trouvée aussi par M. Edair dans la montagne de Vesvres (dans ma collection), deux haches en chloromélanite ou jadéite, appartenant à M. Berthoud Léon et trouvés l'une [2] aux Mises par M. Baulot Thibaut et l'autre [3] venant du baron Sirugue, trouvée probablement à Vitteaux ; une hache semblable dans la collection Cazet ; racloirs (dans ma collection et dans celle de M. Berthoud Léon) ; un grattoir en silex trouvé en Myard (appartenant à M. Moreau Victor) ; plusieurs pointes de flèches très délicates, barbelées en as de pique, taillées par petits chocs (collection de M. I. Cazet, de Beurizot) ; une pointe finement taillée, trouvée aux environs de Marcilly (dans ma collection) ; des pointes analogues trouvées par M. Edair Picard dans la montagne de Vesvres (dans ma collection).

Une station très importante existait au camp du Chassey, près Chagny, on peut voir un grand nombre d'objets

---

1. Sur la planche les silex sont réduits à la moitié de leur longueur.
2. 50 millimètres de long.
3. 58 millimètres de long.

trouvés à l'hôtel Rollin à Autun, où il existe une collection vraiment remarquable. Là on a rencontré des haches en pierre polie, trouvées par centaines aussi bien dans la plaine que dans la montagne. Les haches percées sont fort rares ; les marteaux percés sont plus communs ; un beau spécimen a été trouvé à Marigny, il est au musée de Semur. Toutes les roches dures ont été employées : silex pyromaque, schistes siluriens, lydienne et serpentine. Celles du pays l'ont été également : calcaire silicifié, diorite, roches amphiboliques, micaschistes, quartz, porphyres. Le polissage se faisait à la meule dormante. Les silex néolithiques sont moins altérés et moins pénétrés par le cacholong que les silex paléolithiques.

Un fait intéressant est l'emploi de jadéite et de chloromélanite. On croyait autrefois qu'on ne trouvait aucun gisement de ces substances en Europe et qu'elles venaient d'Asie ou des îles du Pacifique fort estimées des hommes préhistoriques, ces roches auraient été importées par des peuplades d'Asie en Europe.

Mais dans le traité de minéralogie de M. Lacroix, on trouve, à l'article *Chloromélanite* : « Ce nom a été donné par M. Damour à une substance d'un *vert foncé presque noir*, constituant de nombreuses haches de la période de la pierre polie. Elle forme l'élément prédominant d'éclogites, car très souvent elle englobe des grenats rouges qui, suivant leur abondance, font osciller la densité des échantillons entre 3,35 et 3,60 ». *(Minéralogie de la France*, vol. I, page 616).

« Les analyses montrent que la *chloromélanite est une jadéite* très ferrugineuse. Elle en possède, du reste, toutes les propriétés optiques ». P. 616.

D'après les analyses citées par l'auteur, la chloromélanite est un silicate alumineux, sodique avec fer, chaux, magnésie, manganèse...

Dans le volume IV du même ouvrage, M. Lacroix, s'appuyant sur les découvertes récentes de plusieurs minéralogistes italiens, s'exprime ainsi : « Il existe dans les Alpes italiennes au moins trois zones dans lesquelles on rencontre associées et passant les unes aux autres, des éclogites et des roches constituées par de la jadéite ou de la chloromélanite. »

« *Dans les micaschistes*, ces roches forment des masses lenticulaires associées aux *pierres vertes*, c'est-à-dire aux serpentine, gabbro et amphibolite. » (Vol. IV, p. 773, 1910.)

Ces constatations, fait remarquer M. Lacroix, ruinent l'hypothèse, si longtemps admise, de l'origine asiatique des haches préhistoriques en jadéite et chloromélanite.

On trouve encore comme instruments de l'âge de la pierre polie des couteaux, tranchets, marteaux, nucleus, meules servant à moudre et à écraser les céréales, débris de disques qui d'après de Mortillet sont des restes de bracelets [1].

POTERIES

C'est à l'âge de la pierre polie que l'homme commence à fabriquer avec ses doigts (empreintes) les premières poteries grossières à ornementation simple et de couleur variable pour la cuisson et la conservation de ses aliments solides et liquides. Dans le camp de Chassey, on en a trouvé un grand nombre de toutes formes.

Dans l'Auxois, les poteries se trouvent surtout dans les foyers, au milieu des débris de toutes sortes.

L'art de la navigation était alors connu. Une pirogue magnifique provenant du lit de la Bourbince et de l'âge de la pierre polie, se voit à l'hôtel Rollin à Autun.

On rencontre aussi des menhirs de cet âge vers Genay, Arnay-le-Duc. Un grand nombre ont disparu.

A la fin de la pierre polie, on vénérait les morts : Tumuli dans le bois de Genay (voir article de Bruzard dans le *Bulletin de la Société des sciences naturelles et historiques*

---

1. Voir au palais des Ducs à Dijon la collection de la Commission des antiquités de la Côte-d'Or où se trouvent plusieurs pièces trouvées dans notre région.

de Semur, année 1869). Les squelettes de cette époque étaient dolichocéphales.

AGE DU BRONZE

L'existence de l'homme dans l'Auxois a été bien constatée à l'âge du bronze, mais les objets de cet âge n'ont pas été découverts en grand nombre.

Cela vient sans doute, suivant M. H. Marlot, de ce que les objets en bronze pouvaient servir, tandis que ceux en pierre ne le pouvant pas étaient laissés dans le sol.

Deux trouvailles dans la région vitellienne ont été conservées : 1° une hache en bronze trouvée en Myard et propriété de M. Moreau Victor ; 2° un objet en bronze ressemblant à un petit panier avec anse, trouvé sur la montagne de Vesvres (dans ma collection) ; malgré les savants que j'ai consultés et les recherches que j'ai faites, je ne puis savoir à quoi pouvait servir cet objet [1].

C'est en 1860, sur le domaine de la ferme de l'Epineuse, qu'on a fait la trouvaille la plus importante. Dans un fossé appelé fausse rivière, on a trouvé des objets en bronze très variés, renfermés dans une feuille de cuivre pointillée sur les bords et qui était probablement un bouclier. Elle se composait de dix-huit lances de types différents avec deux sabots ou garniture de la hampe, d'une flèche triangulaire, trois haches à ailerons avec anneau latéral, un couteau à douille, une épingle, trente-huit petits anneaux, une épée fondue d'un seul jet avec la poignée (Musée de Saint-Germain).

Entre Nansouty et Pluvier, en 1866, découverte de dix haches appartenant à deux types différents, dont cinq à douille carrée et les autres à double aileron, avec anneau latéral (Musée de Semur).

Sur le territoire de Venarey, on a découvert une épée, une lance en bronze à douille (Musée de la Commission des

---

1. M. Cazet n'a trouvé aucun instrument en bronze.

antiquités), et un couteau en bronze à douille (Musée de Semur).

A *Massingy-lès-Vitteaux*, on a trouvé un très beau poignard en bronze de 22 centimètres de long à arête médiane, bordée d'un filet de chaque côté et portant à la base trois rivets pour la fixer à un manche (collection de M. le docteur Marchand, de Dijon).

A Grosbois, on a trouvé un beau poinçon en bronze.

Il est bon de lire pour plus de détails :

Age de bronze dans l'arrondissement de Semur, par Albert Bruzard *(Sociétés des sciences naturelles et historiques de Semur*. Année 1867, page 20 et suivantes).

AGE DU FER

L'introduction du fer dans notre région est sans doute due à la migration vers le nord-ouest de peuplades méditerranéennes, plus civilisées que celles de l'intérieur des terres. On a affaire dans cet âge aux prédécesseurs immédiats des Gaulois, aux races dites celtiques, Galls, Kymris, Hères, d'origine aryenne ou orientale.

Peu de trouvailles dans l'Auxois, cependant on y a rencontré un certain nombre de tumuli : à la pointe de la montagne de *Myard près Vitteaux*, à Charigny, Frolois, Darcey, bois de Flavigny, Bussy-le-Grand...

Je citerai les fouilles célèbres faites dans le Châtillonnais : à Cerilly, Magny, Lambert, Veuxhaulles, Créancey, Minot.

On y a trouvé de longues épées en fer, des restes de harnachements de chariot, des poteries, rasoirs, de nombreux bracelets et ornements de parure. Pas de médailles ni de monnaies, les échanges en nature ayant existé pendant longtemps.

A propos de l'existence de l'homme dans notre région, le docteur Berthoud Stéphen a publié un second article que l'on peut lire dans le *Bulletin de la Société des sciences de Semur*, année 1901.

Cet article avait paru le 11 mai 1894 dans *l'Indépendant* de l'Auxois. Le voici *in-extenso* :

D'autres témoignages que les silex moustériens de l'habitation des montagnes entre les vallées de la Brenne et de l'Armançon par l'homme préhistorique des époques postérieures existent également. Ce sont des enceintes fortifiées et des tumuli agglomérés en véritables cimetières, preuves irrécusables d'un travail humain. Les divers monuments mégalithiques que l'on rencontre çà et là à la surface de notre territoire, ont été longtemps méconnus dans leur destination, et les tables de sacrifices sanglants, autels des Druides, personnifiaient une croyance générale. Il est maintenant établi que les dolmens et les menhirs ont été édifiés avant les Gaulois. Les tumuli de Genay sont venus éclairer d'un jour précis la question de leur origine, ils datent de l'âge de la pierre polie.

Sur beaucoup de nos montagnes rocailleuses, selon les observations si compétentes de M. H. Marlot, il existe encore de ces tumuli ou monuments funéraires ayant renfermé des dépouilles mortelles des anciens habitants de nos plateaux.

Tel est le cas pour la colline qui s'avance comme un promontoire escarpé entre la vallée de Saint-Thibault d'une part, et celle de Grosbois, à Vitteaux d'autre part ; promontoire qui domine l'entonnoir de Vitteaux creusé comme un cirque naturel au pied des montagnes. La montagne de Vesvres et celle de Myard composent ce plateau qui commande les vallées de Vitteaux, Marcilly et Saint-Thibault. Les rochers taillés à pic du calcaire à eutroques, couronnant les coteaux liasiques, forment une forteresse naturelle de nos contrées.

Ces positions fortes sont fréquentes d'ailleurs dans l'Auxois. Les escarpements ruiniformes des roches bajociennes protégeaient ainsi la citadelle d'Alise au sommet du Mont Auxois. La roche de Solutré, dans le Mâconnais, cette mine si riche en documents préhistoriques, était dans une situation analogue.

Il n'est pas étonnant que les indigènes de ces pays aient établi sur ces sommets de véritables oppida où ils se mettaient à l'abri des invasions d'émigrants cherchant des terres fertiles et des contrées giboyeuses.

C'est ce que l'on peut constater encore aujourd'hui sur les plateaux des montagnes de Vesvres et de Myard où existent encore deux camps retranchés protégés de trois côtés par les escarpements des rochers et défendus du quatrième par une muraille de pierres sèches haute de 1 m. 50 à 2 mètres.

Ces deux camps occupent les deux extrémités de la montagne et commandent les deux vallées. Le mamelon de Myard surplombe surtout la plaine de Marcilly et Saint-Thibault, dans une situation très forte et très pittoresque en même temps.

Le camp, appelé dans le pays « camp de César, camp romain », était très bien situé et est encore bien conservé.

La muraille ou « grande murée », le sépare du reste du plateau et s'avance au point le plus étroit du promontoire de ce côté, d'un versant à l'autre.

A son pied, on voit parfaitement un fossé tendant à en rendre l'accès plus difficile.

A chaque extrémité, se trouvent deux passages ou portes. A l'intérieur de l'enceinte, se dressent des alignements de tertres funéraires et un second enclos semble même formé par des murs et isolé du reste. Tous ces tumuli sont en pierre et mesurent environ 0 m. 60 à 1 mètre de hauteur. Les plus importants forment des excavations, signes manifestes de familles anciennes, ces excavations sont en forme d'entonnoir.

En dehors de la muraille, il y a également un grand nombre de ces tumuli. Nous sommes donc en présence d'un véritable cimetière préhistorique. Malheureusement, la plupart, sinon tous ces tombeaux, sont aujourd'hui vides de ceux qui les occupaient.

Mal protégés par leur construction en pierres sèches, sans terre aucune, les ossements ne se sont pas conservés ou ont été dispersés par des violations fréquentes mais, leur forme arrondie, leur diamètre plus large à la base par l'éboulement du sommet, dénotent leur destination.

Le plateau, occupé par cette enceinte fortifiée et ces monuments funéraires, se compose de friches incultes, de lavières, communaux de la ville de Vitteaux, c'est ce qui explique la conservation relative de ces monuments, la culture ne les ayant pas détruits.

La situation est à peu près analogue pour l'autre camp, qui occupe l'autre extrémité du plateau sur la montagne de Vesvres, dominant la gorge étroite où coule la Brenne [1]. Il est établi en lieu dit « en château », ce qui indique l'origine ancienne d'un lieu fortifié, « castellum ».

Ici encore une grande murée en défend l'accès protégé des trois autres côtés par des rochers taillés à pic. Des tumuli en grand nombre, sur un espace plus large qu'en Myard, y sont actuellement alignés. Au pied de la muraille, trois tertres plus hauts que les autres, semblent avoir renfermé des chefs. Ils ont été fouillés d'ailleurs et mesurent encore 1 m. 50 de haut sur 2 à 4 mètres de large à la base. Les matériaux sont toujours des pierres. Dans l'un

---

1. D'après M. de Truchy, cette muraille serait de l'âge de bronze et celle de Myard plus récente.

d'eux, on trouva, il y a au moins une vingtaine d'années, des ossements, des éperons et d'autres menus objets dont je n'ai pu avoir le détail. Les os furent examinés et acquis par le docteur Lecomte, décédé en 1893 à Vitteaux. Quelle était leur origine ? A quelle époque remontent-ils ? Je l'ignore, mais il est avéré que les mêmes tombeaux ont pu contenir des sépultures d'âges divers, d'où il suit qu'il ne faut pas toujours conclure à la contemporanéité des uns et des autres. Telles sont les observations que j'ai pu faire à ce sujet.

Conclusion. — Il est indubitable que nos montagnes ont été habitées depuis les premiers âges de la pierre, comme le prouvent les débris de silex taillés que l'on trouve abondamment sur les bords des roches de Vesvres et le gisement ou atelier de fabrication de l'époque du moustier qui est situé tout près des roches de Myard.

Plus tard, les habitants de ces plateaux se sont réunis en tribus associés en confédération. De cet âge datent les camps retranchés édifiés pour résister aux invasions étrangères et les tumuli construits pour renfermer les morts. Enfin, dans des temps plus rapprochés de nous, les peuples qui se sont succédés : Gaulois, Romains, Francs et Burgondes, ont dû utiliser ces camps, d'où leur appellation de « camps de César, camps romains ».

S. B.

11 mai 1894.

M. Berthoud Léon, frère du regretté Berthoud Stéphen, a fait, le 21 octobre 1909, une communication sur le même sujet à la Société des sciences historiques et naturelles de Semur. Il se propose de continuer ses recherches et de donner au *Bulletin* de la Société une étude plus complète avec les conclusions qui pourront en découler [1].

La fin de l'âge de fer était l'époque des Celtes, Galles, Kymris..., prédécesseurs immédiats des Gaulois.

Voyons par quelles races fut habitée notre région, de cette époque à celle des invasions des barbares, c'est-à-dire au commencement de la période historique proprement dite.

Après les peuplades désignées plus haut, vinrent les Gaulois, dont la race devait être un produit du croisement

---

[1]. Voir le compte rendu de la séance du 21 octobre 1909.

de brachycéphales et de dolichocéphales. C'étaient des hommes de haute stature et de mœurs guerrières. Ils ne craignaient, paraît-il, qu'une chose : « que le ciel ne tombât sur leurs têtes ».

A cette époque existait déjà une division territoriale pour l'Auxois :

1º Le pays des Eduens ;
2º Le pays des Lingons.

Pays des Eduens. — Sa capitale était *Bibracte*, qui se dressait au sommet élevé du Beuvray. Elle était regardée comme une ville sainte et était le plus grand oppidum connu de la Celtique. C'était un vaste refuge. Quelle était son origine? On ne le sait. Elle était fort ancienne car on y a trouvé des vestiges de l'âge de pierre. Comme tribus placées sous la protection des Eduens, on peut citer les Ambarres, les Arbrennes, les Mandubiens...

Pays des Lingons. — Comprenant une partie de l'Auxois. La ligne séparative du pays des Lingons de celui des Eduens est indiquée par des villages dont le nom est bien significatif de limite : Bard, Fain-les-Moutiers, Montbard, Fain-les-Montbard [1].

Alesia et Semur auraient été fondées à cette époque, M. Jambon Bocquin a fait voir à M. H. Marlot un quart de statère d'or gaulois au type macédonien qu'il possède et qu'il affirme avoir été trouvé dans l'intérieur même de Semur.

Les fouilles faites à Bibracte par M. Bulliot ont amené la découverte d'un nombre si considérable d'objets qu'ils remplissent toute une salle du musée de la Société Eduenne à l'hôtel Rollin, à Autun.

Après la conquête romaine, Bibracte fut abandonnée et rétablie à Autun. Aussi les fouilles faites à Bibracte, fixent-

---

1. *Ethnographie de l'Auxois*, par J.-J. Locquin, avocat à Saulieu. *Bulletin de la Société des sciences historiques et naturelles de Semur*, année 1864.

elles mieux l'opinion sur l'industrie gauloise que celles faites à Alesia où, une ville romaine ayant succédé à la ville gauloise, on trouve un mélange d'objets gaulois et d'objets romains.

Après la chute d'Alesia, les Romains percèrent les immenses forêts gauloises, construisirent ces impérissables chaussées appelées voies romaines qui ont ouvert la Gaule à la civilisation romaine.

C'est à ce moment-là que fort probablement s'étaient édifiées des villas romaines en Gaule. La trouvaille de deux monnaies d'Antonin Ier (an 96) et d'une de Claude, aux Mises [1], près de Vitteaux, semblerait indiquer l'occupation de cette région à cette époque par un certain nombre de villas détruites probablement par des invasions de barbares.

Note. — Antérieurement à l'an 600 avant notre ère, date de la fondation de Marseille par les Phocéens, notre territoire était occupé par les Ligures. Puis survinrent des invasions de Celtes venant du nord (transrhénans), puis des Ibères venant du sud et des Belges venant du nord, puis enfin des Galates transrhénans que les Romains appelèrent Galli, Gaulois. On confondit même sous ce nom de Gaulois les Celtes et les Galates.

M. Alexandre Bertrand croit qu'en l'an 600 avant J.-C., le centre, l'est et le nord de notre pays étaient dans l'âge de la pierre polie.

Actuellement (M. Déchelette), on croit que toutes les nations de l'Europe sont passées par les mêmes phases artistiques et industrielles aux mêmes époques, ce qui reporterait l'âge de la pierre polie en Gaule à l'an 1600 avant J.-C., contemporain de l'âge de la pierre polie dans le reste de l'Europe. La raison de cette interprétation est la contemporanéité presque absolue des objets de Gaule et des objets similaires de l'Orient et de l'Italie.

---

1. Lieu-dit vis-à-vis la borne 30 kil. 1 de la route nationale n° 70 d'Avallon à Combeaufontaine.

M. Jullian n'est pas de cet avis. Pour lui, les habitants de la Gaule ont eu leur âge de pierre polie postérieurement à l'époque où cet âge a existé en Grèce et à Rome.

Il place après 600 ans avant J.-C. l'apparition de l'usage de l'épée en Gaule. Si les Romains n'avaient pas été mieux armés que nos ancêtres les Gaulois qui étaient d'une force physique plus grande que la leur, comment auraient-ils pu les vaincre ?

CONSIDÉRATIONS DE L'ABBÉ COLLON SUR L'ANCIENNETÉ DE VITTEAUX

Selon l'abbé Collon (tome IV, page 2 et suivantes), Vitteaux aurait été, dans un temps fort ancien, formé des ruines de Myard, lieu dont la plus haute antiquité est prouvée non seulement par les titres du cartulaire de l'abbaye de Flavigny, mais encore par les découvertes qu'on fit en 1801.

Aux mois de mai, juin et juillet de cette année 1801, des entrepreneurs chargés de réparations sur la grande route, firent fouiller dans une grande pièce de terre labourable que l'on appelle les Mises [1], vers les Epenottes [2], sous la roche de Myard.

On y découvrit des restes très anciens des habitations de ce lieu.

C'était un grand nombre de fondations correspondant à des chambres, des cabinets, de grands corps de logis et de très petits. Tout le terrain fouillé en était rempli, ce qui annonçait que ce lieu avait été considérable. Les fondations qu'y a vues l'abbé Collon avaient six pieds d'épaisseur. On y trouvait des pavés de pierre noire, de pierre blanche et d'autres en terre cuite de deux pouces d'épaisseur. En certains endroits des pavés en pierre étaient recouverts

---

1. Dans les écrits anciens au lieu de Mises on trouve Mèses, diminutif mesières, masures. J. D.
2. Aujourd'hui les Tenottes.

de pavés en tuile. Il y avait aussi des restes considérables de canaux et tuyaux en tuile pour conduire les eaux, d'autres canaux en pierre grise dont les morceaux avaient trois pieds de long sur dix-huit pouces de largeur, bien arrondis en dessous. L'abbé Collon vit aussi une margelle de puits en deux pièces, quelques morceaux de plomb en lames, du chêne noir comme du charbon, des cendres, du verre. Il vit également les fondations d'une chambre ayant dix-huit pieds de long sur quinze et demie de large, entièrement pavée en carreaux de terre cuite très épais, de dix-huit pouces de long sur quinze de large, les fondations avaient trois pieds et demie de largeur. Les ouvriers trouvèrent encore tout près des canaux en terre cuite et des auges qui conduisaient l'eau de la fontaine des Epenottes. Ce qui fut le plus remarquable, c'est la découverte dans les ruines d'un grand bâtiment d'un fragment de colonne en pierre blanche et *cannelée*. Cette colonne avait un pied et demi de diamètre et le fragment deux pieds de haut. Le trou dans lequel entrait le boulon en fer qui reliait ce morceau à un autre tenant à sa base restée dans les ruines avec le boulon, avait quatre pouces de large. Dans cette colonne était creusée, dans le même sens que la cannelure, une cavité de deux pouces de large et d'un pouce de profondeur, comme pour soutenir un ouvrage qui lui était attaché.

On trouva aussi, dans les ruines de ce bâtiment, qui avait une grandeur extraordinaire, une seule médaille en argent de la déesse Vesta. Un connaisseur de Dijon, auquel on l'avait confiée, ne l'a pas rendue.

Toutes les fondations de petits bâtiments qui environnaient le grand et lui étaient attenants, faisaient conjecturer à l'abbé Collon que c'était les restes d'un temple consacré à Vesta, bien avant l'arrivée des Romains dans les Gaules.

On trouva aussi dans le même endroit une pierre sur laquelle il y avait une inscription, mais malheureusement les ouvriers, qui étaient deux soldats hongrois prisonniers, la brisèrent et la mêlèrent aux pierres qu'on conduisait pour entretenir le grand chemin. Si elle eut été conservée, elle aurait renseigné sur l'origine de Myard, qui est très ancienne.

Dans le courant de septembre de la même année 1801, dans une extraction de pierres faites pour entretenir la route de Paris, les manœuvres trouvèrent dans un champ situé entre la Maison aux Moines et Saint-Thibault, tout près d'un petit bois qu'on nomme *De la chapelle*, la tête entière d'un éléphant pétrifié, mais les ouvriers, ignorants, avaient déjà cassé en tout petits morceaux cette pétrification si rare et si curieuse. Le seul morceau qu'on a pu en retrouver et que je conserve dans mon cabinet est le nez de l'éléphant ou la partie supérieure de sa trompe. On y voit le nerf qui faisait mouvoir ce mucilage, l'aspiral qui correspondait à la tête et au nez et par où l'animal aspirait dans cette partie.

Cette pétrification, unique dans son genre, ne nous fait pas connaître par quel événement l'animal dont elle faisait partie a pu se trouver dans ce lieu, mais elle sert de preuve à sa haute antiquité ainsi qu'à celle de Myard peu éloigné.

On trouve dans les fouilles de ce lieu une quantité prodigieuse de grosses tuiles, très épaisses, point de laves, très peu de taille, ce qui me fait croire que, dans la destruction de ce lieu, ou à peu près, tout fut enlevé et que de ses ruines on bâtit la ville de Vitteaux, non pas la ville d'aujourd'hui, mais celle qui a été détruite dans le temps des guerres civiles, comme je le dirai lorsque je parlerai de cette fatale époque. (Manuscrit Collon, tome IV, pages 4 et 5).

MÉDAILLES ET MONNAIES ANCIENNES TROUVÉES A VITTEAUX EN 1830 ET AUTRES DATES

Dans l'abbé Collon, on trouve tome VI, page 2 :

Suivant un journal de Dijon du 26 juin 1830, un laboureur aurait trouvé dans un champ d'Elos [1], par le soc de sa charrue, un vase de terre à deux pieds de profondeur. De ce vase brisé, se sont échappées une grande quantité de médailles d'argent. A la vue de ce trésor, ceux qui l'avaient trouvé s'en sont disputé la possession, et bon nombre de pièces se sont perdues dans la bataille. Cependant un habitant de Viteau en a recueillie environ deux cents, qui ont été soumises à la commission des antiquités.

1. Champs situés au-dessus de la rue de Cessey, appelés par le cadastre « champ de l'eau ».

En voici le détail :

12 Antoine, 1 Macrin, 1 Julia Sœmius, 4 Septime Sévère, 23 Gordien pie, 8 Maximin, 11 Philippe, 2 otacilia, 2 Trajan dece, 14 Gallus, 16 Volusien, 13 Emilien, 11 Valerien, 13 Gallian, 5 Salomina..., le reste fruste et indéterminé.

Cette découverte numismatique présente, à peu près, la série des empereurs depuis l'an 161 jusqu'à l'an 267, c'est-à-dire pendant l'espace de 106 années. On peut fixer au temps de Gallien, dont les médailles au revers *Restitutor Galliarum*, sont les plus récentes, parmi celles dont nous parlons, l'époque à laquelle ce trésor a été enfoui.

Tout ce pays d'ailleurs recèle beaucoup de vestiges d'antiquités placé entre deux voies romaines et sur l'embranchement même de l'une d'elles. Tout porte à croire que des fouilles ultérieures mettront à découvert de nouveaux objets d'antiquités. Des ordres ont été donnés pour qu'elles soient exécutées avec soin et sur les indications fournies par la commission.

Article signé : M. DE C.

Voici ce que dit l'abbé Collon :

Page 3. — En 1830, au mois de mars, en cultivant un champ audessus de la rue de Cessey de Viteaux, dans un lieu appelé *les Ouches* ou champ de *Lot*, les laboureurs du sieur Picard, aubergiste en cette ville, trouvèrent un vase rempli de médailles recouvertes de rouille et de verdet. Fâchés de ce que ce n'étaient pas des médailles d'or et d'argent, l'un des cultivateurs brisa le vase et en jeta les médailles par le champ.

C'est après cela qu'on a retrouvé, dans ce même lieu, quelques-unes de ces médailles dont une douzaine m'a été donnée par mon neveu Pierre Vendeuvre, le 10 avril suivant :

1º Une de l'empereur Philippe-Auguste ;
2º Une de Drusille ;
3º Une de Gordien le jeune ;
4º Une de Gordon ;
5º Une de l'impératrice Severa ;
6º Une de l'empereur Valére ou Valérien ;
7º Une de Marc-Antoine Gordian ;
8º Une de Marc-Antoine Gordian ;
9º Une d'Antonin le Pieux ;
10º Une de Gallien ;
11º Une de Mamée ;
12º Une d'Antonin le Pieux ;

D'autres médailles ont aussi été trouvées à Viteaux en septembre 1802, par le nommé Jobard, dit Grangeon, vigneron, travaillant dans son champ, sous la roche de Bertin, au nombre de 166, et qui toutes ont rapport aux tyrans des Gaules, en commençant par Postumus. (Suit une description détaillée que je passe sous silence).

Toutes ces médailles ayant rapport à l'histoire de Viteaux servent à prouver que ce lieu est ancien et qu'il existait au temps d'Alise, lorsque César en fit le siège.

Page 15. — Deux autres médailles d'Antonin le Pieux, trouvées en 1802, sur le territoire de Massingy-les-Viteaux et à Viteaux.

Douze au nom de Marc-Aurèle Antonin, sur le chemin du Moreau au pied de la montagne.

Une trouvée en 1788 dans sa vigne, par un nommé Cortot de Dracy, au nom d'Auguste.

Deux trouvées en bas du Moreau en allant à Mauvelain, d'Aurelius Antoninus et *primi decennates.*

Une de Néron dans les vignes de la Motte.

En 1784, un sieur Baudot, de Vesvres, trouve dans un jardin que le baron Duprat avait permis au sieur Coursot d'établir dans les fossés du château, cent pièces de monnaie d'argent de Henri III et une pièce d'or effigie de Valentinien Ier, empereur d'Occident.

Une de Constantin le Grand, trouvée en 1786, dans les terres qui touchent au chemin du village de Vesvre.

Une de Probus, parc de Viteaux, en 1800.

Une médaille ayant une tête avec un casque autour de laquelle on lit **urbi Roma**, au revers, louve allaitant Romulus et Remus, trouvée dans les fossés du château par le sieur Coursot.

Une en or, croix d'un côté et de l'autre une tête (Constantin?), donnée à l'Académie de Dijon, par le comte de Saint-Belin de Villeberny, qui l'avait achetée au sieur Coursot.

Une médaille rare de Mamée, mère d'Alexandre Sévère, qui fut tuée dans les Gaules avec lui en 225 de J.-C., trouvée en 1802 à Posanges, aux champs de Chardon, par M. Gaucher de Posanges.

Une d'argent de l'empereur Tibère, successeur d'Auguste, trouvée à Viteaux par Jean-Baptiste Gaucher, vigneron, en travaillant dans la vigne de Bertrand, près Vèvre.

Une pièce d'argent d'un pouce de diamètre *(Henricus francorum et Angliæ rex*, Henri III), trouvée à Viteaux dans les terres du château.

Une en argent, de Jean V, duc de Bretagne, trouvée à Viteaux.

Deux matrices en acier fin, bien conservées, trouvées dans une tour du château de Viteaux, lorsque le sieur Patriat, chirurgien y faisait travailler. Elles servirent au baron de Viteaux, fameux ligueur, pour battre monnaie. Des huit matrices qui furent trouvées avec la vis, deux furent emportées à Avallon, par François Fauléau, armurier, quatre furent employées à faire des marteaux, comme étant d'un pur acier, et les deux autres qui sont dans mon médaillé me furent remises ; l'une représente d'un côté les armes de France avec une couronne fermée et les mots : *Henricus III d. g. franc et pol. Rex.* (Henri III, par la grâce de Dieu, roi de France et de Pologne).

Ce baron faisait frapper monnaie dans son château pour payer ses troupes. D'autres matrices, qui sont aussi dans ma collection, étaient au nom du roy d'Espagne.

Une pièce de monnoye argentée, trouvée en 1802 près des Halles à Viteaux par André Vendeuvre, mon frère, était du temps de la Ligue. Cette monnaie avait cours pendant les guerres de la Ligue. Viteaux et son Baron étaient du parti du duc de Guise.

XVIII

CALENDRIER VITELLIEN

Janvier.

Vie aux champs. — Bêcher et défoncer les vignes. — Labourage pour pommes de terre et betteraves. — Irrigation des prés. — Drainages. — Curage des fossés. — Distillation des marcs.

Foire du mois. — Le 13. — Vente de marrons, sabots et autrefois petits cochons.

Fête des environs. — Saint-Antoine (17 janvier), à Braux.

Fête de confrérie. — Saint-Vincent (le 22), fête des vignerons.

Autres causes de réunion. — Le jour de l'an (1ᵉʳ janvier). Autrefois les enfants souhaitaient ainsi la bonne année à leurs parents : « Bonne année, bonne santé, le paradis à la fin de vos jours. » — Les Rois (6 janvier). Autrefois on ne tirait pas les Rois au moyen d'une brioche, mais au moyen de fèves en nombre égal à celui des personnes présentes. Une des fèves était noircie à la lampe. Le plus âgé de la société disait le *Benedicite* et un enfant tirait une à une les fèves placées dans un chapeau jusqu'à la sortie de la fève noire. A la sortie de cette fève, celle ou celui qui était désigné était proclamé reine ou roi. En tirant chaque fève, l'enfant l'attribuait à une personne en disant *fibi* ou *fibe domine* pour *tibi domine* et une part du gâteau, appelée part du bon Dieu ou de la Sainte Vierge, était mise de côté pour un pauvre. La reine choisissait un roi ou le roi une reine et lorsque l'un ou l'autre buvait, tous les assistants s'écriaient : Le roi ou la reine boit. Généralement toute la famille était réunie.

Dictons. — E lé Saint-Vincent (22 j.)
L'hiver s'en vè ou se reprend
Et en gèle que tot fend.

Saint Vincent kiar et bia
Nous énonce pus de vin que d'ia.

E le saint Antoigne (17)
Les jours croissent le repas d'un moigne.

Saint Paul (25) lé claire jonée
Nous dénote une bonne année.

Février.

Vie aux champs. — Labourage pour carêmes (orges et avoines), continuer le travail des vignes. — Irriguer les prés, tailler les haies.

Foire du mois. — Le 15. — Marrons, sabots, chevaux, poulains, porcs.

Causes de réunions. — Le jour des feux, premier dimanche de Carême ; on allume dans chaque quartier une *feulère* autour de laquelle on danse des rondes en chantant. A la fin, on vend la braise aux enchères. Cet usage est de plus en plus abandonné (voir fête des brandons autrefois, à la fin de ce chapitre).

Le mardi gras, réunion de la famille pour le repas du soir. Dans la journée, promenades de masques transportant un fantôme (carmantran), au grand contentement des enfants. Le mercredi des Cendres, on le jetait à la rivière en y mettant le feu.

Pendant les jours gras, on consomme à Vitteaux beaucoup de *fantaisies*, friandises faites de pâte découpée en minces et étroites lanières frites et sucrées.

On vit même à Vitteaux des cavalcades historiques, mais tous ces usages sont aujourd'hui peu en vigueur.

Dictons. — Chandeleur, chandeler,
  Second jour de février ;
  Au diable les mâtres,
  Les valets sont hivernés.

  La pluie de février
  Vaut du fumier.

A la Chandeleur (2 fév.), si le soulo se montre pendant lè messe et se recaiche, les élouettes se remettons en bandes pou 40 jours (40 jours de mauvais temps pendant lequel les alouettes ne chantent pas, ces oiseaux ne chantant pas lorsqu'ils sont en bandes).

Mars.

Vie aux champs. — Piocher et tailler les vignes, commencer les carêmes, continuer à irriguer.

Foire du mois. — Le 23. — Moutons et bétail d'embouche.

Causes de réunions. — Pâques se trouve quelquefois en mars. Autrefois cette fête était une occasion de réunion de famille et pour les jeunes c'était une joie de quitter à cette date leurs sabots d'hiver pour chausser des souliers neufs.

Le lundi de Pâques, on jouait aux œufs. Voici comment on procédait : On teignait les œufs de différentes couleurs, en rouge par le bois de Brésil, en violet par le bois d'Inde, en jaune par le marc de café, la suie... Sur certains œufs que les messieurs offraient anciennement aux dames, étaient dessinées des fleurs et inscrites des devises.

Les œufs étant posés sans ordre à terre, on laissait échapper une bille sur une planche assez courte et inclinée. Si un œuf était atteint, il appartenait au joueur. Finalement les œufs étaient mangés en salade par tous les gens de la maison.

Le lundi de Pâques, on allait se promener à Roche d'Hy où l'on dansait, mangeait et buvait. On revenait par bandes en chantant. Aujourd'hui cet usage est abandonné.

Les dévots allaient à Roche d'Hy le Vendredi Saint et pendant ce voyage on ne devait pas parler.

Les dimanches de la belle saison, on allait aussi au-dessus

de la Justice où, dans une auberge appelée *La Folie*, et aujourd'hui démolie, on buvait et dansait.

Dictons. — Tonnerre de mars
Laboureur dit hélas !

Pâques tôt, Pâques ta
Est tojou en pienne lune de ma.

Avril.

Vie aux champs. — Finir les carêmes, semer les betteraves. — Planter les pommes de terre. — Etauper. — Rouler le blé. — Mettre au pâturage juments poulinières et poulains, ainsi que les bovins. — Semis dans les jardins.

Foire. — Le 9. — Vente et achat de moutons et de bétail d'embouche.

Fêtes des environs. — Saint-Georges (23), à Marcilly-les-Vitteaux. — Saint-Eutrope (30), à Saffres. On racontait autrefois que ce jour-là, les habitants de Saffres promenaient processionnellement un gigantesque escargot habitant ordinairement sous la roche.

Dictons. — Quan en tonne en évri,
Aprote ton bari.

Tonnerre d'évri,
Fait le ben réjoui.

En évri
Ne quitte pas un fi.
En mai
Mets ce'qui te piait.
A la Saint-Georges
Sème tes orges.
A la Saint-Ma
Il est trop ta.

Pour la lune rousse :
Si elle commence en mouton
Elle finit en lion.

Dicton bourguignon suivant Veuillot, botaniste lyonnais :

Mousseron d'avril,
Mousseron gentil.
Mousseron de mai,
Mousseron mauvais.

Ce mousseron est le Tricholoma Georgii (Clus) appelé Tricholoma gambosum par Friès, bon en avril, il est douteux en mai.

Mai.

Vie aux champs. — Paisseler les vignes. — A la fin, premier traitement de la vigne. — Mois de repos pour le cultivateur.

Foire. — Le 9. — Pas de ventes spéciales.

Fêtes des environs. — 1er mai : fête des bergers à Dampierre-en-Montagne. — Deuxième dimanche de mai : fête à Dampierre, transfert de la fête patronale du 29 juin à cause de la fauchaison.

20 mai : Saint-Bernard, fête à Villeferry.

31 mai : Foire de la Bague à Semur.

Le 1er mai, les jeunes garçons offraient beaucoup, autrefois, mais peu aujourd'hui, aux jeunes filles, des *mai*, qui consistaient en rameaux feuillés ornés de fleurs.

Dictons. — Quan Saint-Didier pieut
Tot pieut (23 mai).

Piante tes haricots è lè Saint-Didier
Pou un t'en auré un millier.

S'il pieut le jou de Sainte-Petronille (31 mai)
Elle est 40 jou sans sécher ses guenilles.

Juin.

Vie aux champs. — Piocher les vignes. — Commencer la fauchaison. — Butter les pommes de terre. — Récolter colza et navette. — Sarcler les moissons. — Première coupe des prairies artificielles. — Deuxième traitement de la vigne. — Cueillette des cerises.

Foire. — Le 23, transférée au 8 à cause de la fauchaison.
Fêtes des environs. — Le 6, Saint-Claude, à Brain ;
Le 16 : Saint-Cyr, à Massingy ;
Le 24 : Saint-Jean, Arnay-sur-Vitteaux ;
Le 29 : Saint-Pierre, à Dracy, autrefois à Dampierre.

Dictons. — Si en pieut le jou de lè Saint-Méda (8 juin)
Les bens sont diminués du qua.

Si en pieut le jou de lè Saint-Méda
En pieut 40 jou pu ta
E moins que Saint-Barnabé (11 juin)
N'y fourre son nez.

E Saint-Barnabé épote
Tos les bens sont les nôtes
Si Saint-Cyr (16) ne nous les ôte.

E lè Saint-Barnabé
Le faux au pré.

Si en pieut le jou de lè Saint-Cyr
Le vin diminue jusqu'à lè tire.

Saint-Piare et Saint-Paul pluvieux
Pou 40 jou sont dangereux.

Juillet.

Vie aux champs. — Continuation de la fauchaison. — A la fin, commencement de la moisson. — Troisième traitement de la vigne.

Foire du mois. — Autrefois le 29, aujourd'hui le 9 à cause de la moisson. — Vente de porcs et d'ails.

Fêtes patronales. — 1er juillet : La Saint-Thibault, à Saint-Thibault ;

8 juillet : Saint-Baudry, Vesvres, Beurizot ;

16 juillet : Notre-Dame du Mont-Carmel, Cessey ;

31 juillet : Saint-Germain-d'Auxerre, Vitteaux.

Autrefois, la Saint-Germain se faisait dans l'Ouche, puis au Moulin blanc. Les attractions principales étaient : bal, jeu de quilles, jeu de bagues (montés sur des chevaux de bois, les joueurs devaient enfiler pendant le mouvement des bagues avec une lance), tir à l'oiseau, loteries, vente de bonbons de farine dans de minuscules bouteilles et de pains d'épices.

Aujourd'hui, la fête se fait au Parc et les attractions ont un peu changé (bal, balançoires, chevaux de bois, loteries, tir au Flobert, jeu de quilles...)

Dans ce mois, on fait la *paulée* de fauchaison.

Le 14 juillet, fête nationale, mêmes réjouissances au Parc que pour la Saint-Germain.

Dictons. — E lè Saint-Thibault (1ᵉʳ juillet)
Sème tes reves (raves)
Airouèche tes os (aulx).

E lè Madeleine (22 juillet)
Les noix sont pieines.
E lè Saint-Laurent (10 août)
On fouille dedans.

Si lè veigne a eu fieur è lè Saint-Thibault
En gniai ni ben ni mo.

Août.

Vie aux champs. — Finir la moisson. — Arracher les pommes de terre hâtives. — Deuxième coupe, prairies artificielles. — Cueillir abricots, certaines pêches et prunes.

Foire. — Le 25. — Peu importante.

Fête des environs. — Le 24, Saint-Barthélemy, à Boussey.
— Paulée de moisson.

Dictons. — E lè Saint-Laurent (10 août)
Faucille au froment.

E lè Saint-Laurent
Tout ousia pè son chant.

E lè Saint-Laurent
Grande pieue ou grand vent.

Septembre.

Vie aux champs. — Rebuyer les champs, semer le blé, battages. — Commencer les récoltes des fruits (poires, pommes, nèfles, sorbes, certaines pêches, finir les prunes). — Arrachage des pommes de terre.

Foire. — Le 27. Vente de paniers de vendanges, cercles, futailles et poulains.

Fêtes des environs. — Le 7 : la Sainte-Reine, à Alise (pèlerinage autrefois très important). Aujourd'hui encore d'assez nombreux pèlerins. Représentation de la tragédie de Sainte-Reine par les jeunes gens du pays, procession avec costumes anciens ;

Le 8 : *Nativité de Notre-Dame*, Avosnes, Chevanay, Marcelois ;

Le 14 : Exaltation de la Sainte-Croix, Sainte-Colombe.

Dictons. — É lè Saint-Michel (29)
    Lé chéleur remonte au ciel.

Octobre.

Vie aux champs. — Vendanges. — On continue à semer le blé et à récolter les fruits. — On arrache pommes de terre et betteraves. — Conduire les fumiers, continuer les battages. — Mettre les racines en silos.

Foire. — Le 26. — Commerce de poulains. — Commencement de la vente de marrons grillés. — Vente de sabots, futailles, noix.

Fêtes de confréries. — Saint-Crépin, le 25, fête des cordonniers ;

Saint-Simon et Saint-Jude, le 28, fête des tisserands.

Autres causes de réunion. — Dîner des vendanges.

Dictons. — É lé Saint-Remi (1er oct.)
    Les chos sont è demi.

Ne sôme point le jou de Saint-Léger (2 oct.)
Si tu ne veux pas de bié léger.
Mais sôme au jou de Saint-François (4)
Ton grain auré du poids.

En somant le jou d'Saint-Bruno (6)
On é du bié bruno.

Lé pieu de le Saint-Denis (9 oct.)
Effondre les laris.

É lè Saint-Simon (28)
Eune moche vaut un pigeon.

É lé Saint-Simon (28)
Lé noige su le tison.

Novembre.

Vie aux champs. — Vinification. — Quelquefois continuation des semailles de blé et de l'arrachage des betteraves et pommes de terre. — Plantation des arbres fruitiers.

Foire. — Le 13. — Vente de marrons, de noix, de sabots. Commencement de la vente de cochons gras.

Fêtes patronales. — 11 novembre : **Saint-Martin, Uncey et Villy** ;

30 novembre : **Saint-André, Posanges.**

Fêtes de confréries. — Les Quatre-Couronnés (8), fête des maçons et plâtriers ;

Sainte-Cécile (22), fête des musiciens ;

Sainte-Catherine (25), fête des jeunes filles.

Autres causes de réunion. — Dîner de vinification.

Dictons. — Si en pieu le jou des Saintes-Reliques
    Il vente à décôner les biques.
    Ma sovent le grand Saint-Matien
    Po trois jo soiche le chemin.
    Sain-Matien
    Sain-Tormentein

(A cause de la date des paiements le 11 novembre).
    Ai lai Sain-Matien
    Pu d'bia tan, ni d'bon ch'min.

E lè Sainte-Catherine (25)
To bos prend récine.

Si l'hiver vè droit son chemin
Vos l'auras è lè Saint-Matien.
S'il reteide d'un seul instant

Vos l'auras é lè Saint-Kiément (23).
Si a trove le chemin barré,

Vos l'auras è lè Saint-André (30).
Si, par hasa, il s'égarot
Vous (l'aurein) en evri o mai.

Décembre.

Vie aux champs. — Bêchage des jardins. — Culture des arbres fruitiers. — Aiguisage des paisseaux. — Drainages. — Fumures.

Foire. — Le 15. — Vente de marrons et de gros porcs.

Fête patronale. — Le 6 : Saint-Nicolas, à Villeberny.

Fêtes de confréries et diverses. — Le 1er : Saint-Eloi, fête des ouvriers travaillant le fer ;

Le 4 : Sainte-Barbe, fête des dames ;

Le 6 : Saint-Nicolas, fête des petits garçons et de l'hôpital de Vitteaux ;

Le 24 : le Réveillon, où l'on consomme surtout de la viande de porc ;

Le 25 : Noël, fête de famille.

Dictons. — A la Sainte-Luce (13 déc.)
Les jours croissent le saut d'une puce.

Noël aux moucherons
Pâques aux glaçons.

Dictons généraux.

Soleil qui luisarde au matin
Et enfants nourris de vin
Ne viennent jamais à bonne fin.

Vin sur lait
Rend le cœur gai.
Lait sur vin
Rend le cœur chagrin.

Pieu du métin
N'aroite pas le pèlerin.

Quan lò lune se fait dans l'iau
Trois jous éprès en fait biau.

Quan lè lune se fait en biau
Trois jous éprès en gnié de l'iau.

Temps pommelé, fille fardée,
Ne sont pas de longue durée.

A propos du cercle (halo) qu'on voit autour de la lune :
Pus le cerne as loin
Pus lè pieu as près.

Autrefois, les fêtes des environs étaient très fréquentées par les Vitelliens. On y allait danser et on revenait en chantant. Comme occasion de réunion, il y avait encore le dîner à l'occasion du porc tué, le jeu de quilles, tous les dimanches dans les halles.

En somme, on se réunissait autrefois beaucoup plus qu'aujourd'hui, les relations étaient plus gaies et la vie plus agréable.

AUTRES CAUSES QUI AMÈNENT LES HABITANTS DES COMMUNES VOISINES A VITTEAUX

Autrefois, il y avait à Vitteaux deux marchés importants, l'un le dimanche matin, l'autre le jeudi matin. A ces marchés on vendait du beurre, de la crème, des fromages, des œufs, de la volaille, Les jardiniers de Vitteaux y apportaient leurs produits.

Le beurre venait surtout de Sainte-Colombe, Marcilly, Dracy, Posanges, Saint-Thibault ; les fromages de Boussey, Dracy, Saint-Thibault. Dans les halles, on vendait du blé, de l'orge, de l'avoine, du sarrazin au double décalitre.

Aujourd'hui il ne reste plus qu'un petit marché le jeudi matin. Le beurre y vient de Massingy et un peu de Posanges, les fromages de Boussey ; les jardiniers y apportent encore leurs produits, mais les conduisent aussi dans les rues sur de petites voitures.

Ce qui a diminué l'importance des marchés, c'est que les coquetiers vont aujourd'hui à domicile chercher les produits de la campagne. Les foires ont perdu aussi de leur importance et durent moins longtemps depuis l'établissement du chemin de fer. D'autre part, les marchands de bétail achètent beaucoup aujourd'hui à l'écurie ou au pré.

Les commerçants qui se sont installés dans les campagnes, y vendent leurs produits et il n'est plus aussi nécessaire qu'autrefois aux habitants des pays voisins de venir s'approvisionner à Vitteaux.

XIX

LES BRANDONS

Comme cause de réunion, il y avait autrefois à Vitteaux, les combats de taureaux, dont il sera parlé dans la partie historique, et les Brandons, qui se sont continués jusqu'à nos jours par quelques feux allumés au-dessus de chaque quartier (feulères), et auxquels participent seulement les enfants et les jeunes gens. Autrefois il en était tout autrement, ainsi que nous l'apprend l'abbé Collon, auquel nous laissons la parole. Nous respecterons son orthographe :

Tome V, page 1004. — Le premier dimanche de Carême, qu'on appelle ordinairement le jour des *Brandons* ou le *jour des feux*, comme on le dit en plusieurs titres anciens, les garçons de Myard et ceux de Bertin se font une espèce de guerre. Le bruit des tambours qu'ils font battre à midi en est le signal. Les garçons, de part et d'autre, ont soin, pendant la semaine précédente, de préparer leurs brandons qui est une grosse et prodigieuse torche de bois sec et fendu par le dessus, entremêlés de petits bois qu'ils font sécher au four bannal. Sur les cinq heures, les garçons de Berthin s'en vont, leurs brandons sur l'épaule, à la montagne de Berthin, ceux de Myard en font de même sur le montagne de Myard et chaque bande à ses tambours et ses fifres. Arrivés chacun sur leur montagne, ils fichent en terre leurs brandons sur le bord de la montagne du côté visible à la ville. Ils les placent de même hauteur et à égale distance ; le nombre en est quelquefois très grand et la dernière fois que je les ai vus, j'en ai compté plus de cent sur Berthin et plus de cinquante sur Myard.

Quand la nuit commence, ils allument leurs torches qui couronnent les deux montagnes et l'effet que produit cette illumination est agréable. Les tambours et les fifres battent et se répondent de part et d'autre, il y a du plaisir à les entendre dans le lointain. Ils laissent éclairer leurs torches environ deux heures, pendant lesquelles ils dansent, boivent et chantent ; chacun porte son baril de vin. Le père Sirugue, qui était le père du maire de Viteaux, faisait monter sur la montagne de Myard une feuillette de vin. Ceux qui ont le vent le plus favorable et qui, par conséquent, ont eu leurs brandons éclairant le plus longtemps et ont procuré la plus longue illumination, ne manquent pas de s'écrier qu'ils sont victorieux.

Lorsque les brandons commencent à s'éteindre, l'une et l'autre compagnie ayant donné le signal du départ, descendent de la montagne en rapportant, au son du tambour, les restes de leurs torches sur l'épaule. Le peuple de la ville, qui était sorti pour voir les feux, les voyant descendre des montagnes, se hâte de se rendre dans la ville pour y être témoin de leur entrée triomphante.

Elle se fait, cette entrée, à peu près dans le même temps, ils arrivent des deux montagnes par le grand chemin ; ceux de Berthin passent au milieu de la ville pour aller au-dessus de la rue Saint-Jean, au-devant de ceux de Myard. Ceux-ci se partagent en deux rangs et laissent passer au milieu d'eux ceux de Berthin, pendant qu'ils vont eux-mêmes en la rue *Benoist*, et cela sans dire mot et sans commencer l'attaque. Etant parvenus chacun à leur but, ils reviennent dans la ville et se rencontrent vers la porte de l'horloge ; là ils commencent leur dispute, mais comme la place ne peut contenir tous les combattants, ils vont sur la place où est l'auberge du Dauphin. Là ils se battent à outrance et sans ménagement d'amitié ou de parens : le frère qui habite du côté de Myard assomme son frère qui habite du côté de Bertin, l'une des troupes devient l'ennemie de l'autre et après avoir lutté avec et contre leurs brandons en criant en termes vulgaires : Myat le millieut, Beurtin le Vauda ou Beurtin le millieut, Myat le Vauda ; c'est-à-dire Berthin le meilleur, Myard le Vaudois, s'étant bien torché pendant un long temps, laissant sur le champ de bataille des chapeaux, des pans d'habits, des cheveux brûlés et du sang. Ils rentrent pêle-mêle dans la ville, suivis des mères et des femmes qui pleurent et qui jurent, ils font plusieurs tours en dansant, chantant et allant visiter les feux qui éclairent en différentes rues et finissent enfin cette baccanale en portant les restes de leurs brandons, qu'ils appellent le pied des failles, chez leurs maîtresses.

Ces farces des Brandons étaient encore plus considérables dans l'ancien temps, cela se pratiquait avec plus de pompe et les gens de bonne maison s'en mêlaient aussi. Il y a cinquante ans, elles étaient accompagnées d'armes, c'est-à-dire que la moitié des garçons d'un parti portait des fusils et l'autre des torches. Ils faisaient ce que l'on voit encore aujourd'hui, mais voici ce qu'ils faisaient de plus :

Etant rentrés dans la ville pour la seconde fois, ils tournaient trois fois autour de la croix des halles qui, dans ce temps, était au milieu de la place, ensuite ils faisaient l'exercice de leurs armes qui cependant n'étaient pas chargées, à l'exception du capitaine qui tirait son coup de fusil dans la fouillère (on dit aujourd'hui feulère). Alors lès garçons jetaient les restes de leurs brandons dans ces fouillères et dansaient tout à l'entour, au son du tambour, fifres, violons et hautbois. Ils allaient en faire autant autour des autres fouillères et des autres croix qui toutes, dans ce temps, étaient au milieu des places et qui ensuite ont été placées là où on les voit à présent, quand on ouvrit la nouvelle route de Paris à Dijon. Cette coutume des Brandons qui est de la plus haute antiquité, tire son nom de celles que les anciens peuples pratiquaient tous les ans avec le plus grand respect (voyez pour cela le *Spectacle de la nature*, de M. Pluche, tome II, p. 332 : Origines des fêtes du vin, Remarque : je vous prie que tous les peuples, etc...).

Cet usage, ancien comme le paganisme, était jadis à Viteaux si enraciné et même respecté, qu'on aurait plutôt manqué à tout autre devoir qu'à celui-ci. Le grand-père de Marc-Antoine Sirugue, maire de Viteaux, dans la semaine que devait avoir lieu la fête des Brandons, écrivait à son fils Sirugue, qui était à Dijon chez un patissier. Celui-ci, dans sa réponse, lui disait : « Mon père, ne manquez pas de me marquer si c'est Myard qui aura gagné cette année ou Berthin. » La peine qu'il éprouvait de ne pouvoir être présent à cette fête ne lui permit pas d'attendre la réponse de son père. Il se mit en chemin le jour même des Brandons et arriva le dimanche soir assez tôt pour se battre avec les autres.

Cette véritable origine des Brandons se trouve dans l'*Histoire du Ciel*, tome I, page 342.

Les garçons portaient les restes de leurs torches ou Brandons à leurs maîtresses ; en entrant à la maison, ils tournent trois fois autour de la table, puis ils placent ce Brandon sous la cheminée ; si on l'ôte sur le champ du feu pour l'éteindre, c'est une preuve que l'amant est bien vu, mais si, au contraire, on le laisse brûler, c'est lui dire de ne pas revenir et on leur fait des *gôffres*.

Les garçons des villages voisins allument aussi des feux sur leurs montagnes (voyez l'ancien terrier de Posanges), voir l'*Histoire de l'abbaye de Saint-Germain-des-Prés*, p. 129 et p. 144. et la note en marge des Brandons et aussi l'*Histoire de Tournus*, p. 248, torches des Brandons.

Cet usage des Brandons à Viteaux a deux origines :

La première est générale et commune à tous les pays où on en conserve encore les restes, c'est celle dont les notes cy dessus parlent, mais l'autre qui n'est particulière qu'à Viteaux prend sa source dans une rivalité très ancienne qui remonte jusqu'aux temps de la destruction de Myard par les *incursions et ravages des Sarrazins*.

Viteaux, à cette époque, ne consistait que dans son église qui était alors dans les caves de la maison Belime et le château, reste du temps romain, avec quelques maisons autour. Après la ruine de Myard, Viteaux devint plus considérable et se peupla, tant des habitans de Myard, dont les maisons et les propriétés avaient été incendiées et ravagées par les invasions de ces Barbares (moyen âge), que des anciens habitans de la forteresse de Viteaux. Les habitans de Myard batirent notamment du côté de Myard et du côté de Saint-Nicolas et les anciens de Viteaux du côté de *Bertin*, qui est sur la rive opposée à la rivière Braine et ceux de Myard, conservant, par tradition, la connaissance de l'ancienneté de Myard détruit et habité par leurs ayeux, se préferaient à ceux de Bertin, qu'ils savaient être moins anciens. C'est pour cela que, tous les ans, depuis la destruction de Myard et l'agrandissement de Viteaux, le soir du dimanche des Brandons, ils se disputaient cette ancienneté, les uns sur les autres, par leurs batailles et leurs cris encore barbares : « Miat le millieut, Beurtin le Vauda ».

En 1789, ceux de Bertin avaient des Brandons en si grande quantité et si haut que la montagne, qui en était entièrement couronnée, était très agréable à voir et par un tems qui était très beau, le tambour les accompagnait. Après avoir bien bu et dansé sur cette montagne, ils descendirent et rentrèrent le soir dans la ville. Ceux de Myard qui n'avaient allumé aucun feu et qui ne portaient point de Brandons, se présentèrent toujours pour se battre, ce qui fut exécuté jusqu'à effusion de sang et le lendemain plusieurs d'entre eux couchèrent en prison ».

XX

ANCIENNES CHANSONS

CHANTÉES AUTREFOIS A VITTEAUX DANS LES NOCES
ET LES RÉUNIONS DE TOUTES SORTES

*Epître des sobriquets du canton de Vitteaux
chantée autrefois par Dumont Cadet, dit Berrichon,
ménétrier à Vitteaux* [1].

Le chanteur débutait ainsi :

> Per omnia sæcula sæculorum. Amen.
> Dominus vobiscum. Et cum spiritu tuo.

Ceci dit, il prononçait *etsé*, sans doute pour *ecce* (sous-entendu *epistola* (épître), ou plutôt cet *ecce* était une reminiscence d'*ecce homo*. Par exemple, *etsé les peurnalai dè Vévre*, signifiait voici les prunelliers, ou mangeurs de prunelles de Vesvres. Cet *etsé*, comme on le remarquera, revient de temps en temps pour couper l'épître en couplets à peu prés égaux.

Une fois le premier *etsé* prononcé, la longue litanie des sobriquets se déroulait, se déroulait, psalmodiée sur un ton liturgique. Nous ne prétendons pas donner ici la liste complète des sobriquets formant l'épître que l'on chantait autrefois. Quelques noms assurément ont dû échapper aux personnes âgées qui ont rappelé du mieux qu'elles ont pu leurs souvenirs touchant ce mirifique morceau dans lequel se trouve condensée la malice bourguignonne, s'exerçant de village à village ou mieux de village contre village. Pour

---

1. Communiquée par M. J. Durandeau.

chanter cet épître, le chanteur se mettait souvent sur le dos une serviette pour simuler un ornement.

Etsé lé peurnalai d'Vèvre
Lé z'ardi d'Vitia [1]
Lé beurot d'Maissoingy (appelés aussi pétrouge)
Lé salopié de C'sey.

Etsé lé Raivé d'Dompiarre (mangeur de raves)
Lé renoillé de Posoinge
Lé z'elangui de Draicey (Dracy)
Lé gro cu de Massillé (Marcilly)
Lé jurau [2] de Sain Thibau.

Etsé les vorai (cochons) de Varchisai (Verchísy)
Lé z'equeu de Chanay (écuits de Charny)
Lé avoutres (gloutons) de Thoirey (Thorey)
Lé porché d'Granchamp
Lé cassou d'nouzotte d'Metroia (Martrois).

Etsé l'gorman d'Sain Jan [3]
Lé vaichai d'Soussey
Lé sacrou d'Uncey
Lé faimaigne [4] de Saffres
Lé potou d'Boussey.

Esté les crolou de cra de Beurjot [5]
Lé z'eroille d'Elleuée (oreilles courtes de Lignières)
Lé z'egeulei d'lai métinch'rie à bô [6]
Lé sorcié d'Biancey.

Etsé lé cane de Jaillai (Jailly)
Lé z'erqueulou d'Villebangni (Villeberny)

1. Ce sobriquet date de la Ligue où les deux du Prat, barons de Vitteaux, acquirent un renom de guerriers redoutables.
2. Jurau ou *jouro*, aimant le jeu.
3. Il y avait entre Soussey et Martrois un ermitage dont l'ermite était qualifié de gourmand.
4. Affamés, sobriquets vrai peut-être il y a un siècle, mais tout a bien changé depuis ce temps.
5. On prétendait que les gens de Beurizot croulaient pendant la nuit les arbres sur lesquels étaient perchés des corbeaux pour les faire tomber dans un drap placé sous l'arbre.
6. Piaillard, ou gueules cassées de la métairie au bois.

Lé brave jan d'Villiai (Villy)
Les rena (renards) de Charenô (Champrenault).

Etsé lé écornai d'Chairancé
Lé quernillereu d'Sainte Lai (Saint-Helier).
Lé grigou de Bou
Lé mijon d'greusalle d'Ecosain.

Etsé les z'esp'rimentai [1] d'Anai (Arnay-s.-Vitteaux)
Lé toquai de Brain
Lé béta de Villefari
Lé pânia de Quirai (Clirey).

Etsé lé trania de Lunié (Leugny)
Lé mauparleu d'lai Roiche (Laroche).

Ces sobriquets s'étendaient à une région plus grande. On disait : Les astrologues de Vitteaux, les fous de Montbard, les barbares de Semur...

Il existait aussi une autre chanson du même genre, mais non patoise, et composée de deux couplets. Je la donne telle qu'elle m'a été communiquée par Mademoiselle Marie Sapin :

Per omnia sæcula sæculorum. Amen.
Dominus vobiscum. Et cum spiritu tuo.
Sursum corda. — Habemus ad Dominum.
Gratias agamus Domino nostro. — Dignum et justum est.

I

Ah que je suis mal à mon aise
De m'être marié trop tôt.
Ma femme s'appelle Thérèse
Et moi je m'appelle Jeannot.
Que maudit soit le mariage !
Amis, suivez bien ma leçon,
N'entrez pas si vite en ménage,
J'étais si bien étant garçon.

---

1. Les expérimentés d'Arnay-s.-Vitteaux. Etait-ce pour indiquer qu'ils passaient pour des malins, ou bien était-ce un terme ironique, synonyme de benêt? On appelait aussi les Arnétins les Sacrou.

II

Mais quand je fus avec Thérèse
Uni par le lien conjugal,
Je croyais goûter à mon aise
Un plaisir certain sans égal.
Je croyais porter la culotte
Et bien la soumettre à mes lois.
Mais qui veut compter sans son hôte
Peut s'attendre à compter deux fois.

LE LOUP ET L'ANE [1]

1er Couplet.

Ce matin not'ane
S'a levé dvant jou
Pou ailer ai lai fontaigne
Lon la viraguette
Pou y boire tout son saoul
Lon la viragou.

2e Couplet.

Pou ailer ai lai fontaigne
Pou y boire tout son saoul
Dans son chemin rencontre
Lon la viraguette
Compère le loup
Lon la viragou.

3e Couplet.

Dans son chemin rencontre
Compère le loup
Le loup dit ai l'âne
Lon la viraguette
Ou vê tu donc to sou ?
Lon la viragou.

---

1. Communiqué par M. Lefol. Munier.

4e Couplet.

Le loup dit ai l'âne
Ou vas-tu donc tô sou ?
Y va ai lai fontaigne
Lon la viraguette
Pou y boire tout mon saoul
Lon la viragou.

5e Couplet.

I va ai lé fontaigne
Pou y boire tout mon saoul
Le loup dit ai l'âne
Lon la viraguette
I te migero ben aitou
Lon la viragou.

6e Couplet.

Le loup dit ai l'âne
I te migero ben aitou
L'âne dit au loup
Lon la viraguette
Tu migero ben meillou
Lon la viragou.

7e Couplet.

L'âne dit au loup
Tu migero ben meillou
I te menerai ai fétes
Lon la viraguette
Ai fétes vés chez nous
Lon la viragou.

8e Couplet.

Y te menerai ai fétes
Ai fétes vés chez nous
Quan le loup fut ai table
Lon la viraguette
Tout chacun crie au loup
Lon la viragou.

9ᵉ Couplet.

Quan le loup fut ai table
Tout chacun crie au loup
Au loup ! lai chienne de cagne
Lon la viraguette
Tu nos migeros ben tou
Lon la viragou.

10ᵉ Couplet.

Au loup ! lai chienne de cagne
Tu nos migeros ben tou
Le loup di ai l'âne
Lon la viraguette
T'mai joué i qui un tou
Lon la viragou.

11ᵉ Couplet.

Le loup di ai l'âne
T'mai joué i qui un tou
Quan t'irai ai lai fontaigne
Lon la viraguette
I t'migerai ben aitou
Lon la viragou.

12ᵉ Couplet.

Quan t'irai ai lai fontaigne
I t'migerai ben aitou
L'âne dit au loup
Lon la viraguette
I n'irai pas to sou
Lon la viragou,

13ᵉ Couplet.

L'âne dit au loup
I n'irai pas to sou
I menerai not chambrée
Lon la viraguette
E peu not valet
Lon la viragou.

14ᵉ Couplet.

I ménerai not chambrée
Et peu not valet
A poutierai son grand sabre
Lon la viraguette
Et son grand tue le loup
Lon la viragou.

COMBAT DE BACCHUS ET DE L'AMOUR [1]

1ᵉʳ Couplet.

Bacchus avec l'Amour
Se disputait l'autre jour
Et ce dieu du vin,
Le verre à la main,
S'en fut trouver notre souverain :
Je viens ici pour te dire
Que pour augmenter ton empire
Tu m'as pris exprès
Mes meilleurs sujets.
Tu me les rendras
A force de bras
Dans les combats *(bis)*.

2ᵉ Couplet.

L'Amour lui répondit : Seigneur,
Sachez que j'ai de l'honneur
Et du savoir
Et même du pouvoir
En état de vous le faire voir.
Je suis sûr de la victoire
Et vous en aurez mémoire.
Nous nous verrons demain
Pour sûr et certain,
Moi et mes hussards,
Et mes étendards
Sous tes remparts *(bis)*.

1. Communiquée par M. Lefol-Munier.

3ᵉ Couplet.

Bacchus sur son bastion
Faisait grande préparation
Cherchait en secret
Dans les cabarets
Les meilleurs de ses sujets.
L'on apprête les ivrognes,
Les figures à rouge trogne,
Tous ces bons buveurs
Et ces ribotteurs.
Que l'on ne tarde pas,
Je garde le pas
De mes soldats *(bis)*.

4ᵉ Couplet.

L'amour sans faire de bruit
Fit assembler ses amis
Et ses messagers
Partout envoyés
Ont préparé ses jeunes guerriers.
Quinze mille pulmoniques
Faisaient bouillir la marmite.
Douze bataillons
De jeunes tendrons,
Trente régiments
De jeunes amants
Gardaient les camps *(bis)*.

5ᵉ Couplet.

L'heure du combat sonne,
Chacun s'étant préparé,
Bacchus sans façon
Avec ses biberons
Attaque nos jeunes tendrons.
Nos amants avec leurs flèches
Faisaient de cruelles brèches.
La victoire allait,
Ensuite elle venait,
Et nos sacs à vin
Perdaient du terrain.
Ah ! quel destin ! *(bis)*.

6e Couplet.

Chacun s'écrie tout à tour :
Victoire, victoire à l'Amour !
Que l'on n'épargne pas
Ces gloutons de soldats
Car ils tombent à chaque pas.
Le champ de bataille ils abandonnent,
L'éclat de Jupiter tonne
Et le vieux Bacchus
S'écrie tout ému :
Mes soldats ont bu,
Ils n'en peuvent plus,
Je suis vaincu *(bis)*.

EIN MARIAIGE COMICLE AI BEURJO DANS LÉ TAM DÉ Z'ANTIQUITAI

Nota : On pense que les auteurs de ces couplets furent quelques buveurs émérites de Vitteaux [1].

I

Mairgoton et Dandoillai (Beurizotains)
Tô deu s'on v'lu mariôlai
El ou été ché leu notare
Qu'ai pri sai pieume et s'n écritoare ;
Por y passai lô contra
Ai son vennu ai Vitia.

II

Totte lai trôpe en devôlan
Ai rencontrai Gaigey [2] l'Toscan
« — Tétidié, lai drôle de fête,
Di-t-i, qu'en vôro don ben être !
— Descendé-z-ai Beûr'zo
Vo z'y boirâ ein co. »

III

En mariaige al y ai baillé
Deu côtillon et troâ moché

---

1. Communiqués par M. J. Durandeau.
2. Les familles Gagey furent de tout temps nombreuses à Beurizot.

Ein méchan jonau de tiarre
Vo qu'n'y aivo ran qu'dé piarre ;
Ein demi soiteur de prai
Vou qu'ai n'veno qu'dé pied'chai !

IV

Ma quan y fure ai Beurjo
On v'no ai poigne d'recurai l'po !
On n'y aivo po to potaige
Qu'dé poum de tiarre, dé cho, dé raive,
Dou pain d'saill', dou méchan vin
C'n'éto pa pou fair' bon festin !

V

Jan-Matieu y aito vennu
D'aivo ein veill' jeuman sou l'c. !
Qui éto tot piègne d'avire
Que to le monde ne f'so qu'den rire ;
On l'ai m'née chez vieu Mart'no [1]
Pou lai guéri de to sé mau !

Extraits des « poésies locales » de Jean-Baptiste Dumont, né à Vitteaux, le 9 janvier 1801, mort à Saint-Etienne en août 1878 [2].

Ces extraits montrent combien nos aïeux vitelliens étaient grands buveurs.

Jacques Réthoret, vigneron, dit à Dodine, pendant qu'ils se raffraîchissent après le tir à l'oiseau :

« Brôllia de Dié, *fait-il de sa voix glapissante,*
D'évôlé en ein mâ, ta venoinge, i me vante,
Pus qu'ai mon déjeunê mon breûlan guerguillot
Entône, de vin bian, prèque ein demi soillot
Pou du rouge, ai médi, ç'â mon heû vou qu'i dègne
Ai m'en fau prèque autan qu'anque i seû dan mai vègne.
I vâ jeûqu'é quaitre heu, qu'on me fau mon gôté ;
En migean mé z'eû dû, i cailme mai soé.
Quan le soulot s'étoin, i quitte lai sârée ;

1. Ce Martenot était un bourrelier équarrisseur de Vitteaux.
2. Jean-Baptiste Dumont, par J. Durandeau.

VIEILLES CHANSONS 275

Ché nô i sope ; i boi ; voiqui pou mai jônée
Le ru de roiche-d'Y, qu'à devôle ai lai Brègne
Maugré sé fliô clairo, ne moille mon aileigne ;
Ce brevaige convin é renoil, é poisson...

Traduction. — Brouillard de Dieu (juron), fait-il de sa voix glapissante, d'avaler, en un mois, ta vendange, je me vante (je me fais fort) puisqu'à mon déjeuner mon gosier altéré (qui brûle) absorbe (entonne) de vin blanc presque un demi-seau. Pour du rouge à midi, c'est l'heure à laquelle je dîne, il m'en faut presque autant que lorsque je suis dans ma vigne. Je travaille jusqu'à 4 heures (mot à mot je vais avec cela jusqu'à 4 heures) moment où il me faut mon goûter ; et, en mangeant alors mes œufs durs, j'ai soin de calmer ma soif. Quand le soleil s'éteint (se couche) je quitte la sarrée (coteau de vignes où il travaille) chez nous, je soupe, je bois ; voilà pour ma journée (c'est-à-dire voilà ce que j'absorbe en une journée). Le ruisseau de Roche d'Y qui roule en descendant vers la Brenne (mot à mot : qui dégringole vers la Brenne) malgré ses flots clairs ne mouille pas mon haleine (ne tente pas ma bouche, je n'en bois pas) ; c'est un breuvage qui convient aux grenouilles, aux poissons...

Ce même Jacques Réthoret allait le *dimoinge* chez le père Rouget, marchand de vin, y *rougi sai trôgne* et y chantait des couplets de sa façon sur l'air : Aussetôt que lai leumiare... (Aussitôt que la lumière). Il s'écriait :

> Sailance, mes aimin !... Si vô n'ete sodiâ,
> (Silence, mes amis !... Si vous n'êtes pas sourds),
> Ecûeté lai chainson dé végn'ron de Vitiâ.
> (Ecoutez la chanson des vignerons de Vitteaux).

1er Couplet.	Traduction.
Avou du bliai dan sai groinge,	Avec du blé dans sa grange,
En â sur d'aivoi du pain ;	On est sûr d'avoir du pain ;
Quan on fa bôgne venoinge,	Lorsqu'on fait bonne vendange,
En a su d'aivoi du vin.	On est sûr d'avoir du vin.
Bevon toss', en ébondance,	Buvons tous, en abondance,
De ce jeu déléceieu ;	De ce jus délicieux ;
Dé dôn de lai Prôvidance	Des dons de la Providence
Ç'âste bén le pu preceieu !	C'est bien le plus précieux.

2e Couplet.

En é deguerni lé troilles,	On a dégarni les treilles,
En é prai tôt lé râsin,	On a pris tous les raisins,
En faù vieidiai lé botoille	Il faut vider les bouteilles
Pou bôtre le nôvia vin.	Pour mettre le nouveau vin.
Aimin, vôcé'z-ai lai rondə	Amis, versez à la ronde
De ce jeû tan rechantai ;	De ce jus tant rechanté ;
Pou bravai lai fin du monde	Pour braver la fin du monde
Beuvon toss' ai not' santai !	Buvons tous à notre santé !

3e Couplet.

Nâ, ran n'â pu z'aigreiabieu	Non, rien n'est plus agréable
Pou de seinsare z'aimi	Pour de sincères amis
Que de se treuvai z'étabieu	Que de se trouver à table
De cœu et d'aspri z-euni.	De cœur et d'esprit unis.
Veive le tam dé venoingə !	Vive le temps des vendanges !
Sai peuré no divarti !	Sa purée nous divertit !
En gueute le sor dés oinge ;	On goûte le sort des anges,
On creu t'éte en paraidi !	On croît être en paradis !

Jean-Baptiste Dumont nous rapporte aussi que Maire Savary chantait au repas des tireurs à l'oiseau, le jour de la Saint-Germain, cette sorte de complainte en l'honneur du grand saint Germain, sur l'air de Malborough :

1er Couplet.

De Saint-Germain d'Auxerre
Tire-lire lire lanlaire,
De Saint-Germain d'Auxerre
Célébrons les vertus
Et chantons en chorus.

2e Couplet.

Ce brave militaire
Tire-lire lire lanlaire,
Ce brave militaire
Mort depuis si longtemps
A soixante-huit ans.

3e Couplet.

Il naquit... de sa mère
Tire-lire lire lanlaire,
Il naquit... de sa mère
L'an trois cent quatre-vingt
Au pays du bon vin.

4e Couplet.

Savant, noble et sincère
Tire-lire lire lanlaire,
Savant, noble et sincère
Il ne lui manquait rien
Pour être un homme de bien.

5ᵉ Couplet.

Il fut en Angleterre
Tire-lire lire lanlaire,
Il fut en Angleterre
Prêcher les Pélagiens
Mauvais théologiens.

6ᵉ Couplet.

Avec Loup, son confrère,
Tire-lire lire lanlaire,
Avec Loup, son confrère,
Bon évêque troyen ;
Mais enfin il revient !

7ᵉ Couplet.

Pour fêter cet évêque,
Tire-lire lire lanlaire,
Pour fêter cet évêque,
Déjeunons comme il faut,
Puis abattons l'oiseau :

8ᵉ Couplet.

Quand on fait bonne chère,
Tire-lire lire lanlaire,
Quand on fait bonne chère,
L'on tire avec succès,
Puis l'on revient après.

9ᵉ Couplet.

Chacun reprend son verre,
Tire-lire lire lanlaire,
Chacun reprend son verre,
Et l'on boit à longs traits
Au dieu des cabarets.

Maire Savary naquit à la cour de Louis XV, en 1740, y fut élevé jusqu'à quinze ans, il vint à Vitteaux vers 1800 et y mourut en février 1823.

XIX

UN MOT SUR LES ARMES DE VITTEAUX

Les armes de Vitteaux sont des armes parlantes.

Les armes sont dites parlantes quand il existe quelque rapport entre le nom des signes qui les forment et celui de la famille ou de la ville à qui elles appartiennent.

La conséquence de l'affranchissement de Vitteaux, fut que ses bourgeois (bourgeois alors s'opposait à serf) purent fortifier leur territoire et le défendre à main armée. Il purent aussi se donner des armoiries symbolisant la localité.

Ils choisirent les armes suivantes :

D'azur au faisceau d'armes émoussé de sable et lié de gueules. Couronne murale.

Ce sont des armes parlantes, des armes qui rappellent le nom de Vittelum. En effet, dans Vitellum, il y a à peu près les mots : *Vitta* (bandelette, lien) et *telum* (trait, javelot, flèche).

Mais pourquoi a-t-on fait figurer plusieurs javelots? C'est qu'il eut été absurde de lier un seul javelot et, d'autre part, on croyait que Vitteaux avait été fondé par le neuvième empereur romain Aulus Vitellius (célèbre par sa gourmandise) et que, par suite, on voulait qu'il y eut quelque chose de romain dans l'écu. Or, quoi de plus romain que des « fasces » ou faisceaux de verges surmontées d'un fer de hache qu'on portait, comme marque de puissance devant les premiers magistrats de Rome?

On s'ingénia donc à donner au faisceau de javelots l'apparence d'un faisceau de verges et, pour ce, on émoussa les javelots, c'est à-dire qu'on en brisa les pointes. Puis on leur attribua la couleur noire (sable).

Il convient cependant de remarquer, qu'en les colorant

ARMES DE VITTEAUX.

ainsi, en commettait une faute héraldique, car le champ étant d'azur, le faisceau d'armes devait être d'argent ou d'or.

Toutefois, la hache du faisceau et les fers des javelots doivent être d'argent, de sorte qu'en somme, les règles du blason sont à peu près observées dans les armes de Vitteaux.

Quant à la couronne murale qui surmonte l'écu, elle représente évidemment l'enceinte fortifiée du bourg.

Quand on ne colore pas un écusson, on représente les couleurs par des traits.

Azur : ≡

Sables : ⊞

Gueules : ‖‖‖

Argent : point de traits.

Or : ⁖

DEUXIÈME PARTIE

I

L'ANTIQUITÉ

Nous ne savons rien de certain sur les premières populations de notre pays.

M. Cazet, instituteur à Beurizot, a recueilli sur les plateaux de Vesvres et de Soussey de nombreux silex taillés. Le Morvan qui confine à notre Auxois possède des menhirs et des dolmens ; autant de témoignages de l'existence d'habitants à l'époque préhistorique.

La population de la Gaule était déjà considérable avant la conquête romaine. Dans la vie de César par Napoléon III, elle est évaluée à huit millions d'habitants ; d'autres auteurs l'ont estimée au double ou au triple. Dans le territoire qui devait former plus tard la Bourgogne, les Eduens occupaient la région d'Autun et formaient une confédération importante, longtemps alliée aux Romains ; leur capitale était Bibracte, marché très fréquenté, et constituant un *oppidum* fortifié. Une des tribus des Eduens, celle des Mandubiens, avait pour ville principale Alesia, à la fois marché et *oppidum* comme Bibracte. Ils habitaient des chaumières, faites de bois et de terre, dont on retrouve les foyers reconnaissables aux couches de charbon qui y sont restées. Les fouilles récentes y ont mis à découvert l'enceinte fortifiée faite de murs reliés par des pièces de bois retenues par des fiches en fer ; il en était de même à Bibracte.

La prise d'Alesia par César et la reddition de Vercingétorix acheva la conquête des légions romaines et la soumission de la Gaule, 52 ans avant J.-C.

La Gaule s'assimila rapidement la civilisation de ses vainqueurs. Les Romains y introduisirent la culture de la vigne et développèrent la culture du sol. Partout s'élevèrent de riches habitations et des monuments de tout genre ; les fouilles d'Alesia témoignent du luxe et de la prospérité qui caratérise l'époque dite gallo-romaine.

Il semble que la plupart de nos villages étaient déjà des centres de population. Les érudits retrouvent les noms de propriétaires romains dans ceux de nos villages. Flavigny vient de Flavius ; Cessey, de Cessius ; Massingy, de Maximinus ; Pouilly, de Paulus, etc. Les plus anciennes chartes désignent Vitteaux par *Vutellum* ; on ne voit aucune interprétation de ce nom. Mais Vitteaux existait-il à l'époque gallo-romaine ! On ne peut en douter. Dans les champs des *mises*, M. Audiffred a recueilli des fragments de mosaïque, et la charrue ramène au jour des débris de constructions.

Un bas-relief représentant la déesse Epona (?) assise sur une vache, appartenant maintenant à M. Durandeau, provient de cette même localité. A Massingy, des travaux de construction près de la fontaine Saint-Cyr ont fourni des statuettes et des *ex-voto* actuellement déposés au musée de Semur. Les restes d'un autel païen à Marcilly, les débris d'une maison romaine à Soussey, les monnaies des empereurs Tibère, Néron, Constantin, Domitien, Posthume, etc. démontrent qu'à l'époque gallo-romaine notre région avait une population assez nombreuse. Les camps des romains de Myard et de Vesvres sont-ils de ce temps ou antérieurs ? Dans celui de Myard, l'emplacement des fossés se reconnaît très nettement. Sur la montagne de Vesvres, le camp, défendu par les escarpements de la montagne en face de Boussey, était d'après M. Stéphen

Berthoud entouré de trois côtés par une muraille de pierres sèches d'une hauteur de 1 m. 50 à 2 mètres.

Les Romains construisirent des routes dont quelques parties subsistent encore sous le nom de chemins romains. Ils créèrent ou développèrent les industries de tout genre. Aux environs de Précy, les restes de 80 forges romaines ; à Alise le travail du bronze, de l'étamage, attestent l'importance de l'industrie métallurgique.

Dès le IIe siècle, le christianisme avait pénétré chez nous. Il fut apporté par saint Benigne, disciple de saint Polycarpe, saint Andoche et ses compagnons martyrs à Saulieu sous la persécution de Marc-Aurèle vers l'an 179, saint Symphorien à Autun. Le martyre de sainte Reine d'Alise se place vers la fin du IIIe siècle. Saint Martin évangélisa le Morvan.

Après l'édit de Milan donné par Constantin en 380 s'organisèrent les diocèses d'Autun, de Langres et de Châlon. L'Auxois était compris dans le diocèse d'Autun ; il ne fut rattaché à l'évêché de Dijon qu'après le Concordat. Saint Germain, évêque d'Auxerre au commencement du Ve siècle, passa deux fois à Alise, où existait une chrétienté florissante ; il est possible qu'en se rendant d'Alise en Italie, il s'arrêta à Vitteaux ; une tradition qui ne s'appuie d'aucune preuve sérieuse veut qu'il ait prêché à Vitteaux à la place qui est devenue celle de l'église actuelle.

Les Burgondes originaires du pays compris entre la Vistule et l'Oder, s'étaient établis d'abord entre le Rhin et le Danube. Vers 457, chassés par les Huns, ils émigrèrent dans la Maurienne et la Tarentaise. C'est de là qu'appelés par les Romains, ils passèrent dans la Gaule et constituèrent un royaume comprenant toute la vallée du Rhône et s'étendant au Nord jusqu'au delà de Langres. On sait que Clovis épousa Clotilde, nièce de Gondebaud, roi des Bourguignons. Convertis à la religion chrétienne dès le IVe siècle, les Bourguignons étaient ariens ; ils renoncèrent à l'hérésie sous leur roi Sigismond, vers 514. C'étaient les plus doux et les plus civilisés des Barbares. La fusion des Burgondes et des Gallo-romains devait former la population de la Bourgogne.

Au VIe et au VIIe siècle furent fondés de nombreux monastères : Saint-Benigne de Dijon, par saint Grégoire, évêque de Langres ; Saint-Seine, par Seine, fils du comte de Mémont ; Moutiers Saint-Jean, par saint Jean de Réome ; celui de Flavigny, par Varé, seigneur de Flavigny. Tous ces monastères suivaient la règle de saint Benoît. Ils possédèrent bientôt de grands biens. Nous retrouverons celui de Flavigny, dont le rôle fut très important dans l'histoire de Vitteaux.

Sous les Mérovingiens, notre région était administrée par un comte d'Auxois. La reine Brunehaut, de 598 à 613, résidait fréquemment à Autun ou à Epoisses et la Bourgogne fut sagement gouvernée par elle. Cette époque est remplie par des guerres ; en 571 et 580 la peste enleva une partie de la population.

La Bourgogne avait au Ve et au VIe siècle des rois mérovingiens. L'anarchie, qui régnait alors, donna une grande importance aux évêques et au clergé. Les mœurs étaient violentes. Le VIIIe siècle est marqué par l'invasion des Arabes qui dévastaient le pays et emmenaient les habitants prisonniers en Espagne. Les « Missi dominci » de Charlemagne ramenèrent un peu d'ordre.

Après Louis le Pieux (ou le Débonnaire), la Bourgogne passa successivement à l'un ou l'autre de ses fils et, en dernier lieu, à Charles le Chauve. C'est lui qui attribua à l'église cathédrale d'Autun l'abbaye de Flavigny à la prière d'Adalgaire, évêque d'Autun, qui avait été son aumônier, en 877 (charte rapportée dans Dom Plancher). Les dîmes de Vitteaux, qui appartenaient auparavant à l'abbaye de Flavigny, passèrent ainsi aux évêques d'Autun. Plus tard, en 992, Gauthier, évêque d'Autun, restitua à Flavigny les 19 églises enlevées par Charles le Chauve. L'église de Vitteaux est nommée « altare S. Germani de Vutello ». Parmi les témoins est Landry, comte de Nevers, alors seigneur de Vitteaux. — Confirmation fut faite en

1149 par Henry, évêque d'Autun. Voici quelques extraits de cette charte collationnée par l'abbé Collon sur des copies anciennes dont l'une fut reproduite en justice en 1660 : « ... Concedo Flaviniacensi ecclesiæ in manu Reginaldi ejusdem ecclesiæ abbatis, ecclesiam S. Germani de Vitello, ecclesiam S. Baldrici de Vabra, ecclesiam S. Symphoriani de Polliniaco, ecclesiam S. Martini de Villiaco, ecclesiam S. Joannis evangelistæ de Grinione et omnes quas prædicta ecclesia possidet in diocœsi nostro ; in ecclesia autem de Vitello, medietatem habent monachi, in oblationibus, in sepulturis, in confessionibus et in omnibus ecclesiæ redditibus. In decimis duas partes habent ; presbyter, tertiam [1]. »

Enfin une bulle du pape Innocent III en 1211 prend sous sa protection l'abbaye de Flavigny et confirme à cette abbaye la possession de 25 églises, parmi lesquelles *ecclesiam S. Germani de Vitello*. Il leur renouvelle le droit de choisir les curés et de les présenter à l'évêque dont ils dépendent pour le spirituel.

Il nous faut encore signaler l'invasion des Normands au IXe siècle. C'est contre eux que furent élevés des châteaux-forts, tels que ceux de Saint-Beury, d'Epoisses et probablement de Vitteaux. L'abbaye de Flavigny eut à souffrir cruellement de leurs attaques répétées qui n'épargnèrent pas les environs. Les Normands restèrent 15 jours à Flavigny en 877 ; ils tuèrent dans l'abbaye 150 personnes, tant religieux que domestiques. L'année suivante, ils s'emparaient de Dijon, où ils pillèrent l'abbaye de Saint-Benigne et coupèrent la tête à l'abbé. Leurs incursions

---

1. Je donne à l'église de Flavigny, en la personne de Reginald, abbé de cette église, l'église de Saint-Germain de Vitteaux, l'église de Saint-Baudry de Vesvres, l'église de Saint-Martin de Villy, l'église de Saint-Jean-l'évangéliste de Grignon, et toutes celles que ladite église possède dans notre diocèse. Dans l'église de Vitteaux, les moines ont la moitié dans les offrandes, les sépultures, les confessions et dans tous les revenus de l'église ; dans les dîmes, ils ont les deux tiers et le prêtre le tiers...

en Bourgogne ne se terminèrent qu'en 911 par la défaite que leur infligea Robert le Justicier, le premier des ducs bénéficiaires de Bourgogne.

Sources : Courtépée, Collon, Kleinklauz *(Histoire de Bourgogne),* Annales de la Société des sciences de Semur.

II

AU MOYEN AGE

C'est pendant le IXe et le Xe siècle que se constitua définitivement la féodalité. Les chefs qui avaient rempli à la guerre d'importantes fonctions formaient une sorte d'aristocratie. Ils avaient obtenu des bénéfices, c'est-à-dire des privilèges et des terres que l'édit de Kiersy-sur-Oise rendit héréditaires (Charles le Chauve en 877). L'édit de Mersen, en 847, avait permis à tout homme libre de se choisir un seigneur pour le protéger. La classe des hommes libres disparut presque complètement au profit de cette aristocratie.

« Les habitants, trop faibles pour se défendre contre les riches qui convoitent leurs terres ou les Normands qui les pillent, font abandon de leurs personnes et de leurs biens en échange d'une protection. Ils se donnent aux abbayes ou aux chefs de bandes armées qui ont construit des châteaux ou des forteresses contre les Normands et s'en servent pour asservir leurs voisins sans défense. La population se divise bientôt en seigneurs, vassaux et serfs » (Kleinklauz). Il resta cependant quelques hommes libres ou francs dont le nombre est indiqué dans les terriers des seigneuries.

Au moyen âge les châteaux furent donc de véritables forteresses avec tours, fossés, pont-levis, etc. (Vitteaux, Montbard, etc.). Le château de Posanges nous en représente en petit un spécimen intéressant, bien qu'il ait succédé à un autre plus ancien. Il avait été reconstruit par Guillaume du Bois, maître d'hôtel du duc de Bourgogne ; la tombe de ce seigneur, décédé en 1454, se trouve dans l'église de Posanges.

A partir du XVIe siècle, les résidences seigneuriales ne

sont plus que de riches demeures ornées de parcs et jardins (Grosbois, Cessey). Les habitants avaient ordinairement le droit de retrait dans les anciens châteaux en temps de guerre ; à Vitteaux l'enceinte du château renfermait (terrier de 1473) 27 maisons des plus riches habitants qui ne devaient rien au seigneur ; les héritiers de Philippe Languet, Humbert Devoyo, Christophe Languet, Estiennot, Rollin, Boiteux, etc. En 1600, Antoine Du Prat, baron de Vitteaux, voulait assujettir les habitants à faire garde de jour au château, à la charge d'y être retirés au temps d'éminent péril : ils soutinrent n'y être point tenus, parce que feu Guillaume Du Prat avait fait démolir de son autorité privée les maisons du château, en *déchassant* la population.

Les abbayes furent aussi de véritables seigneuries. Ainsi au XVIIIe siècle, l'abbé de Flavigny était seigneur de Flavigny, Jailly, Pouillenay, Ecorsaint, Preaux et Chanceaux. En 870, l'abbaye avait reçu une donation de fonds et d'esclaves attachés à un domaine en Myard. En 1120, un Pierre de Vitteaux donne à l'abbaye son domaine de Myard pour obtenir sa sépulture dans l'abbaye.

Les châteaux se multiplièrent à l'infini comme le témoignent les restes qui en subsistent encore dans la plupart de nos villages. Peu de grands seigneurs, mais une multitude de petits seigneurs dont le nombre alla toujours en augmentant, par suite de divisions d'héritages, de partages, de ventes et de démembrements. Le châteaux les plus importants avaient le titre de châtellenie, avec des vassaux d'ordre inférieur qui devaient foi et hommage à leur suzerain. Pendant le moyen âge l'hommage comprenait le service militaire.

La Bourgogne sous les Ducs.

A la dynastie des ducs bénéficiaires succéda en 1032 Hugues le Grand, souche des ducs de la maison capétienne, qui possédèrent le duché jusqu'à Philippe de Rouvres, décédé en 1361. Nous ne dirons rien de cette dynastie, dont l'histoire se confond avec l'histoire de la France. (Rivalité des Bourguignons et des Armagnacs, guerre de cent ans.)

Viennent ensuite les ducs de la maison de Valois. Ce fut l'époque la plus brillante de la Bourgogne sous les ducs Philippe le Hardi, Jean Sans-Peur, Philippe le Bon et Charles le Téméraire. La richesse et le luxe de leur cour les égalaient presque au roi de France. Leur politique tendait à se créer un véritable royaume indépendant. Ils étaient en possession de la Flandre et d'une partie de la Belgique lorsque la défaite et la mort de Charles le Téméraire à Nancy permit à Louis XI de réunir la Bourgogne à la couronne de France en 1477.

Au cours de la guerre de cent ans, les Anglais, maîtres de la Bourgogne, s'étaient établis à Flavigny, d'où il pillèrent tout l'Auxois. Remontant la vallée de l'Armançon, ils brûlèrent et saccagèrent Saulieu et nombre d'autres villes. Semur s'était hâté de se construire une enceinte fortifiée. Le combat de Briey-sur-Ource (près de Châtillon) en 1359 fut favorable aux Anglais. Miles de Noyers dut payer 700 mailles d'or pour sa rançon. Le duc Philippe de Rouvres fit avec le roi d'Angleterre Edouard VI le traité de Guillon (1360), par lequel il obtint une suspension de guerre moyennant la somme de 200.000 deniers d'or. — Le traité de Brétigny n'avait qu'en apparence terminé la guerre.

Les grandes compagnies, ramassis d'étrangers de toute sorte et surtout d'Allemands licenciés par le roi d'Angleterre, continuèrent à ravager l'Auxois. Les seigneurs du pays firent en 1365 le siège de Vilaine-les-Prévotes dont s'était emparé Arnaud de Cervolles, un des chefs des grandes compagnies, lequel ne se rendit qu'au bout de six mois. Aux malheurs de ces temps s'ajouta la peste qui emporta le jeune duc de Bourgogne, Philippe de Rouvres, âgé de 16 ans.

Après les grandes Compagnies vinrent les Ecorcheurs.

Le traité d'Arras (1435) rétablit l'accord des Maisons de France et de Bourgogne, mais les soldats licenciés se transformèrent en brigands. Réunis en bandes, ils brûlaient les villages et massacraient les habitants, exigeant, lorsqu'ils le pouvaient, d'énormes rançons. A Dijon, la population, qui était en 1376 de 11.765 habitants, fut réduite à 3.355 après le passage des Ecorcheurs. L'Auxois, qui comptait 6.603 feux en 1397, n'en eut plus que 3.903. Vitteaux, rançonné et pillé, fut réduit à 67 feux ; Saffres, à 18 ; Boussey, à 2 ; de Verchizy, où il y avait 6 feux, il ne resta pas un seul habitant (Cazet, Monographie de Beurizot). Ces ravages furent de longue durée. En 1438, les capitaines et seigneurs du pays, commandés par le maréchal de Fribourg, firent à ces bandits une guerre implacable et parvinrent à en débarrasser le pays.

Les ravages des Ecorcheurs paraissent avoir réduit Vitteaux à une grande misère. Nous croyons que l'église Saint-Germain fut pillée et en partie ruinée. L'abbé Collon nous a conservé une bulle de 1472, donnée par sept cardinaux accordant des indulgences aux fidèles qui contribueront aux réparations de l'église : « Cupientes ut parochialis ecclesia S. Germani loci de Vitello, Eduensis diocœsis, in suis structuris et ædificiis debite reparetur... librisque, calicibus, luminaribus et aliis ornamentis decenter muniatur... utque Christi fideles libentius devotionis causa confluant ad eamdem et ad reparationem, conservationem et manutentionem prædictas manus porrigant adjutrices... [1]. »

Sources : Courtépée, Collon, Kleinklauz.

[1]. « Désirant que l'église paroissiale de Saint-Germain de Vitteaux, au diocèse d'Autun, reçoive les réparations nécessaires aux murs et au reste de l'édifice... qu'elle soit pourvue comme il convient, de calices, livres, chandeliers et autres ornements propres aux églises... voulant que les fidèles, par esprit de dévotion, s'y portent nombreux pour aider de leurs mains aux travaux de réparation et d'entretien de ladite église... » (Collon).

III

LA FÉODALITÉ

1° *Les seigneurs.*

Le régime féodal se conserva au moins dans ses parties essentielles dans le plus grand nombre des villages jusqu'à la Révolution de 1789.

Les fiefs ou domaines des seigneurs étaient constitués suivant une certaine hiérarchie. Les possesseurs des fiefs importants relevaient directement des ducs de Bourgogne ou plus tard du roi. A chaque changement de possesseurs, le nouveau seigneur devait prêter foi et hommage au suzerain et donner le dénombrement de sa seigneurie, c'est-à-dire l'état de ses propriétés et de ses droits de tout genre, constituant le terrier de sa seigneurie.

Le fief donnant à un seigneur les droits de haute, moyenne et basse justice, constituait une *châtellenie*. Le seigneur pouvait instituer un châtelain comme gouverneur, un bailli pour juger même en matière criminelle. Ce droit était affirmé par des potences ou fourches de justice élevées à la limite de la seigneurie. La baronnie de Vitteaux était une châtellenie ; les fourches de justice ont donné leur nom à la montée de la Justice. Les exécutions devaient se faire sur la place du Morimont, située à l'entrée de la rue de Dijon, au delà du pont de l'Œuf, où se trouvait l'une des portes de la ville.

Les arrière-fiefs devinrent très nombreux avec le temps. Ils avaient pour origine une vente ou une donation d'une partie d'un domaine seigneurial. Ainsi Guillaume Du Prat avait donné à N. Drouas le fief de la Plante pris sur son domaine de Boussey. Jacques Drouas acheta en 1756 la seigneurie de Velogny pour 50.000 livres à Champeaux de Saucy. Cette seigneurie relevait de Soussey, qui appartenait à Mme la baronne de Damas. Voici comment Jacques Drouas rendit hommage par procureur à sa suzeraine. Claude Bouchard, bailli de Vitteaux, s'étant informé si la dite Dame était à Soussey, apprit qu'elle était hors de la province. Le dit Bouchard, pour le sieur Drouas, sans épée ni éperons, s'étant transporté sur le pont-levis du château de Soussey, mit le genou à terre, tête nue, baisa la chaîne et fit les autres cérémonies requises par la coutume. Il fit entre les mains d'Alexandre Aury, bailli de Soussey, le serment de foi et d'hommage avec promesse de donner le dénombrement de la terre de Velogny. Tel était le devoir de fief. La baronnie de Vitteaux fut saisie plusieurs fois par les ducs pour devoir de fief non fait dans les six mois de la prise de possession.

Le droit d'aînesse assurait par préciput à l'aîné des fils la possession du château ou manoir principal avec un arpent de terre de l'enclos ou jardin joignant le manoir, ce que l'on appelait le vol du chapon. Mais l'aîné pouvait retenir le tout en baillant récompense à ses puînés ; le reste de l'héritage était partagé entre tous les enfants avec un certain avantage pour l'aîné.

Par la réunion de la Bourgogne à la couronne de France en 1477, les terres appartenant en propre aux ducs passèrent dans le domaine royal. Les rois attribuèrent ces terres, moyennant redevances, à de nouveaux seigneurs dits engagistes. Ainsi Buffon était seigneur engagiste de Montbard ; une partie d'Arnay et de Dampierre appartenait au même titre à Berthier, intendant de Paris ; Cessey, aux de la Jarrie ; Marcilly, dont Robelot était seigneur, Giosbois, une partie de Brain étaient également du domaine royal.

Au XVIIIe siècle, les petites seigneuries, extrêmement nombreuses (Thorey avait eu jusqu'à 16 seigneurs à la fois), appartenaient à des officiers militaires, à des membres du Parlement, même à des personnages ne possédant que des offices d'ordre inférieur. Alexandre de Repas, le premier maire perpétuel de Vitteaux, était seigneur de Soussey, Grand Champ et Martrois en partie ; Claude Languet, contrôleur au grenier à sel de Vitteaux, était seigneur de Grand Pré (démembré de Cessey) ; Gibier, maire de Vitteaux, était seigneur de Varanges (démembrement de Dampierre), etc. Les propriétés de ce genre, exemptes de la taille royale, étaient naturellement très recherchées et vendues facilement par des seigneurs obérés de dettes assez souvent.

2º *La main-morte.*

La plupart des habitants des villages et des petites villes non affranchies étaient gens de main-morte, quoiqu'il y eût souvent en outre un petit nombre d'hommes francs ou libres. Sauf de rares exceptions, les habitants des villages ne profitèrent point du mouvement qui aboutissait, au XIe et au XIIe siècles, à la création des communes. Ils restèrent serfs jusqu'à la Révolution.

D'après la coutume de Bourgogne, le seigneur héritait des biens des gens de main-morte lorsqu'il n'existait pas d'héritiers vivant en communauté de biens avec le décédé. — Les gens de main-morte ne pouvaient tester qu'avec l'autorisation de leur seigneur ; ils pouvaient vendre leurs biens, mais seulement à des gens de la même condition qu'eux et de la même seigneurie. — Ils sont taillables haut et bas au gré du seigneur ; cependant la taille ne doit pas être excessive, eu égard au nombre des feux. Lorsque le seigneur a envoyé son billet pour la taxe, les habitants sont tenus d'en faire la répartition entre eux et d'en donner le rôle signé d'un notaire.

Ils sont corvéables à volonté, sans que le nombre des journées de corvées (de bœufs, chevaux ou bras) puisse excéder six pour l'année. Le seigneur est tenu de nourrir les corvéables et doit laisser entre les corvées deux jours d'intervalle, sans pouvoir requérir les corvées qui n'auraient pas été faites l'année précédente.

L'homme franc qui vient habiter en un lieu main-mortable, devient main-mortable, lui et sa postérité ; mais le main-mortable qui va habiter en un lieu franc reste main-mortable, quelle que soit la durée de son absence, et le seigneur hérite de ses biens (droit de poursuite). — La fille qui se marie hors de la seigneurie abandonne au seigneur la moitié de sa dot (droit de fors-mariage).

Le main-mortable pouvait être affranchi par le consentement de son seigneur ou à prix d'argent. S'il continuait à habiter la seigneurie, l'affranchissement ne supprimait pas pour lui les redevances comme droits de banvin, d'éminage, de bannalités. Nous verrons subsister toutes ces redevances à Vitteaux après l'affranchissement de Hugues IV.

Le main-mortable pouvait s'affranchir lui-même en *désavouant son seigneur* et en se déclarant homme franc du duc de Bourgogne ou plus tard du roi. Le désaveu devait être précédé d'un mandement délivré par un bailli royal et remis au seigneur en personne et, s'il ne peut être trouvé, à son châtelain ou au juge du lieu. En faisant son désaveu, l'homme doit renoncer à son meix et autres biens meubles et héritages situés au lieu de main-morte, lesquels deviennent la propriété du seigneur. C'est ce que fit J.-B. Bordot, riche négociant de Briany, lieu main-mortable dépendant du seigneur de Montigny. Ayant cherché le comte de Montigny dans toutes ses terres et châteaux en Bourgogne et ne l'y ayant pas trouvé, il fit son désaveu entre les mains de Claude Bouchard, juge de Marcellois, en déclarant qu'il abandonne au dit seigneur tous les biens immeubles qu'il possède à Briany, se déclarant franc, lui et toute sa famille (Collon). On sait le rôle important qu'eurent à Vitteaux les Bordot devenus de très riches négociants.

Quelques seigneurs affranchirent leurs villages en échange d'une taille déterminée. En 1235, Odo de Montagu affranchit Marigny le Cahouet pour une taille de 5000 sols que Courtépée évalue à 250 livres de son temps. Saint-Thibault, affranchi en 1265, par Hugues de Thil (Durandeau). — Cessey, du domaine royal, affranchi par Henri III, à la suite d'une peste qui enleva presque tous les habitants.

Nous rapportons ici l'acte d'affranchissement de Lambert Languet par Jean de Montaigu, seigneur de Sombernon, en 1573. Courtépée en fait mention et nous le transcrivons d'après l'abbé Collon.

« L'an 1573, le 8 mars, Jean de Montaigu, chevalier, sire de Sombernon, pour les bons et agréables services qu'il a reçu au temps passé, de Lambert Languet de Sombrenon trépassé, Belot, sa femme, Jean, leur fils, et Marinet sa femme, et pour les services qu'il recevait encore de ceux qui vivaient, particulièrement en l'acquittement de plusieurs sommes de deniers que les dits Languet avaient prêtés, à sa mère et à lui-même au temps passé... et encore parce que particulièrement les dits Bellot, Jean et Marinet lui donnèrent comptant en présence du notaire et des témoins mille deniers d'or francs du coing et forge du roi de France, de bon or, au moyen de quoi il les affranchissait eux et leurs hoirs males et femelles pour toujours, sans qu'on put jamais leur rien demander de la main-morte, des corvées, gélines et plusieurs autres servitudes réelles et personnelles, les mettant par ces lettres en premières franchises et droitures du premier père et affranchit en outre leurs biens dont le détail et les confins sont rapportés dans la franchise.

« D'abord ledit seigneur de Montagu affranchit six maisons avec leurs meix, c'est-à-dire les enclos qui renferment autour de chacune de ces maisons, les jardins, vergers, chenevières, plus deux granges, un curtyl, le bûcher, 84 journaux de terre labourable et 16 soitures 1/2 de pré... lesquels héritages étaient du propre domaine des susdits Languet et leurs femmes et furent affranchis pour le présent et l'avenir de toutes main-mortes, exactions, tailles, gélines, corvées, subventions, mariages d'enfants, de rançons de prison de son corps ou du seigneur qui serait pour le temps sire de Sombernon, pour laquelle prison et rançon lesdits Languet et leurs hoirs paieront une livre tant seulement, monnaie censale un franc d'or du coing du roi pris pour 15 sols, c'est-à-dire soit qu'ils tiennent un domicile ou plusieurs, qu'ils soient en commun ou séparés, le cas advenant, ce que Dieu ne veuille... puis déclare par les expressions les plus fortes que jamais ils ne resteront dans la servitude. En outre accorde pour lui et ses successeurs, que s'ils se trouvent condamnés à une amende de 65 sols envers le seigneur, celui qui sera pris ne paiera que 20 sols.

« Par le même acte ledit sieur de Sombernon donne par donation entre vifs et irrévocables aux-dits Languet et pour leurs hoirs, pour être possédés en toute franchise nue place assise devant le four, une maizière assise au bourg tenant au chatel et à la halle, 81 journaux de terre labourable et 19 soitures de pré pour lesquels ils paieront audit seigneur de Sombernon chaque année à la fête de N.-D. de mars 20 sols, c'est-à-dire 10 sols de cens et 10 sols de taille, au moyen de quoi ils seront exemptés de tout, excepté des droits de banvin, de four et autres choses qu'ils paieront comme les habitants...

« Au cas qu'il y ait guerre, il accorde aux dits Languet et à leurs hoirs une retraite dans la forteresse de Sombernon, ou ailleurs, franche et quitte pour leurs corps et leurs biens qu'il s'oblige de recevoir et renvoyer bien et favorablement suivant leur état. Ledit sire de Sombernon jure et atteste sur les saints évangiles qu'il sera fidèle à sa parole ; de son côté, ledit Languet promet de payer ladite cens et taille et en fera ratifier l'acte à sa dite mère et sa femme. »

Cet acte fut loué, ratifié et scellé de son scel par Philippe, fils du roi de France, le 14 mai 1373.

L'abbé Collon ajoute que cet extrait tiré des registres de la justice de Sombernon fut délivré le 24 mai 1648 à Jacques Languet, receveur au grenier à sel de Pouilly et chambre de Vitteaux.

LA FÉODALITÉ 297

Cette pièce est la justification complète de ce que nous avons dit précédemment sur la mainmorte.

Sources : Coutume de Bourgogne, Coutume de Paris, Courtépée, Collon; collection de titres recueillis par l'abbé Collon (archives de Vitteaux).

IV

VITTEAUX AUX DUCS DE BOURGOGNE

Vitteaux (Vultelum, Vitellum, Vitel, Viteaux avec un seul t jusqu'au xixe siècle) eut, avant le xe siècle, des seigneurs dont les noms ne nous sont pas parvenus. Dans la donation de diverses églises par l'évêque d'Autun à l'abbé de Flavigny, figure comme témoin Landry, comte de Nevers, seigneur de Vitteaux en 992.

Courtépée cite Agnès de Montpensier, dame de Vitteaux en 1174. Il semble que la terre de Vitteaux entra de bonne heure dans le domaine particulier des ducs de Bourgogne, puisque le duc Eudes III (1192-1210) accorda certains privilèges aux habitants (probablement l'affranchissement de la main-morte, comme il l'avait fait à Montbard en 1201, d'après Courtépée).

Le duc Hugues IV, son successeur, grand acquéreur de terres dans tout son duché, acheta en 1243 d'Alain de Vaurin, sénéchal de Champagne, tout ce que celui-ci possédait et pouvait avoir « apud Vitellum, Poisanges, apud « Marcileium, Vevram, Marcellois, Vyleium, Dampierre, « Sacceium, Charenceium, Arneium, Etalante, Dracœ- « num et Seigneium », tant en hommes, forteresses, maisons, fiefs, justices, vignes, bois, etc. (Archives de la Côte-d'Or), le tout moyennant 6.500 livres parisis.

C'est le duc Hugues IV qui, en 1250, donna à Vitteaux sa charte de commune. Celle de Dijon date de 1185 ; Montbard avait eu la sienne en 1230, Semur l'obtint en 1276. Ces traités furent une source importante de revenus pour les ducs. M. Durandeau a publié le texte latin et une traduction de celle de Vitteaux.

Le premier article est ainsi conçu :

« Au nom de la très sainte et indivisible Trinité, ainsi
« soit-il. Que tous présents et à venir sachent que moi
« Hugues, duc de Bourgogne, ai donné et accordé à mes
« hommes de Vitteaux une commune et la liberté pour en
« jouir à jamais, à la forme de celle de Montbard » (communiam et libertatem habendam in perpetuum), sauf leurs bons usages.

Le duc aura un crédit de 15 jours pour le pain, le vin et autres provisions de tables, passé ce délai, on ne lui remettra plus rien jusqu'à ce qu'il ait payé sa dette.

Les articles suivants indiquent les droits du maire et des jurés qui sont élus tous les ans. Ils jureront de ne déporter ni surcharger personne et de ne favoriser qui que ce soit par affection, mais au contraire ils rendront un juste jugement suivant leur conscience.

Tous les autres habitants jureront de se soumettre au jugement que les élus feront d'eux, à moins qu'ils ne puissent prouver qu'ils ne peuvent payer.

Tous les habitants sont tenus de se rendre à l'assemblée convoquée au son de la cloche sous peine d'une amende de 12 deniers.

Le maire a seul le droit d'arrêter quelqu'un dans la ville. Les cas de vol, de meurtre, de rapt sont déférés à la justice du prévost. Des amendes de 65 sols sont édictées contre ceux qui feraient violence au château, déplaceraient des bornes, voleraient des fruits pendant la nuit, se serviraient de fausses mesures. Les jurés ont le droit de punir corporellement ceux qui commettent des injustices et ceux qui feraient tort aux marchands venus dans la ville.

Quelques autres articles assez obscurs concernent l'autorité des jurés en cas de guerre, sur le droit de donner asile pendant 15 jours à un étranger dépendant d'un seigneur, etc.

Le duc s'assurait du service militaire des habitants.

« Si le Duc mande la commune pour son armée, les habi-
« tants viendront avec mon sénéschal ou mon connétable

« par tout le royaume de France pendant 40 jours et si
« je fais le siège d'un château dans l'intérieur de mon
« duché, ils resteront avec moi autant qu'il me plaira. —
« Il faut remarquer cependant que les habitants de la
« commune peuvent se faire remplacer par des serviteurs
« en état de porter les armes. »

« Pour la concession de cette commune à mes hommes
« de Vitteaux, ils me paieront tous les ans ou à mes man-
« dataires ou à mon prévost quarante livres dijonnaises,
« savoir la moitié de cette somme à Vitteaux le jour de
« saint Remy, et l'autre moitié le mardi avant les Rameaux
« ou le Samedi saint à Sombernon. S'ils manquent à faire
« ce paiement, je pourrai radier tous ces droits. »

Remarquons ici qu'au lieu de 40 livres dijonnaises, chiffre donné dans la traduction de Collon, le texte latin porte une fois *quadragintas libras* (40 livres) et un peu plus loin *quadringentas libras* (400 livres). — Kleinklauz dit 300 livres.

« Le maire et les échevins (Major et Scabini), après leur élection, jureront tous les ans de me faire valoir la ville de Vitteaux autant qu'il leur sera possible outre la susdite somme, autant qu'il leur sera possible de le faire de bonne foi et l'on en croira les dits maire et échevins ensuite de leur serment et ne pourront être molestés par moi sur cet article.

« Sous l'obligation des présentes constitutions, j'affranchis et quitte de la taille à perpétuité les habitants de la dite commune et je leur ai accordé aussi tout ce que j'aurai rattaché et acquis dans la ville de Vitteaux. »

Dans un autre article : « Si quelque membre de la commune elle-même me fait quelque tort, il (ou elle) devra comparaître sur le cimetière de Saint-Germain de Vitteaux et il me sera fait justice par le maire de la commune, suivant le jugement des jurats, et je ne pourrai traduire le délinquant ou la commune autre part que sur ledit cimetière, ni les forcer à faire preuve de la charte en aucun autre lieu. »

S'il s'élève quelques difficultés concernant la justice ou

autres matières non prévues, elle sera réglée par le témoignage des jurés de la commune de Montbard.

Le duc donne pour garants de ses promesses l'archevêque de Lyon, les évêques d'Autun, de Langres et de Châlon ; il leur donne le pouvoir de le contraindre à réparer les infractions faites de sa part à ce traité, et, en cas de refus, de l'y forcer par un interdit général sur toutes ses terres, excepté celle de Vitteaux, 14 jours après l'avis qu'il aura reçu de leur part.

Sous certains rapports, il semble que ce régime municipal avait un caractère libéral.

A la mort du duc Hugues IV, Béatrice de Champagne, qu'il avait épousée en secondes noces, échangea diverses terres de son douaire contre celles de *Vitteaux*, Aignay, Etalante, etc. L'acte de 1294 est aux archives de la Côte-d'Or.

En 1299, le duc Robert II, fils et successeur de Hugues IV échange avec Jean de Châlon, sire d'Arlay [1], la seigneurie de Vitteaux contre celle de Monréal. La maison de Châlon, qui fut l'une des plus puissantes de Bourgogne, conserva la la seigneurie de Vitteaux jusqu'en 1548.

1. Seigneurie près de Lons-le-Saulnier.

V

VITTEAUX A LA MAISON DE CHALON
ET AUX DU PRAT

La maison de Châlon, qui a donné des seigneurs à Vitteaux, a pour origine les comtes de Châlon, les plus riches seigneurs de la Bourgogne au XIIIe siècle. Le dernier échangea son comté de Châlon avec Hugues IV, duc de Bourgogne en 1237, contre la seigneurie de Salins, en conservant le nom de Châlon pour lui et ses descendants (Courtépée).

Voici les noms que nous avons pu retrouver des seigneurs de Vitteaux :

1º Jean de Châlon, sire d'Arlay, qui avait épousé Marguerite de Bourgogne, fille du duc Hugues IV : laquelle ratifié en 1299 la cession à elle faite de la terre de Vitteaux (Archives de la Côte-d'Or).

2º Hugues de Châlon, fils du précédent, épousa Marguerite de la Tour.

3º Jean d'Arlay, fils du précédent, qui épouse en 1346 Marguerite de Mello et, en secondes noces, Marie de Genève.

Il semble que la possession de Vitteaux fut ensuite fort disputée.

Les archives de la Côte-d'Or contiennent un inventaire en parchemin des biens qui étaient au château de Vitteaux lorsque la main de Mgr le Duc y fut mise par le bailli d'Auxois le dimanche avant la Saint-Martin d'hiver en 1346. — En 1371, la terre de Vitteaux est encore ès-mains du duc pour certaines sommes de deniers que lui devait Louis de Châlon.

En 1395 intervient un arrêt du Parlement de Paris qui porte accord du consentement des parties du différend qui était entre les officiers du duc de Bourgogne et dame Marguerite de Vienne, par lequel mainlevée est faite à cette dame de la saisie des terres et châtellenie de Vitteaux (Archives de la Côte-d'Or).

4º De Jean d'Arlay et de Marie de Genève était né *Jean de Châlon*, marié en 1389 à Marie de Baux, fille unique de Raymond V, dernier prince d'Orange, d'où vint Louis II, prince d'Orange (Courtépée). — De Jean de Châlon sort la branche des Châlon-Joigny [1].

5º Charles Châlon, comte de Joigny, baron de Vitteaux, fait renouveler le terrier en 1473 ; sa reprise de fief est de 1482.

6º Hugues, fils du précédent, comte de Joigny, évêque d'Autun, donne une bulle en 1486 pour aider à la réparation de l'église de Vitteaux (Collon).

7º Charlotte de Châlon, fille de Charles de Châlon, donne Vitteaux par contrat de mariage à François d'Allègre, sire de Précy. La reprise de fief est de 1506 (Archives).

En 1548, reprise de fief de la terre et baronnie de Vitteaux par messire Antoine du Prat, à cause d'Anne d'Allègre, sa femme, fille héritière de feu François d'Allègre, en son vivant seigneur de Précy et baron de Vitteaux.

Vitteaux et les du Prat (1548-1789).

Les d'Allègre et les du Prat étaient originaires d'Auvergne. Allègre est une ancienne seigneurie près du Puy, aujourd'hui chef-lieu de canton, de 1.800 habitants. Les du Prat descendent d'Antoine du Prat, chancelier de France sous François Ier, lequel eut plusieurs enfants et, devenu veuf, embrassa l'état ecclésiastique, devint cardinal et négocia avec le pape Léon X le concordat de 1516. Un de ses fils, Antoine, seigneur de Nantouillet, était prévôt

---

1. La reine actuelle de Hollande descend de Marie des Baux ; les représentants de la ville d'Orange l'ont rappelé dans la visite faite au Président de la République par la reine Wilhelmine en juin 1912.

de Paris en 1547. C'est un des petits-fils du chancelier qui épousa Anne d'Allègre, dame de Vitteaux.

Voici la liste des seigneurs du nom de du Prat :

1º Antoine du Prat, qui épouse Anne d'Allègre. La reprise de fief est de 1548.

2. Guillaume du Prat, troisième fils du précédent, baron de Vitteaux. Il tue en duel son cousin Antoine d'Allègre, en 1572, et fut lui-même tué en duel, en 1583, par Yve d'Allègre.

3º François du Prat, 4e fils d'Antoine.

4º Antoine du Prat, neveu de Guillaume, le fameux ligueur, dont nous parlerons plus loin. Son traité avec Henri IV est de 1595.

Nous trouvons à la date de 1611 (arch. de la Côte-d'Or) la reprise de fief de Roger de Bellegarde comme acquéreur de dame Marie Sayve, veuve de messire Antoine du Prat.

6º Louis-Antoine du Prat de Barbançon, marquis de Nantouillet. Reprise de fief lui appartenant par le testament de feue Demoiselle Michel du Prat, sa tante, en 1636 (Archives de la Côte-d'Or).

7º Henry du Prat, chevalier, marquis de Nantouillet, reprise de fief en 1683, comme fils aîné du précédent.

En 1689, requête pour avoir mainlevée des revenus de la baronnie de Vitteaux, saisie faute de dénombrement (Archives). — Reprise de fief en 1695 par les créanciers de la maison de Nantouillet, dont le décret se poursuit, devant le parlement du roi.

8º En 1698, reprise du fief et de la baronnie de Vitteaux par le tuteur de François du Prat de Barbançon, fils mineur de François du Prat de Barbançon.

Ce nom de Barbançon (dit le dictionnaire de Lalanne) fut porté par plusieurs familles nobles. Le dernier membre de ce nom, Louis de Barbançon, marquis de Cany (en Picardie), substitua son nom et ses armes à François du Prat, dit le chevalier de Nantouillet, mort en 1695. — Michel de Barbançon, seigneur de Cany, en 1569.

9° Reprise de fief en 1752 par Louis-Antoine du Prat, comte de Barbançon. — Mort à Paris en 1776.

10° Reprise de fief en 1776 par Jean-Louis-Antoine du Prat, comte de Barbançon, le dernier seigneur de Vitteaux. Il émigra en 1789 ; le château et les biens furent vendus à la Révolution.

Le dernier seigneur de Vitteaux était riche de 50.000 écus de rente en biens fonds, dit l'abbé Collon. Il était pourvu de charges considérables que nous trouvons énumérées dans l'inscription gravée sur la cloche dite de Saint-Germain, fondue sur le cimetière en 1779.

« L'an 1779. — S. Germane, ora pro nobis. — J'ai eu pour parrain haut et puissant seigneur, Augustin-Jean-Louis-Antoine du Prat, comte de Barbançon, comte souverain de la Valteline, baron de Vitteaux et de Clessy, châtelain de Formerie, gouverneur du Valois et de Villers-Cotterets, Coucy et Noyon, colonel du régiment d'Orléans infanterie, capitaine des chasses de la capitainerie royale et maître des eaux et forêts de Villers-Cotterets, premier veneur et conservateur des chasses de Son Altesse Sérénissime Monseigneur le duc d'Orléans ; et pour marraine, haute et puissante dame Marie-Charlotte-Françoise-Xavier de Nantouillet, épouse de haut et puissant seigneur Yves-Marie de Fourches, comte de Monsoreau, mestre du camp du régiment de Royal-Cravate. — J'ai été bénite par M. Jean-Baptiste-Toussaint Marandon, curé de cette ville » (Collon).

En 1787, ce dernier seigneur avait vendu pour un million sa terre de Gueugnon aux sieurs Bordot de Vitteaux et Pernau de Chagny (Collon). En 1802, le maire Bidault remet à sa veuve le terrier de 1776, trois manuels des redevances de la seigneurie et 139 reconnaissances de redevances d'avoine. Un arrêté des consuls l'autorisait à percevoir seulement des fermiers et débiteurs les sommes échues depuis la radiation dudit seigneur de la liste des émigrés.

VI

LE TERRIER DE LA SEIGNEURIE

On donnait le nom de terrier à la déclaration que devait faire chaque seigneur en prenant possession des droits et propriétés dépendant de sa seigneurie.

Le plus ancien terrier conservé par l'abbé Collon est celui de 1473, par Charles de Châlon, comte de Joigny, en vertu de lettres patentes du duc Charles. Le procureur du seigneur était Jean Garnier le jeune, Guillaume Daubenton étant bailli.

En présence de plusieurs habitants, il fut reconnu que Charles de Châlon était entièrement seigneur de Vitteaux, en toute justice, haute, moyenne et basse.

Que ladite justice et seigneurie était une châtellenie de toute ancienneté, de laquelle dépendaient Boussey, Massingy et Marcellois, quoique les habitants fussent de différentes conditions.

Que ledit seigneur avait le droit d'instituer un châtelain, aussi bien qu'un scribe et un greffier, pour enregistrer les causes dépendantes de la dite justice, un bailli auquel comme second juge appartenait la connaissance des appellations et sentences du châtelain et de tous les cas criminels et civils commis en la dite terre et châtellenie, — un scribe et un greffier pour les affaires du bailliage, — et, de plus, un sergent crieur, qui devait se servir des termes suivants : *oyez, oyez, l'on fait savoir à tous de part monseigneur de Châlon.*

Que ledit seigneur avait le droit de recevoir le serment des blattiers, messiers et vigniers que les prud'hommes ont accoutumé de choisir et de lui présenter tous les ans ; —

que toutes les amendes trouvées et rapportées par les dits blattiers, messiers et vigniers, appartiennent au seigneur ayant droit de lever 13 deniers tournois pour le *claim* par ajournement ou défaut, — qu'il avait le droit de lever une amende de 7 sols tournois pour chaque défaut ou sentence rendue par son bailli, une autre amende de 8 sols 1 denier sur chaque personne condamnée par son châtelain, — droit de confiscation des biens d'un criminel mis à mort ou condamné au bannissement, — une amende arbitraire pour *batture* et, s'il y a sang, une amende de 65 sols tournois, — de même, pour garde enfreinte 65 sols tournois ou rébellion, bris de scellés, bornes passées. — Chaque bête prise en dommage 7 sols, un cheval 13 deniers ; id. pour un bœuf, 5 deniers pour une vache, 6 pour un bouc ou mouton, 5 pour une oie ou canard, une maille pour l'âne et l'ânesse, 13 deniers pour un mulet.

Ils déclarent que les habitants doivent tous les ans une taille de 300 florins, chaque florin compté pour 10 gros, chaque gros pour 20 deniers. Faute de paiement, le seigneur peut faire saisir et arrêter aux *estables* les vaches de tous les habitants par le sergent crieur à voix de cris sur les murs du château et, après ce cri, personne ne pouvait lâcher ses vaches à moins de 65 sols d'amende pour chaque fois.

Que le four banal appartient au seigneur et que pour son droit de fournage lui ou ses amodiataires avaient droit de prendre... ; il n'était pas permis d'avoir des fours particuliers, sinon petits, pour cuire des pâtés et flancs.

Les *banvins* [1] commençaient le dimanche de *Cantate*, qui est au mois de Pâques charnel, et duraient sept semaines entières pendant lesquelles nul habitant, excepté le fermier, n'avait droit de vendre vin en détail sous peine de 3 livres 5 sols d'amende pour chaque fois, excepté les jours de l'Ascension, Pentecôte et Saint-Jean-Baptiste, aux-

---

1. *Cantate* est le 4ᵉ dimanche après Pâques. — Pâques charnelles veut dire le temps après Pâques où il est permis de manger de la viande.

quels les habitants avaient toujours eu coutume de vendre du vin en détail ; mais, pour en dédommager le seigneur, il prenait encore 6 jours de ban, après les sept semaines expirées.

Il fut reconnu que le tabellionage appartient entièrement au seigneur ; qu'il a un sceau et contre-sceau authentique pour les contrats et qu'il pouvait constituer des notaires idoines pour passer les contrats.

Que le droit de péage lui appartenait à Vitteaux, Dampierre, Posanges et Boussey. Ses fermiers prélevaient pour une bête de trait et chaque collier 10 deniers parisis ; pour le bât, 1 denier ; pour un cheval ferré, 8 deniers ; non ferré, 4 deniers ; pour une jument ferrée, 4 deniers ; non ferrée, 2 deniers ; un âne, 4 deniers ; non ferré, 2 deniers ; un bœuf, 2 deniers ; une vache, 1 denier ; un mouton, 1 denier ; une brebis, une obole parisis ; de même pour un porc. — Qu'il avait le droit d'étalage aux trois foires qui se tenaient de tout temps les jours Saint-Mathieu, 20 septembre ; le pénultième d'octobre et le jeudi gras. Ses fermiers prélevaient :

Sur chaque drapier pour étaux	6 blancs ;
— fripier	3 »
le sel	2 deniers parisis ;
vans	3 blancs ;
lanternes	1 blanc ;
harengs, lard, chair salée	2 deniers ;
chaque crochet porté par les habitants de Vitteaux,	1 blanc ;
étaux de pain, mercerie, ferrerie, estancennerie,	1 denier.

Aux jours de marchés, ces marchandises ne doivent que moitié ; toutes denrées qui n'étaient pas mises à terre ou sur étaux étaient franches de droits. Etaient francs de droits les bois ronds, fruits, blé, fromages, huiles, peaux, perches, cordiers, verriers, aulx, oignons, poulailles, oiseaux, cochons, sauvagines bêtes à quatre pieds qui ne se vendaient en pièces ou sur étaux. Et celui qui ne paie ou *mercie* au bailli, ou baille gaige et part, hors des croix et finages de Vitteaux, paie l'amende audit seigneur.

Le marché de chaque jeudi appartient audit seigneur, de même que la place du marché où on paie la moitié du droit des foires.

Musaige. Un mois devant et après Noël, chaque personne venant vendre au marché paie un *niquet* de franchise et pouvait vendre alors sans taxe aux foires et marchés.

Aunage. Le seigneur donnait une aune pour les marchands qui payaient un niquet.

Eminage. Le mesurage de tous grains appartenait au seigneur. Il levait sur les blés mis en vente : pour chaque septier 4 écuelles combles, dont 9 faisaient le boisseau à froment ; et de même pour tous grains et fruits se vendant à la mesure ; pour l'émine, 2 écuelles combles ; pour le bichet, une écuelle comble ; pour le moitou, une écuelle rase (L'émine était à peu près 1/2 hectolitre).

Boucherie. Droit de visite sur les bêtes qui ne pouvaient être abattues, si on ne les avait vues manger : **un demi blanc** ; chaque nouveau boucher payait 10 sols tournois une fois seulement.

Rivière. Appartient au seigneur. On ne peut y construire sans sa permission.

Lavières et perrières. Appartiennent au seigneur ; on payait pour en extraire un droit de *forestage*.

Le seigneur possédait personnellement 3 soitures 1/2 de pré en la Sarrée et 3 en pré Poisson — 605 arpents de bois — ; quelques ouvrées de vignes ; 115 meix devaient des cens d'avoine ; 15 maisons des cens de cire, ainsi que les 12 étaux de bouchers.

Cet extrait est pris à peu près textuellement dans les notes de l'abbé Collon qui donne aussi la description des meix avec leurs redevances.

Il est peut-être utile d'indiquer la valeur des monnaies dont il est question dans ce terrier.

La livre tournois valait 20 sols ; la livre parisis, 25 sols.

Le sol tournois valait 12 deniers ; le sol parisis, 15 deniers.

Un blanc valait 5 deniers. Jusqu'au commencement du XIXe siècle, on disait encore 6 blancs au lieu de 2 sols 1/2.

Le niquet valait 2 deniers tournois, c'est-à-dire la sixième partie d'un sol ; cette monnaie avait été introduite sous le règne de Charles VI par Henri V, roi d'Angleterre.

Il y avait encore la maille, ainsi nommée parce qu'elle avait la dimension d'une maille de filet ; elle valait une obole, c'est-à-dire la moitié d'un denier. On connaît l'expression avoir maille à partir (à partager) avec quelqu'un.

Dès 1474, des difficultés surgirent entre la ville de Vitteaux et le seigneur et donnèrent lieu à un procès. Le premier point concernait le privilège qu'avaient les bourgeois et habitants de s'assembler. Il fut accordé qu'ils pouvaient le faire une fois l'an, le jour de saint Jean-Baptiste, sur le cimetière de Saint-Germain, au son de la cloche. Ce même jour, ils nommeraient six échevins qui seraient présentés au seigneur ou à ses officiers pour prêter le serment solennel de garder ses droits héréditaires et seigneuries, de ne rien entreprendre sur lui ; de garder et de défendre les privilèges de la ville ; d'imposer les tailles, aides, fouages et autres choses nécessaires loyalement et suivant les facultés de chacun, sans se laisser corrompre par la haine, la crainte, les présents et autres choses de ce genre, sans se mêler ni entremettre de quelque acte de justice ou de juridiction. — Ce même jour, la communauté choisira un receveur pour les tailles, obligé de rendre compte chaque année devant les échevins et la communauté, et un procureur pour les affaires de la communauté. Aucune autre assemblée ne pouvait avoir lieu sans la permission du seigneur. — Les échevins et habitants pourront élire un *bonhomme* pour régir la Maladière. — L'arrêt des vaches continuera à être le droit du seigneur. — Quant au péage, les habitants de Vitteaux n'en paieront point.

Cette transaction mit fin au procès qui coûta aux habitants 500 écus de 22 sols parisis. Elle fut faite par Guillaume Languet et François Estiennot pour la ville à Nuys sur le Rhin où se trouvait alors le seigneur Charles de Châlon à l'armée du duc de Bourgogne, qui la confirma par l'apposition de son sceau, le 25 août 1474 (Collon).

Les habitants conservèrent ainsi, au moins en partie, les privilèges de la charte du duc Hugues IV de 1250. La mort de Charles le Téméraire allait bientôt introduire l'autorité du roi, sans que les droits du seigneur en fussent sensiblement modifiés.

Le même terrier donne une description du château sur laquelle nous reviendrons plus loin.

D'autres dénombrements et terriers eurent lieu à chaque changement de seigneurs et répètent la même énumération. On y voit en 1630 que les habitants de Massingy sont francs, mais s'ils quittent Massingy, ils sont de mainmorte et serve comme avant leur affranchissement. Ils doivent une taille de 25 livres. Le baron a les deux tiers des dîmes, l'autre tiers va au curé ; la dîme étant de 20 gerbes l'une.

A Marcellois tous les habitants sont mainmortables et taillables à volonté. Ils doivent trois corvées de charrues. — A Boussey, les habitants, taillables haut et bas, doivent trois corvées de charrue et chaque habitant une poule.

La baronnie de Villy et celle de Champregnault étaient en 1473 des fiefs dépendant de la baronnie de Vitteaux.

Le dénombrement de 1600 eut lieu sur la convocation des habitants par le procureur de la baronnie. La liste contient 210 noms ; les six échevins : Pierre de Liteau, Jean Chanterenne, Nicolas Joly, Huvert Morot, Edme Picard, Joachim Benoît. — Citons quelques noms encore représentés à Vitteaux : Durandeau, Rousseau, Claude Millois, Claude Meussot, Nicolas Sirugue, Claude et André Moreau, Colardot, Robot, Bajolle, Benoît, Picard, Godard, Marguerite, Oudin, Brulebœuf, Lefol, Huchon, Lignier, Simonnot, Prinstat, Enfer.

Il faut dire encore que le droit de mainmorte et les servitudes féodales subsistèrent jusqu'à la Révolution. En

1779, le roi Louis XVI abolit la mainmorte dans les domaines royaux et dans tous ceux engagés par les rois ses prédécesseurs. « Nous aurions voulu, dit le roi dans cet édit, abolir sans distinction ces vestiges d'une féodalité rigoureuse, mais nos finances ne nous permettent pas de racheter ce droit aux seigneurs et nous sommes retenus par les égards que nous avons pour les lois de la propriété. Nous verrions avec satisfaction l'abolition complète des droits de mainmorte et de servitude. » De tous ceux auxquels s'adressait ce touchant appel, presque tous firent la sourde oreille (*Au couchant de la monarchie*, par Ségur).

VII

LE CHATEAU ET L'ENCEINTE DE LA VILLE

Le terrier de 1473 décrit le châtel de la manière suivante :

« Le chastel est clos de gros murs et allées par-dessus tout autour, garni de trois grosses tours rondes, toutes de pierre et couvertes de laves. C'est à savoir au plus près d'un côté et de l'autre de la porte d'entrée d'icelui chastel du côté de Massingy et l'autre où est le crot de la prison dudit chastel au quart desdits murs [1] du côté du midi. — Item, devant la porte de l'entrée du dit chastel et au travers des fossés, a un pont-levis et un pont dormant tout de bois, et devant iceux deux hales (allées ?) tirant jusqu'à la rue de Cessey et au bout un petit portail de bois où il y a une porte et un huis.

Item, sur les murs dudit chastel, au droit de la maison de feu Guillaume Bernot, à dehors ledit chastel du côté du midi, il y a une bretaiche [2] toute de bois sur les murs dudit chastel.

Item, du côté d'occident et du bourg dudit Vitteaux, il y a une fausse porte toute de pierre devant laquelle il y a un commencement de boulevard de pierre seulement et sur ladite fausse porte il y a une bretaiche de bois élevée sur trois pans de murs, environ deux toises plus haut que l'allée des murs dudit chastel et en ladite bretaiche est l'*orloge* dudit chastel.

Item, sur le carré desdits murs devers l'église de Vit-

---

1. C'est-à-dire à l'angle desdits murs.
2. Bretaiche, tour de bois pour la défense.

teaux, il y a une autre bretaiche de bois, aussi élevée sur lesdits murs.

Item, du côté de la rue de Cessey, petite cour carrée avec un petit *estaige* de bois où est le colombier et il y a dedans environ 800 pertuis.

Item, à l'entour desdits murs, depuis ladite tour où est le crot de la prison, en tirant contre septentrion, il y a de grands fossés à fond de cuve, taillés en roche, de la largeur d'environ 5 toises et de 2 toises de profondeur ; et depuis la tour carrée jusqu'audit Boulevard commencé à faire tout à neuf comme dit est devant la fausse porte dudit chatel au côté dudit bourg, une allée ou traige close de petits murs et maisons comme fausses brayes pour aller à hauteur desdits murs à pied et à cheval et n'est pas ladite allée d'une même largeur, mais en l'un des lieux plus larges, elle peut avoir 15 pieds et aux plus étroits 4 ou 5, et depuis le Boulevard jusqu'à ladite tour du Crot d'icelle prison, il y a semblablement allée close comme dessus.

Item, que ledit chatel contient, étant mesuré par le milieu depuis la fausse porte jusqu'à la grande porte, y compris les gros desdits murs 50 toises et au travers aussi 50 toises. »

On peut encore vérifier sur place l'exactitude de cette description, à l'exception des constructions en bois (bretaiches, etc.) qui ont naturellement disparu.

La maison du seigneur, renfermée dans cette enceinte, était contre les murs du château. Ce corps de logis, dit Collon, n'avait qu'un étage sans galetas, une grande salle au milieu et de grandes chambres de chaque côté. — La chapelle bâtie au milieu,, avait une croisée au fond et au-dessus de la porte d'entrée un pinacle ou beffroy où était une petite cloche. — Sous la chapelle, une cave voûtée. Le terrier déclare qu'il y avait trois messes fondées

---

1. Brayes ou braies, avant-mur qui embrassait le dehors de la porte d'une forteresse.

par semaine. — Derrière la maison, le jardin, la cour de 18 toises de longueur sur 11 de large — la maison du gruyer, le grenier, les écuries.

Ces constructions occupaient la moitié du château. L'autre moitié était occupée par les maisons des meilleurs habitants, au nombre de 27, qui ne devaient rien au sei-

Vieille tour prise des Ponts de Bois.

gneur. Il y avait un chemin tirant de la grande porte à la fausse porte ; les susdites maisons étaient sur ce chemin, du côté du midi. Parmi ces maisons, celles de Philippe Languet, d'Estiennot, de Rollin, Boiteux, Christophe Languet ; et une appartenant à Girard Meulot, curé de Vitteaux, laquelle était louée à Mollet, curé de Saffres.

Dans le terrier de 1600, l'art. 67 déclarait qu'en temps de guerre les habitants sont tenus d'y faire garde de jour, s'ils n'en sont exemptés par le seigneur, à la charge d'être retirés par lui au temps d'éminent péril, conformément à l'édit du duc Jean. — Les habitants soutinrent n'y être tenus, il n'était pas juste que les habitants y fissent la garde par suite de la démolition des maisons que feu Guillaume du Prat avait fait démolir de son autorité privée en déchassant les propriétaires (Collon).

Nous devons noter ici que la description de l'état du château en 1473, prouve qu'il s'y ajouta plus tard d'autres tours, dont les restes subsistent encore : 1º une grosse tour, aujourd'hui démolie, mais dont les fondations restent dans l'ancienne maison des Clémencet, appartenant à M. Julien Lévêque. — Les restes de la tour, à l'issue du château, sont dans la maison de M. G. Lévêque ; 2º une tour carrée attenante au jardin de Mme Belime ; 3º une très grosse tour à l'angle des murs du côté de la rue Cordier, sur les jardins qui sont établis sur les anciens fossés.

Après le traité de paix du baron Antoine du Prat avec Henri IV, les troupes du baron continuèrent leurs ravages (voir plus loin). Le roi ordonna en 1602 la démolition de la forteresse. Retardée par le crédit du baron, elle fut réclamée par les Etats de Bourgogne et se fit en 1631 sous l'autorité de Charles de Vienne, comte de Comarin. Le roi défendit en 1632 de rétablir la forteresse, voulant que ladite place demeure libre aux habitants pour y aller et venir. Les clefs de la porte devaient être remises entre les mains des échevins. La maison du seigneur lui était conservée, avec défense à toute personne de prendre le titre de gouverneur et capitaine du château. Toutefois, dit Collon, la porte du côté de Massingy ne fut jamais rouverte et, jusqu'à la Révolution, l'emplacement du château resta fermé ; les fermiers du seigneur en amodiaient le terrain.

Les terriers nous font connaître les noms des rues, avec le chiffre des redevances des meix, sous le titre de coutumes d'avoine.

Dans la rue du Moustier.	8 meix
Outre la rue du Moustier côté septentrion.	6 —
Sur le chemin de Vitteaux à Posanges. . .	2 —

Rue de Montchevreau. . . . . 12 meix
Rue Vieille . . . . 15 —
Rue du Truchot. . . . . 13 —
Rue ès-Corceaux . . . . 11 —
Rue de Massingy. . . . . 16 —
Rue de Cessey. . . . . 20 —
Rue des Rochereaux . . . . ? —

La rue Montchevreau commençait à l'hôpital Saint-Nicolas et finissait à la Bossière. Elle s'étendait par une autre extrémité (?) jusque près de la rivière vers le pont de l'Horloge, les pêcheries, le four banal. Cette rue était considérable et une des plus anciennes avec la rue vieille.

La rue Saint-Jean ne se construisit qu'après l'établissement de la route de 1745-48. Elle s'appelait d'abord la rue Neuve.

Les actes et titres font mention au XVIe siècle de la rue Cornebornon, de la rue du Trou, des Coberges, rues Cordier, du Meix-Ragnon, Portelle, Guéniot, Lolier, Benoist, de l'Eglise.

A la forteresse se rattachent les fortifications de la ville. Le souvenir des guerres privées que se faisaient les seigneurs, les ravages des Ecorcheurs et des Grandes Compagnies et les troubles qui résultaient de l'introduction de la Réforme déterminèrent les habitants à élever des tours et des murs pour leur défense. François Ier les y autorisa, mais ce ne fut que sous Henri II que la clôture fut terminée avec l'autorisation du seigneur Guillaume du Prat. Les murs commençant à la tour du Crot allaient jusqu'au ruisseau de Massingy, flanqués le long du ruisseau et de la rivière de cinq tours rondes et de tours carrées avec ponts-levis qui formaient les deux portes principales de la ville; l'une, à l'entrée de la rue de Dijon était la porte du pont de l'Œuf sur le ruisseau de Massingy, l'autre sur la rivière était la porte du pont de l'Horloge. Du côté du nord il y avait aussi la porte Cordier, avec pont-levis sur le déchargeoir des fossés du château. Enfin une petite porte aussi à pont-levis, appelée la Portelle, se trouvait au couchant, vers le moulin du seigneur (moulin Mousseron), avec une guérite près des écuries de la maison

VIEILLE TOUR PRISE DE LA RUE DE DIJON.

Piget. On voit encore aujourd'hui les restes de toutes ces tours ; en amont et en aval du pont de la rue de Dijon, dans le jardin de la maison Benetot et le long de la rivière.

Collon dit qu'il y avait dans ces tours des portes communiquant des unes aux autres qui permettaient de faire

AUTRE VIEILLE TOUR PRISE DE LA RUE DE DIJON.

avec sûreté le tour des murailles. Ce ne fut qu'en 1557 que fut élevée la tour de l'Horloge. Une inscription y était placée : Claude Ferrand a fait faire cette tour pour la clôture de ce bourg, suivant l'accord fait avec la ville pour 280 livres, le 6 juillet 1557.

Lorsque cette clôture fut faite, elle n'enfermait que 52 maisons ; celles des plus riches habitants et l'enceinte porta le nom de ville, le reste des rues constituait les faubourgs.

D'après un compte rendu de Guy-Forestier, en 1602, les maisons de l'enclos avaient été taxées à deux mille écus pour subvenir à la dépense faite pour la clôture. Beaucoup d'habitants ne payèrent qu'après procès. La maison d'Humbert Ferrand avait été taxée à 121 livres 6 sols ; celle du conseiller Souvert à 50 écus 1/2 ; celle d'Adrien Forestier à 73 écus 1/2. Dans l'enclos, se trouvaient deux hôtelleries, le Lion d'Or, à Adrien Forestier, et l'Ecu de France, à Jean Chanterenne. — Les habitants des maisons en dehors de l'enceinte ne contribuèrent pas à cette dépense.

PLAN

DE

L'ANCIEN VITTEAUX

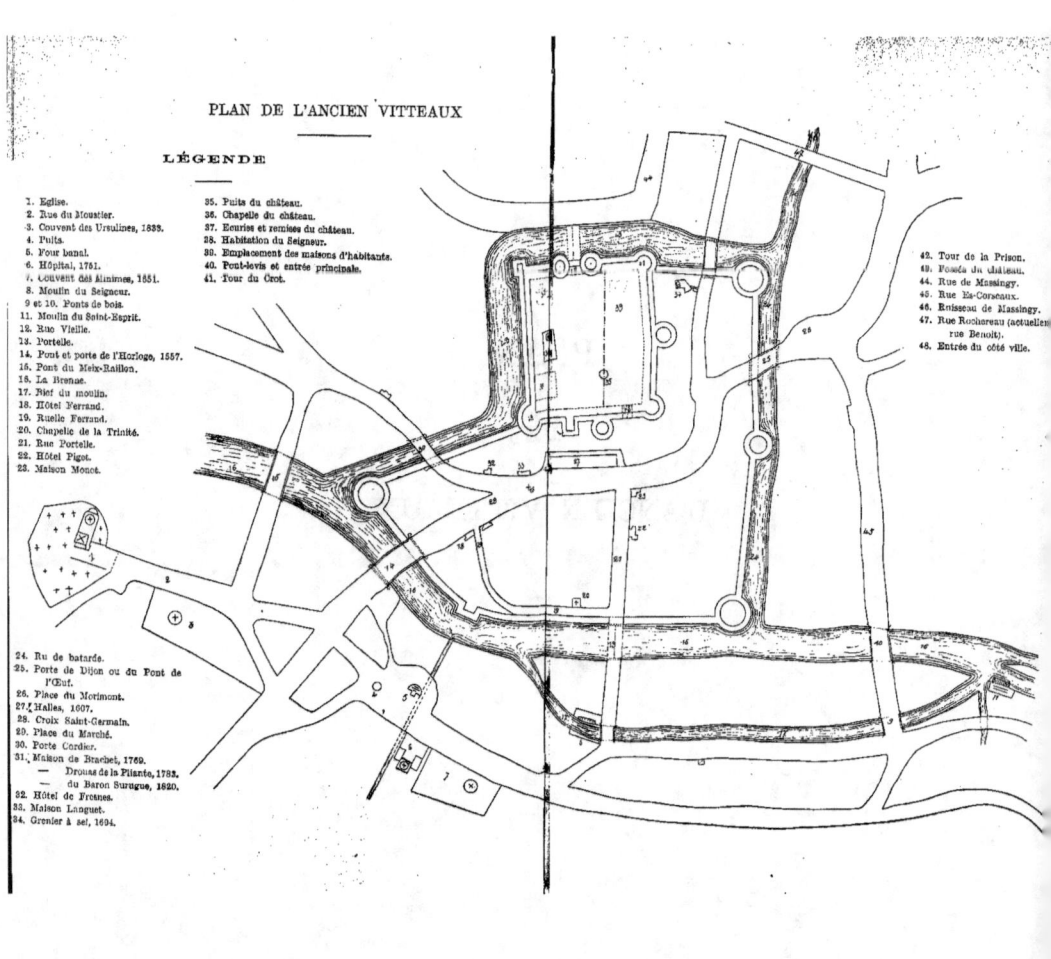

PLAN DE L'ANCIEN VITTEAUX

LÉGENDE

1. Église.
2. Rue du Moustier.
3. Couvent des Ursulines, 1633.
4. Puits.
5. Four banal.
6. Hôpital, 1751.
7. Couvent des Minimes, 1651.
8. Moulin du Seigneur.
9 et 10. Ponts de bois.
11. Moulin du Saint-Esprit.
12. Rue Vieille.
13. Portelle.
14. Pont et porte de l'Horloge, 1557.
15. Pont du Meix-Raillon.
16. La Brenne.
17. Bief du moulin.
18. Hôtel Ferrand.
19. Ruelle Ferrand.
20. Chapelle de la Trinité.
21. Rue Portelle.
22. Hôtel Pigot.
23. Maison Monot.

24. Ru de batarde.
25. Porte de Dijon ou du Pont de l'Œuf.
26. Place du Morimont.
27. Halles, 1607.
28. Croix Saint-Germain.
29. Place du Marché.
30. Porte Cordier.
31. Maison de Brachet, 1769.
— Drouas de la Pliante, 1783.
— du Baron Surugue, 1820.
32. Hôtel de Frênes.
33. Maison Languet.
34. Grenier à sel, 1694.

35. Puits du château.
36. Chapelle du château.
37. Écuries et remises du château.
38. Habitation du Seigneur.
39. Emplacement des maisons d'habitants.
40. Pont-levis et entrée principale.
41. Tour du Crot.

42. Tour de la Prison.
43. Fossés du château.
44. Rue de Massingy.
45. Rue Ès-Corseaux.
46. Ruisseau de Massingy.
47. Rue Rochereau (actuellement rue Benoît).
48. Entrée du côté ville.

VIII.

AU XVIe SIÈCLE

La réunion de la Bourgogne à la France par Louis XI (1477) en fit une simple province de France. Les ducs furent remplacés par des gouverneurs représentant l'autorité royale. Au XVIe siècle, ce furent des princes de Lorraine, Guise, Mayenne ; au XVIIe et au XVIIIe, les princes de Condé.

Sous le rapport administratif, la province fut divisée en bailliages ; Vitteaux dépendait de celui de Semur-en-Auxois. Les privilèges de la Bourgogne furent maintenus et renouvelés par les rois à leur avènement. Dijon conserva son Parlement comme cour souveraine de justice pour la province. Les Etats se réunissaient tous les trois ans pour répartir les impôts et voter les dépenses d'utilité publique. En ce qui concerne les finances, la Bourgogne devint une généralité : le président du Bureau des finances prenait le titre de trésorier de France : Zacharie Piget de Vitteaux était trésorier de France (1641).

D'ailleurs rien ne fut changé dans le régime féodal ; les seigneurs continuèrent à percevoir les mêmes redevances ; comme par le passé, ils instituèrent des châtelains et des juges ou baillis.

Nous plaçons ici la liste des châtelains de Vitteaux, jusqu'à leur suppression par Henri IV.

Guillaume Monot, 1403 ;
Guyot Girardeau, 1472 ;
Germain Languet, 1518 (le père d'Hubert Languet) ;
Augustin Languet, 1536 ;
Claude Legoux, 1556 ;

Claude Piget, 1561 ;
Guillaume Drouas, 1595 ;
Philibert Maillot, 1602 (le dernier).

Baillis au XVIe siècle.

Guillaume Daubenton, 1473 ;
Nicolas le Bault, 1576 ;
Claude Piget, 1586 ;
Philibert Ferrand, 1605.

La Ligue et du Prat.

Dès le règne de Charles IX, la Réforme eut dans l'Auxois de nombreux adhérents. Ils se recrutaient surtout dans la bourgeoisie et chez les artisans aisés. Des communautés protestantes se formèrent dans toutes les villes ; elles étaient dirigées par des ministres et pasteurs venus de Genève. Il y en eut à Semur, Saulieu, Arnay-le-Duc et Vitteaux.

La Réforme était cependant loin d'avoir la majorité en Bourgogne et trouva une grande résistance dans le Parlement de Dijon soutenu par Gaspard de Tavannes, puis Guillaume de Tavannes. Quelques protestants furent condamnés au feu et brûlés à Dijon. De leur côté, les protestants dévastèrent et brûlèrent plusieurs églises et châteaux dans l'Auxois comme dans toute la Bourgogne : la basilique de Cluny, la ville d'Auxerre, la Madeleine de Vézelay furent saccagés. Tavannes chassa les protestants de Dijon, de Beaune, de Châlon, etc. A son instigation, se formèrent des confréries armées pour combattre les hérétiques ; à Dijon la confrérie du Saint-Esprit en 1567 ; à Semur, l'association des catholiques de l'Auxois. La guerre civile désolait d'ailleurs la France entière.

Les réformés français avaient fait alliance avec ceux de l'Allemagne. Au mois d'avril 1566, Wolfgang, duc de Deux-Ponts, envahit la Bourgogne avec 7.000 reitres et

6.000 lansquenets, traverse le Dijonnais, ravage Arnay-le-Duc et Avallon. Plus de quatre cents villages furent incendiés par cette armée d'étrangers. Quelques années plus tard, nouvelle invasion par Casimir, fils de l'électeur Palatin. Entre les deux invasions de 1572 se place la Saint-Barthélemy qui ne fut marquée par aucun massacre en Bourgogne, le comte de Chabot-Charny à Dijon, l'avocat Jeannin à Autun et Philibert de Vienne à Mâcon s'étant entendus pour ne pas exécuter les ordres reçus que le roi révoqua d'ailleurs quelques jours plus tard.

Le plus célèbre des adhérents au protestantisme à Vitteaux est Hubert Languet, dont le père Germain Languet était gouverneur du château. Né en 1518, il embrassa la Réforme en 1548, voyagea en Allemagne, en Italie, en Suède et jusqu'en Laponie. Il se lia avec Melanchton, le collaborateur de Luther. A Paris pour la Saint-Barthélemy son crédit aurait sauvé le pasteur Duplessy-Mornay. Il était alors à Paris comme envoyé de l'électeur de Saxe, Auguste, qui le chargea ensuite de diverses missions près de l'empereur et de la diète germanique. On a de lui des lettres et des écrits politiques parmi lesquels les *Vindiciæ contra tyrannos* qui furent lus pendant la Révolution en 1799 par M. Belime, dans l'église de Vitteaux. Il mourut à Anvers en 1581.

Vitteaux s'était fortifié, comme nous l'avons dit, dans la première moitié du XVIe siècle. La ville allait bientôt subir des guerres et des troubles de longue durée suscités par ses seigneurs Guillaume et Antoine du Prat.

Des questions d'intérêt avaient amené des rivalités et des inimitiés entre les membres de la famille d'Allègre à laquelle appartenaient les du Prat. Guillaume avait tué en duel son cousin Antoine d'Allègre en 1571. Le seigneur de Nantouillet accusa Guillaume d'avoir conspiré contre Henri III. Le roi, sans autre forme de procès, fit assiéger le baron dans son château de Vitteaux, le 20 novembre 1577, par le comte de Charny. Guillaume parvint à s'échapper et le comte de Charny se mit à la poursuite de Guillaume de Hautemer, seigneur de Fervaques, qui était de la faction du baron ; d'après Collon, le château fut pris et occupé pendant deux ans par Bonouvroir. Le 13 janvier 1578, le procureur du Parlement publia un arrêt interdisant le feu et l'eau au baron de Vitteaux, criminel de lèse-majesté. Guillaume du Prat fut tué en duel le 7 août suivant par Yves d'Allègre, un de ses cousins, derrière les Chartreux de Paris (Clément Janin, cité par Durandeau).

La ligue était très puissante en Bourgogne. En 1589, les Etats de la province avaient reconnu comme roi de France le cardinal de Bourbon avec le duc de Mayenne, en qualité de lieutenant-général.

Le parti d'Henri IV, représenté par le président Frémyot et quelques conseillers du Parlement, avait constitué à Flavigny, puis à Semur, une sorte de gouvernement au nom du roi. Guillaume de Tavannes commandait les troupes. Nous ne citerons de la lutte des deux partis que les événements intéressant particulièrement Vitteaux ou son baron.

Antoine du Prat, neveu et successeur de Guillaume, avait pris le parti de la Ligue, tout en guerroyant surtout pour son propre compte. Il avait reçu dans son château une garnison lui permettant, d'après Courtépée, de disposer de 120 maîtres à cheval, 200 argolets (cavalerie légère) et de 1.800 hommes de pied avec du canon. Avec ces troupes, il s'était emparé des châteaux de Juilly et des Davrées, d'où il arrêtait les communications et les transports sur Semur. Le président Frémyot tâcha de le gagner au parti du roi ; il se rendit à Vitteaux pour traiter ; il fut question de l'arrêter ; Drouas et Villeferry, qui avaient donné leur parole, le sauvèrent avec peine de ce péril et l'escortèrent jusqu'à Flavigny.

Dès le mois de février 1589, du Prat ravageait le comté de Charny, surprenait Cuisery et, revenant dans les environs de Beaune, pillait dans cette ville les deniers royaux, se livrant dans les environs aux pires excès. Pendant ce temps, le capitaine Drouas défendait Vitteaux contre

Guillaume de Tavannes qui occupait Saint-Thibault, le château de Saint-Beury et tenait plus de vingt villages autour de Vitteaux. Tavannes ne put s'emparer de Vitteaux ; mais il brûla quantité de maisons dans les faubourgs et en particulier l'hôpital Saint-Nicolas, situé à l'ouest de l'église dans les champs qui en portent encore le nom (1589).

D'autres exploits du fameux baron sont indiqués dans Courtépée. C'est d'abord l'affaire assez chaude d'Is-sur-Tille où Tavannes défit du Prat et Fervaques. Du Prat, laissant son allié, se retourne vers Nuits, dont il dévaste les environs. Fervaques devait bientôt se rallier à Henri IV.

La guerre paraît avoir repris autour de Vitteaux. L'armée du duc de Nevers bloqua Vitteaux du 16 au 22 juillet 1592. La résistance de Drouas empêcha la prise de la ville ; les ligueurs, comme représailles, brûlèrent les châteaux de Dracy et de Saffres.

En 1592, le château de Noyers était au pouvoir d'un des capitaines de du Prat, Villeferry, nommé aussi Lyonnais par Courtépée et appelé encore Philibert Maillot. Le baron de Vitteaux s'y installa bientôt et, pendant plus de deux ans, fit avec ses troupes des incursions jusqu'aux environs d'Auxerre, ravageant le pays et emmenant de nombreux prisonniers qu'il ne relâchait qu'avec d'énormes rançons. Est-ce à cette époque qu'il faut placer le pillage du château de Blaisy, d'où il enleva 1.500 émines de blé (1593)? Noyers, pris par les royalistes, repris par Villeferry, fut le théâtre de plusieurs combats. Au retour de du Prat, des négociations s'ouvrirent : le parti du roi offrait en échange d'une capitulation une somme de 20.000 livres tournois, sur laquelle la terre de Posanges compterait pour 10.000 livres ; le château de Noyers resta entre les mains du fameux baron.

Du Prat n'avait pas désarmé ; il était cependant ébranlé dans sa fidélité à la Ligue et ces négociations avaient causé de la défiance dans son parti. Toutefois Mayenne faisait le 6 mai un grand rassemblement de ligueurs à Vitteaux.

La Ligue se désagrégeait. D'ailleurs Henri IV avait fait son abjuration le 25 juillet 1793. Dijon avait capitulé devant Biron et Henri IV y avait fait son entrée solennelle le 4 juin 1595. La bataille de Fontaine Française (5 juin 1595) terminait la défaite de la Ligue et celle des Espagnols. Du Prat fit enfin sa soumission, mais en traitant comme de souverain à souverain. Henri IV l'achetait comme il en avait acheté bien d'autres. Ce traité montre combien le seigneur de Vitteaux semblait encore redoutable. Mayenne passa à Vitteaux en 1596 pour faire sa paix définitive par le traité de Folembray.

Nous rapportons le traité du baron de Vitteaux, daté du camp de la Romagne, le 6 juillet 1595.

Articles que le baron de Vitteaux supplie très humblement le roi de lui accorder en se remettant à l'obéissance de Sa Majesté.

1. — Sa Majesté avouera [1] la prise d'armes faite par le baron de Vitteaux, tout ce qui s'en est suivi, même pour la dernière reprise de Noyers faite au mois de mai dernier. — (En marge : le roi recevra le sire de Vitteaux en ses bonnes grâces comme serviteur et sujet et ne sera recherché pour la prise et reprise qu'il a faite des armes, de quelque manière que ce soit).

2. — Lui remettra et à ceux qui l'ont suivi et assisté et qui se remettront en l'obéissance de Sa Majesté, même les srs de la Plante [2] et de Villeferry, commandant audit Vitteaux et Noyers, toute levée de deniers pour quelque cause que ce soit, prise de sel ès greniers, brûlement et démolition de maisons et même de la maison de Dracy, dégradations des bois d'icelles, fonte de pièces et balles, confections de poudre, rançons de prisonniers et tous autres actes d'hostilité faits en conséquence de ladite prise d'armes, avec les clauses nécessaires et amples pour en

---

1. C'est-à-dire pardonnera.
2. Guillaume Drouas pour lequel du Prat avait érigé en fief le domaine de la Plante à Boussey.

éviter à jamais la recherche. — (En marge : accordé tout ce qui s'est fait par voie d'hostilité et pour fait de guerre).

3. — Sa Majesté donnera abolition au s^r de Vitteaux pour la mort du s^r de Villers le haut et de l'accusation contre lui faite par Roland de Billy et Jourdain Martel, marchands de Paris, dont toutes poursuites et recherches au chef dudit s^r de Vitteaux seront éteintes et défendues. — (En marge : lui sera pourvu pour sa sûreté sur le contenu de cet article).

4. — Que la compagnie de 50 hommes d'armes du s^r de Vitteaux sera entretenue comme la compagnie des gens d'armes des s^{rs} de Tavannes, Cypierre, Ragny et baron de Lux, et une compagnie de cent arquebusiers à cheval sur la même nature de deniers qui tiendront garnison, moitié en la ville de Noyers, moitié en celle de Vitteaux ; et outre ce, Sa Majesté lui donnera un régiment de gens de pied français, composé de dix compagnies, qui sera appelé le régiment de Bourgogne, lequel sera entretenu comme les régiments de Picardie, Champagne et Navarre et marchera en ordre après lesdits régiments et où il ne plairait à Sa Majesté lui accorder ledit régiment, elle lui donnera la réserve de la première abbaye qui vacquera de deux mille écus de rente et, en attendant cela, lui donnera en pension une semblable somme. — (En marge : la compagnie de Vitteaux sera entretenue ainsi que les autres compagnies de gens d'armes de la province de Bourgogne, moitié de laquelle tiendra garnison dans le château de Noyers et l'autre dans Vitteaux. Pendant la guerre le roi lui donnera un régiment de dix compagnies de gens de pied, entretenue en son armée comme les autres).

5. — La ville et le château de Noyers demeureront en la garde dudit s^r de Vitteaux pendant trois ans, pour la conservation desquels il sera entretenu cent hommes de pied durant ledit temps, pendant lequel il pourra retier le canon, munition de guerre et de vivres, et cela fait il remettra ladite place ès-mains de Mme la princesse de Condé. — (En marge : ces conditions sont accordées par

le roi, mais le s^r de Vitteaux remettra directement le château ès-mains du roi, parce qu'il veut le bailler lui-même à la princesse de Condé).

6. — Sa Majesté entretiendra aussi au château de Vitteaux cent hommes de pied pendant lesdits trois ans et iceux finis, cinquante hommes seulement. — (En marge : accordé cinquante hommes de pied pendant la guerre seulement).

7. — Que pour la récompense des grands frais qu'il a fait pendant les troubles, même aux fortifications dudit Noyers, et le dégager des dettes par lui faites, Sa Majesté lui ordonnera la somme de vingt mille écus, dont il lui sera payé douze mille comptant et les huit mille qui restent dans un an, dont il lui sera donné bonne assurance. — (En marge : accordé 12.000 comptant et 8.000 lorsqu'il remettra le château ès-mains de Sa Majesté).

8. — Qu'il lui sera permis de se faire payer de sept mille écus qui sont des cotes à lui données par les Elus de Dijon pour l'entretément de ses troupes, sans y comprendre les quartiers d'avril, mai et juin courant qui est de morte paye, en fournissant des quittances des receveurs généraux ou particuliers, et outre ce, pourra ledit s^r de Vitteaux faire contraindre le s^r Potot et d'autres de cette ville de Dijon pour la somme de six mille écus à quoi ils lui sont obligés. — (En marge : le roi accorde vingt mille livres pour les dépenses qu'il a faites et pour le récompenser de ses cotes dues ou prétendues, ne voulant surcharger son pauvre peuple de telles impositions : le baron de Vitteaux demeurera en ses droits pour ses actions particulières).

9. — Sa Majesté fera don au s^r de Vitteaux du droit de courte pinte établi à Vitteaux depuis trois ans en ça, lequel sera continué à l'avenir. — (En marge : accordé la jouissance du droit de courte pinte selon l'état et tableau qui sera signé par Sa Majesté, et les deniers levés par la commission rachetables de la somme de quatre mille écus, toutes et quantes fois il plaira à Sa Majesté).

10. Le grenier à sel de Pouilly sera transféré à Vitteaux

attendu que ce n'est qu'un village où le sel ni l'argent de la vente ne peut être en sûreté, et où Sa Majesté ne voudrait accorder cela, qu'il lui plaise ériger une chambre à sel audit Vitteaux et que les offices qui y seront créés seront donnés en payement audit s^r de Vitteaux et sur tant moins des huit mille écus. — (En marge : cet article est remis au conseil d'état du roi pour pourvoir sur icelui autant que le service de Sa Majesté le pourra permettre).

11. — Sa Majesté remettra aux habitants de Vitteaux les tailles et toutes autres impositions à quoi ils ont été cotisés pour le service de Sa Majesté depuis les troubles, en lui prêtant serment de fidélité — confirmera leurs privilèges — seront levées toutes saisies faites sur leurs biens pour s'être distraits de l'obéissance à Sa Majesté et ne pourront iceux habitants, ni en général, ni en particulier être recherchés de tout ce qui s'est passé audit Vitteaux durant les troubles pour quelque chose que ce soit. — (En marge : accordé pour ce qui est du passé jusqu'au jour de la capitulation et pour le surplus de l'article, accordé tout ce qui est fait de guerre).

12. — Sa Majesté donnera abolition au s^r de Longueil, enseigne de la compagnie dudit s^r de Vitteaux, pour la mort de Massot de Beaune, encore qu'il l'ait tué son corps défendant, en prêtant serment de fidélité. — (En marge : le roi pourvoira audit s^r de Longueil pour sa sûreté).

13. — Remettra au s^r de la Motte tous actes d'hostilité qu'il aurait fait ou permis de faire durant les troubles, en prêtant aussi serment de fidélité. — (Accordé).

14. — Sa Majesté pardonnera aussi au capitaine Veauchaume ce dont il a été accusé d'avoir eu intelligence pour surprendre Auxerre dont il aurait été prisonnier à Auxerre et à Paris de ce qu'il a rompu les prisons, en faisant aussi serment. — (En marge : sera informé de fait plus particulièrement).

15. — Les prisonniers qui sont entre les mains du s^r de Vitteaux paieront rançon suivant leurs moyens et l'accord qu'ils en ont fait. — (En marge : les prisonniers paieront

rançon modérée, suivant leurs facultés et moyens, fors et excepté le s^r de Charly qui sera mis en liberté sans payer aucune rançon).

16. — Et encore que la volonté du s^r de Vitteaux soit résolue de faire dès à présent sa déclaration pour le service du roi, toutefois par ce que en ce faisant, il désire aussi avoir l'effet de tout ce qui est contenu en tous ces articles ci-dessus à quoi par aventure il pourrait y avoir quelque longueur, ledit s^r de Vitteaux ne voulant plus faire aucun acte d'hostilité, ni chose qui lui puisse perdre l'honneur des bonnes grâces de Sa Majesté, désire que cependant et en attendant les effets desdits articles qu'il plaise à Sa Majesté, lui accorder une neutralité et cessation d'armes d'un mois ou trois semaines pour les villes et châteaux de Noyers et Vitteaux et pour tous les gens de guerre étant sous la charge dudit s^r de Vitteaux, en sorte que toutes les hostilités cessent ; pendant lequel temps il supplie Sa Majesté d'avoir agréable qu'il puisse voir M. de Mayenne pour l'exciter de se remettre en son devoir ; déclarant, quelques résolutions que prenne ledit s^r de Mayenne, que dès à présent et sitôt que lesdits articles seront accordés et signés, ledit s^r de Vitteaux entend demeurer très humble sujet et serviteur de Sadite Majesté. — (En marge : accordé suspension d'armes pour trois semaines et lesdits articles sont signés et envoyés à la charge du contenu de celui-ci dernier, ensemble le passe-port pour en user comme il est demandé et non autrement).

Fait au camp de la Romagne, le 6 juillet 1695. Signé Henry et au bas Ruzé avec paraphe.

Par ordre du roi, cette capitulation fut enregistrée au parlement de Bourgogne, le 11 juillet 1595.

Quelques mois plus tard, Henri IV traitait avec Mayenne à Folembray (janvier 1596), en accordant des places de sûreté, 35.000 écus, se chargeant en outre des soldes dues par Mayenne à ses soldats. Il avait opéré semblablement avec la plupart des défenseurs de la Ligue.

Le traité de du Prat avec Henri IV justifie bien l'indignation que témoigne Courtépée au sujet des demandes que le sujet rebelle ose faire à son roi. Nous l'avons rapporté *in extenso*, à cause des renseignements qui se rapportent à divers points de notre histoire.

De retour à Vitteaux, le baron conservait donc la garnison de son château et restait aussi puissant. Il avait épousé Chrétienne de Sayve de Monculot, de laquelle il eut une fille en 1598. La ville de Vitteaux acheta à ses magasins 18 livres de poudre et 6 brasses de corde pour célébrer cet événement par les détonations des canons du château. Cette même année la ville dépensait 622 livres pour un présent du jour de l'an à du Prat.

Des difficultés que nous ne connaissons pas durent se produire dans la famille du baron. D'après Durandeau, une tante d'Antoine du Prat finit par avoir Vitteaux en 1602 ; ce serait elle, Jeanne du Prat, qui aurait fait bâtir les halles en 1607. — D'autre part, nous trouvons aux archives de Dijon, à la date du 5 mai 1611, la reprise de fief de la baronnie de Vitteaux par Roger de Bellegarde comme acquéreur de la veuve de messire Antoine du Prat.

Que devenait la ville de Vitteaux à cette fin des guerres de la Ligue ? Le traité de du Prat avec Henri IV permettait au baron de conserver une garnison pendant trois ans. Il n'y manqua pas et, en même temps, les troupes du roi occupaient le pays. Les habitants entretenaient à leurs frais les unes et les autres. Nous trouvons en effet un rôle d'impositions (Collon, archives de Vitteaux) pour 1598 notant : 32 écus 10 sols pour 4 mois aux soldats du chatel, plus un écu pour chandelles fournies aux quatre soldats mis à la garde de la ville — huit vingt écus pour la cote du taillon représentant l'entretien des maréchaux et de leurs archers ; — 132 écus pour l'entretien des garnisons et des places fortes du pays. Les troupes de la Ligue et celles du roi ne ménageaient point les habitants.

Le 27 mars 1610, le roi fit défense aux lieutenants généraux, maréchaux et autres officiers de ses armées de laisser loger dans la ville et les faubourgs de Vitteaux, ainsi que dans les villages de Boussey et de Massingy, aucunes gens de guerre de cheval ou de pied, de prendre chez les habitants aucuns blés, vin, chair, lard, foin, avoine et paille sans le gré des habitants et en payant raisonnablement ; il défend aussi sous peine de la vie, d'attenter aux personnes d'iceux habitants, leurs femmes et leurs serviteurs. — En signe de sa protection, il permet de mettre aux lieux les plus éminents desdits villes, faubourg et villages, ses armoiries, panonceaux et bâtons royaux. Collon dit qu'il avait dans sa collection l'original de cette ordonnance, écrite sur parchemin, et que depuis ce temps les armes de la commune portent douze fleurs de lys et qu'on voit en relief l'écu de France sur la porte Cordier.

En janvier 1609, le prévôt général des maréchaux de France, de la Fondrière, arrive en Bourgogne avec l'ordre de démolir les fortifications de Talant, Vitteaux, Vergy et autres places fortes. Les Etats de Bourgogne, voyant à ces mesures de nouvelles causes de dépenses et une atteinte aux privilèges de la province, députèrent vers le roi qui n'accepta pas leurs remontrances, déclarant que ces châteaux n'étaient que des nids de voleurs et de ligue. C'était le vicomte de Tavannes qui occupait Talant ; il exigea 1.000 écus pour le rendre au roi. Celui de Vergy fut bien démoli en 1509. Quant à Vitteaux, c'est seulement sous Richelieu, en 1631, qu'eut lieu la démolition du château.

Un dernier détail sur le fameux baron. Pendant la Ligue, il faisait frapper monnaie dans son château. L'acquéreur Patriat, qui acheta le château sous la Révolution, trouva dans une des tours huit matrices, dont deux furent recueillies par l'abbé Collon. Elles étaient aux armes et au nom d'Henri III (Henricus III d. g. franc. et pol. rex). De l'autre côté une croix carrée ayant à chaque pointe une fleur de lys avec ces mots : Christus regnat, vincit et imperat.

SOURCES : Collon, Kleinklauz, Courtépée, Durandeau *(Les barons de Vitteaux du XVIe siècle et leurs capitaines)*.

IX

VITTEAUX AUX XVIIe ET XVIIIe SIÈCLES

Après les troubles de la Ligue, Philibert Maillot, dit Villeferry, devint gouverneur pour le roi de la ville et du château de Vitteaux ; il était en même temps le représentant des intérêts de la baronnie. Comme le fait connaître l'ordonnance de Henri IV en 1610, que nous avons rapportée, les soldats de la Ligue et ceux du roi se livraient continuellement à des excès contre les personnes et les biens des habitants. En 1618 les troupes du roi occupaient encore le pays ; à cette date la ville est imposée à une taille de 300 livres par le prévôt des maréchaux et à une somme de 302 livres pour l'entretien des garnisons.

La démolition du château en 1631 dut ramener un peu de tranquillité. Louis XIII avait chargé de cette démolition Charles de Vienne, comte de Comarin, à la suite des représentations des Etats de Bourgogne. Le roi ordonnait « de raser entièrement les fortifications, tours et murailles, soit en y faisant travailler par corvées les habitants du dit lieu, soit par tout autre moyen plus prompt et plus commode » (Collon). — Le travail, commencé le 11 juin 1631, dura jusqu'au 31 octobre de la même année. Le roi ajoutait que ladite place demeurât libre aux habitants pour y aller et venir, que la porte fut ouverte, les clefs étant remises aux échevins ; rien ne devait être entrepris contre la maison du seigneur.

Toutefois, ajoute Collon, la porte du côté de Massingy ne fut jamais rouverte et, jusqu'à la Révolution, l'emplacement du château resta formé ; les fermiers du baron amodiaient le terrain. — Ajoutons que les tours furent simplement rasées à la hauteur des murs qui restèrent à peu près intacts, comme le prouve l'état actuel. Les ordres du roi ne s'exécutaient à cette époque qu'avec de longs retards et incomplètement ; il y en a de nombreux exemples.

Les baillis.

Les du Prat n'habitèrent jamais Vitteaux à partir du commencement du XVIIe siècle. Des fermiers percevaient leurs droits féodaux jusqu'à 1789. — Des baillis institués par eux continuèrent à rendre la justice. En voici la liste :

Philibert Ferrand, 1606.
Hector Languet, 1615.
Jean Languet.
Nicolas Languet.
Nicolas Baudenet, 1695.
Alexandre de Repas qui était en même temps maire.
Etienne Guéniard.
Claude Bouchard, 1725.
Claude Bouchard, 1763, fils du précédent.
Jean François Bordot (le dernier).

Les baillis avaient des lieutenants aussi nommés par le baron pour rendre la justice lorsque les baillis étaient empêchés. Il y avait des procureurs d'office qui prenaient des conclusions dans les jugements, des greffiers parmi lesquels Denys Belime et Bernard Bidault (les deux derniers) ; — des huissiers subalternes (huissiers royaux ou sergents généraux dont quatre à la nomination du roi). — Pour les affaires intéressant la noblesse ou les causes importantes, il y avait un tribunal de bailliage siégeant à Semur.

Quelques villages ou parties de villages dont les seigneurs étaient engagistes pour le roi, formaient des espèces de châtellenies royales dont la justice relevait directement du roi. Au XVIe siècle, Cessey était une prévôté royale. — Une partie d'Arnay, Marcilly, Brain, etc., dépendaient de la prévôté de Saint-Euphrône. Ces prévôtés furent supprimées par édit royal en 1739.

Tabellionage. — Les ducs de Bourgogne et le seigneur avaient leurs notaires. Lorsque la Bourgogne fut réunie par Louis XI à la France, le roi eut ses notaires ainsi que le baron. On connaît des notaires à Vitteaux depuis 1377. En 1600, il y avait six notaires exerçant en même temps. Les tabellions étaient originairement des officiers qui scellaient les actes des notaires et en délivraient les grosses. Leurs charges furent réunies à celles des notaires en 1761. On trouve un Charles Languet qualifié de tabellion héréditaire. — Les notaires apostoliques dressaient les actes de chancellerie ecclésiastique, pour les prises de possession ou de résignation des bénéfices. En 1640, Claude Morot, curé de Vitteaux, était notaire apostolique. Antoine Arvier (décédé en 1787) prenait le titre de notaire apostolique et royal.

Louis XIV, en 1672, rendit héréditaires les offices de notaires et tabellions moyennant finances. Toutes les charges et emplois se vendaient. Claude Languet, notaire, fut taxé à 120 livres et les 2 sols par livre. — Au XVIIIe siècle, étaient notaires à Vitteaux : Ploffoin, 1700. — Jean Joly, 1704. — Bourtequoy, 1708. — Guillaume Cortot, son gendre, et Bollenot, 1730. — François Belime. — Antoine Arvier. — Gagnereaux, notaire royal, qui avait acquis la charge de Bouchard, moyennant 3.024 livres.

La première moitié du XVIIIe siècle fut marquée en France par un renouvellement de l'esprit religieux. A Vitteaux s'établirent les Ursulines, 1633 ; les Capucins (1640), qui disparurent après quelques années ; les Minimes, 1644. Nous donnons plus loin les détails qui les concernent. Les confréries de métiers auront aussi leur article spécial.

Administration municipale. — La ville était administrée par six échevins et un syndic, élus par les habitants le jour de saint Jean-Baptiste. Il en fut ainsi jusqu'à la Révolution. Le Bulletin paroissial (avril 1909) donne la liste des syndics de 1557 à 1692, c'est-à-dire jusqu'à la création par Louis XIV des maires perpétuels.

Claude Ferrand, 1557.

Pierre Enfert, 1564.
Guy Forestier, 1600.
Pierre Deliteau, 1602.
Hubert Marie, 1619.
Charles Languet, 1633.
Germain Taupain, 1671.
A. Simon, 1674.
Julien Langer, 1686.

Les échevins avaient la charge de pourvoir aux réparations de l'église, des ponts, des fortifications et des portes de la ville ; ils choisissaient les recteurs de l'école de garçons et les maîtresses des écoles de filles ; ils dressaient les rôles des impôts ordinaires et extraordinaires, établissaient des octrois. La ville était lourdement obérée par les emprunts contractés pour subvenir aux frais des guerres et à l'entretien de garnisons qui occupèrent la ville, à diverses reprises, de 1600 à 1646. — Les échevins avaient dû emprunter, en 1631, 800 livres au receveur Jacques Languet pour le paiement d'une garnison envoyée par Mgr le Prince ; plus 120 livres au s^r Drouas pour acheter des armes et envoyer à l'armée dix soldats équipés d'habits, souliers, épées et mousquets avec 10 livres d'argent. En 1637, la ville fut imposée pour l'entretien de 16 cavaliers gendarmes en outre des 12 maîtres de la garnison ordinaire. En 1646, cinq compagnies de Mgr de Conti tenaient garnison à Vitteaux ; les échevins traitèrent pour 3.000 livres avec les capitaines, cette somme représentant *les ustensiles* que les habitants auraient dû fournir.

La peste de 1628. — Le fléau sévissait en plusieurs villes de la Bourgogne, Dijon fut cruellement éprouvé ; le Parlement et la Chambre des comptes allèrent siéger à Châtillon en 1631. Vitteaux s'était depuis deux ans défendu contre la contagion en interdisant l'entrée de la ville aux étrangers venus des pays où sévissait déjà la peste. Une ordonnance du 23 juillet 1628, renouvelée le 11 août et le 7 septembre établit des gardes aux avenues des chemins de Dijon, de Beaune, Flavigny, Vesvres ; au bout de la rue Montchevreau, de la rue Vieille. « En chaque endroit deux hommes seront commandés par deux dixeniers, lesquels ils obéiront pour être placés où il leur sera ordonné et ne pourront laisser entrer au dedans des faubourgs aucune personne qu'ils ne connaissent ou qui n'apporte attestation que les lieux d'où ils sont sortis sont exempts de contagion. ... défense aux hôteliers et cabaretiers de loger sans que les personnes aient été vues par les dixeniers... La foire de la Saint-Mathieu n'aura pas lieu et on en préviendra les villes voisines... les marchands et autres de Vitteaux n'iront pas aux foires voisines... » (Cartulaire de Collon). La contagion dura plusieurs années. Clerc de Dracy, dans une espèce de livre de raison, note qu'en 1631 il alla loger avec sa famille aux Loges. — La misère dut être grande, car en 1629 le blé valait 3 livres la mesure et l'orge 2 livres.

Le même Clerc de Dracy a noté qu'en 1646 il y eut une grande sécheresse ; il ne tomba pas de pluie du 15 mai à fin septembre. La chaleur fut si grande que le peuple tombait par les champs. La récolte de blé fut cependant si abondante que la mesure de froment (mesure de Vitteaux pesant 24 livres) ne se vendait que 8 sols et l'orge 6 sols. — De même, en 1653, année de sécheresse telle qu'à Noël on ne pouvait moudre, l'année fut encore très abondante en grains. — Notons ici les inondations causées par le ruisseau de Massingy en 1666 et 1669 qui détruisirent plusieurs maisons, granges et tanneries.

La guerre de Gallas. — La fin de la guerre de Trente ans eut une certaine répercussion en Bourgogne. La branche espagnole de la maison d'Autriche possédait alors la Franche-Comté. Gallas, l'un des généraux de l'armée espagnole, envahit la Bourgogne : Mirebeau fut saccagé, Saint-Jean de Losne fit une très belle résistance. Le prince de Condé était à Dijon et organisait la défense, pendant que Gallas échouait au siège de Saint-Jean de Losne et se retirait par les Vosges (1636).

C'est à l'occasion de cette guerre que sur l'ordre de

Mgr le Prince, Vitteaux s'organisa pour la résistance par la réparation de l'enceinte de la ville et le concours militaire des habitants.

Dès 1630, le s^r de Villeferry, gouverneur des ville et château de Vitteaux, obligeait les habitants à faire chaque jour les guets et gardes ordonnés par Mgr le Prince. Il voulut même y contraindre les habitants de Massingy, Boussey, Vesvres et Cessey comme retrayants audit château, lesquels s'y refusèrent.

Les échevins de 1636, Maurice Drouas, Nicolas Gille, Hugues Robot, Claude Mollet, Antoine Pivert, Hugo et Main, syndic, firent marché avec Claude Bourgeois et Lazare Gain, maçons, pour faire des parapets sur les murs du château, *qui servent de présent de clôture à la ville*. A commencer au lieu où ci-devant il y avait une guérite proche une grosse tour qui était du côté de l'église, à finir à une autre tour que l'on appelle tour du Crot; lesquels parapets seront bien fondés sur ladite muraille et en hauteur depuis le plain-pied de 5 pieds 1/2 et en largeur de 18 pouces... auxquels ils feront des canonnières distantes l'une de l'autre de 10 pieds... de faire la maçonnerie à mortier de terre pour la construction des barrières aux faux-bourgs, les murailles desquelles barrières ils feront hors de terre hautes de huit pieds, de largeur de deux pieds et en icelles feront portes convenables à passer un char de foin... mureront les dits maçons de bonnes pierres et à mortier chaux et sable la grande porte Cordier de ladite ville... à fournir le 1er septembre prochain... moyennant 5 livres par toise des murailles des barrières et 6 livres par toise des parapets. — Les maçons donnèrent quittance le 2 avril 1637 de 745 livres pour 76 1/2 toises de parapet, 57 toises 1/3 de murailles ès-faubourgs et 20 livres pour avoir fait ouverture en la tour du Crot avec une porte pour rendre l'entrée libre aux murailles de la ville.

Le 14 avril les habitants avaient été convoqués pour délibérer sur les propositions de Mgr le Prince (de Condé) en vue de la défense. Les habitants de la ville et des faux-bourgs auraient à se munir d'armes défensives, de poudre et de plomb. Lorsqu'ils entendront sonner le *toxin* et l'alarme, ils auront à se trouver avec leurs armes à quelque heure du jour ou de la nuit que ce soit: Sitôt qu'on aura fermé les portes, que chacun ait à se retirer en son logis. Le corps de garde de l'Horloge surveillera jusqu'à la tour ci-devant occupée par Antoine et Claude Leriolet. — Le corps de garde sur la porte de Dijon, d'un côté jusqu'à la tour d'Humbert Morot et de l'autre jusqu'à la tour du Crot. — Le surplus des tours et murailles sont garnies et bordées par des habitants (nommément désignés) ayant pour capitaine Jacques Languet et pour lieutenant Piget. — En la tour du Crot, Claude Simon l'aîné, capitaine, et André Devoyo le jeune, lieutenant. Un certain nombre d'habitants sont désignés pour défendre ladite tour jusqu'à la maison d'Etienne Ponsard. — De là jusqu'à la guérite derrière l'écurie de M. le trésorier Piget seront placés Guy Forestier, capitaine, Barnabé Breton, lieutenant, etc. — En la maison occupée par Claude Languet l'aîné se rendront Charles Languet, capitaine, et Claude Languet, lieutenant, etc., jusqu'à la tour derrière le logis de Nicolas Languet, bailli.

Des réparations avaient été faites au clocher où l'on ferait le guet. On avait construit des barricades, acheté 28 livres de poudre au s^r de Villeferry, acheté des armes en empruntant 120 livres au s^r Drouas. La ville avait dû équiper 10 soldats pour l'armée, d'habits, souliers, épées, baudriers, mousquets et 10 livres d'argent. Ils furent présentés à Vitteaux au s^r de Pibrac, comte de Marigny, par les échevins et syndic.

De la note des dépenses de cette année, il semble que Mgr le Prince dut passer à Vitteaux; car on lui porte 12 *poulets d'Inde*, 6 bottes de radis, d'autres poulets et du gibier, tant à Semur qu'à Flavigny.

Heureusement, Vitteaux ne vit pas paraître l'ennemi. D'ailleurs, en outre des habitants, il dut y avoir comme garnison une compagnie de Mgr le Prince pour l'entretien de laquelle les échevins empruntèrent 800 livres au receveur Jacques Languet.

Les impôts.

Les guerres de Louis XIV faisaient peser sur les populations de très lourds impôts. Outre la taille royale, grossie en temps de guerre du taillon, le roi demandait en 1659 un secours extraordinaire pour la guerre et en vue de son mariage (ceinture de la reine). Le seigneur devait l'imiter en 1675, en vertu du droit d'indire consacré par la coutume de Bourgogne en ces termes :

« Le droit d'indire, imposer et lever aydes en quatre cas : c'est à scavoir : pour voyage d'outre-mer, nouvelle chevalerie, mariage d'une fille tant seulement, et pour la rançon du seigneur, appartient au seigneur haut-justicier et sur ses hommes sujets en haute justice. »

Le baron Louis-Antoine du Prat mariait sa fille aînée au marquis de *Saint-Priait* (?) Il leva deux fois le droit d'éminage et de banvin qui était de 550 livres, deux fois la taille seigneuriale de 250 livres, deux fois le revenu du four banal, des corvées, coutumes d'avoine, etc. Les habitants firent observer que Vitteaux était une ville murée et qu'ils avaient payé la ceinture de la reine, etc. — Ils transigèrent avec le procureur du baron et s'obligèrent à payer 1.075 livres une seule fois pour cette ceinture. Les particuliers qui devaient des censes n'en furent point exemptés. Il n'est pas inutile de remarquer que la ville avait acquis, depuis 12 ans, de ce seigneur ses droits de banvin et d'éminage moyennant 550 livres de redevance annuelle, non rachetables.

L'échevinage.

En 1621, le prince gouverneur avait donné un règlement pour l'administration de la ville par les échevins. Ils délibèrent d'avoir un registre qui ne sera pas mis dans le coffre et qui contiendra « tous les *gages* que la ville doit et supporte chaque année, avec les raisons de leur constitution, la forme que nous observons pour le fait du guet et garde, le règlement qui nous a été donné pour ce chef, par Mgr le Grand, gouverneur de la province... la léproserie, l'hôpital, la rétention des maîtres et maîtresses d'école, etc. »

Les habitants étaient d'ailleurs appelés aux assemblées importantes et défendaient énergiquement leurs droits. Ainsi en 1611 les échevins avaient député aux Etats Hugues Maillot et le syndic Barnabé Collet. Les habitants réclamèrent comme ayant le droit de procéder à cette élection et refusèrent en 1612 de payer les frais. De là un procès qui fut tranché en faveur des échevins.

En 1663, l'échevinage traita avec le seigneur de la cession à la ville de ses droits de banvin et d'éminage moyennant une redevance annuelle et non rachetable. Le baron qui demeurait à Paris était Henry du Prat, représenté par son fils Louis-Antoine du Prat.

Parmi les travaux d'utilité publique exécutés à cette époque, en outre des réparations des murs et des tours de l'enceinte, nous pouvons indiquer la réfection du pont de l'Œuf en 1613, la construction du puits de la ville sur la place au-devant *de l'halle* en 1643. Le traité avec Georges Dimanche, paveur, stipule que le puits aura 3 pieds 1/2 de diamètre, 30 pieds de profondeur et plus si on ne rencontre pas l'eau ; le puits aura une margelle en rond, de pierre blanche formée de trois pierres au plus ; il sera payé à l'entrepreneur 40 sols pour chaque pied et 47 sols lorsqu'il rencontrera la roche. — *L'halle* ou les halles avaient été établies en 1607 par Jeanne du Prat, alors dame de Vitteaux.

Les échevins arrivaient difficilement à subvenir aux dépenses de la ville. En 1618, la recette était de 2.266 livres ; sur lesquelles il y avait à payer 600 livres pour les frais de guerre, 250 livres pour la taille seigneuriale (on n'avait pas encore racheté les droits de banvin et d'éminage), 45 livres pour une année de gages à François Lelièvre, recteur des écoles, etc. — En 1664, la ville avait une dette de 20.381 livres résultant d'impositions diverses qui avaient nécessité des emprunts successifs de 1629 à 1658. Une ordonnance royale limita à 340 livres le budget ordinaire des dépenses et établit un impôt de 2.000 livres à payer par *tous les habitants*, même ecclésiastiques et privilégiés qui « selon l'usage du royaume doivent contribuer aux dépenses communes comme frais de peste, magasins à blé, fortifications, entrée des rois et gouverneurs… ordonne Sa Majesté que le premier dimanche de janvier de chaque année, en l'hôtel commun, il sera fait une reddition de comptes avec faculté à tous les habitants, de quelque qualité qu'ils soient, d'y être présents et auront voix de remontrance, et huit bourgeois nommés pour auditeurs, chacun avec voix délibérative avec les magistrats ».

Le gouvernement royal intervenait donc directement dans l'administration des villes. Les Etats, le gouverneur de la province et les intendants devaient bientôt y prendre une part encore plus grande, lorsque Louis XIV créa les maires perpétuels.

La population.

Quelle était alors la population de la ville ? Il est assez difficile de l'établir avec quelque précision.

Un rôle nominatif des habitants dressé en vue des impositions en 1598 indique :

52 habitants dans l'enclos de la ville.
56	—	la rue du Moustier.
42	—	la rue Montchevreau.
40	—	la rue Vieille.
5	—	la rue du Truchot.
32	—	la rue des Escorceaux.
7	—	la rue ès-Rochereaux.
28	—	la rue de Massingy.
24	—	la rue de Cessey.

Ces chiffres donnent un total de 286 ménages ; le rôle ne

comprenant que les chefs de familles. Il faudrait y ajouter les membres du clergé, les nobles assez nombreux à Vitteaux, leurs domestiques, et enfin les privilégiés qui étaient exempts d'impôts par suite de leurs fonctions ou emplois.

Un dénombrement de 1636 des revenus de la seigneurie constate que 121 chefs de famille étaient possesseurs de meix chargés de redevances de blé ou d'avoine, ou en argent au profit du baron.

Collon a noté que vers 1624 les naissances étaient de 60 à 80 par an ; de 1624 à 1673, on trouve une population plus grande : il y avait alors près de 100 naissances ; pendant les 14 années suivantes plus de 100 ; les registres notent certaines années de 116 à 124 baptêmes.

X

XVIIIe SIÈCLE

En 1692, Louis XIV établit dans toutes les villes un maire perpétuel et un corps municipal. Cette réorganisation eut un caractère fiscal ; les maires achetaient leur charge. D'après l'édit, les maires n'étant plus redevables de leurs charges aux suffrages des particuliers, exerceraient leurs fonctions sans passion, et étant perpétuels seraient en état d'acquérir une connaissance parfaite des affaires de leurs communautés. Ils étaient exemptés de la taille, des droits d'octroi et du service du guet et garde.

Le premier maire perpétuel de Vitteaux fut Alexandre de Repas, seigneur de Grandchamp, Soussey et Martrois en partie. Sa charge lui donnait le titre de conseiller du roi ; il en fut de même pour ses successeurs dont voici la liste jusqu'à la Révolution :

Alexandre de Repas, 1692.

Alexandre de Repas, fils du précédent, 1713.

Claude Baudenet, 1736.

Nicolas-François Gibier, 1750.

Marc-Antoine Sirugue, 1783.

Les maires recevaient des honneurs alors fort appréciés. Voici ce qu'en rapporte l'abbé Collon :

« Aux cérémonies publiques, le maire portait une robe traînante à grandes manches, de satin violet, doublée de taffetas cramoisi, une perruque flottante et un gros bouquet à la main. Les jours de solennité, il est escorté de deux valets de ville, appelés sergents du maire, qui suspendent le matin à sa porte leurs hallebardes à fleurs de lys en cuivre doré. Ces sergents avaient un habit écarlate à revers jonquille, la culotte jonquille avec boutons blancs, les bas écarlates, un manteau aussi écarlate, un chapeau à trois cornes bordé d'un galon d'argent. Ces sergents, si richement habillés, étaient exempts du service de la milice. »

Avec le maire, le corps municipal comprenait cinq échevins, nommés par les habitants, le 24 juin, jour de saint Jean-Baptiste, et un procureur du roi, nommé par les Elus généraux de Bourgogne. Des notables étaient adjoints à la municipalité pour la répartition des tailles et impôts. Les habitants étaient convoqués aux diverses assemblées au son de la cloche ; après annonces au prône et publications au son du tambour (Registres de Vitteaux).

La candidature officielle.

Déjà, pour l'élection des échevins, se produisait la candidature officielle, sous la forme d'une lettre du prince de Condé, gouverneur, adressée aux habitants par l'intendant. Citons comme exemple celle de 1708 :

« Estimant qu'on ne peut mieux faire pour le bien et l'avantage de la ville de Vitteaux que de continuer pour échevins les s^{rs} Germain Breton, Jacques Porteret, Thomas Lavoignat et de nommer aussi pour échevins J.-B. Simon, avocat ; et Prudent Couthier, médecin, à la prochaine élection qui se fera des magistrats de la ville, ceux qui y assisteront me feront plaisir de leur donner leurs suffrages pour lesdits emplois. A Paris, le 12 juin 1708. Signé : Bourbon. »

Dans ces conditions, les habitants se désintéressaient souvent de l'élection. En 1704, l'assemblée ne réunit que 15 habitants. En 1709, les échevins en charge sont les seuls votants qui se conforment naturellement au désir exprimé par l'intendant. L'assemblée devenait nombreuse et agitée lorsqu'il s'agissait des taxes à établir pour subvenir aux impôts réclamés par le gouvernement du roi.

Parmi les attributions de la municipalité, l'une des plus importantes était le choix de deux députés aux Etats de

Bourgogne qui s'assemblaient à Dijon tous les trois ans pour consentir les impôts et traiter des grands intérêts de la province. Dans l'intervalle des sessions, les Elus de la Noblesse, du Clergé et du Tiers-Etat, choisis à chaque session par l'assemblée, réglait la répartition des impôts, les travaux publics et désignaient les procureurs du roi faisant partie des municipalités. Quatorze villes, les plus importantes de la province, formaient la grande roue ; les maires de ces villes étaient successivement désignés comme élus. — Douze villes, moins importantes, députaient aussi aux Etats. Ces villes (Arnay-le-Duc, Saulieu, Flavigny, Vitteaux, etc.) constituaient la petite roue. Ce nom de roue désignait deux tableaux circulaires où étaient inscrits les noms des villes représentées aux Etats. L'honneur d'être député aux Etats était fort recherché ; en 1706, le maire Alexandre de Repas et le procureur Charreaux furent élus par la municipalité ; en 1709, Simon et Bourtequoy. Le procureur Charreaux prétendit avoir le droit d'être désigné ; sa protestation fut rejetée, la communauté se réclamant d'avoir été libre de tout temps pour le choix de ses députés (Archives de Vitteaux). — En 1722, le député est Bourtequoy ; en 1724, Ploffoin.

C'était la municipalité avec le concours des notables qui dressait les rôles de répartition des impôts de tout genre. La collecte des tailles était mise en adjudication, à 1 ou 2 sols par livre. Les collecteurs étaient généralement des ouvriers de métiers qui devaient fournir une caution et prêter serment de s'acquitter en conscience de leur charge.

En adjudication également la garde des vaches pour Bertin et pour Myard. Le prix était pour chaque vache d'environ 10 sols par an avec une livre de pain par semaine. Il y avait aussi un gardien des porcs ; il était défendu de les envoyer paître à garde séparée. Ces règlements s'expliquent par le droit de vaine pâture. Le bétail de tous les habitants pourvait paître dans tous les prés, dès que le propriétaire avait enlevé la première récolte de foin ; d'après la coutume, les secondes herbes appartenaient à tout le monde. Aux prairies s'ajoutaient les terres labourables lorsque la moisson était enlevée. Le droit de vaine pâture commença à être restreint lorsque s'introduisit la culture du sainfoin ; les propriétaires qui semèrent ce fourrage vers la fin du XVIIIe siècle, durent recourir à un arrêt de justice pour mettre en défense les champs qu'ils avaient ensemencés. Il restait encore des traces de ce droit de vaine pâture au commencement du XIXe siècle. Il était très favorable aux pauvres.

Les échevins choisissaient les maîtres et maîtresses d'école (voir le chapitre sur l'enseignement), le marguillier, l'organiste, le sonneur de cloches pour lequel chaque feu payait 20 deniers. Il portait la bannière aux processions. Les sermons du Carême étaient aussi à la charge de la municipalité qui consacra en 1705 une somme de 65 livres à cette dépense. Il y avait enfin à pourvoir à l'entretien des tours et des murs de la ville, des ponts, des fontaines, de l'église, du clocher, du pavé des rues, etc. En 1705, une somme de 4.000 livres était attribuée à des réparations à la Chambre de ville (dans la tour de l'horloge), au nettoyage de la rivière et du ruisseau de Massingy, cause constante d'inondations. Ce travail étant resté inachevé, les habitants refusèrent de payer l'entrepreneur Morin à qui il était dû encore 1.500 livres. On reprit le travail en 1708. L'insuffisance des ressources obligea en 1711 à ne faire au pont de l'Horloge qu'un passage en bois, car on avait encore à réparer les ponts de bois qui mènent à la rue Vieille (Archives de Vitteaux).

Les impôts.

Vers la fin du règne de Louis XIV et jusqu'à la Révolution, les habitants avaient à payer de très lourdes impositions. C'étaient d'abord les droits seigneuriaux, les impôts du roi, puis les dépenses de la ville et enfin les dîmes.

1º La taille seigneuriale était de 800 livres, en y comprenant les 550 livres représentant les droits de banvin et d'éminage rachetés par la ville.

Le seigneur percevait un droit de péage qui se levait aux portes de la ville sur les poules, canards, dindons et les œufs apportés aux marchés. A la suite d'un procès soutenu par la ville, ce droit fut supprimé en 1723.

Le droit de courte pinte (le 1/8 du vin vendu dans les hôtels et cabarets) avait été établi par le baron en 1595 pour subvenir à la défense de la ville. Henri IV avait confirmé ce droit au profit du baron qui le vendit à Zacharie Piget. Celui-ci le légua en 1636 partie à l'hôpital, partie aux mépartistes pour la messe dite de la courte pinte.

Au seigneur appartenait le four banal où tous les habitants devaient cuire leurs pains. Le droit était de 1/16 pour le pain bis ; 1/20 pour le pain blanc. L'entretien et le chauffage étaient aux frais du seigneur. En dernier lieu, le four se trouvait sur la place dite des Minimes. Il avait, dit Collon, 19 pieds de longueur, 17 de large et 3 de hauteur. Les boulangers qui avaient des fours à eux payaient 700 livres aux fermiers du seigneur. En 1783, le four était amodié 2.400 livres à deux fermiers qui retiraient 600 livres de la cuisson des pruneaux (Collon).

La location des places dans les halles ajoutait encore aux revenus du seigneur. Nous ne parlons pas des cens de blé, d'avoine ou de cire, qui devaient représenter à l'origine des concessions de terrains.

Tous ces droits étaient exigés régulièrement. Collon rapporte qu'en 1745, un abbé du Prat, chargé des affaires du baron, son neveu, voulut faire rentrer les cens en avoine qui depuis longtemps ne se payaient plus ; il produisit le terrier et demanda les coutumes qu'on ne se souvenait plus d'avoir payées. La commune de Vitteaux nomma quatre députés pour voir ce terrier : Thibault du mépart pour le clergé; Drouas, père de M. de Velogny, pour la noblesse; Bourtequoy, notaire royal, pour le Tiers-Etat; de Repas, maire, pour la ville. Les cens furent reconnus légitimes et l'abbé du Prat voulut être payé de 29 années.

Il en coûta plus de 30.000 livres aux particuliers, car il était dû par an à la baronnie plus de 1.800 mesures d'avoine de coutume.

Le dernier fermier, Champy-Dragon, donnait de la ferme de Vitteaux 6.000 livres, mais il n'avait pas les bois dépendant de la terre, lesquels comprenaient 460 arpents de Bourgogne.

Il est juste de noter avec Collon que dans la grande cherté, le seigneur faisait distribuer du pain et du blé aux pauvres et envoyait tous les ans 500 livres pour les indigents.

Impôts royaux. — C'était d'abord la taille grossie en temps de guerre du taillon : 3.039 livres en 1715, la capitation 663 livres à la même époque et la taille négotiale 2.225 livres.

La fin du règne de Louis XIV correspond à la création d'offices de tout genre que les villes et les corporations étaient obligées de racheter. Nous avons déjà noté la création des maires perpétuels en 1692. Ce furent bientôt des offices d'inspecteurs des boucheries, de contrôleurs des poids et mesures, de greffiers d'enregistrement, de concierges garde-meubles des hôtels de ville, d'auditeurs examinateurs des comptes, divers offices créés sur les corporations, les brevets d'apprentissage, etc.

En 1691, un impôt extraordinaire dut être levé sur les ouvriers de métiers, qui coûta 47.600 livres à la ville de Dijon et 158.334 livres aux autres villes de Bourgogne. Pour la part de Vitteaux, les artisans furent divisés en 5 classes :

1º Cuisiniers, marchands de vin, 360 livres ; tisserands, 495 livres.

2º Marchands de drap, de soie, merciers, drapiers, 660 livres ; tanneurs et bouchers, 396 livres.

3º Cordonniers et corroyeurs, 484 livres ; chapeliers, tailleurs d'habits, gantiers, bourreliers, 110 livres.

4º Serruriers, maréchaux, taillandiers, 110 livres ;

menuisiers, charpentiers, tailleurs de pierre, maçons, 143 livres.

Ainsi, dit Collon, Vitteaux fournit 2.758 livres. Les communautés firent des emprunts pour y satisfaire.

En 1693, Vitteaux fut taxé à une quantité prodigieuse de blé pour l'armée ; n'ayant pu la fournir, on envoya une garnison qui séjourna longtemps à Vitteaux et coûta fort cher (Collon).

En 1694, édit du roi pour faire avancer par les corps des arts et métiers une somme assez considérable dont il promit de payer les intérêts. — Nous trouvons nombre d'autres mesures du même genre frappant d'impôts pour le rachat des offices de jurés, inspecteurs, contrôleurs, etc., des diverses corporations de métiers.

Louis XV, en 1725, fait par un lit de justice enregistrer un impôt de 1/50 sur tous les biens du royaume pendant neuf années. — Puis, en 1733, un impôt de 1/10 du revenu sur tous les biens, impôt qui atteignait même les nobles et le clergé pendant 4 ans. — Un premier dixième établi en 1710 pour 7 ans 3 mois ; un autre en 1749 ; ce furent ensuite des vingtièmes, jusqu'à 3/20 dans les années suivantes, etc.

Parmi les offices créés et rachetés, il nous faut mentionner ceux de contrôleurs et visiteurs des métiers créés en 1701, les offices de greffiers, réunis en 1707 au corps municipal et qui coûtèrent 901 livres.

Pour subvenir à toutes ces charges, la ville obtint à plusieurs reprises l'autorisation d'établir un octroi. En 1708, le tarif exigeait 2 sols par boisseau de blé pour l'usage des boulangers ; 3 livres par queue de vin ne provenant pas du bailliage d'Auxois ; 3 sols par bœuf tué par les bouchers ; 10 sols pour un millier de chanvre ; 5 sols par cent livres de toiles et fil sortant ; 4 sols par pièce de drap foulée à Vitteaux, etc. Pour la perception de cet impôt, on avait fermé le pont du Meix Ragnon et les ponts de bois, ce qui gênait la rentrée des récoltes et suscita de nombreuses plaintes.

A l'octroi, il fallut ajouter des emprunts ; le curé Vacher prêta 1.200 livres ; M. de la Jarrye, seigneur de Cessey, 3.620 livres ; Mme de Repas, veuve du maire, 120 livres ; et, malgré tout, la dette de la ville envers le roi s'élevait encore à 4.598 livres. De là procès et frais. — Aussi divers habitants quittent la ville, s'ils ne peuvent obtenir quelque décharge. Ainsi Nicolas Estiot, marchand, va à Marcellois ; Germain Breton, également marchand, à Vesvres (Archives de Vitteaux).

Le terrible hiver de 1709, pendant lequel les blés avaient gelé, produisit une très grande misère. Les vignes et les arbres fruitiers périrent en grande partie et, dans presque toute la Bourgogne, il y eut une grande mortalité. Les registres de la municipalité donnent un détail qui peut donner une idée des souffrances de cette année. L'intendant faisait réquisitionner des voitures pour amener les grains à Dijon, sous peine de 500 livres d'amende. Les échevins mandèrent à leur délibération six laboureurs et voituriers. Tous déclarèrent qu'ils ne pouvaient le faire (on était au 9 juillet), manquant de foin et d'avoine et de toute autre sorte de fourrage depuis plus d'un mois, n'ayant pu faire vivre leurs chevaux que d'herbes, les bêtes créveraient sous le faix.

La ville, accablée de charges, ne put cette année faire les réparations au pont de l'Horloge ; on dut se contenter d'y établir un pont de bois pour le passage des voitures et de mettre des poteaux pour empêcher de passer sur le pont du Meix Ragnon.

La gabelle ou impôt sur le sel, institué dès le XIIIe siècle, au profit du roi, fut établie en Bourgogne par le duc Philippe le Hardi en 1370. Cet impôt, inégalement réparti entre les provinces de France, fut toujours difficilement supporté par les populations et amena des révoltes violentes toujours durement réprimées. Affermé par des compagnies qui en tiraient (Dezobry) 38 millions, il ne rapportait que 7 millions à l'Etat. Le sel se vendait dans des greniers à sel et des chambres à sel, magasins moins importants, administrés par des conseillers, contrôleurs, présidents à la nomination du roi, qui vendait ces charges, très lucratives, et fort recherchées par les bourgeois parce qu'elles conféraient le titre de conseiller du roi.

Le grenier à sel de Vitteaux ne fut d'abord qu'une chambre à sel dépendant du grenier de Pouilly. On connaît encore à Boussey et à Uncey le *chemin saulnier* par lequel le sel était amené de Pouilly à Vitteaux. Les habitants obtinrent sous Louis XIII, en 1618, l'érection du grenier à sel ; 45 villages en dépendaient et ne pouvaient se fournir ailleurs. Le prix du sel était variable et chaque famille devait en acheter une quantité déterminée. Il se vendait par minots (96 livres) ou litron (1/64 du minot) à raison de 14 sols 6 deniers le litron ; plus tard il fallut le payer 14 sols et quelques deniers la livre. La vente obligatoire était de 7 à 8 livres par personne. Le 21 septembre 1789, jour de la foire, il y eut à Vitteaux une révolte considérable ; les gens se firent donner le sel à 7 sols la livre ; il fut mis quelques jours après à 6 sols la livre par ordre du gouvernement.

Claude Languet, fondateur de la chapelle du Saint-Esprit était en 1631 contrôleur du grenier à sel. Il vendit sa charge pour 2.800 livres à Thomas Berthier, de Massingy, fils de Thomas Berthier, premier du nom, qui avait fait bâtir en 1621 la chapelle de la Croix-Voisin. — Alexis Bouchard était président du grenier à sel en même temps qu'échevin en 1783. — En 1789, lors de la révolte, c'était Maillard de Chambure qui était aussi directeur de la poste, et qui périt sur l'échafaud, soupçonné d'avoir fait passer des lettres au prince de Condé.

Le grenier à sel était en 1618 dans la rue Cordier, puis successivement vers le puits de la ville, la rue du Trou, la rue de la Poterne, etc. (Collon et divers).

Impôts sur le clergé. — Le clergé aidait aux charges de l'Etat par un impôt qu'il voulait appeler le don gratuit. En 1789, le curé Marandon payait 121 livres 18 sols à cet effet et 7 livres 17 sols de taille négotiale sur le rôle de la ville de Vitteaux (Collon).

Les dîmes. — Il faut bien mettre au rang des impôts les dîmes perçues au profit de l'abbaye de Flavigny en sa qualité de curé primitif et dont elle abandonnait le 1/3 au curé de Vitteaux pour sa portion congrue.

La dîme portait sur les grains, le vin, le chanvre, la laine. Ce n'était pas, comme le nom semble l'indiquer, la 1/10 partie de la récolte, mais la 21e gerbe de tous grains et, au XVIIIe siècle, le centième panier de raisins. En 1729, le curé de Vitteaux recueillait pour sa part 1.040 mesures de Vitteaux, et l'abbaye le double, ce qui porte le total de la dîme des grains à 3.120 mesures. Le curé recevait en outre 45 boisseaux en froment, orge ou avoine.

En 1734, l'abbaye fit un procès aux habitants de Vitteaux, prétendant faire régler au 1/30 la dîme des raisins. Les habitants déclaraient que les dîmes des raisins, chanvres et laines sont des oblations volontaires. La Cour, tout en maintenant l'abbaye en possession de percevoir les dîmes, en fixa le montant à 1/100 pour les raisins ; fait défense aux habitants d'enlever les raisins des vignes avant que la dîme n'ait été payée ou qu'ils n'aient appelé à haute voix et par trois fois les dîmeurs. Et au cas que les dîmeurs ne se présentent pas, ordonne de laisser la dîme au pied de la vigne ; condamne les habitants à payer 1/30 pour chacune des trois années précédentes. Pour le chanvre et la laine, l'état précédent est maintenu (Archives de Vitteaux, mémoire imprimé).

Ajoutons à la dîme la gerbe de passion qui représentait la lecture de la passion que le curé faisait avant la messe pour la prospérité des biens de la terre. Cette coutume subsistait encore au XIXe siècle, dans divers villages, à Massingy, par exemple, où l'on donnait aussi du vin au curé en 1850.

Il y avait enfin la rente pascale, petite redevance que l'on payait le jour de Pâques à la communion. Les chefs de maisons devaient donner 10 deniers ; les veuves, les serviteurs et les servantes 5 deniers. Ce qui s'est pratiqué jusqu'à la Révolution. Une moitié allait à l'abbaye, le reste à la fabrique de l'église. Le revenu ne devait pas être considérable, puisqu'une enquête de 1685 constate 1.500 communiants (Collon).

Reprenons la suite de l'administration municipale. Au premier maire perpétuel, Alexandre de Repas, devenu vierg d'Autun, succéda Alexandre de Repas, deuxième du nom, son fils, comme lui seigneur de Grandchamp, Boussey et Martrois en partie. En 1736, Claude Baudenet, puis, en 1750, vint Nicolas Gibier, avec le titre de subdélégué de l'intendant.

Les subdélégués correspondaient à nos sous-préfets actuels. La subdélégation de Vitteaux comprenait Vitteaux, Pouilly, Sombernon et une quarantaine de villages : Villy, Villeberny, Blaisy, Bussy-la-Pele, Eguilly, Gissey, Soussey, etc. Le maire Baudenet fut aussi délégué. Le dernier fut François Belime, notaire royal, qui exerça ces fonctions pendant la mairie de Sirugue jusqu'à la Révolution.

Le maire Claude Baudenet administra la ville à la satisfaction générale. Il fit construire l'hôpital actuel, en contribuant largement de sa fortune personnelle. Il s'était enrichi dans le commerce des bestiaux qu'il envoyait à Paris. Il mourut en 1763. On lui fit des obsèques très solennelles. Il fut enterré dans la chapelle de l'hôpital devant l'appui de communion du côté de l'évangile. — A côté de la grande porte un cadre en bois contenait une feuille de vélin avec cette inscription : « Cet hôpital a été « bâti par les soins et en partie des deniers de M. Claude « Baudenet et de demoiselle Anne-Adrienne Baudenet, sa « sœur, en l'année 1751. Pour lors, MM. Denys Belime, « Claude Monmon, échevins ; Claude Durey, syndic ; « Mre Simon de Grandchamp, trésorier de France, éco- « nome honoraire, et M. Charles Bollenat, prêtre recteur, « et tous administrateurs dudit hopital. »

Cette inscription avait probablement disparu. En 1875, la Commission administrative, sous l'administration de M. J. Lacoste et de M. Prost, curé, fit placer dans la chapelle une plaque de marbre rappelant la mémoire de Cl. Baudenet.

Sous le règne de Louis XV, il fallut en 1752 obtenir la création d'un octroi pour acquitter les dettes de la ville. Du 1er avril 1752 au 31 mars 1761 le produit fut pour la ville (le roi en prélevait une part importante) de 21.600 livres, sur quoi elle paya les pavés de la ville et des faubourgs refaits à neuf en 1742, plus 4.000 livres pour le *réachapt* des offices municipaux, plus 3.000 livres pour la construction et réparation des bâtiments de l'hôpital, 1.620 livres pour la suite du pavage ; 430 livres pour réparation à la tour de l'horloge et 4.800 livres pour les six années de don gratuit dû au roi. — L'octroi paraît s'être perpétué ; depuis 1773 les droits affermés à 2.400 livres par an étaient perçus par le roi qui accordait 1.200 livres par an à la ville pour s'acquitter de ses charges.

A Claude Baudenet succéda le maire Nicolas Gibier, seigneur de Varanges, fief détaché de Dampierre. Celui-ci paraît avoir eu de grandes difficultés dans son administration à l'occasion du droit de courte pinte légué à l'hôpital et au mépart par Zacharie Piget. Ce droit de 1/8 sur le vin vendu chez les hôteliers et cabaretiers était affermé tous les 9 ans jusqu'en 1762 à un ou à deux cabaretiers qui le répartissaient entre eux. Cette année-là, les cabaretiers refusèrent de payer ce qui revenait à l'hôpital ; ils furent condamnés à le faire.

Or, les échevins ayant convoqué une assemblée des habitants pour aviser à quelque moyen de subvenir aux charges locales autrement que par un rôle annuel de 1.600 livres, il fut délibéré que le maire se pourvoirait au conseil du roi pour que le droit de courte pinte fut levé au profit de la ville. Le roi rendit une ordonnance favorable en 1765, en accordant en outre la levée d'un droit de rouage pour 9 ans : 4 sols par chariot à 4 roues et 2 sols par charrette passant à Vitteaux ou déchargé pour le compte des habitants.

Mais les cabaretiers et aubergistes enlevèrent leurs enseignes et leurs *bouchons* ; tous les voyageurs furent expulsés des auberges. Ce tumulte dura deux jours. Le parlement rendit le 28 juin 1765 un arrêt par lequel il était enjoint aux cabaretiers de déclarer dans les 24 heures s'ils entendaient continuer. Le maire, ayant alors assujetti les cabaretiers à recevoir la visite de deux commis, les enseignes furent de nouveau descendues. Un nouvel arrêt soumit au droit, non seulement les cabaretiers et hôteliers, mais toute personne vendant même à pot renversé du vin autre que celui de son crû. Les mépartistes réclamèrent leur part et celle de l'hôpital ; les cabaretiers acceptèrent de payer les 412 livres. — D'autres difficultés survinrent encore jusqu'à l'abolition de ce droit par l'Assemblée constituante (Collon, archives de Vitteaux, mémoire imprimé pour les maire, échevins, syndic et habitants de Vitteaux, 1765).

Notons quelques faits intéressants de cette époque.

La *nouvelle route*. — L'ancienne route de Dijon passait près de la chapelle de la Croix-Voisin, puis vers les piliers de justice en tirant aux Maisons-Dieu par dessus Roche d'Hys. Le terrier de 1473 en fait mention. En 1718, sur l'instigation de M. de Montigny, trésorier général des Etats de Bourgogne, on commença à travailler à la nouvelle route, d'abord par corvées exigées au moyen de garnisons de maréchaussées, de prison des syndics et délinquants. La montée de Vitteaux a coûté plus de 200.000 livres. On ne dédommageait pas les propriétaires de prés, terres et bois, sauf pour les maisons. La montée de la Justice ne fut terminée qu'en 1748. C'est à l'occasion de cette route que furent construites la plupart des maisons de la rue Saint-Jean. Cette route servit aux transports du commerce et aux diligences jusqu'à la construction, en 1840, de l'embranchement qui traverse Posanges et passe près de Saffres.

La milice bourgeoise.

Sous l'ancien régime, toutes les villes, même peu importantes, avaient leurs milices bourgeoises.

En 1600, le seigneur Antoine Duprat voulut obliger les habitants à faire garde de jour et de nuit au château. Les habitants ne voulurent point y consentir, alléguant que le seigneur Guillaume Duprat avait fait démolir les maisons des habitants qui étaient à l'intérieur du château en *déchassant* les propriétaires.

La milice bourgeoise était probablement chargée de la police de nuit et de jour dans la ville ; on faisait le guet au clocher au moment de la guerre de Galas.

En 1709, les habitants sont convoqués pour régler une somme de 400 livres et 2 sols par livre pour « recouvrement de la finance des officiers de la milice bourgeoise, suivant l'ordonnance de 1705, pour le rétablissement de leurs privilèges ».

En 1710, sur la requête du maire de Repas, colonel de la compagnie de l'art militaire établie à Vitteaux, Jacques Potin, lieutenant de la compagnie, fait reconnaître comme sergent François Levêque, meunier au moulin Potier, au consentement des officiers Robot, Lavoignat et Porteret, lequel a prêté serment (Délibération du 26 décembre 1710).

La milice subsista jusqu'à la Révolution, puisque l'abbé Collon raconte qu'au retour de la procession de la Fête-Dieu la milice était rangée depuis l'entrée du cimetière jusqu'au portail et qu'elle faisait à la rentrée du Saint-Sacrement une décharge d'honneur. La musique de la milice jouait pendant la procession.

La maréchaussée se composait de quatre gendarmes qui demeuraient en ville. Les sergents du maire et de la justice concouraient sans doute avec les gendarmes à maintenir l'ordre et assurer les ordres de la justice du bailli.

XI

LA POPULATION

Collon évalue de 60 à 80 le nombre des naissances vers 1624 ; la population paraît avoir rapidement augmenté, ayant donné de 1624 à 1673 plus de 100 naissances par an pendant 14 ans. Il note 68 baptêmes en 1785 et 90 en 1786, et de 16 à 20 mariages par an. Courtépée, en 1775, dit que Vitteaux peut contenir 2.000 âmes et 450 ménages en y comprenant Posanges et Myard. La population avait diminué en Bourgogne pendant le XVIIIe siècle de 180.000 habitants (Kleinklauz).

Nous reproduisons le dénombrement, d'après Collon, des professions en 1706 et 1760 :

	1706	1760
Tisserands	41	27
Cordonniers	35	22
Tanneurs	12	10
Serruriers	3	4
Taillandiers	2	5
Couteliers	1	5
Bourreliers	2	3
Maréchaux	3	2
Chaudronniers	2	2
Charpentiers	3	6
Menuisiers	2	2
Tonneliers	8	6
Ferteurs	9	9
Marchands	19	14
Merciers	4	9
Négociants		7

	1706	1760
Petits commerçants		9
Maçons	3	
Vignerons		84
Couvreurs et plâtriers	4	3
Jardiniers	2	3
Huiliers	3	5
Boulangers et cabaretiers	13	18
Cordiers		2
Chapeliers	3	
Rouliers, messagers	2	5
Bouchers	6	4
Armuriers	1	1

Les nombres précédents ne se rapportent qu'aux chefs de familles, chaque tisserand par exemple pouvant avoir plusieurs métiers occupés. — Les registres de l'état civil mentionnent des professions diverses non contenues dans ce tableau : un orfèvre, un potier d'étain, un brasseur, un salpêtrier, des chamoiseurs, teinturiers, fileurs et fileuses de laine. Citons ici quelques noms énoncés dans les registres de 1775 à 1800 publiés par M. Durandeau, concernant des familles qui existent encore ou ont disparu récemment.

Vignerons : Réthoret, Estiot, Picard, Rousseau, Commard, Jobard, Roy, Meussot, Sucret, Denuit.

Tisserands : Maillot, Aubertin, Picq, Bajolle, Boucherot, Griffon, Mathey, Sigoillot, Petit.

Maçons : Gaumet, Trapon, Morizot, Bizouard, Sapin.

Chapeliers : Goussillon ; en 1599, Jean Moreau ; en 1669, Guy Bourrée.

Drapiers : industrie très importante autrefois. En 1473, Jean Gautheron, fouleur de draps, paie un cens d'un bichet de froment pour « un foulon à draps sur la rivière de Vitteaux sous le moulin de Cholot ». La première permission d'établir ce foulon fut accordée en 1443 par le seigneur Jean de Châlon moyennant deux saluts d'or (Notes de Collon). D'après le même auteur, le roi aurait établi à Vitteaux en 1670 une manufacture de draps ;

mais cette industrie serait bien antérieure, comme on le voit. On fabriquait à Vitteaux des draps blancs qui se vendaient aux foires de Dijon, des draps pour manteaux d'hommes, du drap de couleur orange pour les habits de femmes et des draps, qualité de Lodève, pour les troupes. La fabrication des draps existait à Châtillon dès le moyen âge et y fut longtemps très prospère ; c'est probablement de là qu'elle avait pénétré chez nous.

Moulins. — 1º Moulin du Saint-Esprit, c'est-à-dire de la chapelle du Saint-Esprit. — Paraît dater de 1750. Vendu 600 livres à la Révolution.

2º Moulin de la seigneurie. Vendu par Jacques du Prat à Simonnot pour un cens annuel de 150 livres, y compris le verger attenant aux ponts de bois (c'est le moulin Mousseron).

3º Moulin du Meix-Ragnon. — Appartenait en 1752 à Hubert Simonnot qui payait un cens de 8 setiers de froment aux Ursulines et autant aux Minimes. En 1780, il était la propriété de Pierre Lévêque. Il comprenait un grand et un petit moulin, et en outre un moulin à cheval.

4º Le moulin Blanc.

5º Le moulin du Cholot (ou moulin Gauthreron?) était en 1699 un petit fief appartenant à Denys Languet, écuyer. Il en est mention dès 1453. Il appartenait à l'hôpital qui le donna à cens en 1454 moyennant 64 boisseaux de blé et 53 sols en argent.

6º Moulin du Foulon date de 1443, comme nous l'avons dit précédemment. — En 1789, il appartenait à Didier Lefol.

Laboureurs. — Une partie considérable des champs était la propriété des chapelains, de la cure, des couvents, etc., affermée par conséquent et quelquefois donnée à cens d'argent. Ce qui expliquerait comment Collon ne compte que 5 laboureurs en 1760, probablement travaillant à leurs propres champs.

Les céréales, les pois, les chenevières représentaient à peu près exclusivement l'ensemble des cultures. L'assolement triennal était général à la fin du xviiie siècle. Dans la déclaration des biens de la cure en 1790 par le curé Marandon, sur les 21 journaux qu'il possédait, 7 étaient ensemencés en blé chaque année, lui rapportaient 4 boisseaux de blé par journal, 7 en avoine rapportaient 4 boisseaux d'avoine et les 7 autres restés en jachère ne payaient rien. — Les pois figuraient sous la Révolution dans les mercuriales des marchés ; dans les baux, on stipulait fréquemment des redevances de pois. — Les chenevières, toujours situées près des maisons, étaient très nombreuses, en rapport avec l'industrie des tisserands.

Les vignerons (84 en 1760) formaient une partie notable des habitants. Collon croit que les vignes occupaient 9.000 ouvrées. Il fallait les 6 ou 8 tonneliers dont il est question. Nous trouvons dans les comptes du mépart la note suivante des frais de culture de 4 ouvrées en 1711 :

Façon des 4 ouvrées.	12 livres
pour faire le vin.	2 livres
pour charrois	30 sols
pour les fosses.	15 sols
pour un hottier.	15 sols
pour dépaissellement.	15 sols

Les marchands. — Au xviie et au xviiie siècle le commerce à Vitteaux paraît avoir été plus important qu'aujourd'hui. La difficulté des communications ne permettait guère aux habitants des villages de s'approvisionner ailleurs qu'à la ville voisine des objets usuels, étoffes, chaussures, etc. Ils amenaient aussi aux foires et marchés leurs récoltes en blé, orge, avoine, pois, chanvres, chenevis, etc., leurs laines dont 5 ou 6 marchands de Vitteaux expédiaient à Reims plus de 60 milliers par an avant la Révolution. D'autres tels que Baudenet réalisaient de grandes fortunes par la vente des bestiaux pour l'approvisionnement de Paris.

La cire et le miel étaient un grand objet de commerce aux foires avant la Chandeleur. Les pruneaux de Saffres et de Vitteaux se vendaient à Dijon de 20 à 30 sols la livre, les plus beaux jusqu'à 50 sols. Dans les années d'abondance, les fourniers du four banal avaient 600 livres de profit pour sécher les pruneaux à raison de 6 liards par claie de plus de deux pieds de diamètre.

Foires et marchés. — Le terrier de 1474 fait mention de trois foires ; celui de 1600 en compte cinq ; ce n'est qu'après la Révolution qu'il y en eut un plus grand nombre.

Le marché du jeudi date des temps les plus anciens. Il se tenait sur la place devant les halles ; il y avait au milieu de la place une croix qui fut transportée en 1742 devant les halles. Ce dut être en vue des foires que les halles furent construites en 1607 par Jeanne du Prat, dame de Vitteaux. Le seigneur y percevait des droits d'étalage et prélevait sur les grains un droit d'éminage qui, racheté par la ville, lui rapportait 310 livres, bien qu'il ne fut payé que par les étrangers.

Les tarifs des octrois montrent que les principaux objets de commerce étaient les draps, les toiles, les cuirs, le chanvre, la chapellerie. Il est bon de remarquer que Vitteaux étant le siège d'une subdélégation comprenant des villages très éloignés et d'un grenier à sel d'où ressortissaient 38 villages, notre ville était un centre d'affaires et de commerce bien plus important qu'aujourd'hui.

Les laboureurs. — Un petit nombre étaient propriétaires. La plupart cultivaient les champs des bourgeois, des chapelains, des couvents et de l'hôpital. Dans les villages voisins, à Saint-Thibault par exemple, de grands fermiers occupaient des terres considérables et dans leurs cahiers de doléances les habitants se plaindront de cet accaparement qui ne laisse à peu près rien aux laboureurs du pays. Les fermages se payaient surtout en redevances en nature, avec une partie seulement en argent. Le curé, les chapelains, les couvents étaient obligés de posséder des granges pour leurs récoltes. — En 1728, l'hôpital retirait de son domaine de Saffres 120 boisseaux de froment, 410 d'orge, 60 d'avoine et 52 livres en argent.

Avec les céréales, on cultivait les pois, le chanvre, la navette.

Nous avons parlé précédemment du droit de vaine pâture, si favorable aux pauvres. On ne pouvait enclore les champs, ce qui aurait entraîné une restriction de ce droit.

Professions diverses. — Dans les registres relevés par Durandeau, nous voyons figurer des particuliers exerçant des professions que nous n'avons pas signalées : un brasseur, un salpêtrier, des verriers (vitriers), des chamoiseurs, teinturiers, armuriers.

Filature de coton. — D'après Collon, elle avait été établie en 1763 et produisait des filés les plus fins. Elle comptait 140 rouets et, dès 1766, s'adjugeait des prix dans un concours entre les filatures de la Bourgogne. Les fileurs gagnaient de 6 à 8 livres par semaine. La ville avait dépensé 761 livres pour cet établissement qui prit fin en 1782. M. Bordot l'aîné essaya de le rétablir en 1785 et n'y put réussir.

XII

LES GRANDES FAMILLES

Ce furent aux XVIe et XVIIe siècle : les Languet, Drouas, Piget, Ferrand, Guéniard, Violet de la Faye, Maillard de Chambure.

Toutes ces familles étaient alliées par suite de mariages, héritages, etc... Quelques-unes subsistèrent encore à Vitteaux au XVIIIe siècle. Nous parlerons d'abord de la plus importante, celle des Languet, originaire de Sombernon, affranchis en 1379 par le sire de Montagu. Nous avons rapporté cet acte d'affranchissement.

Les Languet.

Hubert Languet, bourgeois de Vitteaux, était le père de Germain Languet, chatelain et gouverneur de Vitteaux lequel en 1518, avait épousé Jeanne Devoyo. C'est de ce mariage qu'est né le célèbre Hubert Languet, qui embrassa la Réforme, et une fille Anne, mariée à Claude Piget, bailli de Vitteaux en 1576.

Nous trouvons en 1536 Augustin Languet, chatelain et capitaine de Vitteaux.

Un Claude Languet, sergent royal au baillage d'Auxois, en 1582, eut 8 enfants, 5 fils et 3 filles. C'est de lui que descendent :

1º Claude Languet (3e du nom), fondateur de la chapelle du Saint-Esprit.

2º Jacques Languet, fondateur des Minimes de Vitteaux, descend d'un Claude Languet (2e du nom).

3º Du même Claude Languet (1er du nom) viennent

Maison ancienne rue de Massingy.

d'autres Languet établis à Civry, Arnay-le-Duc, Dijon, etc...

Du chatelain Germain Languet est né aussi un Claude Languet, valet de chambre de la reine et seigneur des Combes du Cholot. Une de ses petites-filles, Marcelline Gervais, mariée à Espiard, fonda la chapelle de la Trinité.

A la branche des Languet de Gergy appartenait J.-B.-Joseph Languet, curé de Saint-Sulpice de Paris, né à Dijon, à qui on doit l'achèvement de cette église. Il mourut en 1750.

Son frère, Joseph Languet, d'abord évêque de Soissons, puis archevêque de Sens, mort en 1753, est auteur de plusieurs ouvrages de piété et de la première vie de la bienheureuse Marguerite-Marie (Alacoque). M. le curé Prost a fait figurer ces deux personnages dans le vitrail de la chapelle du Saint-Esprit.

La chapelle de Saint-Michel, fondée en 1454 par Jean et Alexandre le Boiteux, était la sépulture des Languet alliés à cette famille. L'abbé Collon en énumère un certain nombre : Augustin Languet, chatelain de Vitteaux en 1536 ; sa mère était Huguette le Boiteux ; Philippe Languet, seigneur de Roche-d'Hys, conseiller du roi en 1674 ; Marie Languet, épouse d'Espiard, également seigneur de Roche-d'Hys (1691) ; Claude Languet, procureur du roi aux greniers à sel de Vitteaux, notaire royal (1705); Denys Languet, seigneur du Cholot.

Selon l'usage, les chapelains de Saint-Michel devaient être pris dans la famille des fondateurs. Parmi ces chapelains, Philippe Languet, 1493 ; Adrien Languet, 1536 ; François Languet ; Claude Languet, bailli, 1638 ; François Languet, 1669, puis des Forestier, 1686 et 1700, alliés aux descendants des Languet.

Nous avons pu recueillir quelques particularités sur les membres de cette famille.

1º Hubert Languet, né en 1518, mort à Anvers en 1581. Il embrassa la Réforme, voyagea en Suède, en Allemagne et en Italie. Entré au service d'Auguste, électeur de Saxe, ce prince le chargea de diverses missions en France et en Allemagne. On lui attribue l'ouvrage intitulé *Vindiciæ contra tyrannos*, publié sous le nom de Brutus, traduit en français par Fr. Estienne en 1581. Sa vie a été l'objet de divers travaux (Henri Chevreul, *Etudes sur le XVIᵉ siècle*, thèse latine pour le doctorat).

2º Claude Languet, conseiller du roi, contrôleur de la maison de Mgr le Prince de Condé et magasins à sel de Pouilly et de Vitteaux. C'est le fondateur de la chapelle du Saint-Esprit construite en 1640. D'après Collon, il s'y était fait peindre dans un tableau représentant la descente du Saint-Esprit sur les apôtres. Il y figurait à genoux à droite de la Vierge, joignant les mains.

« Son costume était composé d'un grand manteau noir,
« collet et rabat blancs, attachés par des glands de même
« couleur, manchettes à l'antique, cheveux coupés en
« rond, touffus et noirs ainsi que ses moustaches. Ses
« armes au bas, de gueule au triangle équilatéral d'or,
« charge de 3 molettes d'éperon de sable; avec feuillage
« d'olivier en or. »

On voit encore aujourd'hui ces armes sculptées sur les fenêtres de la maison dite du Saint-Esprit, qu'il avait fait bâtir près du cimetière pour le chapelain. On les trouve encore sur une porte de la maison Grandchamp au bas de la Louère.

Il avait épousé en premières noces Marie Joly, décédée en 1639, et en secondes Françoise Violet, qui mourut en 1652. Le tombeau de Claude Languet se trouve dans la crypte de la chapelle entre ceux de ses deux femmes. L'inscription indique qu'il mourut le 29 avril 1652. La crypte contient un autel et des bancs de pierre autour des murs. Ces murs conservent encore des inscriptions formant un cordon, ornées d'emblêmes funéraires : Vivere noluit, qui mori non vult — Hodie mihi, cras tibi — Illa malis longa est, illa bonis brevis est — Mille modis homines, mors una capit omnes.

Claude Languet avait donné à sa chapelle 15 ornements complets, un calice, des burettes en argent ; garni de lits et de meubles la maison du chapelain ; ses armes étaient sculptées sur le manteau de chaque cheminée ornée aussi d'un tableau à ses armes. Les biens légués pour fonder sa chapelle se composaient d'un beau domaine, de terres labourables, prés, vignes, chevenières, d'un moulin à eau avec battoir d'écorces sur la rivière, dont les restes sont encore appelés le moulin du Saint-Esprit, de plusieurs maisons avec leurs pourpris que Collon évalue à 1.400 livres. Les chapelains devaient dire chaque jour une messe pour le fondateur et la famille Languet.

La nomination du chapelain fut attribuée aux descendants de sa sœur, Anne Languet, mariée à Jacques Lemulier, avocat au Parlement. Françoise, une autre sœur, avait épousé Jacques Languet, receveur du grenier à sel. Celle-ci légua une somme de 1.000 livres pour la réparation des orgues. Claude Languet était seigneur de Grandpré, petit fief démembré de la baronnie de Vitteaux. Il possédait encore le domaine seigneurial de Roche-d'Hys. C'est lui qui fit ériger la croix et le calvaire en 1654 et 1655.

C'est un autre Languet qui fit rebâtir la chapelle en 1673. Celui-ci avait le titre d'écuyer secrétaire du roi en la grande chancellerie de Bourgogne ; il partageait les droits seigneuriaux avec le prieur de Trouhaut.

Les charges du grenier à sel étaient très lucratives. Claude Languet vendit la sienne à Berthier, de Massingy, pour 2.550 livres, se réservant un demi-minot de sel chaque année, sa vie durant.

2º Jacques Languet, fondateur du couvent des Minimes en 1644, donna pour cette fondation les terres et bois qu'il possédait à Vitteaux, Boussey, Posanges, etc... entre autres 100 journaux de terre d'une seule pièce en Charmoy. Les maçons qui construisirent le couvent étaient payés 18 deniers par jour (Il y a probablement là une erreur). Il descendait de Claude Languet, 1er du nom. Sous la Révolution, les biens des Minimes à Boussey furent achetés par les frères Bellevret, avec le couvent et l'église.

3º Languet des Combes du Cholot. Claude, le premier de ces seigneurs, était fils de Germain Languet, chatelain de Vitteaux et par conséquent le frère du fameux Hubert Languet. Il était valet de chambre de la reine. Collon cite

MAISON DU XIIIᵉ SIÈCLE.

un Languet du Cholot qui demeurait à Vitteaux dans la maison qui a appartenu ensuite à M. de Granchamp, trésorier de France. « Il donnait tous les ans dans cette « maison un repas qu'il appelait ses *états* et, pendant trois « jours, y réunissait le clergé, la noblesse et le Tiers- « Etat. Il mettait en perce une feuillette de vin et on ne « sortait pas qu'elle ne fut bue à chaque repas. C'était à « qui boirait le plus fort et le mieux. Les nobles, et il y en

« avait beaucoup à Vitteaux anciennement, allaient, dit
« Collon, au cabaret. La noblesse ne s'occupait que de boire
« et de manger. Cela venait des guerres de Louis XIV où,
« dans les camps, on ne pensait qu'à boire. Cela a cessé,
« à Vitteaux comme ailleurs, vers 1720, les cartes et les
« jeux ayant succédé et la philosophie ayant pris la place
« de Bacchus. »

Tous les Languet n'arrivèrent pas à se maintenir dans une position élevée. L'un d'eux était boulanger à Dijon en 1709, en même temps qu'un Languet de Rochefort était président du Parlement. Le boulanger avait chez lui des portraits des Languet de Sombernon, avec les armes des Languet et leurs titres. Le président voulut les acheter en offrant une grande quantité de grains et, en cette année 1709, elle représentait une grosse somme. Fier de son origine, le boulanger refusa.

Les Drouas.

D'après l'abbé Collon, cette famille est originaire de Dreux. Guillaume Drouas était gouverneur du château et de la ville de Vitteaux pour le baron Antoine du Prat, le fameux ligueur, lequel stipula, dans son traité avec Henri IV, l'abandon de toutes poursuites contre Drouas.

Louis-Antoine du Prat érigea en fief en 1631 sous le nom de la Plante un domaine à Boussey, en faveur de Zacharie Drouas, qualifié d'huissier audiencier. Celui-ci épousa Jeanne Bossuet, fille d'un conseiller au parlement de Dijon. Il mourut en 1656. Trois filles du nom de Drouas furent religieuses au couvent des Ursulines de Vitteaux.

Un de ses fils du même nom de Zacharie lui succéda dans la seigneurie de la Plante et mourut en 1682, laissant pour héritier Jacques Drouas. Claude, un autre de ses fils, épousa une Espiard et acheta en 1732 aux Berthier un domaine à Massingy.

Jacques Drouas eut dix enfants parmi lesquels :
1º Claude Drouas, évêque de Toul.

2º Hector Drouas, grand vicaire d'Autun et abbé de Saint-Rigaud.

3º Jacques Drouas, seigneur de Velogny et de Marcilly, lequel demeurait à Vitteaux.

4º Jeanne Drouas, qui épousa M. de la Jarrye, seigneur de Cessey.

Jacques Drouas, seigneur de Velogny, demeurait à Vitteaux dans la maison de M. de Brachet (actuellement à Mme Callabre).

Il possédait le domaine de Massingy.

En 1793, il fut délivré à Jacques Drouas un certificat de résidence (11 janvier). Les commissaires Bourdon et Prost, ayant ordonné l'arrestation de tous les ci-devant seigneurs, le conseil de la commune de Vitteaux déclarait que le citoyen Jacques Drouas a toujours montré du civisme, qu'on ne peut lui reprocher aucune chose depuis la Révolution et qu'il a eu depuis plusieurs années des complaisances innombrables pour les habitants de cette ville. Il a donc été arrêté que l'on n'inquiétera pas le citoyen Drouas. Le citoyen Louis Serpil se rend caution pour lui.

Signé au registre : Serpil, Personnaz pour le procureur (Registres de 1793).

Le fief de la Plante contenait des bâtiments, 66 ouvrées de vignes, 50 soitures de pré et 331 journaux de terre. Il fut acheté par Jean-François Bordot, bailli de Vitteaux, qu'on appelait Bordot de Boussey. Ce Bordot avait épousé une demoiselle Guyot. Si nous revenons à Claude Drouas, évêque de Toul, Collon nous apprend qu'il avait donné à l'église de Vitteaux la grille de fer qui séparait le chœur de la nef avant la Révolution. Il avait fondé au collège de Toul deux bourses en faveur d'enfants de Vitteaux. M. Durandeau (histoire d'un volontaire de l'an I) a noté que son grand-père fut titulaire de l'une de ces bourses. Dans sa brochure sur Boussey, il dit qu'on a de cet évêque un ouvrage en 5 volumes intitulé : Instructions sur les fonctions du ministère pastoral, publié en 1772. Il avait été chapelain de la chapelle de tous les saints et vicaire général de Languet, archevêque de Sens.

Les Piget.

Collon dit que cette famille est très ancienne à Vitteaux.

Dès 1443, un Piget, de Vitteaux, dit la Bruyère, était capitaine de cent hommes d'armes, dont chacun avait six chevaux. Il était de la compagnie de M. le duc de Nemours.

Jean Piget était le père de la femme de Villeferry, l'un des lieutenants d'Antoine du Prat, le ligueur, et qui, après la Ligue, fut gouverneur du château de Vitteaux.

En 1570, Claude Piget était bailli de Vitteaux ; sa femme était sœur du célèbre Hubert Languet.

En 1636, Zacharie Piget, chevalier, conseiller du roi, était président du bureau des finances de Bourgogne et Bresse, il avait le titre de trésorier général de France en Bourgogne et Bresse. Bertrand Piget, probablement son fils, lui succéda dans cette charge et y joignit celle de maître d'hôtel du roi. Il prêta serment le 22 avril 1645 entre les mains du prince de Condé, ce qui fut signifié aux échevins de Vitteaux, qui étaient alors Claude Languet, André Bouard (?), Claude Marie, André Sucret, Zacharie Amiot.

Jean Piget, grenetier de Pouilly, achète, en 1653, de Cléron de Saffres, la seigneurie de Roche-d'Hys.

Les Piget avaient à Vitteaux la belle maison de la rue Portelle, occupée actuellement par Mlle Debrabant. C'est dans cette maison que logeaient les princes de Condé lorsqu'ils passaient par Vitteaux pour aller présider les Etats. On voit encore la chambre de Mgr le Prince, où l'on a conservé les tapisseries qui garnissaient les murs et qui représentent des scènes champêtres.

Nous devons revenir à Zacharie Piget, fondateur de la messe, dite de Courte pinte.

L'impôt de la courte pinte avait été établi en 1593 par le baron de Vitteaux comme contribution des habitants aux dépenses de la guerre, Cet impôt était le 1/8 du vin vendu par les hôteliers et cabaretiers.

Dans son traité avec Henri IV, du Prat avait obtenu de continuer à lever ce droit à son profit ; les habitants réclamèrent en vain et engagèrent un procès devant le Parlement de Bourgogne. Ce procès se termina en 1602 au profit du baron. Le roi décida cependant que la ville pourrait racheter ce droit pour 2.000 écus.

Zacharie Piget avait acheté ce droit du baron. Par son testament de 1636, il le légua au mépart en attribuant 150 livres par an aux mépartistes et le reste à l'hôpital. « Je donne et lègue aux prêtres du mépart de l'église parochialle de Saint-Germain de Vitteaux la somme de 150 livres par chacun an assignée sur le revenu de la courte pinte ou droit de huitième à moi appartenant audit lieu de Vitteaux... à condition que lesdits prêtres diront et célébreront par chaque jour non férié une messe haute à perpétuité en la chapelle que j'ai fait construire à la main droite du chœur proche la sacristie... Je veux que les 150 livres de rente ainsi pris, le reste soit employé à la nourriture des pauvres de l'hôpital et que les vieillards de Vitteaux soient préférés à tous autres... »

Les officiers municipaux amodièrent ce droit pour 600 livres aux héritiers Piget. Il donna lieu à de grands débats en 1762, le roi ayant ordonné en 1765 la levée du droit en faveur de la ville, qui ne pouvait payer ses dettes. Le maire institua des commis pour la levée de ce droit, les aubergistes enlevèrent leurs enseignes et leurs *bouchons*, tous les voyageurs furent expulsés des hôtels. Après procès, les cabaretiers offrirent de payer 412 livres au mépart et à l'hôpital, ce qui fut accepté. Ce droit disparut à la Révolution.

Les derniers représentants de la famille Piget furent deux prieurs de la chapelle Saint-Gilles de Saint-Thibault. Les revenus en étaient considérables. François

Piget, le dernier, ne résidait pas à Saint-Thibault, quoiqu'il eut fait reconstruire le prieuré. Il habitait à Vitteaux, rue de Cessey, dans la maison appartenant aujourd'hui à M. Belin. Le ruisseau venu de la rue de Cessey et qui descend le long de son jardin est encore appelé le rus Piget. Ce dernier prieur mourut en 1789.

Les Ferrand.

Cette famille, l'une des plus anciennes de Vitteaux, n'existait plus au temps de l'abbé Collon. Un Mathieu Ferrand était chancelier de Philippe de Valois. En 1489, Humbert Ferrand épouse Anne Languet, fille d'Humbert Languet, bourgeois de Vitteaux. Son fils, Henri Ferrand, paraît être le premier médecin établi à Vitteaux.

Les Ferrand possédaient plusieurs maisons : une dans le chatel, une dans le bourg, une dans la rue du Moustier, avec un pressoir pour y *trouiller*. Celle du bourg était probablement celle qui a donné son nom à la ruelle Ferrand.

La chapelle de tous les saints, la troisième de la nef de gauche, fut fondée en 1500 par Robert Ferrand, curé de Massingy, lequel fut inhumé dans cette chapelle en 1511 et y avait fondé trois messes basses par semaine. Marie Ferrand donne en 1554 huit vingt livres tournois pour services à la chapelle de tous les Saints.

En 1557, Claude Ferrand était syndic de Vitteaux. En 1677, un Ferrand de Vitteaux était seigneur de Marcellois. Cette famille n'existe plus depuis longtemps à Vitteaux.

Guéniard.

On trouve deux Guéniard tanneurs en 1624 et 1648. Cette famille a fourni deux curés de Vitteaux (1621 et 1655) du nom d'Estienne Guéniard, le premier ayant résigné sa cure à son neveu. — Estienne Guéniard, bailli et receveur du grenier à sel en 1722. Famille alliée aux

MAISON FERRAND.

Piget, Languet, etc... D'après Collon, la maison **Guéniard** était la maison des piliers.

Violet de la Faye.

Seigneurs de Myard, acheté aux Drouas, puis de Vesvres et d'une partie de Marcellois. La maison, rebâtie par M. Garnier, a appartenu à Violet de la Faye.

Maillard de Chambure.

Famille originaire de Saulieu. Jean Pelletier de Chambure, fils de Hugues Pelletier, lieutenant du roi en la ville de Semur, épousa en 1780 Marie-Elisabeth Pioret, fille de Jacques Pioret, receveur du grenier à sel de Vitteaux. Maillard succéda à son beau-père dans les emplois qu'il occupait pour la vente du tabac, dans la gabelle et le bureau de la poste aux lettres. Accusé d'avoir fait passer des lettres au prince de Condé, il fut guillotiné sous la Révolution. C'est le père de Laurent-Auguste Le Pelletier de Chambure, né à Vitteaux en 1789 qui, étant entré au service à 19 ans, prit part comme capitaine à la défense de Dantzig en 1813, où il fit des prodiges de valeur. Sa compagnie reçut de l'ennemi le nom de *Légion infernale*. Il fut prisonnier en Russie, revint en France en 1815 et devint colonel d'état-major en 1830.

Les divertissements.

Le jeu de l'arquebuse, c'est-à-dire le tir à l'oiseau, est très ancien et était fort répandu en Bourgogne. Henri IV, se trouvant à Dijon en 1595, tira l'oiseau placé au-dessus d'un peuplier du parc qui subsiste encore. Toutes les villes avaient des compagnies d'arquebusiers au xviii° siècle (Courtépée).

Collon nous apprend qu'il y avait en 1673 un jeu d'ar-

Maison des pilliers (a la famille Guéniard).

quebuse sous les vignes qui avoisinent la rue de Cessey. Au commencement du XVIIIe siècle, on donnait 40 livres à celui qui abattait l'oiseau. L'usage était de tirer l'oiseau le jour de la fête patronale. Lorsqu'il était abattu, on le portait à l'église en procession et on chantait le *Te Deum*.

Le combat de taureau.

La course et le combat du taureau se faisaient dans un pré situé à l'extrémité de la rue Cornebornon, près le moulin de la chapelle du Saint-Esprit, dont il est séparé par la rivière.

Au-dessus de ce pré est une terrasse d'où l'on regardait les jeunes gens s'exercer à la course et combattre le taureau. Tous les ans, au commencement du Carême, au son des tambours et des instruments de musique, on conduisait dans le pré en grande pompe, un jeune taureau auquel on avait doré les cornes. Le jeune homme qui venait à bout de le terrasser était reconduit chez lui en triomphe.

Il y avait aussi des courses à pied, dont le prix était une pièce de vin.

Les femmes et les filles s'habillaient en blanc ce jour-là et se plaçaient sur la terrasse pour voir les combattants.

Ces fêtes étaient souvent suivies de blessures dangereuses, de débauches et d'excès. M. Guéniard, curé de Vitteaux, avait souvent prêché contre ces désordres.

En 1684, l'évêque d'Autun parvint à les faire cesser et introduisit à cette occasion les prières des 40 heures qui se font aux jours de Carnaval et qui se célébraient avec une grande pompe.

XIII

L'ÉGLISE

L'église de Vitteaux dépendait de l'abbaye de Flavigny. Nous avons rapporté dans nos premiers chapitres comment les moines entrèrent en possession des dîmes de cette église qu'ils ont perçues jusqu'à la Révolution.

L'abbaye, d'après le droit de cette époque, avait à desservir l'église et il est certain qu'il y eut une *celle* ou résidence de quelques moines jusqu'au XIVe siècle. Telle est l'origine du nom de Moustier pour désigner la rue actuelle de l'église. C'est sous ce nom, en effet, qu'elle figure dans les terriers de 1473 et même de 1600.

Ce sont donc les Bénédictins qui ont construit la première église à une époque que nous ne pouvons préciser. L'église actuelle paraît avoir conservé quelques restes de celle des moines, le chœur et aussi une partie du portail, dont les réparations de 1785 ont altéré le caractère primitif.

Une inscription sur le pilier du chœur du côté de l'évangile donne la date de la dédicace de l'église « cette église fut dédiée le tiers jour du mois de juing M CCC IIII^{xx} dix et neuf (c'est-à-dire 1399) H. Coldave ». — Une autre inscription sur le mur de la nef de gauche près de la chapelle Saint-Michel indique que ce collatéral date du XVe siècle. D'après Collon, la longueur de l'église est de 107 pieds, la largeur, en y comprenant les chapelles, est de 53 pieds. Dix piliers la divisent en quatre travées. Le clocher est composé d'une tour carrée surmontée d'une aiguille, couverte d'ardoises, dont la hauteur a été diminuée à la suite d'un incendie causé par la foudre en 1633.

Les cloches. — Elles furent soumises à la refonte en

1779. Il n'est pas sans intérêt de reproduire, d'après Collon, les inscriptions de chacune des cinq cloches :

La plus grosse, du poids de 4.000 livres, portait en caractères gothiques : M Maria l'an M V^e et XXXII Sancte Germane, Sancta Barbara orate pro nobis. Laudo Deum verum, Jesu plebem voco, Colligo Clerum, defunctos ploro, pestem fugo festaque decoro, vox mea cunctorum fuga demonum. Plusieurs images en relief : saint Germain, saint Michel, un Dieu de pitié et la Sainte-Vierge [1].

La seconde cloche, de 2.800 livres, avait cette inscription : Sainte Marie, mère de Dieu, et saint Germain, priez pour nous. Je m'appelle Jacques-Marguerite. Mon parrain messire Jacques Languet, conseiller receveur pour le roi, et ma marraine Damoiselle Marguerite Cothenod, femme de noble Bertrand Piget, conseiller, maître d'hôtel ordinaire du roi et trésorier en la généralité de Bourgogne et Bresse. J'ai été bénite par Etienne Guéniard, au mois de mai de l'an 1656, et faite des deniers de la communauté dudit Vitteaux et de l'échevinage, de M^{tres} Jacques Forestier, Etienne Derepas, conseillers du roi et ses greneriers aux magasins à sel de Pouilly et de Vitteaux, Claude Simon l'aîné, André Robot, Claude Dupela, Pierre Breton, échevins, et Gilles Nicolas, procureur syndic dudit Vitteaux, assistés de MM. les vénérables C. Benoît, C. Rebillard, C. Devoyo, P. Mollet, G. Taupin, P. Enfert, C. Mairot et E. Guéniard, tous mépartistes.

3e *cloche*. — Inscription : Sainte Marie, mère de Dieu, et saint Germain, priez pour nous. Je m'appelle Frédéric-Bonaventure. Mon parrain est messire de Fresnes, baron de Saint-Beury ; ma marraine dame Bonaventure Désiré, épouse d'Alexandre de Repas, seigneur de Grandchamp, maire de cette ville de Viteaux. J'ai été bénite par Louis Vacher, curé, assisté de G. Baudenet, Blaise Rameaux,

---

1. Saint Germain, sainte Barbe, priez pour nous. Je loue Jésus le vrai Dieu. J'appelle le peuple, je réunis le clergé, je pleure les morts, je chasse la peste, je suis l'ornement des fêtes, ma voix met en fuite tous les démons.

J.-B. Thibaud. — Messire Guillaume Monot, fondateur de la chapelle Sainte-Anne, me fit faire de ses deniers du poids de 789 livres, l'an 1409. Depuis j'ai été refaite et augmentée des deniers de cette communauté par les soins de M. A. de Repas, maire de ce lieu, C. Durey, C. Chaveaux, Ant. Gorre, Claude Larget, échevins, Etienne Piget, syndic La cloche pesait 1.230 livres.

4e cloche. — S. Germanus. Richarda S. p. g. e.

5e cloche. — Ave Maria gratia plena, Dominus tecum.

Ces deux inscriptions en caratères gothiques font présumer que ces deux cloches viennent du monastère des Bénédictins (Collon).

En 1779, refonte des cloches sur le cimetière ; on ne conserva que la deuxième. Nous avons donné, page 36, l'inscription de la première, qui fait connaître les titres et charges de Louis-Antoine du Prat, alors seigneur de Vitteaux. — La deuxième, sous le nom de Saint-Nicolas, eut les mêmes parrain et marraine, ainsi que la troisième, qui pesait 1.438 livres. Cette refonte coûta aux paroissiens 4.200 livres, d'après l'inscription.

A l'exception de la première, ces cloches furent descendues sous la Révolution et servirent à la fonte des canons, ce qui eut lieu presque partout.

Au rétablissement du culte, la municipalité, en 1802, prête une cloche d'environ 400 livres provenant de l'horloge de cette ville, dont la tour vient d'être démolie (Archives). Le citoyen Marandon, curé, s'engage à la rendre sur réquisition. C'était, peut-être, la cloche de l'échevinage, dont l'inscription en caractères gothiques d'au moins 900 ans, dit Collon, portait ces mots : Salvator mundi, salva nos omnes.

Toutes ces cloches ont été soumises à la refonte en 1861.

Elles portent les inscriptions suivantes :

1re cloche. — Marie, 2.044 kilogr.

Anno Domini M D CCC LXI die XVII Augusti Pio IX pontifice maximo, ecclesiam regente, Francisco Victore Epis. Divionens. L. Napeleone III imperante, Joanne

Prost Vittelliensi parocho, Joseph Lacoste majore ejusdem civitatis ab Ill. ac. RR præsule supra dicto, solemniter benedicta sum et ad divinum cultum consecrata. Venerabilis Claudius Lacoste in arte medica doctor et optima matrona Maria Bullier uxor E. J. Picard Maria nomen imposuerunt.

Sancta Maria immaculata. Sancte Benigne, Sancte Germane, orate pro nobis.

Gravures : Crucifix. Jugement dernier.

2ᵉ *cloche*. — Pétronille. Poids : 1.461 kilogr.

Inscription : Cette cloche a été bénite et consacrée au culte le dimanche 20 octobre 1861 par M. Jean Prost, curé doyen de Vitteaux, M. Pierre Rivet, propriétaire en cette ville et trésorier de la fabrique, et Mˡˡᵉ Marie Ménétrier m'ont donné le nom de Pétronille, en l'honneur de saint Pierre, prince des apôtres.

Gravures : La Cène, le Christ en Croix, l'Immaculée Conception.

> De notre gracieuse et céleste harmonie
> Méditez chaque jour le sens mystérieux.
> Elle annonce à l'enfant les scènes de la vie,
> L'épreuve de la mort, le réveil dans les cieux.

3ᵉ *cloche*. — Germaine. Poids : 1.004 kilogr.

Inscription : J'ai été bénite et consacrée au culte le dimanche 20 octobre 1861 par M. Jean Prost, curé doyen de Vitteaux. J'ai reçu de M. l'abbé Guillemier, vicaire de cette ville, et de Mˡˡᵉ Anaïs Bérard de Mont-Saint-Jean, le nom de Germaine, voc. de saint Germain d'Auxerre, patron de la paroisse.

Gravures : Descente de Croix, saint Germain, le Christ en Croix.

> Nous sommes ici les trois sœurs jumelles
> Destinées à chanter en tierce majeure
> De l'Eglise les fêtes solennelles.
> Au concert divin rendez-vous à l'heure.

Don fait à la paroisse.

4ᵉ *cloche*. — Sainte-Anne. Poids : 261 kilogr.

Inscription : J'ai été fondue en même temps que Pétronille et Germaine et bénite le même jour, 20 octobre 1861.

Dies mei sicut umbra declinaverunt (Ps. 101).

Don fait à la paroisse.

Gravures : Le Christ en Croix, la Vierge à la Chaise.

> Ainsi qu'on voit l'ombre fugitive
> Disparaître aux rayons de la lumière
> Ainsi s'écoule l'heure fugitive
> Dans notre courte et pénible carrière.

5ᵉ *cloche*. — S. Germanus Richarda.

Ces cloches, qui donnent l'accord si b, do, ré, ont été faites par le maître fondeur Goussel, de Metz, à raison de 3 fr. 50 le kilogr. Mgr Victor Rivet présida la cérémonie pour la première cloche, le 17 août 1861 ; les autres furent bénites le 20 octobre suivant. La fabrique avait reçu un don anonyme de 11.000 livres et une subvention municipale de 1.400 livres.

En 1862, le clocher reçut une horloge, don fait par M. Lacoste, maire de Vitteaux, au nom de son père Claude Lacoste, ancien maire, et de M. François Clemencet, son cousin (Archives de la fabrique).

L'ÉGLISE AVANT LA RÉVOLUTION

Le sanctuaire était fermé par une belle porte de fer, à deux battants cintrés surmontés d'un très beau couronnement avec les armes de Claude Drouas, évêque de Toul, qui avait donné cette grille en 1724. Les stalles du chœur, au nombre de 32, occupaient l'ouverture entière des deux arcades de la nef à droite et à gauche ; 18 stalles hautes étaient destinées au curé, au vicaire et aux mépartistes. Les magistrats et officiers de justice étaient placés à la suite du clergé. Les 14 stalles basses étaient pour le marguillier, le bedeau, les accolytes, les chantres et les valets de ville. L'abbé Collon attribue à ces stalles une ancienneté d'environ 400 ans. Elles étaient ornées de colonnettes réunies par des panneaux et dentelles à jour.

Un orgue, donné par les seigneurs de la maison de Chalon, placé en face du chœur, formait une espèce de portique avec beau bahut en bois représentant les scènes de la Passion. Déplacé plus tard avec l'orgue et placé au bas de l'église, il a été classé dans les monuments historiques.

Le jubé qui fermait le chœur était surmonté de la croix placée aujourd'hui en face de la chaire. Il fut détruit en 1658. Cette date est celle de l'inauguration de nouvelles orgues qui se firent entendre pour la première fois à l'occasion de la prise de Dunkerque. Elles avaient été données par Françoise Languet, qui en confia l'exécution à Grantin, facteur d'orgues à Dijon. Cet orgue pareil à celui de la Sainte-Chapelle de Dijon, était composé des jeux suivants : Bourdon, cornet, doublet, une fourniture, une cymbale, un larigot. L'organiste était alors le prêtre Mayret.

L'autel, placé au fond du chœur, avait un rétable en pierre de Tonnerre fait en 1544 *aux frais de la confrairie de céans*. Ce rétable, haut de 9 pieds et large de 8 pieds 1/2, était divisé en six cases ; celle du milieu représentant Notre-Seigneur entre les deux larrons avec plus de vingt figures, les autres rappelant les scènes de la Passion.

A la partie inférieure, six écussons ovales figurant divers traits de l'histoire sainte. Des statues de la Sainte Vierge et de saint Germain, de grandeur naturelle, complétaient la décoration.

L'abbé Collon décrit encore un obélisque en tour pyramidale formant d'abord le tabernacle orné de nombreuses sculptures représentant des anges avec les attributs de la Passion et des apôtres avec les instruments de leur martyre. Déplacé en 1544, lorsqu'on établit le rétable de l'autel, il fut placé dans le chœur contre le mur du côté de l'évangile et servit à renfermer les saintes huiles.

A l'entrée de l'église, devant le portail, un bénitier en pierre noire, taillé en coupe à quatre pans, sur le pied une fleur, attribut du tailleur de pierres Gaumet, qui en fit don à l'église il y a bien cent ans, dit Collon.

Le clocher.

Bâtie sur une tour carrée, la pyramide couverte en ardoises était d'abord plus élevée qu'aujourd'hui. Le tonnerrre y tomba le 9 avril 1633 à dix heures du soir. Des charpentiers coupèrent la flèche à coups de cognée et arrêtèrent l'incendie. La réparation faite alors fut suivie d'une autre en 1770 et en novembre 1893 ; la toiture d'ardoises, remise à neuf, fit retrouver l'inscription suivante de 1633 : « Maître Jacques Languet, Antoine Viollet, Germain Chanterenne, Guy Forestier, Hugue Robot, échevins, et maître Charles Languet, syndic dudit lieu ». Le paratonnerre n'a été placé qu'en 1893.

Le portail.

Le portail de l'église a une porte à deux vantaux, séparés par une colonne en pierre qui portait avant la Révolution une statue de saint Germain. Les vantaux, partagés en carrés, sont ornés de dessins tous différents ; le tympan est recouvert de trèfles entrelacés dont une partie seulement subsiste. Le portail forme un porche ayant d'un côté un siège en pierre, de l'autre une tour hexagonale montant au clocher et construite probablement au xve siècle. Une arcade à plein cintre, construite à la fin du xviiie siècle, a remplacé malheureusement en partie la façade romane primitive.

Chapelles.

Au xviiie siècle, on comptait dans l'église 14 chapelles fondées, c'est-à-dire pourvues de fonds servant à l'entretien de chapelains. Une partie de ces chapelles avaient leurs autels adossés aux piliers de l'église et les confréries de métiers y faisaient célébrer leurs offices. Il n'en existe plus que huit, en comptant celle du Rosaire et la chapelle Saint-Jacques, qui terminent les nefs latérales. Les chapelains devaient être nés à Vitteaux et baptisés dans l'église Saint-Germain. Leur nomination exigeait souvent le concours d'un grand nombre de descendants des fondateurs et donnait lieu à de longs procès. Les caveaux établis sous ces chapelles recevaient les sépultures des fondateurs et de leurs familles. Des messes et services devaient être célébrés à des époques déterminées pour le repos de l'âme des donateurs.

Les mémoires de l'abbé Collon permettent d'indiquer la date de la construction de ces chapelles.

1° *Chapelle Saint-Michel.* — La première du côté de l'Evangile (collatéral de gauche). Fondée en 1454 par Jean le Boiteux, habitant de Vitteaux, et construite par les soins de son fils Alexandre le Boiteux, conseiller du duc Philippe. Les biens-fonds affectés à cette chapelle consistaient en propriétés ès-lieux de Vitteaux, Cessey, Vesvres, Boussey. Dampierre et Posanges, en la valeur de 25 livres tournois de revenu par an. Le chapelain devait chaque jour célébrer une messe à l'aube du jour. Cette charge fut réduite à deux messes par semaine au XVIIIe siècle, en considération de la diminution des biens. L'abbé Collon en fut le dernier chapelain ; il avait été nommé en 1778. Plusieurs membres de la famille Languet y ont leurs sépultures comme descendants d'Augustin Languet, capitaine et gouverneur du château de Vitteaux, lequel était fils d'Huguette le Boiteux. Cette chapelle fut dévastée sous la Révolution. Les tableaux qui la décoraient furent enlevés, les images brisées ; on voit encore en partie, mutilés, les écussons des Boiteux avec leur devise : *Espoir de mieux.*

2° *Chapelle de Saint-Claude.* — Fondée en 1502 par Jean Pernand, bourgeois de Vitteaux, et Marguerite de la Perche, sa femme. Les fondateurs ont donné 10 livres tournois de rente à prendre sur 12 ouvrées de vignes en Chaumont, 4 dans la Motte, 4 journaux en la Millière, une rente de 4 livres tournois. La nomination de premier chapelain Guillaume Démongeot fut faite par le fondateur, qui transmit ses pouvoirs à ses descendants, dont les der-

Abside de la Chapelle de la Trinité.

niers furent les Millois, lesquels nommèrent Antoine Arvier. Les charges étaient de deux messes par semaine.

3° *Chapelle de tous les Saints*. — La troisième, immédiatement au-dessous de celle de Saint-Claude. En 1516, l'autel fut consacré en même temps que celui de la chapelle

Saint-Claude. Le fondateur, Robert Ferrand, curé de Massingy, donna pour trois messes basses par semaine une maison et un jardin en la rue du Moustier, 13 soitures de pré, 33 journaux de champs, dont 12 en Charmoy au ru du Pontot, les autres au chemin de Dracy et à Posanges. Le dernier chapelain, Philibert de la Jarrye, mourut en 1795.

4º *Chapelle de Saint-Jacques.* — Vis-à-vis la chapelle du Rosaire, au fond du collatéral de l'épître proche de la sacristie. Elle avait été fondée dans l'ancienne église, en 1361, par les deux frères André et Jean le Boiteux (2e du nom), qui l'avaient dotée de 15 livres tournois de rente. Zacharie Piget la fit reconstruire en 1636 et légua par son testament de 1641 une somme de 150 livres par an sur le revenu de la courte pinte au profit du mépart, qui devait célébrer chaque jour une grand'messe à huit heures du matin, depuis la Saint-Martin jusqu'à Pâques. Ce Zacharie Piget était président du bureau des finances en la généralité de Bourgogne et Bresse, ce qui lui donnait le titre de trésorier de France. Les biens de la chapelle, réunis à ceux de la chapelle Sainte-Madeleine, consistaient en 1700 en une maison située entre le cimetière et le Guenège, 61 journaux de terre et 19 soitures de pré. Le dernier chapelain fut Antoine Arvier.

5º *Chapelle Saint-Jean-Baptiste.* — La première après la sacristie. Fondée en 1412 par Jean le Borne de Fleurey pour deux chapelains pour la somme de 25 livres tournois de rente assignés sur des meix, héritages et cens. Lesdits prêtres célébreront chaque jour une messe pour le fondateur, la messe et les vêpres aux quatre fêtes de Notre-Dame et le jour de' saint Jean-Baptiste. Les premiers chapelains furent Hugues Coldave et Jean Demongeot ; le dernier J.-B. Sucret.

6º *Chapelle du Saint-Esprit.* — Construite en 1640. Fondateur : Claude Languet, conseiller du roi, contrôleur des magasins à sel de Pouilly et de Vitteaux. Pour le logement du chapelain, il fit construire une maison près du cimetière.

Les armes de Claude Languet se trouvent encore sur cette maison du chapelain avec la date 1653 sur le puits de la maison. La nomination des chapelains appartenait à la famille Lemulier. Marandon, curé de Vitteaux à l'époque de la Révolution, en avait été chapelain. Le dernier fut Pernotte. (Voir l'article Languet, page 364).

7° *Chapelle de Sainte-Anne.* — Construite en 1434 par Guillaume Monot, capitaine et chatelain de Vitteaux. Elle était dotée de 68 journaux de terre, 16 soitures de pré et 22 ouvrées de vignes ; ce qui était évalué à cette époque à 20 livres tournois de revenu. Les charges étaient d'une messe quotidienne répartie sur deux chapelains ; le fondateur avait ajouté de nouvelles propriétés, de manière que chacun d'eux eut un revenu de 15 livres tournois. On peut en conclure que cette somme de 15 livres tournois suffisait à faire vivre commodément à cette époque (Collon). Parmi les chapelains qui étaient à la nomination de la famille du fondateur, on trouve Claude Morot, qui devint curé de Vitteaux, Cl. Taupin, bienfaiteur de l'hôpital, N. Simon le dernier.

8° *La chapelle du Rosaire.* — Elle ne correspondait pas à un bénéfice comme les précédentes. La décoration de cette chapelle consiste principalement en 15 médaillons peints sur les lambris qui recouvrent les murs et qui représentent les mystères du Rosaire. Elle fut faite en 1645 des deniers d'Hugues Baveux et de Françoise Clerc, sa femme. La confrérie du Rosaire, établie en 1635, par le dominicain Pierre Chanterenne, du couvent de Dijon, et natif de Vitteaux, contribua aussi à la décoration. On y a conservé une figure de saint Georges qui paraît dater de 1556. Il y est représenté sous la forme d'un cavalier tenant une épée et écrasant un dragon sous les pieds de son cheval ; il aurait ainsi sauvé la vie à une jeune fille que le monstre allait dévorer. Les mépartistes jouissaient de quelques fondations faites à cette chapelle ; ils y contribuaient eux-mêmes en fondant, en 1635, des offices et processions à l'autel du Rosaire, le premier dimanche de chaque mois.

AUTRES CHAPELLES ANCIENNES

Il existait d'autres chapelles avant la construction des nefs collatérales. Elles consistaient en un autel adossé à l'un des piliers de la grande nef. Chacun de ces autels avait ses décorations, ses ornements sacerdotaux et un baldaquin surmontant l'autel, le tout entretenu par les confréries et les corps de métier qui y faisaient autrefois célébrer leurs offices.

Il y avait la chapelle de l'Assomption, fondée par la famille de Comby (1538) ; de Saint-Antoine et Saint-Sébastien, par les Morot ; de Saint-Martin, par les Le Croizier ; de Saint-Côme et Saint-Damien, par les Morizot ; de Sainte-Catherine et de Sainte-Madeleine, par les Gastellier et les Monnot. Toutes ces chapelles furent détruites lorsqu'on exhaussa en 1766 le pavé de l'église. A quelques exceptions près, elles avaient des biens correspondant à des messes acquittées par les chapelains et les mépartistes. L'abbé Collon était en même temps chapelain de Saint-Michel et de Sainte-Catherine.

L'abbé Collon a décrit assez longuement les tableaux, autels, statues qui existaient avant la Révolution. Dans les chapelles, chaque autel avait un rétable et un tableau.

Chapelle de la Trinité. — Cette chapelle, située dans l'enceinte de la ville (ruelle Ferrand), fut construite en 1592. Elle avait la forme d'un rectangle. Un petit clocher avait une cloche avec la date de 1639.

D'après une inscription sur une table de marbre du côté de l'Évangile, François Espiard et dame Marcelline Gervais, son épouse, avaient fondé dans cette chapelle une messe quotidienne pour eux et leurs descendants et noble Pierre Gervais, leur père, mort en 1637. Les magistrats de la ville nommaient le chapelain, dont le dernier fut un Espiard. Le rétable de l'autel était un tableau sur bois peint en 1592 par Hoey, représentant la Trinité avec les douze apôtres. Ce tableau, classé comme monument

VIEUX REMPARTS ET FAÇADE DE LA CHAPELLE DE LA TRINITÉ.

historique, est actuellement dans la chapelle du Saint-Esprit. Le domaine de la chapelle se composait de 118 journaux de champs, une soiture de pré, une chenevière et 4 ouvrées de vignes.

Chapelle de Croix-Voisin. — Les mépartistes de Vitteaux célébraient encore des messes à la dévotion des fidèles dans la chapelle de la Croix-Voisin, bâtie par les Berthier, de Massingy, en 1621. Ils y avaient eux-mêmes fondé six messes par an aux jours de sainte Barbe, de la Nativité de la Sainte-Vierge, sainte Anne, saint Sébastien, saint Roch et saint Philibert, moyennant une soiture et demie de pré. On y disait la messe aux Rogations et le jour de saint Marc.

La chapelle du château. — Elle avait un chapelain chargé de dire une messe le dimanche. En 1594, le chapelain était Jean Pluvost, en 1648, Thomas Languet. Il n'avait comme revenu que les deux tiers des dîmes de raisin des vignes de la Motte et de la combe d'Hys. Le Chatelet avait aussi une chapelle où on célébra la messe jusqu'à la Révolution.

APPENDICE

Extraits de l'acte de fondation de la chapelle Saint-Claude.

« A tous ceux qui ces présentes lettres verront et ouiront, nous Jean Pernaud, bourgeois de Vitteaux, et Marguerite de la Perche, sa femme, mêmement, je ladite Marguerite, des bons congiés, licence, autorité, assentement et consentement dudit Jean Pernaud, mon mari, et m'autorisant quant à faire passer, consentir et accorder avec lui ce qui s'en suit, salut. Savoir faisons que, comme puis n'a guère, ayons sous le nom et titre de Monsieur Saint Claude fait construire et ériger une chapelle de pierre en l'église paroissiale dudit Viteaux pour en icelle dire et célébrer messes, suffrages, prières et oraisons à la louange de Dieu notre créateur et exaltation de son saint nom… pour ce est-il que nous, mus de dévotion à la louange d'icelui notre créateur et rédempteur Jésus-Christ, de la glorieuse Vierge Marie sa mère et de toute la cour célestiale du Paradis, aussi pour le repos et salut de nos âmes et des âmes de tous bons chrétiens trépassés…

CHAPELLE VOISIN.

Avons voulu statuer et ordonner, voulons, statuons et ordonnons être dites et célébrées en icelle chapelle perpétuellement et à toujours chaque semaine de l'an deux messes à basse voix par le chapelain qui par nous, nos hoirs et descendants d'eux y sera député, institué et ordonné…

Et pour l'entretement, dotation et fondation d'icelles deux messes, nous donnons et assignons dix francs valant dix livres tournois… d'annuelle et perpétuelle rente à prendre chaque an sur nos héritages :

1º Sur notre pièce de vigne de 12 ouvrées assise au finage et territoire de Vesvres en lieu dit en Chaumont.

2º Sur deux soitures de pré au finage et territoire de Viteaux lieu dit en fiole emprès le bois dudit fiole tenant à...

3º Sur 4 journaux de terre en la Millière tenant au paquis dudit Viteau.

4º Sur 4 francs de rente sur des meix, maisons et maizières audit Viteau en la rue de Massingy.

5º Sur 4 ouvrées de vignes au haut de la Mothe tenant à... et tous nos autres biens meubles et immeubles présents et a venir quelconques...

Et, au surplus, je, ledit Jean Pernaud du consentement et vouloir de ladite Marguerite ma femme, retiens et réserve à moi, ma vie naturelle durant, et après mon décès, à mon fils Guichard Pernaud l'élection, nomination et présentation du chapelain, l'institution réservée à révérend père en Dieu, monseigneur l'évêque d'Autun... Je veux et ordonne que ladite nomination après le décès de mon fils soit et appartienne à ses hoirs mâles, je veux être préférés aux filles et en cas que, par succession de temps ma ligne fut défaillante de hoirs mâles, au défaut d'iceux, à la plus aînée des filles, descendant semblablement en droite ligne de mon tronc... et en cas que mon fils allasse de vie à trépas sans délaisser hoirs légitimes de son corps, je veux ladite nomination être et appartenir à la plus aînée de mes deux sœurs germaines... ou à leur défaut à celui ou celle de mes parents lignagiers plus prochain manant et residant à Viteau... et pour premier chapelain... je nomme et présente en spéciale et discrète personne Messire Guillaume Demongeot...

Passé par devant Guillaume Bazand, clerc notaire publique. Présents : discrète personne messire Guillaume Quarrey, prêtre, Guillaume Morot, maréchal dudit Viteau, et Philippe-Julyen de Villy, témoins appelés et requis le 12ᵉ jour de l'an de grâce 1502. »

(La pièce originale en parchemin est entre nos mains).

Le mépart.

Le mépart était une société de prêtres organisés en 1538 pour acquitter les fondations de messes et divers

Chapelle du Chateau.

services dans l'église paroissiale. Ils devaient être au nombre de huit, outre le curé et son vicaire, natifs de Vitteaux et baptisés en l'église Saint-Germain. Ils portaient aux offices un camail noir ou capuchon fourré de peau d'agneau.

Au XVIIIe siècle, le camail était de petit gris avec deux rangs de boutonnières en soie rouge. Des sociétés semblables existaient à Montbard (1542) et à Flavigny (1457). Les membres du mépart se partageaient les revenus des nombreuses fondations destinées à augmenter le nombre et la dignité des offices religieux. Ils étaient en outre chapelains des diverses chapelles de l'église. Le mépart chantait les vêpres tous les jours, les matines aux jours de fêtes solennelles, des messes à notes toutes les fêtes de Notre-Dame, l'Inviolata le dimanche avant la grand'-messe, le *Salve regina* ou autres antiennes, suivant le temps, après les vêpres. Des fondations nombreuses assuraient la rétribution de ces services.

Au XVIIe siècle, Marie Pivert fonda les grand'messes pendant l'octave du Saint-Sacrement et le curé Morot une procession les mêmes jours ; Hughes Maillot, bourgeois de Vitteaux, et sa femme fondent les complies tous les dimanches, le curé Guéniard, avec les mépartistes, la procession du premier dimanche du mois à l'autel du Rosaire ; Zacharie Piget, la messe de la courte pinte ; dame Brigandet, l'amende honorable du troisième dimanche de chaque mois, en 1692.

Parmi les bienfaiteurs sont des Ferrand, Pivert, beaucoup de mépartistes, le curé Morot, Berthier, Flamand, Brigandet, le curé Nicolas Vacher.

Au XVIIIe siècle, les fondations deviennent plus rares. Le curé Vacher fonde six grandes messes pour les octaves des fêtes de la Sainte-Vierge ; Estienne Demongeot, marchand à Vitteaux, messe, vêpres et procession le jour de saint Antoine.

Nous n'avons cité que les plus importantes fondations, mais il y en eut un grand nombre d'autres stipulant des messes de mort, des vigiles plus ou moins solennelles pour le repos des âmes des fondateurs. La dernière (1773) fut celle de Huberte Lager, veuve de J.-B. Voisenet, qui donne 3.000 livres pour quatre messes de *Requiem* et quatre bénédictions du Saint-Sacrement les jours de l'Assomption, de saint Jean-Baptiste, de saint Augustin et de saint Hubert.

Les charges résultant de ce grand nombre de fondations ne pouvaient que difficilement s'exécuter lorsque le nombre des mépartistes était incomplet.

Par suite de mauvaise administration, de la baisse du taux de l'intérêt, des pertes occasionnées par la banque de Law et par la constante augmentation de l'impôt des décimes sur le clergé, les revenus du mépart diminuaient et, par suite, les mépartistes se croyaient le droit de réduire ou de supprimer une partie de leurs obligations.

En 1637, le commissaire du roi, Bretagne, étant nommé pour la visite des couvents, chapelles, etc... du bailliage d'Auxois et sur la plainte des syndics, il fut convenu que les messes demandées par les habitants ne seraient célébrées qu'après qu'on aurait acquitté celles des fondations. En 1691, les biens ayant été imposés aux décimes, le mépart offrit de tout abandonner. En 1728, l'évêque d'Autun réduisit le nombre des services. En 1789, les mépartistes n'étaient plus que cinq. Ils étaient dix en 1720. Les derniers reçus furent Pierre Collon (1783) et Pierre Copin (1787).

Le dernier compte rendu par l'abbé Collon constate un revenu de 812 livres ; le casuel de l'année avait produit 364 livres.

LES COUVENTS

Les Minimes.

Les Capucins eurent, vers 1640, une maison de quelques religieux à Vitteaux. Ils y avaient été amenés par Jacques Languet, malgré l'opposition des habitants. Ils résidèrent quelque temps dans une maison de la rue Vieille. On ne sait comment ils disparurent de Vitteaux où ils avaient été attirés, dit Collon, par Jacques Languet, le plus riche propriétaire de Vitteaux.

L'ordre des Minimes, institué en 1436 en Italie par S*t* François de Paule, avait plusieurs couvents en Bourgogne, à Semur (1604), à Dijon (1599). C'est du couvent de Chalon que vinrent les Minimes de Vitteaux (1654).

C'est encore Jacques Languet, receveur au grenier à sel qui, sur le conseil de l'évêque d'Autun, fit alors venir des Minimes avec le consentement du baron et des habitants, à la condition de ne faire aucune quête dans la ville ou les faubourgs. La fondation est de 1644. Jacques Languet donna au couvent les terres, prés, bois qu'il possédait à Vitteaux et à Boussey, entre autres 100 journaux de champs en Charmois, et fit bâtir à ses frais le couvent et l'église.

C'est le dimanche 28 juin 1654 que les religieux furent conduits processionnellement de l'église Saint-Germain à leur domicile provisoire, la maison de Marcelline Forestier, rue de la Poterne. On leur permit de faire l'office dans la chapelle de la Trinité. Leur église ne fut terminée qu'en 1659.

Il y avait trois chapelles fondées dans cette église : la chapelle de Notre-Dame de Pitié, bâtie par Pierre Chapuis ; celle de Saint-François de Paule, acquise des Minimes par Etienne de Repas, président des greniers à sel de Pouilly et de Vitteaux ; une troisième, dite du Scapulaire. Les fondateurs devaient être inhumés dans leurs chapelles respectives. Les religieux reçurent beaucoup d'autres fondations pour des messes et services. Ils prêchaient l'Avent et le Carême dans l'église de Vitteaux et recevaient une rétribution, mentionnée dans les registres de la ville. Ils devaient faire le catéchisme tous les dimanches, visiter les malades, etc… A partir de 1750, les prédications se firent dans leur église, par suite d'un don de 300 livres d'une famille Gousselier de Plombières, alliée aux Languet.

En 1724, Dame Forestier, née à Vitteaux, petite nièce du fondateur, veuve de Jacques Savot, baron d'Oigny, légua au couvent des héritages et une rente, à la charge pour les religieux de célébrer chaque jour le grand office avec les matines pendant la nuit, les biens légués devant revenir à l'hôpital si ces conditions n'étaient pas remplies. Elles ne le furent pas longtemps ; la municipalité intervint et il fut convenu que le couvent entretiendrait au moins trois prêtres et un frère pour acquitter les fondations et célébrer chaque matin une messe basse à cinq heures. Le premier supérieur fut le P. Edme Farnier ; les religieux furent jusqu'à 15 dans le couvent au commencement du XVIIIe siècle.

Parmi les bienfaiteurs de ce couvent on trouve : Mme de Fresne, femme de Frédéric de Fresne, seigneur de Saint-Beury, Verchizy, etc... Elle mourut en 1783, léguant diverses sommes aux pauvres de Vitteaux, entre autres 1.000 livres pour faire apprendre des métiers aux enfants pauvres. Elle fut inhumée aux Minimes, dans le caveau du fondateur (Les de Fresne habitaient dans la maison de Jacques Languet, aujourd'hui à la famille Belime).

En 1771, on demanda aux Minimes d'ouvrir un collège, lequel ne dura que 2 ou 3 ans (Collon).

En 1789, le couvent possédait à Boussey un domaine donnant un revenu de 2.361 livres, des propriétés à Vitteaux, à Posanges, au total un revenu de 3.600 livres. A cette époque, il n'y avait plus que trois religieux et un frère. Le supérieur était Nicolas Gautheron. Son prédécesseur, Mathieu Beau, était orateur de la Loge des francs-maçons de Vitteaux en 1782 ; un autre religieux, Pierre Commerçon, y avait le grade de maître.

A la Révolution, le domaine et le couvent furent achetés par les frères Bellevret.

Les Ursulines.

L'ordre des Ursulines fut institué en Italie par la bienheureuse Angèle de Mérici, en 1572. Elles furent appelées à Paris en 1612 par Mme de Sainte-Beuve et eurent bientôt un grand nombre de couvents comprenant des pensionnats et de petites écoles pour les jeunes filles. On les trouve dans l'Auxois : à Arnay-le-Duc, en 1628 ; à Semur, en 1631 ; à Montbard, en 1647 ; à Flavigny, en 1632. Elles s'établirent à Vitteaux en 1633 avec le consentement des échevins et la permission de Claude de la Magdeleine de Ragny, évêque d'Autun. La sœur Marie Enfert (sœur de la Nativité) amena avec elle cinq sœurs du couvent d'Arnay-le-Duc. Elles se logèrent d'abord dans la maison de M. Souvert, où demeurait auparavant M. Drouas de la Plante. En 1635, elles achetèrent pour 5.500 livres, de Sidrac d'Alezy, les bâtiments, cours, jardins, vergers qu'il possédait dans la rue de l'église ; la maison d'Alezy, reconstruite plus tard par le couvent, occupait l'emplacement du bâtiment actuel de la gendarmerie. En 1647 commença la construction du monastère ; le cloître formait un carré de 80 pieds de côté avec un jardin au milieu. Du côté du midi la chapelle, à l'ouest la cuisine, le réfectoire, l'infirmerie ; au nord et au levant le noviciat, la lingerie, etc... Les dortoirs renfermaient 84 cellules pour les religieuses. A l'extrémité nord le bâtiment du pensionnat (aujourd'hui l'hôtel de ville) construit en 1664 par le maître maçon Gaumet. Le couvent s'étendait sur tout un côté de la rue de l'Eglise et ses dépendances jusqu'à la rue Saint-Jean.

D'un procès-verbal dressé par François Delagoute, chanoine d'Autun en 1720, il y avait 40 religieuses de chœur, 10 converses, 2 tourières, 4 servantes, point de novices. Elles avaient des fonds pour 80.000 livres, rapportant par an 2.000 livres, soit en argent, soit en nature et 42.000 livres en contrats de rente, placés à Dijon aux débouchés indiqués par les édits du roi. Les charges de la maison s'élèvent à 1.808 livres, sans compter la nourriture et l'entretien et les dépenses à 2.840 livres ; elles ont vécu en consommant chaque année une dot des religieuses qu'elles recevaient, alors fixée à 3.500 livres.

Elles ont 14 pensionnaires, dont 12 paient 120 livres et

les deux autres 100 livres ; les parents ont refusé de consentir à une augmentation.

Les supérieures furent Jeanne du Sauveur de Saint-Quentin (1735), Thérèse de l'Enfant-Jésus (1746), Gilette Violet de Saint-Claude (1752), Anne Vernette Angélique (1755), Henriette Salier (1759)... en 1789, sœur Moussié de Sainte-Rosalie. En outre de leur pensionnat, elles avaient une école pour les filles de Vitteaux (Archives de Saône-et-Loire).

Le couvent reçut comme religieuses de chœur un grand nombre de filles des meilleures familles de la Bourgogne et particulièrement de Vitteaux : Souvert, Languet, Devoyo, des Barres, Durandeau, Robot, Bordot, etc... Il y en avait aussi de la province : des Carnot, des Simon de Granchamp, etc...

Les propriétés du monastère étaient considérables : la métairie de Saint-Cassien, acquise dès 1682 d'Antoinette Piget ; le château et la seigneurie de Posanges ; des domaines à Massingy, Dampierre, Saint-Thibault, Beurizot, des cens et rentes.

Au commencement du XVIIIe siècle, il y avait 84 dames de chœur ; à la Révolution, elles n'étaient plus que 20 avec 4 sœurs converses.

Nous retrouvons les Ursulines à l'époque de la Révolution. Leur couvent fut vendu à Semur, sur la mise à prix de 6.872 livres.

Les curés de Vitteaux.

Il semble que pendant longtemps l'église Saint-Germain fut desservie par les moines, qui eurent dans le voisinage un prieuré avec des dépendances, lesquelles formèrent plus tard le domaine de la cure. C'est ce qui explique le nom de rue du Moustier donné dans les anciens titres à la partie haute de la rue de l'Eglise.

Avant la Révolution, la nomination des curés n'appartenait qu'assez rarement aux évêques qui devaient leur conférer les pouvoirs. A Vitteaux, l'abbé de Flavigny, en sa qualité de curé primitif, présentait à l'évêque d'Autun le candidat de son choix. Nous avons vu (chapitre II) que ce droit lui avait été attribué dès le xe siècle avec la perception des dîmes.

Il en était de même pour un très grand nombre de paroisses. Si la cure d'Arnay était à la collation de l'évêque d'Autun, Avosnes relevait du monastère de Saint-Seine ; Boussey et Cessey de l'abbé de Flavigny ; Dampierre du chapitre d'Autun ; Marcilly du chapitre de Saulieu ; Saint-Beury de l'abbesse de Saint-Julien de Dijon ; Saint-Thibault de l'abbé de Saint-Rigaud, de Mâcon ; Uncey du grand prieur de Champagne, etc... Nous devons indiquer une autre coutume, qui nous paraît aujourd'hui très singulière : les cures étaient considérées comme des bénéfices, c'est-à-dire des propriétés viagères dont on pouvait se démettre, par résignation en faveur d'un parent ou même d'un prêtre quelconque, qui payait au titulaire une rente convenue. Un curé pouvait posséder plusieurs cures et les faire desservir par des vicaires. Il n'était même pas obligé à la résidence.

Nous n'avons pu trouver à quelle date les moines de Flavigny abandonnèrent l'église de Vitteaux, en laissant aux curés les deux tiers des dîmes avec quelques propriétés comme portion congrue.

Voici, d'après Collon, la liste des curés, de 1473 à 1789 :
Girard Millot ou Meulot, 1473.
Martin Chevalier, 1508.
Philippe Berbis, 1538.
Philibert Bourseault, 1574.
Claude Mouchotte, 1592, par résignation du précédent.
Claude Morot, 1605.
Jean Viardot, 1613, par résignation du précédent.
Etienne Guéniard, 1621, neveu du précédent et par résignation.
Etienne Guéniard, 1655, neveu du précédent et par résignation.

Nicolas Vacher, 1685.

Louis-Antoine Vacher, 1718, neveu du précédent et par résignation.

J.-B. Toussaint Maraudon, 1773, par résignation du précédent.

Meulot n'est connu que par le terrier de 1473, lui attribuant une maison dans l'intérieur du château.

Philippe Berbis était trésorier et chanoine de la Sainte-Chapelle de Dijon, conseiller au parlement de Dijon, vicaire général de Langres, etc... Il ne résidait pas à Vitteaux, desservi par des vicaires. C'est dès le commencement de son administration (il avait été nommé curé de Vitteaux à 22 ans) que fut constitué définitivement le mépart (1538), dont le règlement fut approuvé par le pape Paul III et par l'évêque d'Autun.

Bourseault ne résida que très peu de temps.

Le curé Morot, originaire de Vitteaux, d'abord titulaire des chapelles de Sainte-Anne et de Sainte-Catherine, puis curé de Cessey, qu'il fit desservir par un vicaire lorsqu'il devint curé de Vitteaux. C'était un prêtre pieux et savant. Il composa une prose que l'on chantait avant la bénédiction du Saint-Sacrement. A sa demande, le pape Paul V accorda des indulgences à la Confrérie de la Conception de la Sainte-Vierge.

Etienne Guéniard (l'ancien) eut à soutenir des procès avec les échevins de Vitteaux qui voulaient la célébration d'une grand'messe quotidienne dont les fonds n'existaient plus. Il résidait à Vitteaux.

Nicolas Vacher, né à Beaune, eut des difficultés avec le mépart, avec les échevins et avec l'abbé de Flavigny au sujet des dîmes. Il était très charitable. En 1709, il acheta 200 mesures d'orge, à 4 livres la mesure, qui furent distribuées aux malheureux. Tous les ans il faisait fabriquer des boges et des droguets avec sa dîme de laine pour habiller les enfants pauvres. Il fit deux fondations en faveur de l'église de Vitteaux. Ayant résigné sa cure à son neveu après 32 ans de résidence, il se retira en 1717 à Beaune, où il mourut âgé de 91 ans. Attaché d'abord aux doctrines jansénistes, il fit plus tard sa soumission à la bulle *Unigenitus*.

Louis-Antoine Vacher, neveu du précédent, eut également nombre de procès. Pour avoir demandé la réparation de son presbytère, il eut à soutenir, le 7 juin 1729, une véritable émeute, suivie de sévères condamnations à Semur, où trois personnes subirent six semaines de prison et ne furent mises en liberté qu'à la sollicitation du curé lui-même. Il conserva ses fonctions pendant plus de 50 ans. Il avait su regagner l'amour de ses paroissiens, qui lui firent une belle fête pour son cinquantenaire. Il se retira d'abord à Nuits, dans sa famille, et revint à Vitteaux, où il mourut à 87 ans. Il avait résigné sa cure à Toussaint Marandon, curé de Soussey, né à Vitteaux, que nous retrouverons à la Révolution.

L'Hôpital.

Le premier hôpital de Vitteaux était situé au nord de la ville, dans les champs appelés aujourd'hui en *Saint-Nicolas*. Il était sous le gouvernement du prieuré de Saint-Symphorien d'Autun. Jean et Alexandre le Boiteux donnèrent des fonds en 1399 à l'hôpital, qui possédait déjà le moulin du Cholot. Ce moulin, donné à cense en 1518, rapportait 64 boisseaux de froment (mesure de Vitteaux) et 53 sols en argent qui furent payés à l'hôpital jusqu'à la Révolution.

L'hôpital Saint-Nicolas fut brûlé en 1589, lorsque Tavanne fit le siège de Vitteaux ; les malades et les pauvres furent alors transportés dans une maison de la rue de l'Eglise contiguë à la maison du recteur de l'hôpital, la partie inférieure de la maison actuellement à M. Simon. Dès 1604 les malades et les pauvres cessèrent d'être hospitalisés et, en 1613, la municipalité abandonna tous les revenus au recteur Pluvot, à la charge de rétablir la chapelle Saint-Nicolas, qui subsista jusqu'au milieu du xviiie siècle. Un second bail de quatre ans, avec le même, le chargea de faire les réparations à la maison de la rue de l'Eglise, de donner chaque année 40 mesures de blé au recteur du collège et 6 mesures pour les aumônes.

En 1638, l'hôpital se composait de deux petites chambres hautes et basses avec un jardin et un verger ; il y avait alors quatre pauvres. A ce moment le recteur était Charles Rebillard, prieur de Saint-Symphorien d'Autun, qui avait succédé à Pluvot ; c'est lui qui avait rétabli l'hospitalité L'hôpital possédait déjà 115 journaux de terres, 22 soitures de prés et les revenus du Cholot. Zacharie Piget avait légué à cet établissement une partie du droit de courte pinte ; d'autres donations s'y étaient ajoutées ; mais, au lieu de développer l'hospitalisation, on distribuait des aumônes, pour lesquelles 177 personnes étaient inscrites en 1665 ; on avait cependant reconstruit la maison de la rue de l'Eglise et augmenté le nombre des lits. La sœur Nogent était alors supérieure.

En 1693, on fit acquisition du meix Bassot, qui occupait l'emplacement de l'hôpital actuel, moyennant 3.450 livres, représentant une rente annuelle de 172 livres. Claude Taupin était alors recteur. Ce meix comprenait un grand bâtiment, plusieurs petits corps de logis, granges, écuries, pressoirs. L'évêque d'Autun, les syndics et habitants, ainsi que le prieur de Saint-Symphorien, ayant donné leur consentement, l'hôpital y fut transporté définitivement. La sœur Nogent existait encore, le recteur Taupin obtint des dons de gens aisés pour meubler l'établissement de matelas, linge et vaisselle.

Les recteurs de l'hôpital furent successivement :
Claude Taupin, 1711.
Claude Rameau, 1747.
Charles Bollenat, 1769, mépartiste.
Arbey, bientôt remplacé par
Bernard Thomas jusqu'à la Révolution (en même temps directeur des Ursulines, devait être curé de Sainte-Reine).

En 1792, *Fr. Melot*, desservant de l'hôpital, prête serment et se marie.

On a conservé un souvenir reconnaissant de la sœur Forestier, qui succéda comme supérieure à la sœur Nogent et gouverna l'hôpital pendant 50 ans, des sœurs Armédy et Grauzer. La sœur Forestier mourut à 77 ans, en 1747. Avant la Révolution, la supérieure était Jeanne Durandeau.

Au commencement du XVIIIe siècle, les biens de la maladière furent attribués à l'hôpital par un arrêt du roi ; ils étaient loués 113 livres par an. A la même époque, l'hôpital ou Maison-Dieu de Saffres fut réuni à l'hôpital de Vitteaux du consentement du seigneur et du prieur de Saint-Symphorien. En 1728, le domaine de Saffres rapportait 120 boisseaux de froment, 40 boisseaux d'orge, 60 d'avoine et 52 livres d'argent. Les seigneurs de Saffres se réservaient de disposer de deux lits pour les malades du pays avec le droit de nommer le recteur de l'hôpital alternativement avec le prieur de Saint-Symphorien. Collon rapporte, qu'en 1784, le domaine de Saffres était amodié pour 200 boisseaux de froment, 200 d'orge, 150 d'avoine et en outre 96 livres en argent.

C'est en 1750, sous la mairie de Claude Baudenet, que fut reconstruit le grand corps de bâtiment avec la chapelle au milieu, ainsi que le clocher.

L'année suivante (1751), le roi autorisa à prendre 3.000 livres sur les revenus de l'octroi et on construisit les deux ailes en retour.

Dans les salles de l'hôpital se trouvaient les portraits de Zacharie Piget, de Morot, curé de Vitteaux, une feuille en vélin dans un cadre de bois près de la grande porte portant une inscription ainsi conçue : « Cet hôpital a été construit par les soins et en partie du don de Cl. Baudenet, conseiller du roy, maire de la ville de Viteau, subdélégué de Mgr l'Intendant et de D^{elle} Adrienne Baudenet, sa sœur, en l'année 1751. Pour lors, Mr Denis Belime ; Mr Claude Mammon, échevins ; Mr Claude Durey, syndic ; Mr Simon de Granchamp, trésorier de France, économe honoraire ; Mr Charles Bollenat, recteur, et tous administrateurs dudit hôpital. »

Le bureau de l'hôpital fut réorganisé en 1783 ; il comprenait comme auparavant le maire, le syndic, le recteur de l'hôpital et le curé de Vitteaux. On leur adjoignit le bailli, le procureur d'office et trois notables : MM. Belime, Drouas et Bouchard. Parmi les économes, Collon cite Simon de Granchamp, décédé en 1781 ; Champy-Grassin (1787) et Bernard Bidault, greffier de la baronnie.

Parmi les nombreux bienfaiteurs de l'hôpital, nous trouvons Nicolas Vacher, des Violet de la Faye, Mme Baudenet, le chanoine Forestier, Mme David, Anne Robot, Mme de Joursanvaux, etc... Mlle Papillon fonda deux bourses ou pensions pour deux orphelines de Vitteaux et deux autres pour deux petites filles de Prâlon, où elle avait un domaine. Elles étaient entretenues jusqu'à 20 ans et avaient appris un métier. Cette fondation s'exécuta jusqu'à la Révolution. Françoise Forestier, dame d'Oigny, légua un domaine amodié 380 livres avant la Révolution à Pierre Champy ; la moitié était pour l'hôpital et l'autre moitié pour le mépart. J.-B. Bordot fonda deux lits en 1787 pour 6.000 livres et, la même année, un autre lit fut fondé par Grognot.

Toutes ces donations étaient chargées de messes, acquittées par le recteur de l'hôpital. On sait qu'elles ont été réduites d'abord par l'évêché au XIXe siècle, puis supprimées par la loi de séparation de l'Eglise et de l'Etat.

L'hôpital avait son cimetière particulier jusqu'en 1792 ; les registres donnent les noms de 112 malades qui y furent inhumés jusqu'en 1785.

La Maladière.

Les léproseries ou maladières étaient nombreuses en Bourgogne du XIIIe au XVe siècle. Elles étaient gouvernées par les hospitaliers de Saint-Jean de Jérusalem, que le duc Hugues III avait établis à Dijon en 1190 en reconnaissance des services qu'ils lui avaient rendus à la croisade (Courtépée). A Vitteaux, il est question de la maladière en 1400. Le terrier de 1474 autorise les habitants à élire un Bonhomme pour régir la maladière ; les Hospitaliers avaient cessé de l'administrer. La maladière consistait en un bâtiment de deux chambres basses et de deux chambres hautes, un four, une grange, une chapelle, le tout renfermé dans un clos contenant une cour, un jardin et une chenevière. L'autel de la chapelle était dédié à saint Lazare et saint Jean. A l'entrée du chemin de Dracy, qui conduisait à la maladière, était une ancienne croix portant l'image de saint Jean ; c'est de là que vient probablement le nom de la rue.

Il y avait encore, en 1610, une lépreuse à Dracy et une autre à Vitteaux en 1628 ; elles n'étaient plus recluses à la maladière, mais on leur en donnait les revenus, au moins en partie.

Les biens de la maladière étaient amodiés, en 1681, à M. Baudenet par l'ordre de Malte, moyennant 113 livres par an. Les bâtiments qui tombaient en ruine furent démolis au commencement du XVIIIe siècle et les biens réunis à l'hôpital en 1680 par ordre du roi.

XIV

CORPORATIONS ET CONFRÉRIES DE MÉTIERS

Dès 1597, une ordonnance royale obligeait tous les artisans de province à se constituer en corporations. Un édit semblable de 1673, étendu à tout le royaume, paraît fixer la date de l'organisation définitive des corporations dans notre région.

Les corporations élisaient des jurés chargés d'assurer l'exécution des règlements qui leur étaient imposés et de percevoir les redevances des membres en vue des impôts que le gouvernement ne cessait de renouveler. Les maîtres qui tenaient boutique formaient la corporation ; ils devaient pour en faire partie payer un droit d'entrée.

L'apprentissage était l'objet d'un contrat entre le maître et l'apprenti et se terminait par un brevet d'apprentissage, indispensable pour entrer dans la corporation, ouvrir boutique et travailler autrement que comme compagnon employé par un maître. Le brevet d'apprentissage se délivrait devant notaire et nous en retrouvons dans les actes des notaires sous la Révolution. Durandeau en cite plusieurs de 1789 à 1793.

Archives des confréries. — D'après un extrait des registres de la baronnie de Vitteaux conservé dans la *boîte* de la confrérie de Saint-Simon, le droit de réception dans la corporation des tisserands était de 4 livres et 2 livres pour l'enregistrement du brevet d'apprentissage. En 1749, chaque maître qui avait un apprenti payait 10 livres à la communauté.

Dans les archives de la confrérie de Saint-Crépin, nous voyons que « si une personne hors du lieu désire se faire recevoir maître cordonnier ou corroyeur en la communauté et demeurance de Vitteaux, elle y serait reçue, se trouvant capable, après avoir payé 20 livres aux receveurs de ladite communauté » (traité entre les cordonniers, etc... en 1692). Il y avait donc un examen de capacité. Le registre de la confrérie contient la note suivante : « Nous avons reçu en notre corps Etienne Dugaz, fils, et Pierre Cirdey, après les avoir duement examinés sur l'art de ladite profession de cordonnier. — En 1733 nous avons touché 7 livres 5 sols de Jean Commard, que nous avons reçu dans le corps, et 30 livres pour trois apprentis. » Lorsque la communauté eut à payer les impôts établis par Louis XIV et dut pour cela contracter des emprunts, les droits d'entrée augmentèrent ; il fallut payer 20 livres comme contribution à l'acquittement du principal et des arrérages de la dette. « Les apprentis qui ne seraient pas de Vitteaux et qui voudront être chez des maîtres cordonniers ou corroyeurs pour y apprendre le métier paieront au profit de ladite communauté la somme de 10 livres » (Collon).

L'armorial de Bourgogne (1696) reproduit les armoiries des corporations de Vitteaux. Pour les cordonniers, l'écu d'or avec un soulier contourné de sable ; pour les savetiers, de sable à une croix d'argent ; pour les tanneurs, d'or à une corne de bœuf d'azur ; pour les tixiers, d'or à une navette de tisserand de gueules ; les drapiers, écu de sable à fasce d'argent (Société des sciences de Semur).

Les besoins des guerres de Louis XIV firent peser sur les corporations des impôts spéciaux et très lourds. Le gouvernement se procurait des ressources en créant des offices auxquels il attribuait des droits à recevoir sur les communautés qui devaient les racheter pour les réunir à la corporation. En 1692, il avait vendu les charges de maire dans les villes. En 1694, un édit créa « des offices d'auditeurs examinateurs des comptes des corps de marchands et communautés des arts et métiers des villes et bourgs du royaume ». Sa Majesté, dit l'avis pour la communauté des tixiers de Vitteaux, ayant voulu accepter les offres qui lui ont été faites par les corps et communautés de Bourgogne et Bresse... dans la ville de Vitteaux, 2ᵉ classe, la communauté des tisserands aura à payer 407 livres dans le délai d'un mois, la première moitié, soit 203 livres 10 sols et 20 livres 7 sols pour les 2 sols par livre (Signification faite à la personne de Toussaient Sirugue, l'un des maîtres pour les autres dudit corps). (Archives de la confrérie de Saint-Simon.)

Un arrêt du conseil avait déjà créé le 3 août 1691 deux offices de jurés : ce dont témoignent deux quittances de 223 livres pour pareille somme payée en 1695 (Archives de la confrérie de Saint-Simon).

Les autres corporations furent imposées de la même manière. Des emprunts au mépart furent contractés par les communautés qui eurent à payer à Vitteaux 2.758 livres. Les tisserands (par un acte conservé aux archives) empruntèrent 400 livres au mépart, représenté par le curé Nicolas Vacher.

Dans les années 1723, 1752, on paya de nouveau pour la réunion aux communautés de certains offices.

En 1712, les artisans des divers métiers imposés à 2 livres par tête par édit du mois de juin 1710 pour création de receveurs, le conseil de la ville proteste et envoie ses remontrances à Dijon.

En 1710, taxe de 760 livres et 2 sols par livre pour décharger la ville des redevances annuelles attribuées aux offices de contrôleur et visiteur des poids et mesures.

Les drapiers paraissent avoir été nombreux à Vitteaux au XVIIᵉ siècle. Ils eurent un procès avec les tanneurs en 1680 au sujet de la préséance aux processions de la Fête-Dieu. D'après l'abbé Collon, une manufacture de draps avait été établie à Vitteaux par le roi en 1670. On y fabriquait des draps blancs qui se vendaient aux foires de Dijon ; des draps pour habits et manteaux d'hommes, du drap couleur orange pour les habits de femmes, des draps gris pour l'habillement des troupes.

En 1777, le maire Gibier fit un règlement avec les syndics des corporations qui obligeait les syndics d'arts et métiers à prêter chaque année le jour de la Saint-Jean le serment requis et rendre compte des recettes et dépenses de chaque corporation. Les syndics étaient alors Ménétrier (tanneurs), Vendeuvre (marchands), Enfert (chamoiseurs et pelletiers), F. Morizot (maçons), Jean Boisseau (tisserands). On note que les syndics des couteliers, serruriers et taillandiers ne parurent pas à cette réunion et que ceux des boulangers et cordonniers y parurent, mais ne signèrent pas, ne le sachant.

Les corporations furent supprimées par Turgot en février 1776 et rétablies avec quelques modifications par un autre édit du mois d'août de la même année. Elles furent définitivement abolies par la loi Chapelier du 13 février 1791.

Les Confréries de métiers.

Les confréries étaient des associations religieuses, très distinctes des corporations, qui faisaient célébrer divers services religieux à leurs fêtes patronales et des messes pour leurs membres défunts. Leur origine remonte en général au XVIIe siècle et les actes de fondation, passés par devant notaire, ont été conservés par quelques-unes. D'autres, probablement aussi anciennes, se sont reconstituées après la Révolution. Elles subsistent encore aujourd'hui (1910), moins nombreuses à cause de la disparition ou de la diminution du nombre des ouvriers. Ce sont :

La confrérie de Saint-Crépin fondée en 1594 (n'existe plus).

La confrérie de Saint-Simon fondée en 1666 (n'existe plus).

La confrérie de Saint-Eloy fondée en 1671.

La confrérie de Saint-Vincent existait en 1645, rétablie en 1805.

La confrérie des 4 couronnés.

Confrérie de Saint-Crépin.

Acte de fondation. — Au nom de Notre-Seigneur. Amen. A Vitteaux, après midi le 1er jour du mois de novembre 1594, à l'issue des vêpres de l'église paroissiale dudit lieu, par-devant moi, Nicolas Languet, notaire royal, juré de la cour de la Chancellerie du duché de Bourgogne, comparurent en leurs personnes, honorables hommes, Humbert Oudry, Claude Languet le jeune, Pierre Berthier, Thomas Marie, Claude Thevenin, Thobye Oudry, Pierre Benoist, Claude Demacon, Germain Bollot, Joseph Bollot, Germain Goudard, Humbert Delalle, Etienne Morelot, Simon Guillemot, Philippe Grangier, Claude Breton, Joseph Pivert, Thomas Guillemot, David Gondard, Guy Moreau, Cassien Mollet, Hugues Durandeau et Pierre Taupin, marchands, demeurant audit Vitteaux... ont fait les traités, accord, paction et fondation qui s'ensuivent avec discrètes personnes messire Claude Mouchotte, prêtre curé de la cure dudit Vitteaux, Pierre Seguin, Guy Lefol et Jean Pluvot, prêtres et chapelains de ladite église paroissiale... qui promettent de dire et célébrer au jour de Saint-Crépin un *chanté* contenant trois grand'messes et un vigile qui seront dites et célébrées, sçavoir : la première au chœur de ladite église, la deuxième devant l'autel de la chapelle Saint-Jean, la troisième et dernière devant l'autel dudit Saint-Crépin aussi fondée en icelle... Ce présent contrat de fondation ainsi fait et accordé entre les susdites parties moyennant le prix et somme de douze écus sol valant trente-six francs, payés par lesdits fondateurs comptant réalement et de fait en présence de je ledit notaire et témoins nommés cy bas en monnaie ayant cours...

(Dix des fondateurs ont signé avec deux témoins).

Tous ces fondateurs étaient cordonniers, quelques-uns de riches tanneurs et corroyeurs.

En 1666, la confrérie, par acte reçu Benoît, décide de faire célébrer une messe basse tous les deuxièmes dimanches de chaque mois devant l'autel de Saint-Crépin. Ils s'engagent à payer annuellement 30 sols chacun. Au décès de chaque confrère, il y aura une grand'messe à laquelle assisteront tous les membres de la confrérie ainsi qu'à l'enterrement. Cette convention fut faite entre Jean Delalle, Jean Marchereux, Jean Granger, Claude Benoît, Antoine Millois, Denis Bourgeois, Charles Vion, Georges Guillier, Guillaume Demacon, Germain Guillemot, Claude Guiller, Jean Ponsard, Toussaint Daviot et Jean Picard, Claude Pignot, André Benoist, tous maîtres cordonniers, demeurant à Vitteaux. Ratifié par Louis Mollet, Germain Bollot, Barnabé Thibault, Jeanne Gruey, veuve de Pierre Breton, André Guillier, Jean Pothier, tous tanneurs ; Martin Benoist, veuve de Gabriel Romestat, Jean Demacon, Jean Rabeuillot, Pierre Laureau, cordonniers (20 cordonniers, 8 tanneurs).

Le registre de la confrérie commence par un préambule qui paraît dater de 1678 et reproduit le règlement de la confrérie avec les noms de 45 maîtres qui y ont adhéré. On voit que chaque année donnait 15 deniers par mois ou 15 sols par an. Citons quelques lignes de ce document :

« Les maîtres déclarent que leur dessein est de participer aux biens spirituels des uns et des autres, comme une société de marchands qui entrent en commerce et partagent leur profit. Que ceux qui voudront se faire recevoir en ladite confrérie soient confessés et communiés auparavant, personnes de bonne vie et mœurs sans reproches… »

Deux *Sacristins* élus orneront l'autel, entretiendront d'huile la lampe qui éclairera pendant les offices de la paroisse, etc… Le bâtonnier fera tel présent qu'il voudra, le registre mentionnera chaque année le nom du bâtonnier et son présent.

Le registre mentionne le nom des bâtonniers ; les présents sont des chasubles de diverses couleurs, des parements de moire, des rideaux pour entourer l'autel, des chandeliers d'étain, des cierges…

Il semble que les réunions annuelles auxquelles on nommait les officiers de la confrérie (sacristins, bâtonniers, receveurs) servaient aussi à la réception des maîtres et à l'élection des jurés de la corporation.

Le registre s'arrête à 1860 ; il est signé à cette date par Clerc, Lignier, Laurent. Sous la Révolution, en 1792, on célébra encore la fête de Saint-Crépin ; nous ne la voyons reparaître que le 15 brumaire de l'an VII. Comme exemple de la conservation du métier dans les familles, on trouve dans les registres de la confrérie Jean Millois, bâtonnier en 1697, qui donna pour l'autel Saint-Crépin deux jeux de cierges, l'un en cire jaune, l'autre en cire blanche ; Jacques Millois, un des jurés de la corporation en 1732 ; Jacques Millois, sacristain en 1743 ; Claude Millois, reçu dans la confrérie en 1771. Au XIXe siècle, Charles Millois, qui décéda sans postérité vers 1830.

Les confréries pouvaient recevoir des legs : en 1693, Hubert Chouard et Louise Fleurot, sa femme, léguèrent à la confrérie de Saint-Crépin un principal de 80 livres à la charge d'une messe et d'un *Libera*.

Les autels des confréries étaient appuyés aux piliers de la grande nef de l'église. Collon dit que celui de Saint-Crépin avait un tableau représentant l'Assomption, saint Germain et saint Crépin ; il existait déjà en 1680.

Confrérie de Saint-Simon.

La confrérie fut constituée en 1666 par un acte dressé par Claude Benoist, notaire, en la maison de Claude Larget l'aîné, maître tixier de toile, par Thomas Picq, Claude Laurent, Philippe Denisot, Humbert Ponsard, André Degond, Jacques Ebourg, Claude Maillot, fils d'Humbert, Sébastien Simonot, Claude Maillot, fils de Germain, Vincent Descleres, Thomas Ponsard, Claude Larget le jeune, Claude Sirugue et Hugues Lefol, Joseph Maillot et Claude Ronneau. Ont adhéré quelques jours après Joachim Grumeau, Claude Grumeau, Jean Grumeau, Charles Mairot, Emiland Martenot l'aîné, Emiland Martenot le jeune,

Jacques Robeuillot, Joachim Picq, Germain Martenot et Claude Damerot, tous maîtres tixiers (28 maîtres).

La confrérie fait célébrer une messe basse tous les troisièmes dimanches de chaque mois à l'autel Notre-Dame, une messe de mort le lendemain de l'enterrement d'un confrère, grand'messe avec l'organiste le jour de Saint-Symon. A cet acte ont signé plusieurs tisserands et en outre Antoine Joannean, joueur de violon et de hautbois qui, pour sa rente, s'oblige à *mener* chaque année le pain bénit des confrères. En 1680, il est stipulé que les messes du troisième dimanche seront dites à l'autel Saint-Côme et Saint-Damien, que le jour de Saint-Simon et Saint-Jude il y aura à la messe diacre et sous-diacre et chapes pour ceux qui tiendraient le chœur (Il y avait alors 29 confrères).

Quand le bâtonnier avait reçu la bâton, les garçons tisserands allaient à sa porte le saluer par une décharge de leurs fusils, puis ils entraient, se mettaient à genoux et chantaient l'hymne du saint devant son image. Ensuite le bâtonnier les faisait boire. La veille de la fête, ils allaient de même le saluer chez celui qui devait le rendre et on faisait la même cérémonie (Collon). Ces usages se sont conservés dans les diverses confréries jusqu'à la Révolution et même au xixe siècle.

La confrérie subsista jusqu'en 1877. Le nombre des confrères était de 63 en 1824 et de 25 en 1877.

Confrérie de Saint-Eloy.

L'acte de fondation est du 26 novembre 1671 par acte reçu Simon, notaire royal. Les noms des fondateurs rapportés dans l'acte, sur lesquels douze ont signé la minute, sont : Jehan Simonot, André Morot, Anthoine Pain, Mathieu Carreau, Jacques Morot, maréchaux et taillandiers ; Claude Marguerite, Edme Marguerite, Louis Belin, Claude Bollot, Jehan Picard, Claude Tombereau, Laurent Moreau, Mathieu Roy, Pierre de Livy, Claude Lambelot,

Jacques Denuit, Philibert Sirugue, Joachim Estiot, tous laboureurs, maréchaux, taillandiers, serruriers, selliers et bourreliers, demeurant à Vitteaux. Mêmes offices religieux que dans les autres confréries. Douze des confrères nommés ont signé à l'acte.

Confrérie des 4 couronnés.

Il est probable que cette confrérie existait bien avant la Révolution, quoique le registre actuel ne date que de 1805. Il commence par la convention faite entre les confrères dont les noms sont : Pierre Morizot père, Bizouard père, Antoine Morizot père, Arncault Sapin père, Cassieu Lavier, Claude Simonot, Pierre Mercier, Claude Gaumet père, Etienne Trapon père, Claude Morizot fils, Pierre Chauveau fils et Edme Chauveau fils, lesquels décident de faire célébrer les offices ordinaires le jour de la fête et une messe de mort au décès de chacun des associés. Cette confrérie groupe les tailleurs de pierre, maçons, plâtriers et couvreurs. En 1830 et les années suivantes, elle compte 25 à 30 membres ; en 1900, 23. Elle subsiste encore en 1910 (Archives de la confrérie).

Confrérie de Saint-Vincent.

Cette confrérie est très ancienne, dit l'abbé Collon ; la statue de saint Vincent date de 1645. Elle comptait, en 1767, 178 confrères et, en 1784, 204.

Le registre actuel commence par le règlement établi en 1805 qui rétablit probablement les usages anciens instituant un bâtonnier, un receveur comptable, deux syndics chargés de la levée des deniers et les services religieux en usage dans toutes les autres confréries.

En 1812, la confrérie fait ériger une croix entre les deux chemins de la combe d'Hys et de Saffres, qui coûta 83 livres. En 1788, le bâton est redoré et on y ajoute quelques ornements.

La confrérie compte 262 confrères en 1910.

Toutes ces confréries étaient représentées aux processions de la Fête-Dieu ; les bâtonniers y portaient le bâton accompagnés de deux enfants porteurs de chandeliers et d'un nombre plus ou moins grand de confrères.

(Archives des diverses confréries. Collon).

LA RICHESSE AU XVIIe ET AU XVIIIe SIÈCLE

Le seigneur.

Nous avons énuméré, d'après les terriers, les droits de la seigneurie. On sait que les du Prat n'habitèrent pas Vitteaux à partir des premières années du XVIIe siècle. Ils durent donc affermer leurs droits et leurs propriétés. La ville leur payait annuellement 800 livres pour la taille et l'abandon de leurs droits de banvin et d'éminage. A cette somme s'ajoutaient environ 1.800 boisseaux d'avoine de coutume et quelques cens peu importants en cire ou en argent. Ils possédaient, à la fin du XVIIIe siècle, 460 arpents de bois (l'arpent de Bourgogne pour les bois valait environ 42 ares). Ces bois étaient situés en Charmois (100 arpents), dans la Sarrée, en Myard (la grande feuillée), la Couche et la Chevelue. Les seigneurs avaient dû en aliéner, car le terrier de 1473 leur attribue 605 arpents. Le domaine de la seigneurie comprenait encore 3 soitures du pré Poisson, 3 soitures 1/2 dans la Sarrée, quelques journaux de champs et quelques ouvrées de vignes.

Le dernier fermier, Champy Dragon, amodiait 6.000 liv. la terre et les droits de la seigneurie ; Collon dit que ce fermier recevait 2.100 livres du four banal et 500 livres du droit sur les petits fours des boulangers.

Les du Prat possédaient d'autres seigneuries ; leur richesse venait surtout des charges importantes qu'ils possédaient dans le gouvernement et la maison des ducs d'Orléans.

Vitteaux était la résidence habituelle et temporaire de

plusieurs seigneurs des environs : les de Fresne, seigneurs de Saint-Beury ; les Drouas, dont étaient les seigneurs de Velogny ; les de la Jarrye de Cessey ; Simon de Granchamp...

Les bourgeois et les ouvriers.

Enrichis dans le commerce et riches propriétaires en biens-fonds, les bourgeois étaient nombreux et jouissaient d'une grande influence. C'est parmi eux qu'étaient élus les échevins, syndics, etc... Ils achetaient des charges du grenier à sel, de contrôleurs de la marque des cuirs, de notaires, etc... car tout se vendait à cette époque ; acheter une charge revenait à placer son argent à bons intérêts et acquérir des titres de conseiller du roi qui acheminaient vers la noblesse. Les marchands, les vignerons, les ouvriers de métier eux-mêmes trouvaient facilement à emprunter près d'eux. Le mépart prêtait aussi sous forme de contrats de rente aux corporations, à des marchands de Vitteaux, Dracy, Massingy et même 1.500 livres en 1722 à la communauté ou ville de Vitteaux.

L'inventaire fait à la mort de Marcelline Pivert, épouse de Cl. Languet des Combes, et en secondes noces de Guillaume Drouas, de la Plante (1615), mentionne 280 obligations pour sommes prêtées à des vignerons, laboureurs et gens de métiers de Vitteaux ou des villages voisins, 52 cheptels à Vitteaux et à Saffres, sans compter quantité de maisons, champs et prés loués à cens. Notons nombre d'objets en argent doré ou en argent pour le service de la table, aiguières, bassins, cuillères et fourchettes d'un poids d'environ 50 marcs, bracelets et bagues en or avec diamants, émeraudes, une enseigne à mettre sur un chapeau avec 5 rubis et 10 émeraudes donnée par le seigneur de Vitteaux à Antoine Drouas. C'est de Marcelline Pivert que vient le tableau de la Trinité et des Apôtres récemment classé parmi les monuments historiques de l'église de Vitteaux.

Un contrat de mariage entre Edmée Ferrand avec Guillaume Languet fils, d'Augustin Languet, bourgeois de Vitteaux, daté de 1548, donne une idée de la richesse à cette époque : Claude Ferrand donna à sa fille 1.200 livres tournois, dont la moitié en meubles, l'autre moitié en héritages. Marie Languet donna à sa belle-fille une maison de pierres couverte en laves, appelée la maison du marché, tenant aux fossés du Chatel et par devant à la voie commune avec une établerie. Le futur aura de son père tout ce qui lui compète et appartient audit chastel de Vitteaux en maison, grange, curtyl, pressoir, maisière, plus la moitié du moulin près Combonon, une autre maison avec jardin dans la rue du Moustier, 7 soitures de pré entre deux eaux au Cholot, 5 soitures de pré au pré des 60 soitures, 31 journaux de champs, 16 ouvrées de vignes à Savigny et 16 ouvrées à Pommard. La future sera *enjoaillée* de 60 écus...

Voici maintenant des contrats de mariages de petites gens qui nous renseignent sur les trousseaux en usage au XVIIe siècle.

1636. — La future apporte un lit garni de coussin de plumes, ciel avec franges et courtine de *thoille*, une couverture de *line*, 1/2 douzaine de linceux, 6 serviettes, 2 nappes, un grand et un petit coffre de bois fermant à clef. Elle sera enjoaillée de 15 livres.

1677. — J.-B. Rousseau, vigneron, épouse Claudine Guillemat. Les parents du futur lui donnent 400 livres en deniers clères *(sic)*, 4 brebis, une feuillette de vin, un poinçon de demi-vin, 5 boisseaux de froment, 3 boisseaux d'orge. La future avait une maison dans la rue de Massingy, 4 ouvrées de vignes en la Motte, 3 ouvrées dans la Coume d'Is, une chenevière de la semence de 2 boisseaux, des meubles estimés 60 livres. Elle sera enjoaillée de 20 livres.

1698. — Nicolas Enfert, marchand, et Françoise Morot. Dot de 300 livres. Lit garni et habits nuptiaux. Une paire d'armoires, trois douzaines de serviettes ouvrées, 12 draps de lit neufs, 6 nappes dont deux ouvragées, une bouquetière. Témoins : Claude Gaumet, tailleur de pierres, qui signe, et Claude Parisot, maçon à Dracy. Sera enjoaillée de 30 livres de bagues et joyaux.

1742. — Hubert Simonot, le jeune charpentier, et Jeanne Champrenault (le père maréchal). Hubert Simonot, l'oncle, cède au futur le moulin Prinstat (meix Ragnon), chargé au profit des Minimes d'un cens de 8 septiers de froment et de 8 septiers aux Ursulines. — Dot de la future 300 livres, 1/2 journal de champ, 3 ouvrées de vignes.

Le futur lui donnera 30 livres de bagues et joyaux.

Il paraît bien qu'il y avait une certaine aisance chez les ouvriers. Nous en trouvons encore la preuve dans les fondations qu'ils font au mépart pour des services religieux. — En 1669, Hubert Chouard, cordonnier, et sa femme, Louise Fleurot, fondent une grand'messe à l'autel du Rosaire, moyennant 400 livres et 20 livres pour la sonnerie. — En 1682, Louis Mollot, tanneur, et sa femme fondent une grand'messe le premier lundi de chaque mois, moyennant 360 livres. — Simon Bourtequoy, en 1710, 5 grand'messes aux 5 grandes fêtes de Notre-Dame à l'autel du Rosaire. — Jeanne Robin, en 1711, la bénédiction du Saint-Sacrement aux vêpres du premier dimanche de chaque mois pour 300 livres... Cette liste pourrait beaucoup s'allonger.

XV

AVANT LA RÉVOLUTION

Jusqu'à la fin du XVIIIe siècle, l'ancien régime conserva ses inégalités et ses complications, ses lourds impôts, dont le mode de répartition et de perception était devenu odieux aux populations.

Les couvents d'hommes, dépeuplés, ne rendaient plus les services qui les avaient fait accueillir. En 1789, les Minimes n'étaient plus que 3 religieux avec un frère servant. En 1782, le supérieur et le correcteur étaient agrégés à la loge maçonnique. Il en était de même dans presque toute la France.

Dans les couvents de femmes, la situation était très différente. Les religieuses avaient conservé l'esprit de leur état. Les Ursulines étaient encore au nombre de 17 religieuses de chœur avec des sœurs converses. Elles tenaient l'école des filles, avaient un pensionnat et recevaient chez elles quelques dames veuves logées dans le couvent. Nous verrons la dignité et la fermeté dont elles firent preuve pendant la Révolution. Les Minimes ne donnèrent pas le même exemple.

Le mépart ne se composait plus que de 5 membres, y compris François Piget, prieur de Saint-Thibault. Ce prieur habitait la rue de Cessey (maison de M. Belin) ; il mourut en 1789. Le curé était Marandon. La population était restée attachée aux habitudes religieuses.

En outre des confréries de métiers, il existait plusieurs confréries de dévotion : telles que les quinze joyes de la Sainte-Vierge, établie en 1497 ; de la Conception de la Sainte-Vierge (1476) ; du Rosaire, instituée en 1635 par le Dominicain Chanterenne, né à Vitteaux ; du Saint-Sacrement (1685) ; de Sainte-Anne (1757) ; de Saint-François-Xavier.

Dans une partie de la bourgeoisie et particulièrement chez les gens de loi, avait pénétré l'esprit philosophique du siècle. La loge maçonnique à l'O de Vitteaux comptait parmi ses membres une quantité de notables du pays.

M. Durandeau a retrouvé le procès-verbal de l'inauguration de la loge Saint-Jean, ouverte à Vitteaux en 1782, sous le titre de l'Egalité. Nous lui empruntons les noms des signataires.

Tableau des frères qui composent la loge de l'Egalité à l'Orient de Vitteaux pour l'année 1782.

Jean-François Bordot, bailli de la baronnie de Vitteaux, *vénérable* de la loge.

Pierre Sirugue, négociant, premier surveillant, *maître*.

Mathieu Perrot, ancien chirurgien de l'armée de Corse, deuxième surveillant, *maître*.

Mathieu Beau, supérieur des Minimes, orateur de la Loge, *maître*.

Marc-Antoine Sirugue, médecin de la Faculté de Montpellier, secrétaire en chef de la correspondance, *maître*.

J.-B. Touzet, conseiller au grenier à sel, trésorier, *maître*.

J.-B. Sirugue, négociant, éléemosynaire, *maître*.

Pierre Commerçon, minime, *maître*.

Edme Guiot, bourgeois, *maître*.

Philibert Driot, bourgeois, *compagnon*.

Didier, curé d'Arnay-s.-Vitteaux, *maître*.

Joseph-Denis-Simon de Granchamp, ancien conseiller au parlement, *compagnon*.

Morel, arpenteur, *apprentif*.

Jean Bossu, tissier, frère servant, *apprentif*.

La loge La Concorde de Dijon avait envoyé pour présider la cérémonie le vénérable Devoyo et deux délégués : Richard de Ruffey, président de la Chambre des comptes de Dijon, et Ranfer de Bretenières. Le prieur du monastère de Mont-Saint-Jean y assistait et on y reçut des apprentis et des compagnons. Nous retrouverons ces noms pendant la Révolution.

Le maire, Marc-Antoine Sirugue, avait succédé, en 1783, à Nicolas Gibier. L'ancien régime paraissait bien ébranlé et l'agitation des esprits présageait les changements des anciennes coutumes. Il en avait déjà passé quelque chose jusqu'aux enfants. Selon l'usage, les écoliers chantaient tous les jours, pendant le Carême, le *Stabat*, dans la chapelle du Rosaire. Le Mercredi-Saint et le Samedi-Saint ils allaient quêter des œufs pour leur maître d'école en chantant une vieille complainte sur la Passion. Or, en 1785, les écoliers battirent le maître d'école, tout en chantant le *Stabat*. On cessa de chanter le reste du Carême et la quête n'eut pas lieu.

Cette année même, toutes les autorités, le maire Sirugue en tête, assistaient au *Te Deum* chanté à l'occasion de la naissance du duc de Normandie, le deuxième fils de Louis XVI ; qui devait devenir le Dauphin à la mort de son frère et mourir au Temple.

L'administration municipale paraît avoir traversé des difficultés par suite de l'abstention des habitants qui négligeaient de se rendre aux convocations nécessitées par le règlement des affaires. Un décret du 28 mars 1789 établit un Conseil municipal adjoint aux maire, syndic et secrétaire. Ce conseil était composé de 18 membres, élus par tous les habitants divisés en 10 classes, suivant leurs professions.

Il y avait alors 300 électeurs, tous chefs de famille et inscrits au rôle de la taille. Une amende de 5 livres devait frapper les absents. Ainsi furent élus : Joseph Bordot-Ligeret et Gagneraux, par les bourgeois et négociants, Bernard Bidault, greffier, et Joseph Personnaz, marchand ;

par les marchands drapiers, tanneurs, épiciers et orfèvres, Philibert Clémencet, par les laboureurs et vignerons ; Georges Hugot et J.-B. Bressand, par les cabaretiers ; Marie Darbois, vitrier, par les tailleurs d'habits, teinturiers, vinaigriers, etc... ; Michel Champrenault, maréchal, par les maréchaux, serruriers, *ferblanquiers*, chaudronniers, etc... ; Jacques Poillot, tailleur de pierre, par les charpentiers, maçons, couvreurs ; Claude Maillot et Urbain Picq, par les tisserands, et enfin Joseph Martenot, bourrelier, par les cordonniers, bourreliers, tonneliers, tripiers et meuniers.

Cette liste constate la diversité des petites industries, dont une partie devait disparaître dans la première moitié du siècle suivant (chaudronniers, chapeliers, chamoiseurs, vinaigriers, tourneurs, etc...).

Le XVIIIe siècle n'avait pas été un siècle de prospérité pour la Bourgogne, dont la population diminua de 160.000 habitants de 1700 à 1787 (Kleinklauz). En 1775, le blé avait atteint à Dijon le prix de 7 livres la mesure. Il y eut des émeutes à Dijon. A Vitteaux, le fermier du seigneur, Champy, eut l'ordre de distribuer beaucoup de pain et de blé aux pauvres. L'hiver de 1740 avait été plus violent que celui de 1709 ; celui de 1748 avait fait périr la moitié des vignes. L'abbé Collon a noté qu'en 1784 un bureau de dames de charité distribuait du pain, des soupes de riz, gruaux et des secours en argent. Il semble que telle était la misère dans la plus grande partie de la Bourgogne et même de la France.

Le terrible hiver de 1788-1789 rappela les rigueurs de celui de 1709. Le curé Sirugue, de Saint-Thibault (notes reproduites par Durandeau), dit que « dans les grands cours d'eau l'épaisseur des glaçons atteignit jusqu'à trois pieds. Comme on ne pouvait plus moudre, on eut recours aux moulins à bras, aux huiliers et jusqu'à de petits moulins à poivre ; la plupart des mouches à miel périrent. Les blés semés en 1788 ne trésirent qu'au commencement de février, la récolte fut très faible, le blé se vendit 3 livres 10 sols la mesure [1]. La plupart des vignes périrent. » Aussi voyons-nous dans les registres l'envoi d'une lettre du roi proscrivant l'exportation des grains et, dans l'année 1790, dès le 25 mai, le Conseil de la commune dut se préoccuper d'assurer l'approvisionnement de la ville en grains et farines et, au mois de juillet, condamner à 24 heures de prison et 24 livres d'amende envers les pauvres un nommé Paquot pour avoir vendu du blé sur pied.

La question des approvisionnements créa les années suivantes des difficultés sans cesse renouvelées. Peut-être convient-il d'attribuer à la disette la réduction, puis la suppression au 1er janvier 1790 du droit d'éminage perçu jusqu'alors au profit de la ville.

LA RÉVOLUTION

Le cahier des doléances.

Cahier du tiers. — L'abbé Collon nous apprend que le 20 mars 1789 les officiers municipaux, ayant vaqué à la rédaction du cahier « des plaintes, doléances et remontrances qu'entendent faire à Sa Majesté les habitants des ville de Vitteaux et communauté de Posanges », en donnèrent lecture à l'assemblée des habitants. Ils avaient d'abord envoyé ce cahier à la commune de Dijon pour se concerter sur les demandes énoncées ; l'intendant s'en plaignit. L'objet de l'assemblée était l'envoi de quatre députés à Semur pour l'élection des représentants du baillage aux Etats-Généraux, qui devaient s'ouvrir le 4 mai suivant.

Le cahier reproduit donc les demandes préparées sous l'influence d'un Comité désigné sous le nom de Parti des

---

1. La mesure de Vitteaux pesant 24 livres, c'est-à-dire 11 kg. 76, on voit que ce prix du blé correspondait environ à 30 francs les 100 kg. Si l'on tenait compte de la différence de la valeur relative de l'argent à cette époque, ce serait bien près de 50 francs les 100 kg. de blé.

avocats de Dijon (Kleinklauz). Il se compose de 36 articles que nous *résumons* d'après le texte publié par M. Durandeau.

Dans l'ordre politique, les habitants demandent le vote par tête et non par ordre, la périodicité (de 6 ans en 6 ans) des Etats-Généraux, la responsabilité des ministres, la liberté de la presse, la contribution aux impôts par le clergé et la noblesse. Les maires et échevins ne pourront être choisis que dans le Tiers-Etat et par leurs pairs. Tout office municipal sera triennal.

Au point de vue économique, la suppression des droits sur le sel et le tabac « ce dernier devenu denrée de première nécessité », l'abolition des douanes intérieures et des offices de contrôleurs receveurs des droits réunis, l'uniformité des poids et mesures.

En ce qui concerne le clergé, la suppression de tous droits payés en cour de Rome, l'obligation à la résidence par les évêques et abbés, l'attribution des canonicats aux anciens curés de campagne, l'augmentation de la portion congrue des curés et vicaires, l'abolition des dîmes, tierces et autres.

Enfin, quant aux droits féodaux, la suppression de la mainmorte, de toutes les banalités, banvins, cens, redevances, corvées, droits de chasse et de pêche « dont les seigneurs se sont emparés induement dans les temps d'ignorance », enfin, que les seigneurs ne s'ingèrent d'aucune manière dans les affaires des communautés.

Le cahier n'a garde d'oublier les affaires provinciales. Les Etats de Bourgogne seront reconstitués avec le vote par tête et non par ordre ; le Tiers-Etat y aura un nombre de représentants égal à ceux du clergé et de la noblesse réunis. Les curés et corps ecclésiastiques qui n'étaient pas admis jusqu'ici y seront représentés. Les Etats pourvoiront au rachat des offices et des charges achetées. Enfin la milice sera supprimée dans les campagnes, si les enrôlements volontaires peuvent suffire à l'entretien des troupes ; les laquais et domestiques des privilégiés seront sujets au sort comme les fils de laboureurs ; les grades militaires cesseront d'être le privilège de la noblesse et le Tiers-Etat pourra y parvenir. Le dernier vœu a rapport aux mesures que devront prendre les Etats-Généraux pour détruire la mendicité.

L'assemblée nomma quatre délégués du Tiers-Etat pour voter dans l'élection aux Etats-Généraux.

Furent élus : le maire Sirugue, Champy, Bordot cadet, frère du bailli, et Cortot, syndic de la commune. Ces délégués votèrent au chef-lieu du bailliage, c'est-à-dire à Semur.

Furent nommés députés aux Etats-Généraux :

Bouillote, curé d'Arnay-le-Duc, pour le clergé ; le marquis d'Argenteuil pour la noblesse et pour le Tiers-Etat Guyod Antoine, avocat à Arnay-le-Duc, et Guiot Florent, avocat à Semur, qui étaient tous du parti des avocats de Dijon. A Vitteaux, les membres du clergé votèrent par procuration ; il en fut de même pour de la Jarrye, seigneur de Cessey.

XVI

SOUS L'ASSEMBLÉE CONSTITUANTE
5 mai 1789-30 octobre 1791.

Les Etats-Généraux, qui s'ouvrirent le 5 mai 1789, adoptèrent d'abord le vote par tête et non par ordre et, dès le 20 juin, se déclarèrent Assemblée constituante.

Le 14 juillet, le peuple de Paris s'empare de la Bastille ; la nouvelle, qui en fut apportée à Vitteaux par Coursot venu à pied de Paris en deux jours, y produisit comme partout une agitation que devaient accroître les décrets qui suivirent.

Dans la nuit du 4 août, la noblesse et le clergé avaient abandonné leurs privilèges.

Le 11 août 1789, l'Assemblée constituante supprima le régime féodal, en décrétant aussi l'égalité des impôts par le décret suivant :

Article premier. — Les droits et devoirs tant féodaux que censuels, ceux qui tiennent à la mainmorte ou personnelle et à la servitude personnelle et ceux qui les représentent sont abolis...

... Article IV. — Toutes les justices seigneuriales sont supprimées sans indemnité.

... Article VII. — La vénalité des offices de judicature et de municipalités est supprimée.

La révolte du grenier à sel. — Les espérances suscitées par ce décret déterminèrent bientôt partout un mouvement qui témoignait de l'impatience à en recueillir les avantages.

A Vitteaux, le 21 septembre, jour de la foire, il y eut,

dit l'abbé Collon, une révolte considérable. Les gens se firent donner le sel à 7 sols la livre (il se vendait 14 sols et quelques deniers la livre au moment de l'abolition). Le 1er octobre suivant, il fut mis à 6 sols par l'ordre du gouvernement. Le receveur du grenier à sel, M. Pelletier de Chambure, était en même temps directeur de la poste aux lettres. Il périt plus tard sur l'échafaud, soupçonné d'avoir fait passer des lettres au prince de Condé. C'était le père de Laurent-Auguste le Pelletier de Chambure, qui fit des prodiges de valeur au siège de Dantzig en 1813 avec une compagnie de 100 hommes, surnommée la Compagnie infernale.

La garde nationale. — Dès le lendemain de la prise de la Bastille, la commune de Paris avait formé la garde nationale, sous le commandement de Lafayette. Des essais d'organisation avaient été tentés dans le même but par toute la France. Vitteaux voulut avoir la sienne, mais l'accord faisait défaut. Voici le procès-verbal qui en témoigne :

Par devant nous, Marc-Antoine Sirugue, conseiller du roi, maire de Vitteaux, Charles Ménétrier et Alexis Bouchard, échevins, en une salle des Minimes « a comparu Guillaume Cortot, premier syndic de cette ville, qui a dit avoir invité les habitants à son de caisse et de cloches et par affiches à se trouver au présent jour à une heure pour délibérer sur le parti qu'il convient de prendre pour faire cesser les divisions au sujet de la garde nationale... On a distribué à chacun deux haricots, l'un blanc, l'autre noir. Ils sont sortis puis rentrés en déposant dans un vase en faïence les dits haricots. Il s'en est trouvé 98 blancs et 69 noirs ; en conséquence la garde nationale sera continuée comme par le passé. »

Signé : Musnier de Praile, chevalier de Saint-Louis, Arvier Patriat, Bordot l'aîné, Tardy, Cortot, Arvier l'aîné, Bidault, Ménétrier, Sirugue.

La garde nationale faisait suite à la milice bourgeoise,

qui était très ancienne à Vitteaux. En 1763, le prince de Condé nommait pour major Champy et pour enseigne Margueritte, par une lettre aux maire et échevin. L'abbé Collon constate l'existence de cette milice en 1630 (*Bulletin paroissial*, mars 1910).

Loi municipale du 12 novembre 1789. — La loi du 12 novembre 1789 avait établi une municipalité dans chaque ville, bourg et village. Tous les citoyens actifs peuvent concourir à l'élection (Les citoyens actifs sont ceux qui, âgés de 25 ans au moins, sont domiciliés dans le canton depuis un an et paient en contributions directes au moins 3 livres).

Le corps municipal sera composé de trois membres, y compris le maire, lorsque la population sera au-dessous de 500 âmes, de six membres lorsque la population sera comprise entre 500 et 3.000 âmes, etc...

Il y aura dans chaque municipalité un procureur de la commune, sans voix délibérative, chargé de défendre les intérêts et de poursuivre les affaires de la communauté. Les membres du corps municipal, avant d'entrer en fonctions, prêteront serment en présence des citoyens de bien remplir leurs fonctions.

Des notables, élus par les citoyens actifs, en nombre double de celui des membres du corps municipal, formeront, avec le corps municipal, le Conseil général de la commune et ne seront appelés que pour les affaires importantes.

Cette loi ne put être exécutée qu'en 1790.

M. Marc-Antoine Sirugue, qui avait succédé comme maire à M. Gibier en 1783, conserva ses fonctions jusqu'au 28 août 1891.

L'opinion générale se prononçait nettement pour le mouvement révolutionnaire. Les curés et le clergé du second ordre s'y associèrent en général ; plusieurs curés furent nommés maires de leurs communes : Lefort à Villy, de même Didier à Arnay, Boillot à Cessey, etc.

Serment patriotique (1790). — La première manifestation pour laquelle Vitteaux voulut marquer son adhésion au nouveau régime fut le serment patriotique du 6 avril 1790. Le procureur de la commune avait fait publier et annoncer au son des cloches l'assemblée des habitants pour prêter serment à la Constitution. Cette cérémonie patriotique eut lieu ledit jour à une heure, dans l'église paroissiale, et commença par un sermon de l'abbé Thomas, recteur de l'hôpital, qui exposa les raisons d'avoir confiance dans le roi et l'assemblée nationale. Le maire, Marc-Antoine Sirugue, prêta le premier le serment « de maintenir de tout son pouvoir la Constitution du royaume, d'être fidèle à la nation, à la loi et au Roi et de remplir avec zèle les fonctions civiles et politiques qui lui seront confiées ».

Les autres membres du corps municipal, les notables, puis les 294 citoyens actifs présents et nominativement interpellés répondirent individuellement « je le jure ». Le curé Marandon, les mépartistes Coppin, Sucret, Philibert de la Jarrye, Collon, prêtèrent aussi le serment patriotique, ainsi que Jacques Drouas, seigneur de Velogny ; Violet de la Faye, seigneur de Myard ; Boillot, curé et maire de Cessey ; Brugnon, curé et maire de Saint-Beury ; Roy, curé de Marcilly ; Didier, maire et curé d'Arnay ; Pelletier de Chambure... Cette unanimité témoigne bien de l'état des esprits au commencement de la Révolution.

C'est le 15 janvier 1790 que l'Assemblée constituante divisa la France en 83 départements, divisés en districts (nos arrondissements) et en cantons. Les départements étaient administrés par un directoire et il y avait de même un directoire par district. Vitteaux fit partie du département de la Côte-d'Or et du district de Semur et devint le chef-lieu d'une administration cantonale comprenant : Arnay, Avosnes, Barain, Boussey, Brain, Corcelotte, Dampierre, Dracy, Marcilly, Posanges, Saffres, Saint-Beury, Saint-Mesnin, Sainte-Colombe, Soussey, Uncey, Velogny, Vesvres et Villeferry (21 communes ou municipalités). Plus tard le nombre fut augmenté par suite de la suppression de quelques cantons.

Ainsi disparaissait le division en bailliages et avec les intendants, leurs subdélégués. On se rappelle que Vitteaux était le siège d'une subdélégation dont les derniers titulaires ont été le maire Gibier et François Belime.

La Constitution de 1791 instituait des juges de paix à la place des baillis des seigneuries. Ces juges de paix étaient nommés par les électeurs et assistés d'assesseurs. Les premiers juges de paix furent Cortot, puis Jean Arvier Patriat, avec pour assesseurs J.-B. Touzet, Jean Grappin, Joseph Maillard, Pierre Bellevret (14 novembre 1790) et Bernard Bidault, greffier. Lorsque la population d'une ville dépassait 2.000 habitants, il y avait deux juges, l'un pour la ville, l'autre pour la campagne. Le Conseil ayant obtenu du district l'annexion de Myard (28 habitants), les citoyens actifs élurent pour Vitteaux Jean Arvier Patriat.

En 1789 (séance du 2 novembre), la municipalité de Vitteaux comprend, avec le maire Sirugue, Musnier de Praile, chevalier de Saint-Louis, Arvier Patriat, Bordot l'aîné, Tardy, Cortot, Arvier l'aîné, Ménétrier.

Le 13 novembre 1791, la maire Sirugue et le procureur Gagnereaux ayant donné leur démission, Denis-Joseph Patriat fut élu maire par 104 voix sur 187 ; Laurent Arvier, notaire, procureur ; Bordot Ligeret démissionna pour devenir assesseur du juge de paix.

Le 14 novembre 1790, renouvellement des officiers municipaux. Elus : Joseph Bordot Ligeret, Jacques Estiot, Joseph Champy Dragon et J.-B. Gagneraux, procureur, Cortot, ex-juge de paix, Pierre Bidault, greffier.

Les décrets de l'Assemblée constituante supprimant les dîmes, droits féodaux et instituant partout des municipalités avec maire, procureur, conseil, etc... furent accueillis avec un empressement général, excepté naturellement par les privilégiés. Partout se constituèrent les administrations municipales auxquelles arrivaient chaque jour des ordres de détail pour procéder à la nouvelle organisation.

Les curés s'associèrent d'abord avec conviction à ce mouvement. Dans le plus grand nombre des villages, ils furent les premiers maires, à Arnay, Villy, Cessey, etc... A Vitteaux, le curé Marandon était membre du Conseil. Les événements les déterminèrent bientôt à donner leur démission.

Les temps étaient d'ailleurs difficiles. La récolte insuffisante de 1789 avait créé une crise des approvisionnements. Le 30 mai 1790, le Conseil nomma un garde messier ; chaque prise qu'il fera donnera lieu à une amende de 6 livres, qui lui tiendra lieu de salaire. Puis défense de vendre des grains sur pied, d'acheter au marché avant la cloche sonnée. La viande était à 6 sols la livre, le pain blanc à 2 sols 9 deniers, le pain bis à 18 deniers. Des lettres du roi avaient défendu l'exportation des grains et le droit d'éminage avait été supprimé le 1er janvier 1790. La situation financière de la ville était des plus gênée. Il fallait faire argent de tout. La ville avait vendu sa maison d'école pour 33 livres de rente, partie au maître d'école Laureaux, partie au meunier Simonot, la tour de l'horloge (hôtel de ville) était louée, on avait emprunté 1.200 livres à l'abbé de la Jarrye ; en somme, le déficit était de 1.400 livres. L'établissement de la garde nationale, les proclamations des lois, les assemblées patriotiques rendaient très laborieuse la tâche de la municipalité.

Les assemblées se succédaient rapidement.

1790. — Le 25 avril, le Conseil de la commune envoie sept députés à Dijon pour prendre part au pacte de fédération des gardes nationales. Ce furent Laurent Arvier l'aîné, notaire, Pierre et François Sirugue, Louis Serpil, Soupault, Touzet fils et Durandeau fils, tous marchands.

Assemblée pour nommer des délégués à l'administration départementale. — Meurtre de Fils-Jean.

Après les municipalités, il fallait pourvoir à l'administration départementale, instituée le 15 janvier 1790.

L'assemblée primaire de Vitteaux et du canton fut donc convoquée le 28 avril pour la nomination des électeurs chargés de représenter les habitants à l'élection de ces administrateurs le 10 mai à Dijon. « La réunion, dit le procès-verbal, ayant été interrompue par une rixe très sérieuse arrivée à M. Fils-Jean, de Sainte-Colombe, à laquelle les citoyens présents sont accourus, le scrutin commencé ayant été mis en sûreté, la continuation des opérations a été remise à une heure de relevée... A ladite heure, il s'est élevé du bruit et des propos que les officiers municipaux n'ayant pu apaiser, les ont obligé à se retirer. »

L'assemblée, remise au dimanche suivant, fut ajournée de nouveau en l'absence du maire.

La rédaction embarrassée de ce procès-verbal ne mentionne pas l'événement, cause des troubles qui obligèrent à ajourner l'assemblée primaire. Il paraît que, dans cette réunion, le seigneur de Sainte-Colombe, Fils-Jean, à l'occasion de manifestations causées par la disette des grains, aurait dit aux plaignants : mangez du foin. Devant le tumulte causé par ces paroles, Fils-Jean, obligé de se sauver, se réfugia dans la maison du cordonnier Seignot, vis-à-vis de l'hôpital. Quelques campagnards l'y suivirent et le jetèrent par la fenêtre du premier étage ; d'autres, en bas, l'assommèrent et lui mirent dans la bouche de la paille et du foin. Son corps, recueilli par le chapelier Goussillon, ne fut inhumé que le surlendemain.

Ce meurtre fit grand bruit et fut dénoncé à l'Assemblée constituante, qui rendit le décret suivant :

« L'Assemblée nationale, instruite de l'exécrable attentat commis dans la ville de Vitteaux, décrète que son président se retirera par devers le roi pour supplier Sa Majesté d'ordonner les poursuites les plus rigoureuses contre les coupables. » Deux ou trois personnes furent incarcérées, puis relachées au bout de quelques jours.

Fils-Jean, qui était conseiller au parlement de Dijon, avait été, en 1775, poursuivi dans sa maison à Dijon lors d'une émeute causée par la cherté des grains. Sa maison avait été saccagée et lui-même n'avait échappé qu'à grand peine à la fureur des assaillants. Il avait une réputation de dureté et d'avarice (Kleinklauz).

1790. — Enfin l'assemblée fut convoquée de nouveau pour le 5 mai. Furent députés comme électeurs pour l'administration départementale : Belime, avocat ; Jean-François Bordot, avocat et Charles Champy Dragon.

112 habitants prirent part au scrutin.

Fédération des habitants dans les halles, 2 mai. — Le meurtre de Fils-Jean paraît avoir effrayé les habitants de Vitteaux. Le 2 mai, c'est-à-dire quelques jours après, le Conseil général de la commune convoque les habitants dans les halles pour faire un traité de fédération par lequel ils s'engageaient à se prêter secours mutuellement selon que les circonstances l'exigeront. M. Bouchard, président de l'assemblée, reçut leur serment de fidélité au roi, à la loi et à la nation.

80 citoyens seulement répondirent à l'appel, ce qui indique qu'il y avait un parti opposant assez nombreux.

Proclamation de la loi martiale, 9 mai. — Le 9 mai, procession du drapeau rouge et proclamation de la loi martiale par le maire Sirugue ; la maréchaussée et la garde nationale escortaient le drapeau porté par Pierre Bidault, qui était à cheval ainsi que le maire.

La procession de la Fête-Dieu eut lieu comme à l'ordinaire. La garde nationale dut probablement y assister. Les jeunes gens voulaient se mettre en armes pour y prendre part, mais séparément ; les autorités s'y opposèrent et leur firent défense de faire corps à part.

Fête du 14 juillet. — Le 14 juillet, à Paris, la grande fête de la Fédération entre toutes les gardes nationales de France fêtait l'anniversaire de la prise de la Bastille. L'assemblée nationale et le roi y assistèrent. Talleyrand célébra la messe au Champ de Mars.

A Vitteaux, la fête eut lieu le même jour. La garde nationale, réunie au parc, accompagna le maire à l'église, où le minime Bergier, que la garde nationale avait choisi comme aumônier, célébra la messe dans la chapelle du Saint-Esprit. Après quoi, officiers et soldats se rendirent dans le chœur de l'église et prêtèrent serment de fidélité à la nation, à la loi et au roi.

La Société populaire. — La Société populaire, qu'on appela plus tard le club des Jacobins, eut un rôle très actif en 1791 et les années suivantes. C'est au 17 février 1791 que nous trouvons dans les registres la première mention de cette société qui s'intitula : les Amis de la Constitution. Elle députait à la municipalité deux de ses membres, Bellevret et Arvier, juge de paix, pour lui demander son adhésion. Ils déclarèrent que leur société se proposait de correspondre avec le club de Dijon et celui des Jacobins de Paris. « Son but est de découvrir les projets perfides des ennemis de la liberté, de les mettre au jour et de les déjouer. Que ceux qui ne pensent pas comme elle et gardent le silence en se contentant de calculer les pertes que la Révolution leur cause ne craignent rien de sa part : l'humanité la force à plaindre leur délire... Elle n'entend parler que de ceux qui agissent sourdement et cherchent à communiquer la gangrène dont ils sont infestés pour chercher à renverser le plus bel édifice du monde. Malheur à ceux-là, ils n'auront point de repos et, dirigée comme elle l'est, s'ils ne se convertissent pas, ils seront démasqués, tout devant céder à ses devoirs et à ses serments. »

Le Conseil, considérant que la formation du club en cette ville est fondée sur le patriotisme le plus pur, déclare y donner son adhésion. Le procès-verbal est signé Sirugue, maire ; Gagnereaux, procureur et les cinq autres membres du Conseil.

Ce n'était pas un langage de paix. Le président du club était Laurent Arvier, qui devint procureur de la commune lorsque, le 14 novembre 1791, le maire Sirugue fut remplacé par Patriat et que l'ancien procureur Gagnereaux donna sa démission.

Nous retrouverons la Société populaire qui subsista jusqu'à l'exécution de Robespierre. Elle comptait environ 25 membres, tant de Vitteaux que des villages voisins. Bientôt elle fut la véritable autorité, malgré les essais de résistance du Conseil.

La garde nationale. — La garde nationale avait pour commandant Dippdale. Elle arrêtait les voitures et les voyageurs et perquisitionnait leurs bagages pour s'assurer s'il n'y avait rien de contraire aux décrets de l'Assemblée nationale. M. de Grosbois avait dû subir ce traitement. Ces mesures n'avaient pas, semble-t-il, l'approbation générale. Deux citoyens, Sirugue et Durandeau, invectivèrent vivement ledit commandant. Il se plaignit au Conseil, qui condamna les délinquants le 8 janvier à un jour de prison. Cette solution ne ramena pas la paix. Le 8 mai, sous la présidence du maire Sirugue, Pierre Durandeau, l'un des condamnés, fut élu commandant et reconnu par le directoire du district de Semur. Le club et le notaire Laurent Arvier, mécontents de l'élection de Durandeau, voulaient faire recommencer l'élection et proposaient la formation d'un corps de volontaires pour assurer l'ordre public et faire exécuter les lois.

Pour terminer ces différends, Rochet, vice-président du département, vint à Vitteaux le 29 juillet et à la réunion du Conseil fit appel à la concorde. Son discours fut publié et affiché. Il y disait que les journées des 15 et 24 juillet ont été marquées par des excès, que des rassemblements d'hommes armés et des cris menaçants ont répandu l'effroi dans la ville. Il enjoint de la part du directoire du département à la municipalité de veiller à la tranquillité publique, de ne permettre ou tolérer aucune assemblée ou rassemblement, en employant les moyens que la loi met à sa disposition. Il recommande aux pères et mères de veiller sur leurs enfants, de leur défendre tous cris féroces et grossiers à peine de demeurer responsables des désordres qui suivraient (Registre de la municipalité).

Abolition des ordres religieux.

La loi du 13 février 1790 abolit les vœux monastiques et les ordres religieux. Les biens de ces derniers avaient été déjà mis à la disposition de la nation.

Les religieux et religieuses devaient déclarer s'ils entendaient quitter leurs couvents et les municipalités devraient faire l'inventaire de leurs biens qu'on appelait déjà les biens nationaux.

Le premier échevin, Alexis Bouchard, assisté de Leblanc, secrétaire de la municipalité, procéda à cette opération le 6 mai 1790 chez les Minimes et le 25 mai chez les Ursulines.

Les Minimes étaient réduits à trois religieux : le supérieur Nicolas Gautheron, deux religieux, Jean Maréchal et Nicolas Bergier, l'aumônier de la garde nationale, et un frère servant du nom de Guibal. Le supérieur déclara vouloir continuer à mener la vie commune, les autres, être prêts à quitter le couvent [1], ce qu'ils firent le 17 janvier 1791 ; le supérieur dut se retirer dans une des maisons de son ordre que le gouvernement conservait provisoirement.

Ainsi disparurent ces religieux établis à Vitteaux depuis 1654. L'esprit du siècle s'était introduit chez eux ; nous avons vu que deux d'entre eux étaient, en 1782, membres de la loge maçonnique.

L'inventaire de leurs biens indiqua :

1º Domaine de Vitteaux, revenu. . .	185 livres
2º Domaine de Posanges, revenu. . .	272
3º Domaine de Boussey, revenu. . .	2.361
4º Rentes diverses.	739
EN TOUT	3.557 livres

---

[1]. Maréchal se retire chez Pierre Bidault, alors secrétaire de la municipalité, moyennant une pension de 1.000 francs par an. Nicolas Bergier devient desservant de Maconge, abdique son ministère à Dijon ; en 1803, il est curé d'Etaules et meurt à Essartois en 1815 *(Bulletin paroissial)*.

Au mobilier très modeste de la chapelle, s'ajoute une bibliothèque d'un millier de volumes.

Le couvent des Minimes, devenu le siège des assemblées électorales et de la Société populaire, fut acquis par Touzet, qui le revendit à Bellevret. Il sera bientôt transformé en magasin de blé, de fourrages, etc., que la ville devra établir dans les années suivantes.

Les Ursulines reçurent le 25 mai la visite des mêmes magistrats municipaux. Le monastère comptait 17 religieuses de chœur et 6 sœurs converses. Sœur Michelle Moussier de Sainte-Rosalie en était la supérieure. Elles déclarèrent leurs biens :

Domaine à Posanges d'un revenu de . .	262 livres
Maison de l'aumônier d'un revenu de.	50
27 ouvrées de vignes d'un revenu de . .	72
Terres et prés à Cessey d'un revenu de.	40
Domaine de Saint-Thibault d'un revenu de	1.798
Rentes perpétuelles et foncières d'un revenu de	1.050
Terre et seigneurie de Posanges d'un revenu de	2.800
Autres rentes d'un revenu de. . . .	1.517
En tout	7.589 livres.

Et avec le mobilier de la chapelle, une bibliothèque de 400 à 500 volumes. Elles avaient envoyé pour le don patriotique une lampe en argent pesant 29 marcs.

Pour n'avoir pas à revenir sur les Ursulines, notons ici qu'en janvier 1792 elles déclarèrent au maire Sirugue vouloir rester dans le couvent et que le 25 mars 1792 le maire Patriat et les officiers municipaux avec le procureur Arvier font comparaître les sœurs assemblées pour prêter le serment relatif à la constitution civile du clergé (voir plus loin). La formule ayant été lue, « s'est présentée la « sœur Moussier de Sainte-Rosalie, supérieure, laquelle « a dit en présence de la municipalité que sa communauté

« est libre, qu'elle n'a jamais entendu gêner leurs opinions
« et qu'elles feront tout ce qu'elles jugeront à propos
« relativement au serment qui va leur être demandé ;
« quant a elle, supérieure, elle n'entend point le prêter en
« ce qu'il gênerait sa conscience ».

La supérieure signa ainsi que les religieuses qui avaient toutes refusé de prêter serment. L'une d'entre elles, sœur Vauthier de Sainte-Thérèse, âgée de 77 ans, dit qu'en 1732 elle fit ses vœux et qu'il est trop tard pour lui en demander d'autres.

Le 1er octobre 1792, les religieuses durent par ordre abandonner leur couvent ; elles se retirèrent dans leurs familles. Une d'entre elles était sœur de Bordot Ligeret, chez qui elle habita quelque temps et elle alla ensuite habiter à Dijon où elle mourut en 1794.

La Constitution civile du clergé.

Les lois votées par l'Assemblée constituante avaient fait perdre aux curés la partie de beaucoup la plus considérable de leurs revenus par la suppression des dîmes. Ils avaient les biens de leurs cures. Comme ceux des couvents, ces biens avaient été mis à la disposition de la nation, pour servir de gages aux 400 millions d'assignats de la première émission.

La déclaration des biens de la cure de Vitteaux en 1790 est ainsi conçue :

1º Il a été abandonné au curé de Vitteaux pour lui tenir lieu de sa partie congrue par l'abbé de Flavigny, gros décimateur, une petite portion de dîmes amodiée 500 livres par an, plus 25 boisseaux de froment, mesure de Vitteaux, et 156 boisseaux d'avoine. Estimant le blé, année commune, à 1 livre 10 sols la mesure, l'avoine 15 sols, et encore 15 boisseaux d'orge à 1 livre le boisseau, ce qui fait en tout . . . . 557 l. 10 s.

2º Une autre portion de dîmes sur Posanges amodiée 220 livres par an et 14 boisseaux d'orge . . . . 234 l.

3° Il dépend de la cure 21 journaux de terre labourable à 180 perches le journal, la perche de 9 pieds 1/2, situés sur le finage de Vitteaux et une soiture de pré, amodiés 4 boisseaux par journal ensemencé, ce qui fait 28 mesures pour 7 journaux qui doivent être ensemencés chaque année, sept journaux restant en jachère et 12 livres par an pour la soiture de pré. . . . . 75 l. 12 s.

4° Une soiture de pré sur Vitteaux . . . 12 l.

5° 4 journaux sur Posanges amodiés 3 boisseaux . . . . 9 l.
plus 15 mesures de blé et 15 mesures d'avoine livrables par les Dames Ursulines en qualité de Dames de Posanges, au moyen de laquelle redevance le curé ne dîme pas leurs terres. . 33 l. 15 s.

TOTAL. . . . . . 926 l.

Ces biens, mis en vente en 1791, furent achetés par le curé Marandon et recueillis par ses héritiers.

On vendit également les biens des chapelles, nous en avons donné précédemment l'énumération.

Ce n'était pas fini.

Le 12 juillet 1790, avait été votée la constitution civile du clergé. Cette loi modifiait le nombre et les circonscriptions des diocèses qui, de 135, étaient réduits à 83, c'est-à-dire à un par département. Les évêques devaient être nommés par les électeurs du directoire du département ; les curés, par les électeurs de l'administration du district, sans aucune intervention de leurs paroissiens. Les évêques, élus ainsi, seraient institués par le métropolitain, sans aucun recours au pape qu'ils aviseraient par simple lettre. Les chapitres des cathédrales seraient supprimés. Les curés, devenus fonctionnaires publics, recevraient une allocation, dont le maximum était fixé à 1.200 livres.

C'était donc un schisme véritable. Le roi, après de

longues hésitations, avait promis sa sanction, sans vouloir promulguer la loi. Le pape Pie VI condamna la constitution dans deux brefs datés du 12 mars et du 13 avril 1791.

Vitteaux passait ainsi du diocèse d'Autun dans celui de Dijon, où fut élu évêque constitutionnel Wolfius, aumônier de la garde nationale. Au trop fameux Talleyrand succédait à Autun le député Goutte, qui avait pris une part importante dans la discussion de la loi. L'Assemblée constituante avait ordonné que tous les évêques, curés et autres ecclésiastiques fonctionnaires publics prêteraient, dans leurs paroisses respectives, le serment d'adhésion à cette constitution.

A Vitteaux, le curé Marandon, prêta le serment demandé le 14 juillet 1792 ; le vicaire Lacoste paraît s'être retiré avant le moment de la cérémonie. Dans toutes les paroisses du canton, à part quelques restrictions, il en fut de même. Quelques-uns firent des réserves : à Massingy, le curé Rousseau ; à Uncey, le curé Arvier. Tous nos mépartistes : Coppin, curé de Vesvres ; Collon, Sucret prêtèrent le serment.

Il ne semble pas, qu'à Vitteaux, aucune protestation se soit élevée de la part de la population à l'occasion de la constitution civile du clergé. On ne signale aucun trouble à ce sujet. Les offices religieux continuèrent comme par le passé : la transition passa inaperçue. On sait que, dans une grande partie de la France, les prêtres insermentés furent traqués et maltraités ; que les populations laissaient le prêtre jureur officier seul dans son église déserte, cherchant jusque dans les bois la messe du curé insermenté. Nous verrons que dans les années suivantes le culte constitutionnel fut poursuivi à son tour. Il y aura alors avec d'autres défaillances des résistances honorables.

D'ailleurs, dans toute la France, la question du serment fut une cause de discorde et de scènes violentes. Les historiens ont cherché à connaître comment le clergé s'était divisé : M. Lagorce estime à 53 % le nombre des prêtres qui ont refusé le serment ou l'ont révoqué presque immédiatement.

L'année 1791 fut celle de la vente des biens dits nationaux. Les ventes importantes se firent au district, à Semur. Les actes notariés de M. Durandeau nous apprennent que les riches bourgeois et marchands de Vitteaux achetèrent ainsi de grandes propriétés qu'ils revendirent en détail aux vignerons et laboureurs du pays. La spéculation sur les assignats favorisa ce mouvement, dont le résultat fut de constituer la petite propriété ou au moins de la répartir entre un plus grand nombre de possesseurs. Nous n'avons pas cru devoir citer des noms ; nous pouvons cependant noter que le château fut acheté par Patriat et les Minimes par Touzet qui les revendit à Bellevret. Les biens des émigrés eurent bientôt un sort semblable. Une des conséquences fut d'attacher aux idées de la Révolution les acquéreurs de ces biens.

L'enseignement civique.

L'administration du département de la Côte-d'Or ayant institué des prix en faveur des écoles pour l'enseignement des droits de l'homme et de la constitution, il fut procédé, le 16 mars 1791, au réfectoire des Minimes, à l'examen des élèves. M. Coppin, prêtre mépartiste, présenta des élèves. Les officiers municipaux ayant interrogé les neuf candidats décernèrent le premier prix à François Hugot et Robert Tophinon ; le deuxième, à Louis Gagnereaux et Pierre Arvier ; le troisième, à François Tardy, Guillaume Serpil et Pierre Boisseaux. Le maire termina la séance par un discours témoignant à M. Coppin combien les citoyens étaient reconnaissants du soin qu'il veut bien donner à l'instruction de la jeunesse en lui inculquant de bonne heure les sentiments patriotiques dont il est animé. — Dans une seconde séance, le 20 mars, comparurent les enfants de Saint-Beury, présentés par le curé Brugnot ; ceux de Soussey, Cessey, Sainte-Colombe, Velogny, Avosnes et Marcilly. Des remercîments et félicitations furent adressés à M. l'abbé Mairet de Lignières, instituteur particulier, et à Gueneau, recteur d'école à Velogny.

1791. — Les impôts, en particulier la contribution patriotique, rentraient difficilement dans le cours de l'année 1791 et personne ne se présentait pour en effectuer le recouvrement. La municipalité fut obligée de nommer des receveurs d'office. Comme les années précédentes, la garde des vaches et des cochons était adjugée au rabais. Il y avait encore un *boucher de carême* : Turpin, désigné, aucun autre ne pouvait tuer pour la boucherie.

Pour terminer l'histoire de l'année 1791, il faut encore noter les inquiétudes résultant de la nouvelle de la fuite du roi le 20 juin. Informé par Semur et par Dijon, le Conseil fait afficher la nouvelle et la transmet aux villages voisins. Ce fut l'occasion des querelles dans la garde nationale et des troubles dont nous avons parlé.

L'Assemblée constituante s'était dissoute le 30 septembre, le lendemain lui succède l'Assemblée législative.

XVII

ASSEMBLÉE LÉGISLATIVE
(1er *octobre* 1791 *au* 21 *septembre* 1792).

Dans sa courte existence, l'Assemblée législative émit pour 700 millions d'assignats, mit sous séquestre les biens des émigrés et décréta contre les prêtres insermentés la peine du bannissement ou de la déportation.

Elle avait déclaré la guerre aux puissances étrangères qui annonçaient leur intention de rétablir l'autorité du roi. Celui-ci, arrêté à Varennes, à la suite de l'invasion des Tuileries, se réfugia au sein de l'Assemblée, d'où il ne devait sortir que pour la prison du Temple. Le 11 juillet, l'Assemblée proclame la patrie en danger. Dans les journées du 2 au 5 septembre, le Comité de surveillance de la ville de Paris provoqua les massacres des prisons où périrent, avec la princesse de Lamballe, les suisses de la garde du corps du roi et nombre d'hommes politiques et de prêtres insermentés.

Ces événements eurent leur répercussion dans toute la France, où se constitua un commencement de régime de terreur.

L'année 1792 s'ouvrit à Vitteaux par la demande faite au Conseil par la Société patriotique (c'était le nouveau nom pris par la Société populaire) de planter le faisceau surmonté du bonnet de la liberté. Le Conseil décida que le faisceau sera planté proche la croix en bas des halles. Sur la proposition de ladite Société patriotique, la cérémonie sera précédée d'une messe du Saint-Esprit à l'église paroissiale. La garde nationale sera requise pour assister à cette cérémonie (Archives).

Un tribunal de police, composé de délégués du Conseil, prenait des arrêts, dont il exigeait la plus stricte exécution. Ce tribunal, composé de Patriat, Maillard et Tardy, fait acheter au prix de 5.500 livres du sieur Thibault une maison pour correction, le canton devra participer à cette acquisition. Pour son début, le tribunal condamne à 3 livres d'amende et aux dépens un sieur Lamarche, cloutier à Sombernon, qui a exposé ses marchandises sur la place du marché au lieu de la rue Cordier. Sur la réquisition du procureur Arvier, trois gardes nationaux sont condamnés à une amende de deux journées de travail pour ne s'être pas rendus à une convocation. — 4 livres 10 sols d'amende pour avoir acheté du beurre avant la cloche sonnée. — 3 livres d'amende pour ne pas avoir enlevé le fumier le long d'un mur de jardin, etc... On vérifie les poids des marchands ; 22 avaient des poids trop faibles qu'on saisit, etc... Le boucher Aupierre, qui a vendu de la viande au-dessus du prix fixé (6 sols la livre) et s'est rendu coupable *d'irrévérence (sic)*, est condamné à 24 heures de prison et 15 livres d'amende. Le procureur avait la main lourde.

La garde nationale a son corps de garde dans la maison du tailleur Porteret, près des halles, et exige les passeports des voyageurs. Ainsi un sieur Charles Lemoine, ancien curé d'une paroisse de l'arrondissement de Gien, et quelques jours après quatre prêtres insermentés sont arrêtés et envoyés à Dijon. On décharge les voitures de marchandises pour en vérifier le contenu. Doivent disparaître les objets qui rappellent l'ancien régime. Le procureur (loi du 22 avril) fait descendre deux anciens drapeaux attachés à la voûte de l'église pour les brûler avec celui existant chez le commandant de la garde nationale. Les officiers municipaux se transportent au domicile de Cortot, juge de paix du canton, et ci-devant préposé au bureau de visite et de marque, pour enlever, à sa requête, les coins, poinçons et autres instruments qui ont servi à la marque des étoffes, ainsi qu'un registre, des plombs, etc...

Le 16 août, l'an IV de la liberté de l'Empire français

(sic dans le registre), le Conseil délibère d'arrêter tous les journaux et papiers contre-révolutionnaires avant l'ouverture des paquets à la poste. Arvier et Patriat s'empareront de toutes les gazettes aristocratiques qui n'ont malheureusement que trop causé la discorde tant dans la ville qu'à la campagne.

Le 14 juillet, il y eut messe et prestation de serment de fidélité à la Constitution par les autorités, le procureur et les citoyens présents. Le curé Marandon, l'abbé de la Jarrye, Nicolas Aubel, prêtre. Le vicaire Lacoste s'était retiré avant de prêter serment. On ne devait pas se lasser de renouveler cette cérémonie.

Dès les premiers jours du mois d'août, le maire, assisté d'un détachement de la garde nationale, avait proclamé la patrie en danger.

Le 18 septembre 1792, le commandant de la garde nationale ayant fait assembler les citoyens actifs, la municipalité, sur l'ordre du district, invita les citoyens qui désireraient prendre part à la défense nationale à se présenter. 22 jeunes gens répondirent à cet appel et reçurent les félicitations du procureur. Celui-ci termina son discours par une exhortation à l'union de tous les habitants : « Sachant, « dit-il que, depuis quelque temps, la diversité des opi- « nions avait désuni un certain nombre de citoyens, il « propose à l'assemblée que le meilleur moyen de vivre « en paix et de goûter les fruits de la Constitution, serait « de faire une réunion générale tant entre les citoyens « présents que les absents, de se pardonner l'un à l'autre « les fautes passées, de s'embrasser mutuellement, enfin « de prêter serment sur-le-champ, de ne plus récidiver « dans de pareils égarements. » « Aussitôt les cris de vive « la nation, vive la liberté, vivent la concorde et l'égalité « ont retenti ; le serment a été renouvelé au pied de l'arbre « de la Liberté, tous les citoyens ont promis de se traiter « comme frères et ont voué à l'exécration quiconque ten- « terait de rompre l'union contractée aujourd'hui. » (Registre).

La guerre avec l'étranger, la révolte de la Vendée, etc... exigeaient non seulement des soldats, mais encore de l'argent. Le 10 mai, on avait ouvert un registre pour recevoir la contribution patriotique. L'impôt foncier, les patentes, les impôts pour le compte de la ville rendaient de plus en plus lourdes les charges des habitants. Comme par le passé, la perception des impôts était mise en adjudication à raison de 2 deniers par livre. On faisait choix de trois personnes pour remplacer à l'école des filles les Ursulines, qui avaient toutes quitté leur couvent. Il y eut, comme en 1791, un concours entre les garçons sur l'instruction civique. Pierre Arvier et Louis Gagnereaux pour Vitteaux, Philibert Chapuis pour le canton en furent les lauréats.

XVIII

LA CONVENTION

(22 *septembre* 1792-26 *octobre* 1795).

Dès le 25 septembre, la Convention proclamait la République une et indivisible, bannissait à perpétuité les émigrés en prononçant la peine de mort contre ceux qui rentreraient et confisquait leurs biens. Le 3 décembre, le roi était mis en jugement, exécuté le 21 janvier 1793, et la reine Marie-Antoinette le 10 mai.

L'histoire de la Convention est la lutte entre les Girondins et la Montagne. C'est d'abord la création du Comité de salut public, du tribunal révolutionnaire, l'arrestation et l'exécution des Girondins, du duc d'Orléans, puis successivement de Danton, Desmoulins, Basire et enfin de Robespierre, Couthon, Saint-Just...

Ajoutons la loi des suspects, l'émission de deux milliards d'assignats, l'établissement du maximum, un emprunt forcé d'un milliard sur les riches, le décret sur le culte de la Raison, les abjurations des évêques constitutionnels, le changement du calendrier, les insurrections des provinces, la guerre avec l'étranger, si nous voulons avoir un tableau de l'état de la France entre le 25 septembre 1792 et l'exécution de Robespierre le lendemain de son arrestation (journée du 9 thermidor) (27 juillet 1794). Une nouvelle constitution, celle du 24 juin 1793, avait été présentée à l'acceptation du peuple. Il est juste de reconnaître que la Convention sut organiser heureusement la défense nationale et qu'on lui doit les institutions telles que l'école polytechnique, le conservatoire des arts et métiers, ainsi que l'uniformité des poids et mesures.

Années 1792 *et* 1793. — Le 26 août 1792, les électeurs primaires de Vitteaux se réunissent à l'Eglise pour choisir trois délégués : Belime père, Touzet et Enfert, qui se rendraient à Saint-Jean de Losne pour l'élection des députés à la Convention. Les députés de la Côte-d'Or furent Basire, Guyton de Morveau, Prieur, Guyot, Mairet, Rameau et Berlier.

Le 21 octobre 1792, l'an Ier de la République, en l'église des ci-devant Minimes, serment des fonctionnaires et des autorités, d'être fidèles à la nation et de maintenir la liberté et l'égalité ou de mourir en les défendant.

Le dimanche 4 novembre 1792, on célèbre pour la première fois une fête républicaine en mémoire des succès des armées françaises en Savoie. A l'issue de la messe, l'hymne des Marseillais est chantée sur la place de la Liberté au son de la musique placée sur un amphithéâtre. Les habitants, convoqués au son de la caisse, sont invités et même tenus d'illuminer leurs maisons. Enfin, dit le procès-verbal, on procurera aux jeunes citoyens un divertissement public pour que chacun puisse jouir du bonheur que la Constitution nous prépare.

Les offices religieux continuaient donc selon la coutume. On décidait de donner un traitement de 80 livres par an à la femme du citoyen François Durandeau pour jouer de l'orgue aux offices paroissiaux : c'était à la suite de la pétition adressée à la municipalité par un certain nombre d'habitants. On porte à 72 livres le traitement de Jean Rivet et de Claude Maillot, chantres à l'église. Mais déjà le Conseil de la commune faisait par Denys Joseph Patriat l'inventaire de l'argenterie de l'église : une grosse croix en argent, une vierge en argent, lampe avec chaîne en argent, bénitier, goupillon, burettes du poids de 49 marcs 6 onces ; quelques jours plus tard, on y ajoutait une statue en argent de saint Germain.

Le renouvellement de la municipalité (83 votants) donna comme maire Patriat (75 voix) ; pour procureur, Laurent Arvier (34 voix), Joseph Simon, secrétaire. Le petit nombre des votants indique, de la part des électeurs, soit une abstention voulue, soit la crainte des responsabilités qui deviendraient bientôt écrasantes.

Il y avait à pourvoir à l'approvisionnement des marchés, épuisés par les besoins des armées. Le 11 janvier 1793, les citoyens de Jailly mettent à la disposition de la municipalité de Vitteaux 600 boisseaux de blé et 100 boisseaux d'orge pour être vendus au marché des halles. Le blé se vendait 3 livres 12 sols ; l'orge, 3 livres ; l'avoine, 40 sols. La viande fut taxée à 8 sols, par suite de la cherté du bétail.

Les appellations de Monsieur et Madame, remplacées par celles de citoyen et citoyenne, le tutoiement obligatoire (loi Basire), ainsi que le port de la cocarde préludaient à des mœurs nouvelles. Le 20 janvier, on planta *Vivax*, le chêne de l'égalité, en présence de la garde nationale.

Les nobles et les curés, même assermentés, étaient naturellement fort surveillés et bientôt seraient déclarés suspects. On commença par exiger d'eux des certificats de résidence, moyen de s'assurer qu'ils ne conspiraient pas.

En janvier et février 1793, le Conseil en délivre à Jacques Drouas (il était âgé de 72 ans), à Bénigne Arcelot, de Dracy ; à J.-B. Sucret, prêtre ; à Antoine Arvier, curé d'Uncey ; à Boillot, curé de Cessey ; à Brugnot, curé de Marcilly ; à Didier, curé d'Arnay ; à des veuves de fonctionnaires de l'ancien régime, à la citoyenne Ménétrier, ci-devant Ursuline, etc... On envoie à Semur un prêtre insermenté qui se rendait en Suisse, avec un passeport, bien que, dit le procès-verbal, on n'ait rien trouvé de suspect dans ses papiers et hardes.

Les commissaires Bourdon et Prost, délégués de la Convention, envoient des réquisitions pour mettre en arrestation *tous* les ci-devant seigneurs. Le Conseil déclare que le citoyen Drouas était bien dans le cas de la loi, mais que son âge et ses incommodités méritent des attentions. « Considérant que le citoyen Jacques Drouas a toujours montré du civisme, qu'on ne peut lui reprocher aucune chose depuis la Révolution, qu'il a eu depuis plusieurs années des complaisances innombrables pour les habitants de cette ville, il a été arrêté qu'on n'inquiétera pas le citoyen Jacques Drouas. » Le citoyen Serpil se fait sa caution et le directoire de Semur approuve (avril 1793). Encore quelques mois, il faudra des certificats de civisme, même au maire Patriat, à Joseph Maillard, officier municipal ; à Benigne Mouard, boulanger ; à Etienne Champrenault, fils du maréchal ; à Jean Sucret, vigneron ; à J.-B. Picq, fils du tisserand.

Les besoins de la guerre imposaient aussi de lourdes charges à la population. Les gendarmes, partis pour la frontière, avaient dû être remplacés par quatre citoyens ; le service de la garde nationale était sanctionné par de fréquentes journées de prison. Un registre était ouvert pour l'inscription des volontaires désirant s'engager avant le tirage au sort qui doit parfaire le nombre de 20 hommes demandés à Vitteaux, lesquels sont conduits à Semur, par le maire, en avril ; quelques-uns se sont fait remplacer. Les cinq tailleurs d'habits et quinze cordonniers s'engagent à travailler « avec tous autres ouvriers des deux sexes » avec la plus grande activité aux habillements, chaussures et équipement des militaires. Les chevaux de luxe sont réquisitionnés pour l'armée chez Patriat, Goudin, Touzet et Bordot Ligeret. On fait une souscription sur la demande de la Société patriotique de Dijon, en faveur de plusieurs bataillons de la Côte-d'Or qui souffrent des rigueurs de l'hiver. Le citoyen Gagnereaux offre gratuitement un équipement complet pour un militaire, le citoyen Touzet en fait autant ; Fleurot donne 50 livres à la même intention. — Le 17 avril, le maire constate que Vitteaux a déjà fourni plus de 100 soldats depuis la Révolution et cherche à rassurer la population, qui redoute un nouveau tirage au sort.

La nouvelle Constitution (celle de 1793) est publiée, affichée et acceptée à l'unanimité par l'assemblée primaire du 14 juillet. Les citoyens illumineront et les divertissements les plus honnêtes seront offerts aux jeunes gens.

L'administration municipale, stimulée par le procureur, se montre extrêmement sévère. La garde nationale arrête, envoie à Semur les voyageurs. Un marchand non muni de la cocarde nationale subit deux jours de prison. L'obligation en est imposée aux filles et aux femmes qui doivent la porter à l'oreille gauche, sous peine d'être arrêtées et traduites devant la municipalité. Les gendarmes sont requis de veiller à l'exécution de l'arrêté et de fait, la citoyenne Pierre Roussin subit, de ce chef, deux jours d'arrestation, toutefois avec la permission d'aller coucher chez elle. Les cabaretiers ne pouvaient donner à boire et à manger aux gens de Vitteaux après neuf heures du soir et il leur est interdit de laisser jouer aux cartes pour de l'argent. Les jours de prison sont très libéralement distribués à ceux qui ne se rendent pas aux convocations de la garde nationale et à divers qui insultent ladite garde ou tiennent des propos « pouvant avoir des suites funestes ».

Fête de l'unité et de l'indivisibilité de la République.

C'est le 10 août que fut élevé au Parc l'autel de la Patrie, devant lequel la garde et les autorités devaient prêter le serment à l'unité et l'indivisibilité de la République. Après que chacun des corps constitués et les habitants présents ont eu déclaré faire au pied de l'autel le sacrifice des haines et des divisions intestines qu'ils auraient pu conserver contre quelque personne que ce fut, le citoyen Président a lu la formule du serment : Je jure de maintenir de tout mon pouvoir la constitution décrétée le 24 juin dernier, d'être fidèle à la nation et à la loi et de faire mon possible pour le maintien de l'unité et l'indivisibilité de la République française. Avec les autorités et fonctionnaires, prêtèrent ledit serment : le curé Marandon, le vicaire Lacoste, J.-B. Sucret, prêtre ; Philibert de la Jarrye, clerc tonsuré, ; Melot desservant de l'hôpital ; Bidault Fleury, commandant de la garde nationale ; les officiers et les soldats de la garde, ainsi qu'une *multitude de femmes et de* jeunes gens qui ont tous dit individuellement « je le jure ».

Mais, dans la nuit du 19 août, l'autel de la Patrie a été *dévasté*, l'arbre de la liberté cassé, le bonnet de la liberté enlevé et emporté. Le Conseil, ayant constaté les dégâts, l'arbre a été transporté à la maison commune avec ses ornements et une proclamation est faite pour inviter à faire connaître les coupables. Nous ne savons quelles furent les suites ; en dépit de tous les serments, la paix et la concorde ne régnaient donc guère entre les citoyens.

La Société populaire, qui était de plus en plus toute l'autorité, inaugura la deuxième année de la République (21 septembre 1793) en faisant sonner chaque jour la cloche de la porte de l'Horloge pour avertir le public de l'heure où se fera la lecture des nouvelles et des arrêtés de la Convention. Le Conseil autorise la Société à se réunir dans la ci-devant église des Minimes pour fraterniser avec les frères des autres sociétés, jusqu'à la vente des biens des Ursulines.

Il nous faut revenir encore sur les mesures prises en vue d'approvisionner les marchés.

Les gendarmes sont chargés de réquisitionner les grains dans les villages. Les boulangers ne feront, jusqu'à nouvel ordre, que du pain bis en miches rondes, pesant au moins 3 livres. Un seul pourra faire par semaine deux fournées de pain blanc pour les vieillards, les enfants et les malades, sous forme de miches longues pesant une livre. Le pain blanc est à 4 sols 3 deniers, les boulangers étant inspectés chaque jour.

On fait le recensement du bois de chauffage ; si la provision de chacun dépasse les besoins de l'année, on vendra le reste par petits lots. Le vin devient rare ; Choillot, qui en a toujours à vendre, est dénoncé par la Société populaire comme accapareur. Il est question d'établir un grenier d'abondance où les cultivateurs et propriétaires seront invités à déposer leurs grains au fur et à mesure du battage après avoir prélevé leur nécessaire. Dans le mois de novembre, on fait à nouveau le recensement des grains et des habitants. — Il existe, pour faire subsister les 1.858 habitants, jusqu'à la moisson prochaine, 8.145 mesures de blé, 2.000 mesures d'orge et 1.940 mesures d'avoine. Or, on pense que, pour chaque individu, il faut 16 mesures (de Vitteaux), c'est-à-dire 30.738 mesures. Il manque donc 22.583 mesures de blé, l'orge et l'avoine ne représentant que ce qu'il faut pour les semailles prochaines. De plus, Vitteaux étant un passage de troupes, il faut compter les besoins des boulangers, qui s'élèvent à une quantité considérable. Pour rassurer les gens de Vitteaux, on délègue à Dijon un commissaire spécial, Fleurot, qui se renseignera.

Il semble que la disette du pain n'est pas l'unique cause d'inquiétude. Ordre aux habitants de tuer « leurs lards et petits salés » avant le 12 nivôse prochain (1er janvier 1794 : on en était au nouveau calendrier). Personnaz et Arbey sont nommés pour veiller à l'exécution dudit arrêté. Lorsque les épiciers ont pu recevoir quelques marchandises, ils en font fixer le prix par le Conseil ; ainsi Vendeuvre qui a 150 livres de beurre, le vendra seulement par livre et à 20 sols ; Fr. Durandeau vendra ses cent livres de sucre à 3 sols l'once et ne pourra le débiter que par quarteron.

Par ordre de la Convention, le Conseil dut fixer les salaires, qu'il est intéressant de comparer à ceux de notre temps : vignerons, par ouvrée de vignes, 6 livres, sans nourriture ; manœuvres, 18 sols par jour de la Toussaint à Pâques et 22 sols 6 deniers de Pâques à la Toussaint. — Les fosses des vignes, 10 sols la perche. — Batteurs en grange nourris : 12 sols en été jusqu'à la Toussaint et 7 sols de la Toussaint à la moisson. Les laboureurs par journal de *Benison*, 7 livres 10 sols et une bouteille pour les deux premiers coups et nourris pour le dernier. Pour les carêmages, 4 livres 10 sols par journal et une bouteille de vin. Moissonneurs, 20 sols par jour pour les hommes avec nourriture et 15 sols pour les femmes. Charpentiers, 30 sols par jour en hiver, 45 sols en été sans nourriture. Maçons, 22 sols en hiver, 30 sols en été. Blanchisseuses, 9 sols par jour. Couturières et laveuses, 7 sols 6 deniers. Domestiques hommes, 120 livrés par an ; femmes, 54 livres ; bergers, 27 livres, etc...

Terminons l'histoire de l'année 1793 par les réquisitions pour les besoins des armées :

Le 3 octobre, réquisition de 32 matelas, 32 traversins, 32 couvertures, 74 draps et 22 paillasses ; le Conseil désigne 35 personnes parmi les riches pour fournir ces objets. Un mois plus tard, le district de Semur demande 22 matelas, autant de traversins et couvertures, 45 autres personnes sont désignées, elles auront à obéir. On leur promet que ces effets seront rendus à leurs propriétaires. Un emprunt forcé d'un milliard, décrété par la Convention le 20 mars, nécessita la nomination de commissaires délégués au recouvrement.

Les cuirs, le fil et les toiles sont recensés : 3.257 livres de fil et 2.725 aunes de toiles sont à la disposition de l'armée ; on étend les recherches jusqu'à Marcellois ; 370 tonneaux de vin, trouvés dans les caves, sont réservés aux troupes de passage ; les cabaretiers ne pourront plus en vendre. Le canton dépense 3.042 livres 12 sols pour l'achat de selles et harnais ; 12 paires de bottes ont coûté 600 livres (en assignats probablement). Les bâtiments des Minimes vont servir de magasins de foin et de paille.

A la Société populaire s'était ajouté le Comité de surveillance, inauguré le 23 mai 1793. Il tenait ses séances dans l'église des Ursulines. Il dura 14 mois. Les membres, d'accord avec le Conseil, s'occupèrent utilement du recensement des grains. Cortot, président, Michel Champrenault, Chauvelot, Mazillier, Paquot, Pierre Bellevret, Belime fils en étaient les membres actifs. Bientôt, il prit un autre rôle et procéda à des arrestations aussi nombreuses qu'imprévues.

Le 22 octobre 1793, Guillaume Cortot, président du Conseil de surveillance, requiert le commandant de la garde nationale de lui donner sur le champ un nombre suffisant d'hommes à l'effet de faire des recherches domiciliaires pour gens suspects et les arrêter s'il est possible. Les visites eurent lieu chez Beaune, épicier, la veuve Fleurot, la veuve Charlut, à Saffres, etc... Le Conseil, qui n'avait point autorisé cette expédition, fait comparaître les auteurs, qui déclarent avoir recherché Arvier, curé d'Uncey, réputé émigré ; ils disaient avoir recherché la bête noire. Un mois plus tard, le Comité de surveillance fait consigner chez eux le citoyen Jean Arvier, juge de paix ; Claudine Patriat, sa femme, et Philibert Arvier, son cousin, en attendant, dit-on, une réponse du Comité de sûreté générale. Mais la Société populaire, dont les Arvier étaient membres, réclame leur liberté, qu'elle finit par obtenir du citoyen Prost, représentant délégué de la Convention dans la Côte-d'Or, et le Conseil général de la commune, vu le certificat de civisme de Philibert Arvier et connaissant aussi le civisme de la citoyenne Claudine Patriat, les fait mettre en liberté. Ils étaient probablement soupçonnés de cacher le curé Arvier.

Dans le courant de novembre, les membres de la Société populaire se disent avoir été insultés par des attroupements de femmes et d'enfants et font condamner à huit jours d'arrestation la femme de Jean Rivet, coutelier, celle de Jean Martenot, chamoiseur, et Anne Richard, ouvrière ; il leur sera permis d'aller coucher chez elles. Arrestation de Chauveau jusqu'à ce qu'il ait fait connaître la résidence de son fils, réquisitionné comme militaire. Huit jours de prison à Tardy, chirurgien et marchand de sel, pour avoir déchiré les bons que la municipalité délivrait pour acheter du sel. Heureux temps !

Le 14 décembre (15 brumaire), sur la pétition de deux membres de la Société populaire, des commissaires furent nommés pour faire détruire dans les églises de cette ville, sur le cimetière et partout ailleurs tous les objets qui pourraient rappeler l'ancien régime. La Société fait planter un peuplier d'Italie sur la place de l'Unité et de l'Indivisibilité.

Le citoyen François Belime, homme de loi, dépose

cinq vases portant des fleurs de lys pour qu'ils soient détruits. Le procureur veut faire descendre le coq ci-devant placé au clocher et le remplacer par le bonnet de la liberté et le drapeau tricolore, mais le Conseil décide que le coq sera remplacé le plus tôt possible.

On commence, en décembre, à enlever les croix et autres objets religieux qui se trouvent sur le finage de la commune. Dominique Courtois et Jacques Chauvelot, commissaires, assisteront Pierre Bidault et Laurent Arvier, dans l'enlèvement des vases d'or et d'argent des églises. Le directoire de Semur requiert de faire descendre deux cloches de l'église, la loi n'en autorisant qu'une seule.

Le 29 novembre, Joseph Bordot Ligeret était élu maire en remplacement de Patriat par 116 voix. Le secrétaire Joseph Simon, mandé pour travailler au directoire du département, est remplacé par Jacques Poillevey. Depuis quelque temps, la municipalité tenait ses séances dans la chambre de l'aile gauche de l'hôpital.

XIX

LA TERREUR

Les années 1793 et 1794 constituent à Vitteaux l'époque de la Tererur. Inscrire un citoyen sur la liste des suspects, c'était le désigner pour une arrestation prochaine et les plus ardents révolutionnaires n'étaient pas à l'abri des dénonciations. Le Comité de surveillance n'épargnait même pas ses propres membres.

Aux arrestations que nous avons déjà signalées, s'ajoutèrent nombre d'autres. J.-B. Touzet, dénoncé au tribunal révolutionnaire de Paris, finit par être mis en liberté, mais soumis à la surveillance. On arrête la sœur Marguerite Simon, de l'hôpital ; emmenée dans les prisons de Dijon, elle est mise en liberté par Prost, représentant du peuple. Bernard Morel, arrêté aussi, est mis sous la surveillance de la municipalité ; il était cependant membre du Comité de surveillance de Vitteaux et avait été arrêté par ordre de celui de Dijon. Un sabotier, ayant vendu une paire de sabots 25 sols (au-dessus du maximum), est inscrit avec sa femme sur la liste des suspects. Dénonciation contre Joseph Maire qui a vendu du fromage dans les mêmes conditions et contre la citoyenne Rouget pour la même raison. Arrestation de la femme de Romain Sirugue (elle avait dit se soucier peu du Conseil). Deux jours de prison à Claude Thibault qui s'était permis de traiter d'égoïstes deux membres du Conseil et avait déclaré *y persévérer*. Il faut des certificats de civisme à Pierre Coppin et Joseph Dozerain. Les en-têtes de lettres officielles portent : liberté, égalité ou la mort.

Il ne faut pas croire que l'exécution de Robespierre mit

fin immédiatement à cet état révolutionnaire. En novembre 1794, les gendarmes enlevèrent à une femme Blanger un livre d'évangiles dans lequel elle faisait, le soir, la lecture à des batteurs en grange qui étaient chez elle. Il y aurait eu à sévir contre un gendarme qui traitait de gredin un sieur Martenot pour avoir appelé coquin le représentant Pioche-fer Bernard et ceux qui avec lui avaient bu dans des calices.

L'ère républicaine.

Le nouveau calendrier divisait le mois en trois décades ; les noms anciens des mois étaient remplacés par ceux de vendémiaire, brumaire, frimaire, nivôse, pluviôse, ventôse, germinal, prairial, floréal, messidor, thermidor, fructidor. L'ère républicaine datait du 22 septembre 1792. Les noms des jours de la semaine ou plutôt de la décade étaient : primidi, duodi, etc...

Tous les villages dont le nom rappelle celui d'un saint changèrent d'appellation. Dans le canton, Saint-Thibault devint Fontaine-sur-Armançon ; Saint-Beury, Bellevue-sur-Armançon ; Sainte-Colombe, Roche-Fontaine ; Saint-Mesnin, Belleroche ; Arnay-le-Duc devenait Arnay-s.-Arroux ; Saint-Jean de Losne, Belle-Défense...

Les noms des rues de Vitteaux étaient changés aussi en février 1794.

La rue Saint-Jean s'appellera rue Marat.

Le bas de la rue Saint-Jean jusqu'au pont, rue de la Liberté.

La rue du Four, rue Jean-Jacques.

La rue Vieille, rue des Sans-Culottes.

La rue Cornebornon, rue Lepelletier. Ce Lepelletier, député de l'Yonne à la Convention, avait été assassiné en 1793. Sa mort fut l'objet de manifestations grandioses à Paris.

La rue de Dijon, rue de la République.

La rue des Coberges, rue Scevola.

La rue de Massingy, rue de la Montagne.

La rue de Cessey, rue de l'Egalité.

La rue basse de l'Eglise, rue de la Révolution.

La rue haute de l'Eglise, rue de la Raison.

La rue Cordier, rue de l'Unité.

La rue du Marché, rue de la Constitution (c'est la rue dite de la Ville).

La rue Portelle, rue de la Brenne.

La rue du grenier à sel, rue Piron.

Pour mieux marquer leur adhésion à l'esprit du temps, quelques particuliers renoncent à leur nom de baptême pour prendre des noms de légumes, de fruits, etc… par lesquels les noms de saints étaient remplacés dans les almanachs et les calendriers. On s'appelle : Pavot, Melon, Guimauve, Gentiane ; Simon, secrétaire de la municipalité, signe : Frêne-Figue ; Poillevey : Cormier Armoire ; on trouve aussi Romarin Sirugue. Quelques habitants continuaient à donner à leurs enfants des noms de saints en y ajoutant (probablement par ordre) les noms inscrits dans les calendriers révolutionnaires : Gentiane-Claudine Jobard, Guimauve-Jeanne Denuit, Colza-Christine Aubertin, etc… Ces bizarreries cessent à la mort de Robespierre.

Le culte.

Le 10 novembre 1793, la Convention avait décrété le culte de la Raison. Gobel, l'évêque constitutionnel de Paris et ses grands vicaires avaient abdiqué leurs fonctions devant l'assemblée. Le président de la Convention avait déclaré que l'Etre Suprême ne voulant pas d'autre culte que celui de la raison, ce serait désormais la religion nationale.

Le mouvement devait se propager rapidement dans toute la France. A Vitteaux, le 19 ventôse, le citoyen Personnaz, officier municipal, et Jean Sucret sont nommés commissaires « pour faire disparaître les statues et pièces de sculptures qui sont actuellement dans la ci-devant église et les déposer dans un endroit d'icelle non apparent, et de le faire très incessamment, afin de ne laisser aucun vestige de ces anciens simulacres du fanatisme, ce vaisseau demeurant dorénavant consacré pour temple de la raison » (Archives).

Le 25 février 1794, le curé Marandon avait déclaré renoncer à ses fonctions. Quelques jours après, Nicolas Aubel, ancien minime, renonce à l'état ecclésiastique.

Sur l'ordre de la Société populaire, les neuf autels de l'église sont enlevés et vendus.

Le plan de la fête de l'Etre Suprême est élaboré par les citoyens Bernard Morel et Coriandre Bidault. Les citoyens et citoyennes sont invités à se rendre au poste qui leur sera assigné et de s'y tenir avec décence. C'est Coriandre Bidault qui dirigera la marche. Les registres ne donnent pas d'autres détails. Y eut-il une ou deux déesses Raison? C'est possible, mais nous n'avons trouvé aucune indication les concernant. Le 19 juin 1794, le citoyen Romarin Sirugue, commissaire de la Société populaire, requiert qu'il soit fait défense aux cabaretiers, cafetiers, etc... de donner à boire les jours des ci-devant fêtes et dimanches. Le Conseil refuse de délibérer et toutefois invite les citoyens à tenir leurs boutiques ouvertes les fêtes et dimanches, de les tenir fermées les jours de décadis et d'orner leurs maisons lesdits jours d'un fanion tricolore.

Le district de Semur réclame la liste des prêtres et religieuses résidant à Vitteaux. Elle comprend 11 prêtres, ayant tous abdiqué leur fonctions, et 9 religieuses, lesquels, mandés devant le Conseil, ont été reconnus comme s'étant conformés aux lois. Parmi les prêtres, Didier, ex-curé d'Arnay ; Pierre Coppin, ex-curé de Fontaine-sur-Armançon ; Boillot, ex-curé de Cessey ; la Jarrye, ex-clerc tonsuré ; Joseph Dozerain, ex-vicaire de Verrey-s.-Salmaise ; Sucret, ex-mépartiste... Les religieuses sont des ex-Ursulines. Notons que Dozerain succéda comme secrétaire du Conseil à Poilevey le 26 octobre 1794 et que Coppin fut aussi un des deux secrétaires.

Avec cette liste, le district demandait celle des métaux envoyés tant de l'église que de l'hôpital. De l'église : trois calices, dont deux d'argent, et leurs patènes ; un ostensoir en argent doré, un vaisseau d'argent pour les huiles *(sic)*, une coquille, un goupillon, une clochette, trois coupes, deux ciboires, une navette et sa cuillère, le tout en argent ; deux morceaux d'argent de la baleine du bedeau, le tout pesant 36 marcs 2 onces ; des galons d'argent provenant de chasubles et dalmatiques, les pans du dais. De l'hôpital, un calice, un ostensoir, un ciboire, le tout pesant 14 marcs.

Les fêtes républicaines, le culte décadaire remplaçaient donc la messe et les solennités religieuses. On célébrait, en 1794, le 14 juillet (fête de la Liberté) ; le 22 octobre, fête des victoires des armées de la République. L'abbé Collon rapporte que, pendant la Terreur, le curé Marandon se retira dans une maison dépendant de l'hôpital (celle de Mme Rougeot), où dans une chambre haute il avait établi un autel avec un tableau de la Présentation de la Sainte-Vierge provenant des Ursulines (probablement celui qui est actuellement dans la chapelle Sainte-Anne), les reliques enlevées aux reliquaires de l'église. Il y célébrait la messe très secrètement et remplissait dans la mesure possible les devoirs de son ministère. Collon ajoute qu'il y avait deux autres maisons à Vitteaux où lui-même et d'autres prêtres disaient secrètement la messe.

Pour n'avoir pas à revenir sur ce sujet, nous avons à noter que la Convention, dans la séance du 30 mai 1795, rendit un décret autorisant l'exercice public des cultes. Quelques jours après, le citoyen Laurent, menuisier, déclare qu'il est dans l'intention de faire dire la messe dans sa maison les fêtes et dimanches.

Le premier complémentaire de l'an III (24 septembre 1795), le curé Marandon se présenta devant le Conseil, en déclarant qu'il se propose d'exercer le ministère d'un culte connu sous la dénomination de catholique, dans l'étendue de cette commune et a requis qu'il lui soit donné acte de sa soumission aux lois de la République. Ce que fait le Conseil conformément à la loi du 2 prairial.

Le 6 juin, plusieurs citoyens s'étant présentés au Conseil pour demander qu'en exécution de la loi du 11 prairial la municipalité mette la commune en possession de l'église pour l'exercice du culte, le Conseil nomma deux commissaires, Leblanc et Seignot, pour constater l'état de l'église ; le registre ne fait pas connaître la suite.

Le culte catholique fût-il dès ce moment célébré à l'église? Le culte décadaire y continuait, probablement suivant les rites des philanthropes, puisque François Belime, notaire, président de l'administration cantonale en 1799, lisait dans l'église, le 19 mai 1799, un extrait de l'ouvrage d'Hubert Languet sur la souveraineté du peuple.

Encore en 1800, François Belime, président de l'administration du canton, faisait les mariages au lieu destiné aux réunions décadaires ou au temple décadaire. En tout cas, on exigea la preuve de prestation du serment des ecclésiastiques. Marandon, Pierre Collon et divers curés s'empressèrent de faire la justification exigée.

L'exécution de Robespierre détermina cependant bientôt une réaction. La municipalité, le 3 fructidor, s'empressa d'envoyer une adresse à la Convention :

« Citoyens représentants, un Catilina moderne menaçait
« la liberté des Français ; les sénateurs se sont montrés,
« le chef et les conjurés ont disparu... Le scélérat de
« Robespierre avait donc oublié que le peuple avait juré
« d'être libre, lorsque dans ses assemblées secrètes ou
« plutôt dans ses orgies, il lui forgeait des fers... Il se
« frayait un chemin à la tyrannie à travers le meurtre
« et le carnage, ne voulant composer les degrés de son
« thrône que des cadavres palpitants des patriotes. Enfin
« le traître n'est plus... Vive à jamais la République. »

La Convention répondit en félicitant le Conseil.

Un comité révolutionnaire, dont on ne voit pas nettement le rôle, paraît avoir fonctionné (Jacques Enfert,

Touzet, Cl. Porteret, Jacques Griffon, F. Durandeau-Bidault) concurremment avec la Société populaire. Dans sa séance du 12 octobre, il démissionne et dépose ses registres.

Une crise dans l'administration municipale suscite l'intervention du député Calès, en passage à Vitteaux. Le 12 décembre, il fait convoquer au temple par la cloche et le tambour les habitants, qui se réunissent pour nommer dix commissaires qui se transporteront à Semur pour l'aider à organiser les autorités de Vitteaux. Le résultat est le suivant :

Maire : Joseph Bordot, négociant. Officiers municipaux : F. Belime père, Cortot, Leblanc, notaires ; Joseph Martenot, bourrelier ; Jacques Estiot fils, cultivateur.

Agent national : Bernard Morel, arpenteur.

Juge de paix : Alexis Bouchard.

Greffier : Bernard Bidault.

Puis 11 notables et 7 assesseurs du juge de paix. C'était bien la réaction. Dès le 17 frimaire, l'agent national Morel inaugurait le nouveau Conseil, en disant « qu'au 9 thermidor la Convention a terrassé cette horde d'anthropophages qui, d'une main sanguinaire, promenait avec complaisance le glaive de l'injustice et de l'atrocité... »

Des attroupements se formèrent devant les maisons de ceux qu'on appelait les Jacobins, les enfants s'en mêlèrent, le Conseil dut menacer de prison et déclarer les pères de famille responsables de leurs enfants. Laurent Arvier était particulièrement visé et injurié ; on l'appelait la queue de Robespierre.

En janvier 1795, le Conseil enregistra la démission de nombre de membres de la Société populaire qui font biffer leurs noms. Cette Société comprenait des habitants de Vitteaux et beaucoup des villages voisins. Elle siégeait aux ci-devant Ursulines, avait alors pour président Arvier Patriat, qui déclare que depuis quelque temps la cherté du bois et de la chandelle a fait suspendre ses séances. C'est à qui biffera son nom sur la liste affichée des membres.

Mailhe, délégué de la Convention, avait déjà pris des

arrêtés pour changer divers fonctionnaires, réintégré Mazillier, le directeur de la poste, l'instituteur public Laureaux... et fait demander par le Conseil le désarmement des terroristes. Dans un long mémoire, le Conseil expose que par le moyen de Fouquier-Tinville-Ligeret, son protecteur, Laurent Arvier a surpris au représentant Pioche-Bernard la destitution de tous les honnêtes gens qui exerçaient quelque fonction publique, que de son plein pouvoir il a désarmé plusieurs citoyens de la ville et des environs. Il a fait chasser les honnêtes gens de la Société populaire. Il a dit à l'exemple de son patron Marat qu'il fallait encore 200.000 têtes pour consolider la République. Il a dressé une liste de proscription de 73 citoyens pour le Comité de sûreté générale, disant que 12 au moins n'échapperaient pas à la guillotine. Le bruit public l'accuse d'avoir envoyé un citoyen à la guillotine (on ne le nomme pas), forcé à fuir deux citoyens de la commune accusés d'accaparement, fait mettre les scellés chez eux et a menacé de les traiter comme des émigrés...

Mêmes plaintes contre Jean Arvier, ci-devant juge de paix. « Lui aussi voulait 20 têtes par commune pour faire fleurir le maximum... Il a poussé, par tous les moyens, le président du Comité de surveillance à incarcérer les fonctionnaires publics de la commune. Il a dit que le premier qui se permettrait de blâmer les opérations de la Société populaire devrait être dénoncé, qu'il suffirait pour le traduire au tribunal révolutionnaire d'envoyer son nom à un représentant ou à Ligeret.

Le citoyen Claude Champy, beau-frère des précédents, nommé agent national par le moyen de Laurent Arvier, les a secondés de tout son pouvoir...

En conséquence, le Conseil demande au citoyen Mailhe que ces trois terroristes soient désarmés et la dissolution de la Société populaire. »

Mailhe ordonna d'inventorier les papiers de la Société populaire et de les transporter en la chambre commune. Le Conseil arrête le désarmement des trois accusés et aussi provisoirement de J.-B. Sirugue et Pierre Bidault, aussi redoutables que les premiers. Par un arrêté de Mailhe, daté du 9 prairial, les deux Arvier et Champy furent effectivement désarmés, leurs armes leur furent cependant bientôt rendues.

C'était la fin de la Société populaire. Tous les membres avaient biffé leur nom, beaucoup déclarant avoir subi la pression des Arvier.

La disette et le maximum.

Les années 1794 et 1795 furent marquées par la difficulté d'approvisionner le marché des grains.

Dès le 27 septembre 1794, le Conseil arrête que les communes du canton devront apporter à tour de rôle une quantité déterminée de blé au marché de Vitteaux. Ces réquisitions se renouvellent régulièrement et, au besoin, on fixe la part que doivent fournir des propriétaires, désignés nommément, et des commissaires veillent à l'exécution. A Massingy, l'agent national (on était alors sous le régime de l'administration cantonale) est mis en arrestation jusqu'à la livraison du contingent fixé.

Par exemple, en novembre 1795, Boussey et Arnay fourniront, pour un jour de marché, chacun 25 mesures ; Brain, 12, et la distribution aura lieu sur les bons de l'administration. A la même époque, Cessey déclare ne pouvoir rien fournir et on nomme des commissaires qui vont s'en assurer.

En janvier 1795, les grains avaient manqué totalement sur le marché. Il fallut distribuer aux indigents du riz, que la municipalité s'était procuré à raison de 20 sols la livre près du district de Semur. Au mois d'avril, elle achète des grains qu'elle revend à 9 livres 5 sols la mesure et 7 livres pour l'orge. Aussi le pain arrive-t-il au prix de 8 sols la livre, tandis que la viande est à 40 sols.

C'est qu'il fallait suffire aux réquisitions des armées, et à l'entretien des prisonniers de guerre logés à Vitteaux, dans les bâtiments des Minimes ou des Ursulines. Le transport des grains pour l'armée devait se faire jusqu'à Belle-Défense (Saint-Jean de Losne) ; les voituriers de Vitteaux s'y refusaient ; trois d'entre eux furent, de ce chef, emprisonnés et inscrits sur la liste des suspects. Cependant un certain nombre cédèrent à ces réquisitions ; on dut alors requérir des hommes et des chevaux pour labourer leurs champs. Les habitants des villages s'opposaient à la sortie de leurs blés ; un certain Louchard, voiturier, qui menait du blé à Vitteaux, est assailli dans les bois par les habitants de Villeberny.

Les épiciers manquaient des marchandises les plus nécessaires. En décembre 1794, la cherté du bois et de la chandelle oblige la garde nationale à cesser son activité de service, vu aussi la difficulté de se procurer des ouvriers pour les travaux de la campagne. La municipalité elle-même ne peut se procurer du bois de chauffage ; elle fait faire une coupe en forêt pous se chauffer.

Le commerce se réduit de plus en plus. Nécessité fait loi. Le 23 germinal an II, deux voitures chargées de savon passaient à Vitteaux à destination de Versailles. On les décharge et les 5.478 livres de savon sont distribuées pour le service de Vitteaux et du canton. A mesure que les épiciers recevaient des harengs, du sucre, du fromage, ils prévenaient le Conseil, qui déterminait les prix maximum auquel il serait possible d'en acquérir.

Le numéraire devenant de plus en plus rare, les ouvriers stipulaient que le prix de leur travail leur serait payé en argent. Les assignats étaient dépréciés au point qu'un franc en monnaie représenta en l'an IV 326 francs en assignats. On refusait les cartes de Dijon, sortes de billets émis par cette ville. Pour la fourniture d'un registre, de papier, de cire et de carreaux des vitres, la municipalité reçut une facture de 1.700 livres en assignats ! La même année, l'impression à Semur des rôles de la contrbution foncière lui est comptée 11.736 livres en assignats (Durandeau).

La ville ne pouvant payer en numéraire ses employés, il faut fixer leurs appointements en quantité de blé. Le trésorier de la ville recevra 10 quintaux de froment ; le secrétaire, 60 ; le secrétaire adjoint, 50. Le travail du secrétariat devenant considérable, il fallut adjoindre aux secrétaires quatre employés payés à 35 quintaux, les appariteurs recevant 12 quintaux. Le gouvernement lui-même exigea que la contribution foncière fut acquittée en blé pour les deux tiers.

En février 1796, le pain est coté à 3 sols la livre *en numéraire*, les boulangers ne voulant plus d'assignats, ni des mandats territoriaux récemment créés.

L'administration.

A la Convention succéda, le 4 brumaire de l'an IV, le gouvernement du Directoire. La nouvelle constitution instituait deux assemblées, deux conseils, celui des Cinq Cents, qui préparait les lois, et celui des Anciens, qui les votait. Le pouvoir exécutif, sous le nom de Directoire, se composait de cinq membres, plusieurs fois renouvelés jusqu'au Consulat. L'administration devenait cantonale. Des conseils cantonaux étaient formés des agents municipaux de chaque commune (22 pour Vitteaux). Belime fut président du Conseil cantonal, près duquel Jean Arvier était commissaire du Directoire exécutif. Les agents municipaux étaient élus pour une année.

Ce furent pour Vitteaux, la première élection ayant eu lieu le 26 septembre 1795 :

1796, Husquin.
1797, Pierre Belin.
1798, Pierre Gamet.
1799, François Roussin.
1800, Jacques Enfer Thouzet.

L'administration cantonale siégeait dans l'ancien pensionnat des Ursulines. Chacun des membres prêtait serment de haine à la royauté et devait déclarer qu'il n'y avait pas d'émigré dans sa famille.

Yves Husquin était un nouveau venu à Vitteaux, où il avait déclaré prendre sa résidence en mars 1795. C'était un ancien capitaine d'artillerie de Paris. Il demanda un certificat de civisme, fut élu administrateur de l'hôpital, puis agent municipal. Chargé de la perception de l'emprunt forcé, il eut de longs démêlés avec l'administration. Ce nom d'Husquin disparut de Vitteaux.

Gamet, originaire de Blaisy, n'était établi à Vitteaux que depuis 1793. Il devint plus tard maire de Vitteaux sous l'Empire ; sa famille n'existe plus dans notre pays.

Le Conseil cantonal eut à pourvoir aux difficultés des approvisionnements, comme nous l'avons vu. Les réunions se tenaient les jours de décadis. Les membres assistaient au culte décadaire et il était souvent nécessaire de leur rappeler cette obligation. Ils proclamaient les arrêtés et les lois et l'une de leurs fonctions importantes était de régler les fêtes patriotiques fort nombreuses. Même lorsque le pain était rare et cher, on ne manquait pas les occasions de danser, chaque fête comportant ce genre de réjouissance.

Les fêtes républicaines.

Nous avons vu que la fête de l'Etre-Suprême s'était célébrée à l'église le 9 juin 1794 (20 prairial). En outre des réunions décadaires, on fêtait la Liberté le 14 juillet, puis, le 22 octobre, les victoires des armées, le 21 janvier, la destruction de la monarchie (anniversaire de l'exécution de Louis XVI). Cette fête se renouvela en 1796. Arvier, alors commissaire du pouvoir exécutif, avait déposé sur le bureau la loi du 23 nivôse portant « que l'anniversaire de la juste punition du dernier roi des Français sera célébré par toutes les communes de la République et par les armées ». Gorre et Lebouleur dirigèrent la cérémonie, où les assistants renouvelèrent le serment de haine à la royauté. Puis la fête de la jeunesse, du 1er vendémiaire, de la souveraineté du peuple, etc... La garde nationale, les autorités du canton devaient y prendre part et la cérémonie était ordonnée dans le goût théâtral.

Voici, comme exemple, le procès-verbal de la fête de la souveraineté du peuple le 21 février 1797 (30 ventôse).

« Sont arrivés à la séance tous les fonctionnaires, les
« vieillards et les quatre jeunes gens convoqués.

« La garde nationale étant sous les armes, le président
« de l'administration a donné le signal et le cortège a
« défilé dans l'ordre suivant :

« L'administration municipale.

« Le secrétaire et ses employés, escortés par la gendar-
« merie.

« Le tribunal de la justice de paix.

« Les receveurs et vérificateurs des domaines nationaux.«

« Les administrateurs de l'hospice.

« Les quatre jeunes gens portant les bannières sur les-
« quelles étaient écrites les inscriptions mentionnées dans
« l'arrêté du Directoire exécutif.

« Les dix-huit vieillards choisis par l'administration
« ayant chacun à la main une baguette blanche.

« Tous les fonctionnaires et les corps constitués s'étant
« placés au milieu des deux bataillons de la garde natio-
« nale, les tambours et les instruments à la tête, on s'est
« transporté au Parc où avait été préparé un autel de la
« Patrie. Arrivé dans cet endroit, les jeunes gens ont placé
« leurs bannières aux quatre coins de l'autel, sur les degrés
« duquel un vieillard étant monté a adressé ces paroles
« aux magistrats : la souveraineté du peuple est inalié-
« nable ; comme il ne peut exercer par lui-même tous les
« droits qu'elle lui donne, il délègue une partie de sa puis-
« sance à des représentants et à des magistrats choisis
« par lui-même ou par des électeurs qu'il a nommés ; c'est
« pour se pénétrer de l'importance de ces choix que le
« peuple se rassemble aujourd'hui.

« Le président a répondu :

« Le peuple a su par son courage reconquérir ses droits
« trop longtemps méconnus ; il saura les conserver par
« l'usage qu'il en fera, il se souviendra de ce précepte qu'il
« a lui-même consacré par sa charte constitutionnelle,
« que c'est de la sagesse de ce choix dans les assemblées
« primaires et électorales que dépendent principalement
« la durée, la conservation et la prospérité de la Répu-
« blique.

« Après lecture de la proclamation du Directoire exécutif,
« etc... l'agent municipal de Vitteaux a prononcé un dis-
« cours analogue à la cérémonie, et qui a obtenu l'appro-
« bation de tous les assistants. La musique a exécuté plu-
« sieurs airs chéris des républicains ; il a été chanté des
« hymnes patriotiques et tous les assistants ont fait retentir
« des cris multipliés de : Vive la République !

« Ensuite le cortège est retourné à la maison commune
« dans le même ordre, excepté que les jeunes gens qui
« portaient en allant les inscriptions portaient au retour
« le livre de la Constitution et le faisceau. Les vieillards
« qui avaient précédé les corps constitués en étaient eux-
« même précédés. La cérémonie a été terminée par un
« repas civique, où il a été porté les toasts suivants :

« A la souveraineté du peuple. — Au maintien et à
« l'affermissement de la République. — Au corps légis-
« latif. — Au Directoire exécutif. — Aux victoires de nos
« immortelles armées. — A Bonaparte. — A la paix uni-
« verselle. — A la destruction de l'infâme gouvernement
« Britannique, etc... »

Le procès-verbal ajoute que dans l'après-midi il y eut
des jeux et jusqu'avant dans la nuit des danses dans les
salles de l'administration municipale ; le soir une illumination universelle, nul trouble, nul désordre. L'agent
municipal était alors Gamet ; le président, Bouchard.

XX

L'ÉCOLE A VITTEAUX AVANT LA RÉVOLUTION

Nous n'avons trouvé que très peu d'indications sur les écoles de Vitteaux avant la Révolution. Le grand nombre de riches bourgeois qui aux XVIIe et XVIIIe siècles, habitaient notre ville et dont beaucoup, comme nous l'avons vu, arrivaient à occuper des positions importantes, ne permet pas de supposer l'absence d'écoles et de maîtres.

Adrien Languet, fils d'Augustin Languet, capitaine du château de Vitteaux, fut mis aux écoles, c'est-à-dire en pension pendant deux ans à Semur chez maître Quentin Clairget, puis à Beaune chez maître Roux, premier recteur des écoles de Beaune en 1529. Il semble que ce maître Roux devint recteur des écoles de Flavigny, où ledit Adrien Languet passa ensuite deux années pour lesquelles il fut payé 48 livres. Cet Adrien Languet fut chapelain dans l'église de Vitteaux au XVIIe siècle.

Les écoles de Vitteaux portaient le nom de collège. Collon a soin de nous dire que ce nom ne doit s'entendre que des grammairiens et recteurs d'école qui enseignaient la lecture, l'écriture, l'arithmétique et les premiers élements du latin. Il nous en donne la liste suivante :

1543, Etienne Rochette.

1602, Le Lièvre.

1655, Billard, qui fait représenter par plusieurs garçons la tragédie de Marianne, femme du roi Hérode.

1674, Taillefer.

1706, Carmeaux (Collon ne le cite pas). Les registres de 1706 donnent la délibération par laquelle Taillefer, décédé, est remplacé par Carmeaux, répétiteur à Dijon, pourvu de lettres de maîtrise données à Dijon en 1700 et d'un certificat de bonne conduite délivré par le curé de Saint-Michel de Dijon. Le choix des échevins paraît n'avoir pas eu l'approbation de l'intendant et de l'évêque d'Autun. Le Conseil leur adressa ses respectueuses observations, avec l'assurance des prières qu'on faisait pour leur conservation. Probablement l'autorisation fut accordée, car les échevins engagent Carmeaux pour neuf ans aux gages, logement, exemptions et privilèges attribués à son prédécesseur. Carmeaux recevait 4 sols par mois pour ceux qui lisent seulement, 6 sols pour ceux qui écrivent, 8 sols pour l'arithmétique et 10 sols pour ceux qui *iront vers lui* pour apprendre le latin. Ses gages payés par la ville paraissent avoir été de 120 livres. La rétribution scolaire était un peu plus élevée en 1760 où Joseph Claude, outre ses gages de 200 livres, recevait 5 sols par mois de ceux qui n'apprenaient qu'à lire et 15 sols des latinistes. Nous avons la preuve qu'en outre des recteurs d'école il y a eu des maîtres particuliers, dans une réclamation adressée par Carmeaux (1711) aux échevins, sur la concurrence d'un nommé Morot « qui s'ingère d'enseigner les enfants qu'il « attire et qui vont à lui pour éviter les corrections qui « leur sont nécessaires, la multiplicité des maîtres produi- « sant le libertinage par une émulation d'indulgence ». Le Conseil délibéra que Carmeaux a seul le droit d'enseigner, excepté pour le latin qui demeurera libre comme à l'ordinaire. Reprenons la suite des maîtres :

1716, Claude Provin.
      Passie.
      Lacroix.
1760, Joseph Claude.
      Paul Bécherand.
1789, J.-B. Fèvre, grammairien.
      Laureaux, maître d'écriture.

La maison d'école était la dernière de la rue de l'église, sur le chemin de Cholot. La ville la vendit en 1788 à Simonot, meunier du moulin Blanc, moyennant 36 livres de rente foncière rachetable. Le logis était composé d'une grande chambre, d'une autre plus petite, d'un grenier, d'une cave et d'une petite cour. Un autre bâtiment adjacent et qui servait au logement de l'instituteur fut acquis par le même Simonot qui le revendit à l'abbé Collon, lequel s'en servit pour agrandir la maison voisine, qu'il avait achetée d'un abbé Grognot.

D'après Collon, on demanda aux Minimes, en 1771, d'ouvrir un collège, lequel ne dura que deux ou trois ans. Le petit nombre des religieux ne permit probablement pas de le continuer. Peut-être aussi n'y prirent-ils aucun intérêt.

Drouas, évêque de Toul, originaire de Vitteaux, avait fondé des bourses au collège de sa ville épiscopale, en faveur de quelques enfants de Vitteaux. Jacques Durandeau y était élève en 1782 ou 1783.

Quelle était en réalité l'instruction primaire dans la population ? Il semble qu'elle était plus grande qu'on n'est porté à le supposer. Les actes de fondation des confréries de métiers, passés au commencement du XVIIe siècle, sont signés par les adhérents dans une proportion qui est de la moitié à un tiers. Les testaments passés par les notaires devant témoins sont signés par ceux-ci, qui sont en général des ouvriers de métiers. On sait que l'ordonnance rendue par Henri IV, en 1598, établissait des maîtres d'écoles dans toutes les paroisses. Dans les registres de baptême publiés par Durandeau, nous trouvons des maîtres d'école à Cessey, Vesvres, Saffres, Boussey, Dampierre, etc... Qui ne connaît leur belle écriture *coulée* qui se conserva jusqu'aux premières années du XIXe siècle et que nous retrouvons dans les archives des confréries au XVIIIe siècle.

Sous la Révolution, nous trouvons comme instituteurs Fèvre et Laureaux. Nous avons parlé des récompenses accordées aux enfants après examen sur les droits de l'homme en 1791 et 1792.

Enseignement des filles.

En 1635, il y avait, à Vitteaux, une école de filles, tenue par Marguerite Mailly, originaire de Semur. La ville avait passé un traité avec elle par devant le notaire Languet. Elle devait enseigner à lire et à écrire, indifféremment à toutes les petites filles de Vitteaux « lesquelles elle civilisera aussi bien que possible ». Elle recevra 60 livres par an et 5 sols par mois de chacune des petites filles à qui elle enseignera à lire, écrire, chiffrer et *jetter*. Il s'agit ici du calcul au moyen de jetons fort en usage à cette époque et que l'on trouve expliqué dans les premières éditions de l'arithmétique du sieur Barème. Il ne sera loisible, dit le traité, à qui que ce soit de faire instruire ses filles à autre qu'à demoiselle Mailly.

Les Ursulines ouvrirent probablement leurs classes dès qu'elles furent installées dans la rue de l'Eglise. Elles eurent aussi un pensionnat dès 1664 dans le bâtiment qui sert actuellement d'hôtel de ville. D'un procès-verbal de Delagoutte, chanoine d'Autun, en 1720 (archives de Saône-et-Loire), il résulte que ces religieuses ont 14 pensionnaires. Le bâtiment des pensionnaires est devenu l'hôtel de ville. L'école des filles était dans une maison plus rapprochée de l'église ; elle n'existe plus.

En 1792, pour remplacer les Ursulines, la municipalité engagea la veuve Laurent Huet au traitement de 150 livres par an pour donner aux enfants les premiers principes d'écriture. Et avec elle Toussaine Millois, la veuve Jean Mallet et veuve Claude Gaumet enseigneront la lecture à raison de 120 livres pour chacune. Le département sera prié de leur accorder le bâtiment où les Ursulines faisaient leurs classes. Selon la coutume de ce temps, elles durent prêter serment. C'est tout ce que nous savons de cette époque.

1798-1799

Le Directoire renouvela les mesures contre les prêtres assermentés et les émigrés. Il avait eu à résister à des essais de réaction. Il déporta une partie de ses membres, l'anarchie était partout. Nos armées étaient triomphantes en Italie, en Egypte. Napoléon renversa le Directoire et les Conseils dans la journée du 18 brumaire (9 novembre 1799).

Il ne semble pas que des désordres aient eu lieu à Vitteaux en 1798 et 1799. Le Conseil cantonal et les agents municipaux avaient la lourde charge des approvisionnements, des réquisitions, des levées de soldats, de la nourriture et du logement des prisonniers de guerre.

Nous n'avons pas pu connaître le nombre des soldats fournis par Vitteaux aux diverses levées. En 1796, il fut distribué des secours aux familles dont les enfants étaient à l'armée. 65 familles du canton furent comprises dans cette distribution, ce qui donne le chiffre minimum approximatif des militaires du canton. Le 5 septembre 1798, le gouvernement avait établi la conscription. Le canton eut alors à fournir, en 1799, 47 hommes habillés par les communes, qui devaient en outre leur payer une première solde de 9 livres. Ces conscrits furent examinés par le chirurgien Patriat et conduits à Dijon par Fr. Moreau, vétéran et commandant du 1er bataillon de la garde nationale.

L'administration ne négligeait rien de ce qui pouvait exciter et entretenir l'esprit patriotique. En 1798 (23 pluviôse), on proclama l'ouverture d'un emprunt contre l'Angleterre. Les citoyens furent invités à concourir de tout leur « pouvoir à la destruction du gouvernement « anglais, cet ennemi atroce du genre humain et à venir, « déposer sur l'autel de la patrie l'offrande qu'ils destinent « à un si saint emploi ». Une fête *funéraire* est célébrée en juin 1799 en mémoire de l'assassinat des plénipotentiaires français à Radstadt. Les autorités avaient toujours fait les plus grands efforts pour aider à l'entretien des armées. Elles procédaient à des recensements de chevaux, à la perception des taxes de guerre, faisaient brûler des genévriers, genêts, fougères et toutes plantes ne servant pas aux usages domestiques afin d'envoyer les cendres pour la fabrication du salpêtre. On avait fait le recensement des pierres à fusil et on en avait trouvé 393 à Vitteaux.

En cette même année, on avait la fête des époux, la fête de la Reconnaissance, celle de l'Agriculture, de la fondation de la République, dont Jacques Enfert Thouzet était l'ordonnateur. Sans compter les réunions décadaires auxquelles devaient assister les agents municipaux de toutes les communes du canton, ainsi que les instituteurs et institutrices. Ils n'y étaient guère exacts ; ils furent menacés d'amende en cas d'absence. On cherchait un local pour ces réunions, qui se tenaient ordinairement à l'église. Les registres ne donnent pas la suite que put avoir cette délibération.

Aux prisonniers de guerre en dépôt à Vitteaux au nombre de 287 le 22 mai 1799, s'ajouta bientôt un convoi qui en amenait 100 autres. On les logeait aux Minimes ; il fallait pourvoir à leur entretien.

Le Conseil cantonal eut pour président Belime jusqu'en 1799. Il donna sa démission et fut remplacé à cette date par Bernard Bidault, dit Bidault l'aîné.

L'agent municipal de la commune fut d'abord Yves Husquin. C'était un ancien capitaine d'artillerie de Paris qui, en mars 1795, était venu à Vitteaux, où il déclarait faire sa résidence chez J.-B. Thouzet. En février 1796, il était élu l'un des administrateurs de l'hôpital et chargé de la perception de l'emprunt forcé. On eut beaucoup de peine à obtenir de lui le règlement de ses comptes et le contraindre à se retirer.

A Husquin succéda Pierre Belin (1797) avec Morel, adjoint ; puis Pierre Gamet fils avec Mazillier, adjoint. Gamet, originaire de Blaizy, n'était que deux ou trois ans seulement fixé à Vitteaux. En 1799, François Roussin, en 1800, Jacques Enfert Thouzet.

L'administration cantonale siégeait dans le bâtiment du pensionnat des Ursulines. Voici les noms des membres qui la composaient en 1798 :

Claude Mousseron, agent principal de Massingy.
Bissey Antoine, agent principal de Corcelotte.
Claude Laurent, agent principal de Velogny.
J.-B. Sirugue, agent principal de Belle-Roche.
Chrétien Daubourg, agent principal de Villeferry.
J.-B. Musnier, agent principal de Posanges.
Garreaux, agent principal de Boussey.
Petit, agent principal de Vesvres.
Challand, agent principal d'Arnay.
Maillot, agent principal de Cessey.
Allan Gros, agent principal de Brain.
Fr. Gagey, agent principal de Beurizot.
Petit, agent principal de Roche-Fontaine.
Meusnier, agent principal de Marcellois.
Jobard, agent principal de Bellevue.
Darcy, agent principal de Soussey.
Gamet fils, agent principal de Vitteaux, remplacé par Fr. Roussin après sa nomination de commissaire du pouvoir exécutif du canton de Normier.
Charlut, agent principal de Saffres.
Pion, agent principal d'Uncey.
Husson, agent principal de Fontette.
Martenot, agent principal de Barain et Avosnes.

Le Conseil avait loué le colombier des Ursulines pour servir de prison moyennant 10 francs.

En entrant en charge, les agents municipaux prêtaient le serment de haine à la royauté et à l'anarchie, d'attachement et de fidélité à la République et à la Constitution de l'an III et devaient déclarer n'être ni parent, ni allié d'émigré et n'avoir ni signé, ni provoqué aucun acte nécessaire à ces lois (Serment de Bidault, président en 1799, lorsqu'il remplaça Belime).

On est étonné du bon marché de la viande à cette époque. En septembre 1798, le bœuf se vend 0 fr. 20 la livre, le veau 0 fr. 30, le pain blanc 2 sols, le pain bis 6 cent. 1/4. La récolte ayant été gravement endommagée par les orages et la grêle, le pain se vend en septembre 1799 13 cent. 1/4, puis 15 centimes et 16 centimes. Une seconde cause d'augmentation a été la réquisition au mois d'août de 400 quintaux de blé et 200 d'avoine à conduire à Auxonne dans les douze jours et plusieurs autres réquisitions successives, dont l'une de 340 quintaux pour l'armée du Danube, faite sous la menace de garnisaires.

La population de Vitteaux à la Révolution.

Le rôle des impositions fait connaître (7 juin 1799) que la population de Vitteaux était alors de 2.073 habitants et celle du canton 7.832. Le canton ne comprenait pas alors le même nombre de communes qu'aujourd'hui. La loi attribuait deux juges de paix aux cantons dont la population du chef-lieu dépassait 2.000 âmes. Pierre Bidault était alors juge de paix pour la commune de Vitteaux et Bouchard pour le canton.

Notons ici, au sujet de la population que, d'après Collon, jusqu'en 1624, il y avait à Vitteaux de 60 à 80 naissances par an (probablement y compris Posanges). De 1624 à 1673, on trouve, dit-il, une population plus grande. Il y avait alors près de 100 naissances ; pendant 14 ans plus de 100. Certaines années donnent 116 et 124 baptêmes. En 1785, 68 naissances. Avant la Révolution, de 16 à 20 mariages par an.

XXI

LE CONSULAT ET L'EMPIRE

En 1799, l'administration cantonale avait pour président François Belime avec Enfert Touzet comme agent municipal pour Vitteaux. Il y avait alors en dépôt à Vitteaux 287 prisonniers de guerre, bientôt suivis de 100 autres ; il fallait pourvoir à leur subsistance.

En avril on avait célébré la fête des époux ; en juin, celle de la reconnaissance, une fête funéraire à l'occasion de l'assassinat de nos plénipotentiaires à Radstadt, la fête de l'agriculture, et enfin le 1er vendémiaire l'anniversaire de la fondation de la République. Ces fêtes organisées par Enfert-Touzet ne se célébraient plus avec le même entrain. Il fallait menacer d'amendes les gardes nationaux qui négligeaient de s'y rendre et établir un registre d'appel pour les agents municipaux des villages, lesquels s'abstenaient également de paraître aux réunions décadaires. C'est que la confiance faisait défaut et que le nom de Napoléon suscitait des espérances.

Les réquisitions de grains continuaient, 400 quintaux de blé et 200 d'avoine, puis en novembre 340 quintaux de grains à fournir par le canton, à l'armée du Danube, sous peine de garnisaires ; réquisition et recensement des chevaux, mulets, poulains, par des commissaires envoyés dans les campagnes, qu'un tel régime éprouvait péniblement.

Fr. Belime ayant donné sa démission de Président du Conseil cantonal, on avait élu à sa place Pierre Bidault, lequel, avec toutes les autorités, avait dû prêter serment en ces termes : « Je jure d'être fidèle à la République une et indivisible, fondée sur l'égalité, la liberté et le système représentatif. » Ce serment se rapportait à la Constitution de l'an VIII qui établissait le gouvernement des trois consuls. On aurait bientôt à prêter d'autres serments. Le gouvernement allait cesser d'être révolutionnaire.

La ville était obérée et ne pouvait suffire à ses charges, au point de ne pouvoir payer le garde-champêtre. Les orages et la grêle avaient causé de grands dommages aux récoltes. Toutefois le pain blanc restait à 15 centimes la livre, puis à 17 cent. 1/2, le pain bis à 11 cent. 1/2 ; le mouton et le bœuf à 22 cent. 1/2 la livre, le veau à 32 cent. 1/2.

Le 20 septembre 1800 (21 pluviôse de l'an VIII) est la date de l'institution des Préfets, qui allaient remplir dans chaque département le rôle des intendants de l'ancien régime. Les arrondissements remplacent les districts. Les Conseils généraux, les Conseils d'arrondissement, les Conseils municipaux complètent l'organisation administrative telle qu'elle subsiste encore.

L'année 1800 est marquée à Vitteaux par le passage de 8.654 soldats, auxquels il faut fournir des subsistances ainsi qu'à la deuxième colonne de l'armée de réserve. Les ressources de la ville étant épuisées, il faut réclamer des secours à Dijon.

Napoléon étant devenu consul à vie, nouveau serment des autorités à la Constitution. Se joignent aux autorités le curé Marandon, Laureaux, instituteur, Bidault-Fleury, juge de paix avec ses assesseurs, Patriat et Bordot-Ligeret, Emiland Boillot, curé de Cessey, Claude Arbey, curé de Saffres, Didier, curé d'Arnay, etc., lesquels signent « ministres du culte catholique ».

Le 21 janvier 1801, le Préfet de la Côte-d'Or nomme Bernard Bidault maire de Vitteaux, avec Morel adjoint. Le maire choisit pour secrétaire le notaire Leblanc, aux appointements de 600 francs, bientôt remplacé par Dozerain.

Cette année 1801 est celle de la démolition des portes

de la ville et de la tour de l'horloge. Cette tour contenait la cloche de l'échevinage qui fut prêtée au curé Marandon. On célébrait donc les offices à l'église paroissiale. D'ailleurs le Concordat avec le pape Pie VII (13 janvier 1802), allait rétablir la paix religieuse ; Vitteaux passait du diocèse d'Autun dans celui de Dijon, dont Mgr Reymond avait été nommé évêque le 9 avril 1902. On était impatient de revenir aux anciennes habitudes religieuses ; en mars 1802, pour célébrer la paix d'Amiens, les autorités municipales avaient assisté aux vêpres pour le *Te Deum* et le curé Marandon y avait fait le discours de circonstance. Le soir, il y eut bal, banquet, illuminations dans toutes les rues et les places. C'est à ce moment que l'on reprend pour les jours de la semaine les noms de lundi, mardi, etc. Ce ne fut cependant qu'à partir du 1er janvier 1806 qu'on abandonna les noms des mois du calendrier républicain et qu'on reprit l'ère vulgaire.

Les prés étaient encore soumis au régime de la vaine pâture ; on mettait cependant en réserve, après la récolte des premières herbes pour le gros bétail, un certain nombre de prés ; les deux tiers dont les regains appartiendraient aux propriétaires.

Des emplacements près du chemin de Marcilly sur le pâquis sont cédés aux meuniers Lévêque et Mousseron, pour y établir des moulins à vent.

L'année 1804 (2 décembre) est celle du couronnement de l'empereur. Le département de la Côte-d'Or envoya 16 représentants à cette cérémonie. Le Conseil de Vitteaux, y députa Cl. Touzet, « négociant domicilié dans cette ville, « qui, aux aisances d'une fortune honnête et à la meilleure « volonté, ainsi qu'à son entier dévouement au gouverne- « ment et à son chef, joint les connaissances des évolutions « militaires, pour avoir servi la patrie avec bravoure, « comme sergent-major de canonniers et comme capitaine « dans un des bataillons de la Côte-d'Or. » (Registres de Vitteaux).

Un octroi avait permis à la ville de rétablir ses finances.

On le renouvela en 1806 ; le projet prévoyait comme consommation :

140 têtes de gros bétail (bœufs et vaches), payant. 4 fr. 00
340 veaux, payant . . . . 0 fr. 75
420 moutons, payant . . . . 0 fr. 50
225 cochons, payant . . . . 1 fr. 00

On parle de l'immense quantité de volaille sur les marchés. Le kilogramme de pain blanc était vendu 0 fr. 32 ; le pain bis 0 fr. 22 ; le kilogramme de toute viande 0 fr. 50 (mercuriale de septembre 1806).

Le traité de Tilsitt, 8 juillet 1707, qui terminait si heureusement la guerre avec l'Allemagne, donna lieu de célébrer solennellement la fête de l'empereur les 15 et 16 août. Nous empruntons au registre de la municipalité la description de cette fête.

« La fête est annoncée le vendredi 14 par les tambours.

« Le samedi 15, à la pointe du jour, les tambours ont battu la générale ; à 2 heures eut lieu le rassemblement de la garde nationale, des gendarmes et vétérans sur la place d'armes, qui vont prendre le maire à la maison commune avec les fonctionnaires. (Le maire était alors Gamet, nommé le 15 avril 1807).

« *Ordre du cortège.* — Un détachement de la garde nationale — un groupe de jeunes demoiselles vêtues de blanc, ayant à la main un bouquet de fleurs et de verdure ; trente jeunes gens ayant un bouquet de verdure à la main, l'un d'eux au milieu portait sur un coussin les traités de paix — le corps municipal et les fonctionnaires escortés sur deux rangs par la gendarmerie et les vétérans — la garde nationale fermant la marche. On s'est rendu à la promenade pour y faire la lecture du traité de paix. Après cette lecture et des cris mille fois répétés de : Vive l'empereur des Français ! vive Napoléon le grand ! le cortège s'est rendu à l'église ; après le *Te Deum* et le discours du curé, procession générale que le cortège a accompagnée.

« Le soir, toute la ville illuminée, tous les arbres de la promenade garnis de lampions artistement arrangés, offraient le coup-d'œil le plus agréable et représentaient une vaste salle où toute la ville assemblée a passé la plus grande partie de la nuit à danser et à se promener. Une fontaine de vin qui jaillissait entre les branches des arbres du bosquet qui couronne la promenade, répandait partout l'allégresse.

« Le lendemain, mêmes illuminations à la ville et à la promenade où les danses et les jeux ont recommencé et se sont prolongés bien avant dans la nuit. Le vin a coulé également que la veille et a produit les mêmes effets. — Dans la journée, il y a eu deux prix (des boutons d'argent et un chapeau), qui ont été joués aux quilles et adjugés aux vainqueurs à la nuit par le maire. Le plus grand calme, la plus grande décence et la plus grande gaîté ont concouru à donner à cette fête toute la solennité et l'appareil qu'exigeait une circonstance aussi heureuse. » (Registres).

Le 15 novembre, Durandeau, commandant de la garde nationale, ayant été nommé Chevalier de la Légion d'honneur, le général Sionville vint lui remettre la décoration; la garde nationale et les autorités allèrent à l'église où le curé prononça un discours à la louange de Napoléon.[1]

Nouvelle fête le 19 avril 1910 pour la proclamation du mariage de l'empereur.

Le Conseil choisit deux jeunes gens dont le mariage fut célébré solennellement à la maison commune en présence du Conseil municipal et de toutes les autorités. Ils furent accompagnés à l'église pour y recevoir la bénédiction nuptiale et reconduits chez eux avec la même solennité. — Puis bal, illuminations, etc.

En 1811, la naissance du prince impérial donna lieu à

---

[1]. Jacques Durandeau, volontaire de 1792, avait fait la guerre de Vendée. Commandant à Vitteaux de la garde nationale, il avait arrêté quatre brigands qui avaient dévalisé à Rouvray une voiture de voyageurs. Ces brigands étaient logés chez la mère Loquin. Durandeau en tua un d'un coup de fusil, en blessa un second et aida les gendarmes à s'emparer des autres. Durandeau reprit du service en 1810 et mourut en Russie en 1812, à la veille de la bataille de la Moskowa. (Voir Durandeau, *Un volontaire de l'an II.*)

une fête moins brillante. Le conseil aurait désiré « marier et doter une fille pauvre et vertueuse avec un brave militaire retiré et aussi se procurer les bustes de Leurs Majestés, mais les ressources de la ville ne le permettent pas. — La ville a éteint sa dette de 8.000 francs ; ce qui reste est absorbé par le rétablissement du pont, les pavés sont dans un état déplorable, les lavoirs entièrement détruits, la maison commune que Sa Majesté vient de lui concéder par un acte de bienfaisance est dans un tel état de délabrement que les grosses réparations seules coûteront plus de 2.000 francs. » Il y eut néanmoins jeux dans le parc, *Te Deum* et illuminations.

Nous n'avons trouvé dans les registres que peu de choses à retenir pour les années 1811 et 1812.

Le 23 mars 1812, on reçoit l'ordre d'ensemencer pour le canton 10 hectares en betteraves, dont 45 ares pour Vitteaux. C'était la conséquence du blocus continental, les vaisseaux anglais arrêtant les communications avec l'Amérique.

Le 25 mars 1812, la ville achète une pompe à incendie. La compagnie des pompiers, composée de 20 hommes, a pour capitaine Jacques Touzet, et on institue une compagnie de secours qui, en cas d'incendie, troubles ou émeute, se portera sur la place d'armes. Elle comprend 26 hommes et sera commandée par Edme Bordot, capitaine, et Claude Touzet, lieutenant.

Les récoltes ont dû être mauvaises, car le pain blanc est vendu 0 fr. 70 le kilogramme ; le pain bis 0 fr. 50 ; la viande 0 fr. 80 (31 mars).

Les registres ne font mention d'aucun fait remarquable pour les années 1812 et 1813. Il serait intéressant de connaître combien la guerre d'Allemagne et de Russie, avec la levée de 300.000 hommes et la campagne de France, réclamèrent de soldats à Vitteaux et dans le canton. Nous avons vu que J. Durandeau mourut dans la guerre de Russie où se trouvait aussi Péchinot, distingué par sa bravoure, Courtois de Posanges qui, resté probablement dans les hôpitaux, ne revint pas en France et se maria en Russie. Le capitaine Benoît, qui plus tard ouvrit un café à Vitteaux, était aussi de cette époque, ainsi que Etienne Rousseau, dit le manchot Pela (il avait eu le bras droit emporté par un boulet à Wagram) [1]. Nous aimerions à rendre honneur à nos compatriotes qui payèrent si généreusement leur dette à la défense de la patrie, mais nous avons le regret de n'avoir pu retrouver tous leurs noms.

1. D'une force prodigieuse, Etienne Rousseau portait sous son bras gauche une feuillette pleine de vin pour la transporter de la voiture qui l'amenait, à sa cave.

XXII

LA RESTAURATION ET LES CENT-JOURS

Napoléon n'ayant pu triompher de la coalition qui le força à abdiquer le 11 avril 1814, Louis XVIII avait fait son entrée à Paris le 3 mai. Les alliés occupaient la Bourgogne et dès le 13 avril, le Préfet annonçait que Louis-Stanislas-Xavier avait été reconnu roi de France par le Sénat. A la réunion du Conseil municipal, le maire Gamet déclara « qu'il remplit un devoir cher à son cœur en invitant le Conseil à célébrer cet heureux événement ». Il est donc résolu « que le Conseil assistera à la publication de la proclamation du Préfet, que MM. les Officiers des troupes alliées y seront invités et qu'un officier de la garde nationale portera le drapeau blanc. Un *Te Deum* sera chanté en action de grâces pour les événements qui vont rendre à la France la paix et le bonheur. Une adresse est envoyée au gouvernement provisoire. Le registre est signé Gamet, Belime, Cortot, Coppin, Bellevret et Picard.

Voici quelques mots de l'adresse :

« En replaçant sur le trône de ses ancêtres le Souverain auguste qui va régner sur la France, le Sénat a rempli le vœu le plus cher à tous les cœurs français. Nous lui devons le plus grand des bienfaits... Qui pourrait conserver désormais quelques inquiétudes sur les destinées de la France en voyant sur le trône le petit-fils de Henri IV ? Daignez déposer aux pieds de notre nouveau monarque l'expression de fidélité avec lesquels nous ne cesserons d'être les plus dévoués de ses sujets. »

Le 30 mai, service en l'honneur de Louis XVI. Les autorités s'y rendent en habits de deuil. Dans le chœur est dressé un magnifique catafalque avec larmes en fleurs de lys, surmonté des attributs de la royauté. Des dames aussi en habits de deuil. Toute l'assemblée offrait l'image d'une famille nombreuse environnant le convoi d'un père chéri et regretté (Registres).

Le 26 juin, le Conseil escorté de nombreux vétérans en retraite, précédé d'un tambour et du drapeau blanc, promulgue la charte constitutionnelle. Acclamations : vive Louis XVIII ! vivent les Bourbons !

Enfin, le 3 septembre, à l'occasion du passage à Dijon de Monsieur (le frère du roi), le Conseil envoie pour le complimenter, une députation composée de P. Gamet, maire, Pierre Coppin, Bellevret, Fr. Belime et Joseph Dozerain, secrétaire.

Le passage des alliés avait donné lieu à des réquisitions ; la ville avait fourni 26.022 francs, le Préfet rembourse 6.000 francs, restait à la ville une dette de 20.022 francs, pour laquelle il fallut établir de nouvelles impositions.

Mais Napoléon a quitté l'île d'Elbe le 1er mars 1815 ; l'Empire est rétabli et les autorités ont à prêter un nouveau serment. « Je jure soumission et obéissance aux Constitutions de l'Empire », signé Gamet, Champy-Sirugue, Coppin, Cortot, Belime, Dozerain, Bellevret, Huguette Champy, etc... Le 27 juin, les autorités proclament dans toutes les rues Napoléon empereur des Français. La population entière accueille avec enthousiasme cette proclamation aux cris mille fois répétés de : vive Napoléon! (Registres).

Waterloo (18 juin 1815), ramène les alliés. Ils restèrent 47 jours à Vitteaux et coûtèrent à la Ville 2.066 fr. 75. Il y avait plusieurs généraux et officiers, une division de chevau-légers et une batterie d'artillerie.

Le 17 septembre, le Préfet nomme pour maire Belime et Dozerain adjoint.

L'année 1816 paraît avoir été assez troublée à Vitteaux. Le registre municipal note que dans la nuit du 13 mars plusieurs groupes et rassemblements ont troublé le repos public en répandant le bruit de l'arrivée de forces armées.

Le maire rendit une ordonnance interdisant les réunions de plus de trois personnes dans les rues et les promenandes et même sur les routes. Pendant les Cent jours Gamet fut à nouveau maire avec Belime pour adjoint.

La ville chargée de dettes dut augmenter les taxes d'octroi, les bœufs durent payer 7 fr. 50, les moutons 1 fr. 50, le vin 2 francs la pièce. Le pain blanc valait 0 fr. 60 le kilog et le pain bis 0 fr. 40. Les récoltes furent mauvaises et vers la fin de l'année on dut ouvrir une souscription pour distribuer du pain aux indigents. Elle produisit 3.197 francs ; la dépense fut de 7.118 francs ; la différence fut payée par la ville.

On n'en célébra pas moins, le 25 août, la fête du roi par l'inauguration d'un buste de Louis XVIII à l'Hôtel de ville. Les autorités et la garde nationale portèrent le buste solennellement à l'église. « Dans le chœur une colonne élevée sur une estrade surmontée d'une couronne, sur laquelle était placée le buste. Quatre vases antiques placés aux quatre coins du piédestal répandent par toute l'église l'odeur des parfums qu'on y avait versés. Le curé de Saffres a improvisé un discours analogue à la cérémonie, Le curé d'Arnay, remplaçant par intérim le curé de Vitteaux, prononça aussi un discours. Chant du *Domine salvum*. Le cortège revenu à la maison commune, les cris de vive le Roi ! vivent les Bourbons ! retentissent ; le maire fait un discours suivi de la prestation de serment. MM. le Maire et les adjoints ont élevé le buste, l'ont montré au peuple qui pousse des cris d'allégresse. A 5 heures, *Te Deum*. — A la promenade, quatre prix sont distribués aux jeux de quilles. A 9 heures, bal, etc... »

Le 17 septembre, le comte Dugon est nommé maire avec Dozerain comme adjoint pour 4 ans. Dozerain est bientôt révoqué. Dès le 30 janvier 1817, le comte Dugon donne sa démission ; il est remplacé par le docteur Lacoste, dont les pouvoirs sont renouvelés par le Préfet en 1821.

Dans les années 1819 et 1822, le Conseil s'occupe beaucoup de l'école (voir plus loin le chapitre sur l'enseignement à Vitteaux).

En 1821, on alloue 300 francs au vicaire.

En 1824, le Conseil, sur l'intervention du Préfet, vote une somme de 100 francs pour participer à l'offrande du château de Chambord au duc de Bordeaux.

En 1825, on répare le cimetière : la grande porte en fer à deux battants, fabriquée par P. Seignot, a coûté 236 francs, la petite porte construite par Colardot 125 francs. De grandes réparations étant faites à l'église, la ville avait donné 500 francs pour le maître-autel qui coûte 800 francs. Plus tard, sous le curé Larmonnier, d'autres travaux malheureusement peu en rapport avec le style de l'église en changèrent l'aspect intérieur.

En 1826, Claude Lacoste est renommé maire avec Lévêque adjoint.

En 1830, le 14 septembre, Edme Bordot Godard est nommé maire et prête serment au roi des Français (Louis-Philippe), François Belime fils, adjoint. Sont membres du Conseil : Roussin Charlut, négociant ; Fr. Courtois, tanneur ; Claude Lacoste ; Durandeau Jacques, notaire ; Fr. Bise, négociant. On achète 40 fusils pour la garde nationale (1.000 francs). Le budget rectifié ramène à 100 francs au lieu de 600 francs les dépenses pour les bâtiments et promenades ; à 100 francs au lieu de 400 francs l'entretien des pavés ; on supprime les 50 francs du bureau de bienfaisance, les 200 francs à l'instituteur, les 200 francs à l'institutrice. La ville paiera 250 francs pour l'instruction des indigents qu'elle se réserve de désigner. Suppression du traitement du vicaire, mais on alloue 120 francs au curé. La contribution aux réparations de l'église est fixée à 379 francs au lieu de 593. Il est voté une allocation de 1.800 francs pour la garde nationale.

LES MAIRES DE VITTEAUX AU XIXe SIÈCLE

Bernard Bidault, 1801. — Morel, adjoint.
Pierre Gamet, 1807. — Belin, adjoint.

François Belime, 17 septembre 1815. — Dozerain, adjoint.

Henri-Charles-Louis, comte Dugon, 17 septembre 1816.
Claude Lacoste, médecin, 1817.
Bordot-Godard, 1830.
Joseph Lacoste, médecin, 1840.
Jean-Baptiste Audiffred, 1848.
Joseph Lacoste, 1852.
François Belime, 1879. — Millot, président de la Commission municipale.
Eugène Maire, 1871.
Joseph Lacoste, 1874.
Jean-Baptiste Callabre, 1876.
Eugène Maire, 1876.
Pierre-Louis Noirot, 1881.
Daniel Durandeau, 1882.
Pierre Berthoud, 1888.
François Guillemard, 1899.
Jules Picard, 1905.
Albert Berthoud, 1911.

Nous ajoutons ici quelques notes sur les maires de la première moitié du XIXe siècle ;

Gamet. — D'une famille originaire de Blaisy-le-Haut. Antoine-Bernard Gamet déclare faire élection de domicile à Vitteaux le 21 décembre 1794. Son fils, Pierre Gamet, agent national de la municipalité en 1797 et 1798, qui avait épousé en 1797 Jeanne Gagey de Beurizot, fut nommé maire par le préfet de la Côte-d'Or le 25 août 1807, en remplacement de Bernard Bidault, décédé. Il sut aux divers changements de gouvernement adapter ses opinions politiques aux nouveaux régimes.

Belime. — Famille originaire de Montigny-sur-Vingeanne, venue à Vitteaux avec l'abbé du Prat en 1735 (d'après Durandeau, J.-B. Dumont). En 1780, Denis Belime, greffier en chef de la baronnie de Vitteaux et notaire royal; François Belime, aussi notaire, fut le dernier subdélégué de l'intendant et Président de l'administration cantonale à la fin de la Révolution jusqu'en 1799. Il fut maire de Vitteaux en 1815. Son fils Frédéric, aussi notaire, maire en 1870, fut maltraité par les Prussiens et emmené comme otage à Sombernon. Il eut un fils officier de cavalerie, tué en 1870 à Reischoffen. M. Frédéric Belime est mort en 1889. Cette famille se montra toujours généreuse pour les pauvres. M. Frédéric Belime inaugura les observations météorologiques à Vitteaux.

Audiffred. — Famille originaire du Dauphiné, d'après Durandeau. Une membre de cette famille était marchand à Dijon, et c'est un de ses fils, Jean-Baptiste-Joachim Audiffred, qui s'établit marchand d'étoffes à Vitteaux et fut maire de Vitteaux de 1848 à 1852. Il légua à la ville de Vitteaux une somme de 50.000 francs pour l'établissement de fontaines publiques. M. Audiffred est mort en 1884.

Lacoste. — Famille originaire de Villy. Claude Lacoste, maire de Vitteaux, de 1817 à 1830, avait épousé, en 1802, Marguerite Tardy, fille d'un chirurgien de Vitteaux. Il exerça lui-même la médecine pendant de longues années et s'acquit la reconnaissance des pauvres et de toute la population. En 1861, il fut parrain de la grosse cloche de l'église, appelée cloche Marie. C'est à sa générosité qu'est due l'horloge placée en 1863 dans la tour du clocher. Il mourut le 8 juillet 1863, âgé de 89 ans. La maison habitée par Claude Lacoste était celle de Maire Savary; elle est occupée maintenant par le sculpteur Oudin.

Son fils, Joseph-Nestor Lacoste, médecin distingué, membre du Conseil général, chevalier de la Légion d'honneur, fut à plusieurs reprises maire de Vitteaux. Pendant la guerre de 1870, le 1er janvier 1871, un soldat de l'armée prussienne ayant été blessé par un Garibaldien vers le pont du Meix Ragnon, le général Werder menaçait la ville de redoutables représailles. M. Lacoste, qui avait soigné ce soldat et d'autres à l'hôpital, obtint de Werder le retrait des ordres sévères que celui-ci voulait prendre contre les habitants. M. Lacoste a légué à l'hôpital des prés et des bois d'une valeur de 50.000 francs. Il fit don au département d'une maison qu'il possédait à Dijon pour instituer des bourses en faveur des jeunes étudiants dans les Facultés, originaires de Vitteaux ou du canton. Il habitait la maison des Bellevret, rue de l'Eglise.

Bordot. — Cette famille est originaire de Briany. Nous avons rapporté le désaveu du chef de cette famille à l'égard de son seigneur.

Au XVIIIe siècle, J.-B. Bordot était un des grands marchands de Vitteaux. Il laissa par testament en 1789 une somme de 6.000 francs à l'hôpital. Il eut deux fils : 1° Jean-François Bordot, avocat, et dernier bailli de Vitteaux ; on l'appelait Bordot l'aîné ou Bordot de Boussey ; 2° Joseph Bordot, qui avait épousé une demoiselle Ligeret et était appelé Bordot-Ligeret. Il faisait partie de la municipalité sous la Révolution. C'est son fils, Edme Bordot-Godard, qui fut maire de Vitteaux de 1830 à 1840. C'était le plus grand propriétaire de Vitteaux. Il habitait la maison de M. Victor Moreau. Cette famille n'est plus représentée à Vitteaux.

NOTES BIOGRAPHIQUES — LA POPULATION

Maire-Savary.

Antoine-Marie Maire-Savary, né à Paris en 1745, était juge de paix à Paris à l'époque de la Révolution. Il fut l'un des membres du Tribunal révolutionnaire et, en cette qualité, il se prononça pour la condamnation de la reine Marie-Antoinette (Wallon, *Histoire du tribunal révolutionnaire*, et Campardon, *Histoire du tribunal révolutionnaire*, le désignent nominativement). Maire-Savary, par sa mère Savary, se trouvait l'oncle de J.-B. Touzet, négociant de

Vitteaux, qui avait été dénoncé au tribunal révolutionnaire par les Jacobins de Vitteaux et de Semur, probablement pour avoir fait obtenir un certificat de résidence à Arcelot de Dracy. J.-B. Touzet fut mis en liberté par ledit tribunal. Cette parenté explique comment, après la Révolution, en 1803, Maire-Savary vint habiter Vitteaux, d'abord chez les Touzet, puis dans la maison qu'il se fit construire sur un emplacement dépendant de l'ancien couvent des Ursulines (maison Oudin). Il passait pour être un des bâtards de Louis XV, et les traits de sa figure justifiaient cette opinion. C'était un excellent musicien, aimant à composer des chansons à boire pour toutes circonstances et un joyeux viveur, comme le fut à cette époque la société bourgeoise de Vitteaux.

Il s'occupait à donner des leçons de musique aux enfants de Vitteaux. C'est lui qui forma J.-B. Dumont, futur premier violon au théâtre de Nancy et, avec moins de succès, ses deux frères, le Bolot et le Berrichon, ménétriers très populaires à Vitteaux et dans les villages voisins. Maire-Savary mourut le 7 février 1823. Il fut enterré dans le mausolée des Touzet. Ce mausolée, qui a disparu du cimetière, portait une inscription à la mémoire de deux sœurs de cette famille. Il est peut-être intéressant de la rapporter :

> Præceps quas rapuit mors ambas petra sorores
> Sacra tegit, Thalamo Vicinæ ante ora parentum
> Occubuere. Domi pereat spes ! Flos jacet horti
> Gloria, vere novo præ fructu falce resectus !

M. Henri Beaune, professeur à la Faculté catholique de droit de Lyon, a fait paraître, en 1896, une brochure sur Maire-Savary intitulée : *Un juge de Marie-Antoinette*. Son récit, peut-être un peu dramatisé, a été vivement contredit par M. Durandeau. M. Henri Beaune était fils de M. Philibert Beaune, de Vitteaux, qui mourut conservateur du musée de Saint-Germain.

Dozerain.

Joseph Dozerain, ancien vicaire de Verrey-sous-Salmaise, est indiqué comme ayant abdiqué ses fonctions le 21 ventôse an II. Il est adjoint à Poillevey, secrétaire de la municipalité, puis secrétaire avec Pierre Coppin. Démissionnaire le 12 avril 1795, il devient instituteur primaire public ; puis, en 1803, ouvre une institution secondaire privée qui eut son succès. Adjoint, à plusieurs reprises, au maire de Vitteaux, membre du conseil de fabrique de 1817 à 1841, il mourut chrétiennement le 11 juillet 1841, à l'âge de 73 ans.

Coppin.

Pierre Coppin, né à Vitteaux, fut desservant de Vesvres et prêta serment à la constitution civile du clergé. Il avait été mépartiste de Vitteaux ; puis curé constitutionnel de Fontaine-sur-Armançon (Saint-Thibault), il abdiqua ses fonctions en 1794, devint secrétaire de la mairie, enfin juge de paix. Il avait été autorisé à reprendre la vie civile comme l'avait été Dozerain. Il est mort chrétiennement à Vitteaux le 30 septembre 1848, âgé de 89 ans.

Jean-Baptiste Dumont.

Né à Vitteaux en 1801, fils du sabotier et ménétrier Vorle Dumont. Elève de Maire Savary, il fut attaché au théâtre de Nancy. Il avait été attiré dans cette ville par son frère, employé d'enregistrement. En 1848, il revient à Vitteaux, où la municipalité le charge d'un cours de musique pour les enfants de l'école. Rentré à Nancy, il y retrouve sa place au théâtre. En 1870, il est à Lyon, à l'orchestre du grand théâtre, puis à Saint-Etienne, où il meurt à l'hôpital en 1878.

Dumont comme son maître Maire-Savary, aimait à composer des chansons et à décrire en vers des scènes familières dont le sujet était emprunté à la vie de Vitteaux. Son poème sur l'inondation de 1842 a eu, chez nous, un succès momentané.

M. Durandeau a publié divers articles sur J.-B. Dumont dans le *Réveil Bourguignon* et les a réunis en une brochure.

LA POPULATION

La population de Vitteaux, d'après le dernier recensement (1911) est de 1.267 habitants, y compris 68 personnes du couvent et de l'hôpital ainsi que les habitants de Cessey.

Depuis la Révolution, la population a constamment diminué à Vitteaux : en 1793 elle était de 2.073 habitants.

D'après Dumont *(Revue scientifique* du 16 juin 1894), au XVIIIe siècle il y aurait eu à Vitteaux :

En 1703	1.700 habitants
1723	1.810 —
1743	1.970 —
1763	1.960 —
1783	2.092 —
1793	2.073 —

Ces chiffres comprenaient-ils le village de Posanges qui était de la paroisse de Vitteaux ?

D'après les extraits des registres de Vitteaux publiés par Durandeau, la moyenne annuelle de 1771 à 1790 aurait été de 80 naissances, 15 mariages, 58 décès. En comparant ces chiffres avec ceux qui précèdent, il semble qu'il dut y avoir une émigration continue, probablement sur Paris et des décès de militaires hors de leur pays.

D'après Kleinclauz, la population de la Bourgogne aurait diminué, au XVIIIe siècle, de 200.000 habitants.

Le docteur Stéphen Berthoud a relevé le nombre de naissances et de décès de 1873 à 1892. Le nombre des décès est constamment supérieur à celui des naissances. La moyenne annuelle pour vingt ans donne 26 naissances, 7 à 8 mariages et 44 décès.

Voici, d'après le même auteur, quelques chiffres des derniers recensements :

En 1841	1.888 habitants
1851	1.829 —
1861	1.677 —
1872	1.502 —
1881	1.649 —
1891	1.596 —

En 1861, annexion de Cessey qui apporte 80 habitants. Le recensement de 1881 ayant eu lieu un jour de foire donne un nombre un peu trop élevé.

Ce n'est pas seulement la ville de Vitteaux qui voit diminuer sa population, mais aussi l'ensemble des villages du canton qui perdent 603 habitants en dix ans (1891-1901), c'est-à-dire 1/10 des habitants.

A Vitteaux, la diminution a pour cause l'émigration des jeunes gens sur Paris et Dijon avec la faible natalité. Des variations se sont produites avec l'établissement du couvent de la Providence et ensuite avec le transfert d'une partie des religieuses à Talant près de Dijon.

Comme contre-partie, on peut constater une faible immigration des campagnes environnantes, la plupart des marchands de la ville n'étant point originaires de Vitteaux.

Ajoutons ici, comme terme de comparaison, quelques résultats du recensement de 1911 pour la Côte-d'Or. Le recensement précédent (1906), attribue au département 357.969 habitants ; celui de 1911, 350.969, d'où une diminution de 7.000 habitants. Pendant le même temps, Dijon a gagné 2.187 habitants, d'où il résulte une diminution de 5.738 habitants dans les villages et les petites villes du département *(Nature,* 2 février 1912).

XXIII

L'HOPITAL AU XIXe SIÈCLE. — LE COUVENT

En 1792, l'hôpital était tenu par les sœurs Jeanne Durandeau, supérieure, Marie Faure, Marguerite Simon et Thibault.

Jusqu'à cette époque, les sœurs ne faisaient pas de vœux et n'avaient point de costume particulier. Le recteur était Bernard Thomas qui, après avoir prêté serment à la constitution civile du clergé, se rétracta et par suite fut signalé comme prévenu d'émigration et déporté en vertu de la loi du 12 août 1792. En 1801, il est curé d'Alise-Sainte-Reine.

Le 5 janvier 1792, le Directoire de Semur déclare qu'il n'y a pas lieu de demander aux sœurs de prêter serment ; mais, en décembre, elles sont expulsées de l'hôpital, rentrent dans leurs familles et s'emploient à visiter les pauvres et à assister les prêtres insermentés.

Le 22 octobre 1793, les sœurs Marie Faure et Marguerite Simon, suspectes d'incivisme, sont arrêtées et conduites dans les prisons de Dijon. Au comité de surveillance de Vitteaux, Joseph Simon, secrétaire de la municipalité réclame, le 9 décembre, la mise en liberté de sa sœur Marguerite. Après enquête et perquisition dans les meubles à son usage, on ne trouve aucun papier. Le Comité de Salut public de Dijon, sur l'ordre du représentant Prost, met en liberté la sœur Simon.

Les administrateurs de l'hôpital avaient remplacé les sœurs par Jeanne Gagey, qui donna sa démission le 1er janvier 1797. On rappelle alors la sœur Simon à laquelle s'adjoignirent plusieurs compagnes, entre autres la sœur Maugras, qui avait été hospitalière à Dijon, et devint supérieure à Vitteaux jusqu'en 1834.

Quant à la sœur Marie Faure, qui avait été incarcérée en même temps que la sœur Simon, elle ne fut mise en liberté que le 27 mars 1794, sur l'ordre de Pioche Bernard (Bernard de Saintes). Elle ne fut admise de nouveau à l'hôpital que le 2 avril 1800, elle y était entrée en 1766.

En 1795, une inondation produite par le ruisseau de Fiole, causa de grands dégâts à l'hôpital, renversa les murs et pénétra dans les salles où la hauteur de l'eau dépassa la table de l'autel de la chapelle. Dans la rue Guéniot, une petite fille du vigneron Gaucher fut entraînée par les eaux et y périt.

Au XIXe siècle, l'hôpital reçut quelques fondations de lits à la condition que ces lits seraient attribués à des malades originaires du pays des bienfaiteurs. C'est ainsi que Grosbois, Uncey, ont droit à hospitaliser un malade pendant une année (fondation Perrenet de Grosbois, 1824 ; maréchal Vaillant pour Uncey, 1863) ; Vitteaux pour un an (fondation Jean Marguerite qui, à cet effet, légua à l'hôpital, le 19 février 1864, une rente de 500 francs, 4 1/2 °/₀). Pour un autre lit, fondation Claude Coutet et Jeanne Rousset ; puis, pour une durée variable, veuve Beaune, 1845 ; Michel, Ménétrier, l'abbé Pion, curé de Velogny, Anne Delaborde de Dijon, Colombe Colin de Dijon, veuve Vachat de Posanges, l'abbé Pierre, aumônier des sœurs de la Providence, la sœur Marie Péchinot de Massingy, supérieure de l'hôpital. Les biens de l'ancien hôpital de Saffres ayant été réunis à ceux de l'hôpital de Vitteaux, cette commune a également droit à un lit.

M. Joseph-Nestor Lacoste, qui a été maire de Vitteaux, a légué à l'hôpital des prés et des bois tant à Vesvres qu'à Vitteaux, d'une valeur d'environ 50.000 francs.

Une nouvelle salle, construite il y a environ vingt-cinq ans, a permis de créer 12 lits nouveaux, ce qui porte à 34 lits les ressources de l'établissement.

Les nombreuses fondations qui constituèrent avant et

après la Révolution le domaine de l'hôpital, stipulaient toujours des services pour l'âme des bienfaiteurs. Ces services furent réduits à 200 messes par an par Mgr de Boisville, évêque de Dijon. Depuis la séparation de l'Eglise et de l'Etat, ces messes ne sont plus acquittées.

La reconnaissance nous fait un devoir de noter au moins les noms des supérieures au XIXe siècle.

SUPÉRIEURES DE L'HOPITAL

1796, sœur Marguerite Simon.
1834, sœur Maugras.
1843, sœur Marie-Marthe Fleurot.
1855, sœur Françoise Charbonneau.
1867, sœur Marie-Thérèse Péchinot.
1897, sœur Marie-Joseph Péchinot.

L'hôpital de Vitteaux est administré par une commission spéciale et les sœurs ont une supérieure locale.

La fête de Saint-Nicolas, patron de l'hôpital, est célébrée par une grand'messe solennelle chantée par le clergé de la paroisse. Comme saint Nicolas est regardé comme le patron des petits enfants des écoles, on les conduisait autrefois ce jour-là à la messe à l'hôpital et on leur donnait congé le reste de la journée.

Notons encore que, jusqu'à la fin du XIXe siècle, il était d'usage de réciter dans la chapelle de l'hôpital les prières de la recommandation de l'âme pour les agonisants de la paroisse. La cérémonie était annoncée par la cloche de l'hôpital, qui tintait.

LE COUVENT DES SŒURS DE LA PROVIDENCE DE VITTEAUX

Sous la Révolution, le couvent des Minimes fut pendant quelque temps le local où se tenaient les assemblées populaires et les réunions de la municipalité. Ce fut ensuite le magasin pour les blés et fourrages destinés aux réquisitions militaires et à l'entretien des troupes de passage. A la vente

Hôpital.

des biens nationaux, il fut acquis par un des frères Belle-vret.

M. Perrier y établit un atelier de filature et de tissage de coton vers 1827. Cet établissement étant tombé, la Congrégation des sœurs de la Providence de Flavigny acheta la maison en 1843 avec diverses propriétés voisines et, après d'importantes réparations et quelques constructions, la communauté s'y établit en 1846.

Les sœurs de la Providence ont leur origine dans une congrégation fondée à Portieux (diocèse de Saint-Dié, Vosges) en 1762 par l'abbé Moye, qui fut déclaré vénérable par Léon XIII en 1891. Sur l'initiative de M. Dard, d'abord curé de Braux, puis directeur du petit séminaire à Flavigny, l'évêque de Dijon, Mgr de Boisville, obtint de la maison de Portieux, l'envoi de la sœur Adélaïde Leclerc, laquelle fonda, à Flavigny, un nouvel établissement qui s'augmenta par la réunion d'autres sœurs venues de Painblanc où existait déjà une petite Congrégation indépendante. C'est en 1832 que la Congrégation de Flavigny se sépara de celle de Portieux. Elle fut reconnue et autorisée par le gouvernement en 1835 sous le nom de « sœurs *hospitalières* de l'*instruction chrétienne, dites de la Providence.*

Jusqu'en 1888, la congrégation n'eut que trois supérieures : les mères Adélaïde Leclerc (fondatrice), Eusèbe Petit, Saint-Jean Reimond, Madame Saint-Léon.

C'est à Mgr Rivet, évêque de Dijon, qu'est due l'organisation de la congrégation. Chaque année il venait présider à la retraite des sœurs, réglait le programme des études dirigées vers l'obtention du brevet (les sœurs eurent 55 établissements d'instruction dans le diocèse).

Les aumôniers furent successivement MM. Dard et Molot, à Flavigny, puis à Vitteaux, MM. Quanquin (un an seulement), les abbés Pierre, Clémencet, Jobard, Billard.

Nous devons une mention particulière à M. l'abbé Pierre, qui dirigea la communauté pendant trente-deux ans avec le zèle le plus éclairé et le plus dévoué. Il mourut en 1882, très estimé à Vitteaux, où il fonda à l'hôpital le tiers d'un lit en faveur des habitants de Clamerey.

Les sœurs de la Providence ont dirigé l'école des filles de la ville jusqu'à la fin du XIXe siècle. Avant la Congrégation actuelle, les sœurs venaient de Portieux ou de Painblanc. Lorsque la Congrégation se fut définitivement établie à Vitteaux, elle fit l'acquisition de l'ancienne maison Touzet dans la rue de l'Eglise, où M. Cyrot avait eu d'abord un pensionnat. Cette maison servit de logement à l'aumônier, M. Pierre, puis l'école des filles s'y installa, ainsi que la salle d'asile qui était tenue par sœur Emérance dont tous les enfants d'alors ont gardé le souvenir. A l'école était annexé un pensionnat de 10 à 12 jeunes filles des environs.

Les sœurs de la Providence déléguaient une ou deux sœurs à la visite des malades du pays. La sœur Humbeline, si dévouée, s'était acquis la reconnaissance de la population. On sait qu'elle mourut par accident à la gare de Dijon, au retour d'un voyage à Lourdes où elle accompagnait ordinairement le pèlerinage du diocèse lorsqu'il comprenait des personnes de notre localité.

L'école des sœurs dut disparaître lors des nouvelles lois sur la laïcité. Les sœurs enseignantes furent expulsées de leur maison de la rue de l'Eglise. Quelques personnes seulement les accompagnaient à leur rentrée au couvent. Ce sont les sœurs de la Providence qui, depuis environ vingt-cinq ans, ont été organistes à l'église paroissiale.

XXIV

L'ÉGLISE AU XIXe SIÈCLE

Avant le Concordat.

Napoléon avait arrêté la violence de la Révolution qui s'était prolongée sous le Directoire, par les mesures les plus rigoureuses contre les prêtres insermentés et les émigrés.

Nous avons vu que les prêtres de Vitteaux et des environs ayant prêté serment à la constitution civile du clergé et s'étant effacés autant que possible sous la Terreur, ne furent l'objet d'aucune persécution de la part de la municipalité qui leur était plutôt sympathique ; la Société populaire et le comité de surveillance ne les inquiétèrent point, excepté Arvier, curé d'Uncey, qui parvint à se réfugier en Suisse.

Il y eut bien un acte de sauvagerie, un véritable assassinat commis contre un prêtre insermenté, non par les gens de Vitteaux, mais par un détachement de volontaires en passage dans la ville. Le 12 septembre 1792, un ecclésiastique déporté du nom de Lemoine, venait du Loiret et cherchait à gagner la Suisse. Traqué par ces soldats, il chercha un refuge dans une maison située devant les halles, les soldats le poursuivirent et le jetèrent par la fenêtre du premier étage. J'ai souvent entendu raconter le fait dont les registres ne font pas mention, bien qu'ils constatent qu'à diverses reprises, les gendarmes aient dû conduire à Semur ou à Dijon des ecclésiastiques dont on n'avait pu examiner à fond les papiers (Lagorce, II).

D'après Kleinklauz, les deux tiers des curés et ecclésiastiques de la Côte-d'Or prêtèrent serment à la Constitution civile du clergé. Dans le canton de Vitteaux, Alexis Lacoste, vicaire de Vitteaux, Rousseau, curé de Massingy, Arvier, curé d'Uncey, Cassien Sirugue, curé de Saint-Thibault, Thomas Roux, curé d'Avosnes et son vicaire, Malogé, curé de Soussey, Fleurot de Velogny et Pasquier de Thorey,

Portail de l'église.

refusèrent de prêter serment ou déclarèrent qu'ils exceptaient de leur serment ce qui regarde le spirituel. Contraints de quitter leurs paroisses, les uns parvinrent à se réfugier en Suisse, quelques-uns sont désignés comme déportés.

Le comité de surveillance de Vitteaux s'acharnait à poursuivre Antoine Arvier, curé d'Uncey, et Marcellois. Il avait lancé un mandat d'arrêt contre le citoyen Arvier

Jean et sa femme Jeanne Patriat et contre Arvier Philibert, huissier, « pour avoir célé le ci-devant curé insermenté d'Uncey ». Le *Bulletin paroissial* donne de très intéressants détails sur les curés insermentés (années 1911 et 1912).

Du côté des assermentés, il y eut quelques scandales ; Melot, ex-chanoine d'Avallon, retiré à Vitteaux, et recteur de l'hôpital après Bernard Thomas, s'était marié. Il avait épousé Anne Gueneau, fille d'un cultivateur de Villy. En 1804, il fut relevé de ses censures par un rescrit du cardinal Caprara. Il en fut de même pour Nicolas Lefort, curé de Villy, qui avait épousé la fille du notaire de ce village. Devenu veuf et relevé de ses censures, il est réhabilité et devient à nouveau curé dans le Châtillonnais.

Wolfius, aumônier de la garde nationale de Dijon, élu suivant les prescriptions de la Contitution civile du clergé, évêque de la Côte-d'Or, conserva ce titre de 1791 à 1793. Vitteaux cessait légalement de faire partie du diocèse d'Autun, où l'intrus Goutte, évêque de Saône-et-Loire, remplaçait Talleyrand.

Après le Concordat (1801), qui rétablit la paix religieuse, Henri Reymond fut nommé évêque de Dijon et Vitteaux passa régulièrement du diocèse d'Autun dans celui de Dijon.

Les anciens curés furent maintenus dans leurs paroisses où ils étaient rentrés d'ailleurs en général : Marandon à Vitteaux, Didier à Arnay, Boillot à Cesscy ; Collon était nommé à Aignay-le-Duc, Rousseau revenait à Massingy.

A Vitteaux, les offices furent fréquentés comme avant la Révolution. Les confréries de métiers reprirent leurs fêtes patronales. En 1812, la confrérie de Saint-Vincent faisait élever une croix à la *dévotion de saint Vincent*, entre le chemin de la comme d'Hys et celui de Saffres. En 1910, elle compte 262 confrères ; ont disparu la confrérie de Saint-Simon en 1877 (il n'y avait plus que quelques tisserands), celle de Saint-Crépin en 1860.

Subsistent encore en 1910 les confréries de Saint-Eloy,

des Quatre couronnés (maçons et similaires), de Saint-Vincent, qui font célébrer la messe et les vêpres à leurs fêtes patronales.

La procession du Saint-Sacrement qui se faisait, avant la Révolution, avec une très grande pompe, décrite par Collon,

Abside de l'Église.

s'est maintenue pendant tout le XIXe siècle. Les chantres et les enfants de chœur y portaient jusque vers 1860 des couronnes de roses. On jetait des fleurs devant le Saint-Sacrement. A chaque reposoir, le célébrant faisait toucher à l'ostensoir un grand nombre de petites couronnes de fleurs qui étaient conservées dans les maisons et attachées au crucifix suspendu près du lit. Les mères qui avaient des enfants chétifs ou malades les portaient, après le passage de la procession, sur le reposoir, à la place où avait été déposé le Saint-Sacrement.

Notons encore qu'il était d'usage de faire bénir, le jour de l'Invention de la Sainte-Croix, des croix faites de paisseaux, qu'on plantait ensuite dans les champs avec un rameau de buis bénit.

De Pâques à la moisson, le prêtre lisait la Passion chaque jour avant la messe, pendant ce temps on tintait une cloche.

Après la Terreur, lorsque le curé Marandon eut déclaré, en septembre 1795, son intention de reprendre l'exercice du culte catholique, il célébrait la messe dans la maison de la rue de l'Eglise, où il s'était retiré (celle qui a servi longtemps d'école aux sœurs de la Providence et est habitée maintenant par Madame Rougeot). Un peu plus tard, l'église servit à la fois au culte catholique et aux réunions décadaires pour lesquelles, en 1800, la municipalité cherchait un local.

L'abbé Sucret, ancien mépartiste et curé de Civry, avait fait, le 18 juillet, la même déclaration et célébrait la messe dans la maison Laurent, rue Cordier.

En mars 1802, le culte catholique rétabli se célébrait régulièrement dans l'église, puisque les registres constatent, qu'à la publication de la paix d'Amiens (1802), les autorités se sont transportées aux vêpres pour le *Te Deum*.

LISTE DES CURÉS AU XIXe XIÈCLE

1. Marandon, décédé en 1803.
2. Riambourg, 1803-1817, devient curé de Saint-Benigne à Dijon.
3. Clerget, précédemment curé de Saint-Seine, décédé à Vitteaux.
4. Larmonier, 1829, nommé curé de Semur en 1839, décédé en 1847.
5. Mallard, 1839, devint chanoine de Dijon.
6. Prost, 1844, précédemment curé de Flammerans, se retire à Dijon où il devient chanoine.

Tribune d'orgues de l'Église.

7. Servanges, 1880, décédé à Vitteaux, ancien curé de Viévy.

8. Jarlaud, 1895.

RÉPARATIONS DE L'ÉGLISE

Sous la Révolution, l'église avait subi une véritable dévastation. Les neuf autels avaient été mis en vente, les statues brisées, les cloches envoyées à Semur, à l'exception d'une seule, l'argenterie et les vases sacrés réquisitionnés. Disparues, la belle grille qui fermait le chœur, celles des chapelles, la statue de saint Germain, placée sous le portail, etc. (Voir la description de l'église par l'abbé Collon, que nous avons donnée précédemment). On voit encore des traces de la destruction opérée par les Jacobins dans des restes de figures d'anges (chapelle Saint-Michel), qui ont la tête coupée.

Il est probable qu'on dût faire quelques réparations urgentes à l'église lorsque le culte fut rétabli.

En 1825, l'autel qui était au fond du chœur fut remplacé par un autre en bois peint et doré. M. Larmonier fit badigeonner l'intérieur de l'église, reporta en avant l'autel qui était au fond du chœur et supprima une partie des stalles. L'aspect de l'intérieur de l'église fut ainsi complètement modifié. Le sol avait déjà été relevé en 1785 et la façade du portail reconstruite ; en même temps on établissait les bancs et on enlevait les autels appuyés aux piliers de l'église.

Sous M. le curé Prost, l'église reçut de sérieuses réparations et une ornementation en rapport avec le style de son architecture :

1º En 1861, refonte générale des cloches ;

2º De 1853 à 1860, des vitraux garnissent les baies du chœur et des chapelles ;

3º En 1874, suppression du badigeon et ragrément des murs intérieurs ;

4º En 1878, réparation à la tribune et à la galerie extérieure des orgues où sont représentées les scènes de la Passion. Les têtes des figures avaient été martelées sous la Révolution ;

5º Lustres, réparation des reliquaires, etc...

Les vitraux constituent une galerie d'un caractère local et très artistique. Ils sont l'œuvre d'Emile Thibault, peintre-verrier de Clermont-Ferrand.

Notons les sujets :

Dans le chœur, au centre :

Saint Germain (patron de la paroisse), gouverneur d'Auxerre et saint Germain, évêque. Au-dessous, les armes de Vitteaux. A gauche, médaillons représentant saint Germain suspendant à un arbre les produits de sa chasse et saint Germain sacré évêque. A droite, médaillons représentant saint Germain bénissant sainte Geneviève lorsqu'il passe à Paris pour se rendre en Angleterre, et saint Germain prêchant les hérétiques.

Dans la chapelle du Rosaire :

Deux médaillons : la Vierge à la Chaise avec saint Dominique ; l'Immaculée Conception.

Chapelle Saint-Michel :

Saint Michel et saint Raphaël, et au-dessous les fondateurs en prières.

Chapelle Saint-Claude. :

Saint Bernard, saint François de Sales, saint Benoît.

Chapelle de tous les Saints :

Saint Jean, saint Benigne, sainte Chantal.

Chapelle Sainte-Anne :

Sainte Anne instruisant la Sainte Vierge.

Chapelle du Saint-Esprit :

La descente du Saint-Esprit sur les apôtres avec les figures en médaillons de Languet, curé de Saint-Sulpice, et de Languet, archevêque de Sens. C'est dans cette même chapelle que se trouve actuellement le triptyque de Hoey (1592), représentant la Sainte Trinité et les apôtres, provenant de la chapelle de la Trinité, bâtie par les Espiard;

tableau classé dans les monuments historiques en 1905.

On a placé récemment dans cette chapelle une statue de saint Antoine de Padoue.

Chapelle Saint-Jean :

Baptême de Jésus-Christ. — Décollation de saint Jean-Baptiste. Dans deux médaillons, le monogramme J. P., c'est-à-dire Jean Prost, et les armes des fondateurs.

Chapelle Saint-Jacques, près de la Sacristie :
La Cène.

La dépense totale pour les vitraux a été de 10.000 francs, fournis pour une faible partie par les ressources de la fabrique et pour le reste par la générosité des donateurs qui ne se sont pas fait connaître.

Dans l'église, quelques tableaux, la Transfiguration, l'Assomption de la Sainte Vierge, l'Adoration des bergers, les Apôtres (chapelle de tous les saints), l'Annonciation, la Sainte Vierge (banc des fabriciens), et à côté de l'autel, figures de Jésus-Christ et de la Sainte Vierge.

Sous M. Servanges, les fonds baptismaux, reportés à l'entrée de l'église vers la petite porte, ont été entourés d'une belle grille. C'est à cette époque que furent réparées les toitures du clocher et du chœur.

M. Jarlaud, curé actuel, a fait enlever l'enduit de la tour du clocher et de la plus grande partie extérieure des murs de l'église ; les joints ont été passés au fer ; cette réparation a restitué à l'édifice son caractère primitif.

BIENFAITEURS DE L'ÉGLISE AU XIXe SIÈCLE

1º Charles Millois et sa femme, Anne Godard, ont légué à la fabrique, en 1838, une somme de 4.000 francs, à la charge de services religieux, donation acceptée en 1853. Ces Millois furent les derniers ayant droit à la nomination du chapelain de la chapelle Saint-Claude.

2º M. l'abbé Roy, né à Vitteaux, curé de Pellerey, a donné par testament 2.000 francs à la fabrique.

3º Mademoiselle Ménétrier, qui contribua largement aux

réparations exécutées par M. Prost et laissa sa maison de la rue de l'Eglise à la fabrique pour le logement du vicaire. Une partie du legs Millois a servi à la réparation de la toiture de l'église, le reste, ainsi que le legs de l'abbé Roy a

Rue de l'Eglise.

été, par suite de la loi de séparation de l'Eglise et de l'Etat, attribué au Bureau de bienfaisance, et en partie à l'hôpital.

LE CIMETIÈRE

Le cimetière entoure l'église. On y a trouvé de nombreux cercueils, tombeaux en pierre, tous sans inscription et beaucoup sans couvercle, surtout vis-à-vis du portail (en voir un chez M. Hutinel). Ce sont probablement ceux des moines de Flavigny, qui desservaient l'église. Ils paraissent dater du XIIe siècle. D'autres tombeaux ont été trouvés près de la cure qui ne fut séparée du cimetière qu'en 1855.

En 1881, la ville acheta pour agrandir le cimetière, à M. Jobard, une ancienne maison dite maison Poussot et deux parcelles de terre à Picard Passerat et à Sucret Gagey. Pour niveler on apporta de la terre prise dans le chemin des Dames *(Bulletin* de août 1907).

Nous avons dit que la belle grille de fer à deux battants fut faite par Seignot et coûta 236 francs ; l'autre, plus petite, fut faite par Colardot pour 125 francs.

Il n'y a plus de cimetière particulier à l'hôpital.

XXV

L'ENSEIGNEMENT A VITTEAUX AU XIXe SIÈCLE

Enseignement primaire.

Pendant la Révolution, la question des écoles fut assez négligée par les autorités locales que sollicitaient tant d'autres sujets. La ville, obérée depuis longtemps, avait aliéné en 1788, la maison d'école située à l'extrémité de la rue de l'Eglise sur le chemin de Cholot. Le maître d'écriture Antoine Laureaux en avait acheté une partie et y entretenait quelques écoliers, dont la rétribution composait son unique revenu avec 50 francs alloués par la ville comme indemnité de logement.

En 1794, la comité révolutionnaire fait choix d'un instituteur, Claude Bidault, membre de la *Société populaire régénérée*. Le jury d'instruction siégeant à Semur nomme en février 1795, deux instituteurs, Claude Bidault et Jacques Poillevey, ancien maître d'école à Massingy et secrétaire du conseil de Vitteaux. D'après Durandeau, Poillevey avait son école dans le rue Cornebornon. Poillevey mourut en 1805.

Il paraît qu'en 1798, le citoyen Joseph Dozerain, instituteur à l'école primaire, devait s'établir dans la cure (Registres), mais il ne fut pas donné suite à cette résolution. Dozerain fut élu comme instituteur primaire et donna sa démission en 1803, pour ouvrir une école secondaire privée.

L'institution de l'Université de France par Napoléon ramena un peu d'ordre dans l'enseignement. Le recteur de Dijon nomme Mercey instituteur le 9 avril 1813 et autorise à ouvrir des écoles primaires, Jacques Durandeau (1813), Philibert Gabiot (1815), Alexandre Lévêque (1817).

Le 22 juillet 1819, le conseil décide d'organiser l'enseignement mutuel. Jacques Durandeau et Alexandre Lévêque sont envoyés à Dijon pour s'initier à la nouvelle méthode. Le sous-préfet vient à Vitteaux le 22 août, accompagné du fils du préfet Girardin. C'est ce jeune homme, élève lui-même de l'école mutuelle de Dijon, qui fait manœuvrer les enfants pour prendre leurs places aux cercles et aux tables. La solennité s'ouvrit par la messe et se termina par un banquet de 50 couverts et un don de 200 francs à l'école par le sous-préfet.

Ce premier essai d'école mutuelle n'eut pas de succès. Dès le mois de février 1821, les instituteurs avaient repris leurs anciennes méthodes, « les parents (procès-verbaux) ont montré peu d'empressement et se sont laissés entraîner par les conseils des personnes ennemies de toute nouveauté ». Le 6 décembre, Lévêque fut nommé seul directeur aux appointements de 300 francs, avec la rétribution scolaire fixée à 0 fr. 75 et 1 fr. 25 par mois.

L'école mutuelle ayant été fermée le 1er janvier 1825, le Conseil traite, pour l'ouvrir à nouveau, le 12 mai, avec Leblanc, qui sera logé, recevra un traitement de 200 francs, joint à la rétribution scolaire légèrement augmentée. En 1830, on supprime les 200 francs à l'instituteur Tournier.

En 1834, l'instituteur est M. Hutinel, qui sortait de l'école normale de Dijon. Sous sa direction l'école mutuelle est prospère et fonctionne à la satisfaction de toute la population. Le recteur Berthot vint la visiter et fut si content de son inspection, qu'au milieu des élèves, il donna l'accolade à M. Hutinel. Pendant quarante-deux ans, M. Hutinel suffit sans adjoint (il eut cependant jusqu'à 112 élèves à la fois) à donner aux enfants de Vitteaux la meilleure instruction. Après avoir reçu différentes médailles, il fut nommé officier d'Académie en 1869.

A M. Hutinel, succéda M. Maillard, précédemment instituteur à Vic-sous-Thil, il fut pourvu d'un adjoint.

L'école continua à jouir de l'estime générale. L'adjonction de quelques pensionnaires à l'école fut très appréciée des villages voisins. M. Maillard reçut plusieurs médailles et les palmes d'officier d'Académie. A sa retraite, en novembre 1903, M. Gay fut nommé à la direction de l'école avec un adjoint ; M. Gay est également plusieurs fois médaillé et officier d'Académie.

L'école des Filles.

Au XIXe siècle, les registres de la municipalité sont à peu près muets sur l'école des filles. Il y eut sans doute des institutrices qui, à titre privé, ouvrirent quelques classes. Nous trouvons seulement qu'en 1820 Henriette Vreuille, femme Drioton, a obtenu le brevet de capacité du deuxième degré avec l'autorisation de continuer sa profession d'institutrice. En 1830, l'école des filles est dirigée par une sœur de la Providence. Elle reçoit 200 francs et en outre 50 francs pour enseigner *gratis* 15 enfants indigentes. Il y avait donc une rétribution scolaire.

On a gardé à Vitteaux le souvenir de Mademoiselle Arvier qui, dans les premières années du siècle, tenait une école dans la rue Portelle, maison Piget; de Mademoiselle Dautrey, de la sœur Catherine, de Madame Manneret, qui gardaient les petits enfants avant la fondation de la salle d'asile.

L'école des sœurs de la Providence, maison Touzet, rue de l'Eglise, était l'école communale jusqu'à l'application des lois qui ont établi la gratuité et la laïcité de l'enseignement en même temps que l'obligation scolaire.

Ces sœurs continuèrent à enseigner comme école libre dans la même maison jusqu'à la fermeture de cette école en 1905.

En 1898, la ville achète la maison Champy pour y installer l'école communale des filles. La première institutrice laïque fut Mademoiselle Bordet. La seconde est Mademoiselle Gavignet, nommée à Vitteaux en octobre 1911.

Enseignement secondaire.

Au XVIIIe siècle, les recteurs d'école, sous le nom de grammairiens, paraissent avoir enseigné les premiers éléments du latin.

Vu le grand nombre des mépartistes qui résidaient à Vitteaux, il est probable que les familles pouvaient trouver en eux le moyen de faire donner au moins un commencement d'instruction secondaire à leurs enfants.

Les Minimes, sur la demande des habitants, ouvrirent un collège qui n'eut aucun succès. Dozerain ouvrit en 1803 une école secondaire privée, laquelle eut une longue durée.

Après Dozerain, M. Cyrot tenait une institution secondaire avec pensionnat, d'abord dans la maison Touzet qui devint plus tard l'école des sœurs, puis dans la maison du baron Sirugue, rue Cordier. En dernier lieu, son pensionnat fut transporté rue Saint-Jean, près de la maison Maire. Son institution subsiste jusqu'en 1850. Plusieurs élèves ont pu entrer directement au grand séminaire après y avoir terminé leurs études classiques. Quelques-uns sont arrivés au baccalauréat. Beaucoup d'autres venus comme pensionnaires des villages voisins pendant l'hiver y ont reçu un très utile complément d'instruction primaire.

MM. les abbés Lecomte et Ménétrier, précédemment professeurs au petit séminaire de Plombières, avec M. Gossot comme directeur titulaire, eurent une institution secondaire avec pensionnat dans un local situé à l'extrémité de la rue de Dijon. Cette institution ne dura que trois ou quatre ans. MM. les abbés Lecomte et Ménétrier ont publié des grammaires grecque et latine et une prosodie latine. M. Gossot, qui devint professeur au Lycée de Vanves, est l'auteur d'une histoire de l'enseignement primaire en France, de la *Vie de Mademoiselle Sauvert*, d'un roman intitulé *Madeleine* et de plusieurs autres ouvrages.

Vitteaux n'a plus d'institution secondaire. Il est regrettable que l'administration n'y ait pas établi une école primaire supérieure. Quelques familles ont envoyé leurs enfants au Lycée de Dijon, au collège de Semur, chez les frères des écoles chrétiennes de Dijon, au petit séminaire de Plombières et dans ces dernières années à l'école de commerce et d'industrie de Dijon.

A plusieurs reprises il y eut à Vitteaux des sociétés musicales. Plusieurs fois dissoutes, elles se reformèrent cependant jusqu'à notre époque.

XXVI

LES OUVRIERS AU XIXe SIÈCLE

Il semble que, pendant les vingt-cinq ou trente premières années du xixe siècle, la condition des ouvriers ne diffère guère de ce qu'elle était dans la dernière moitié du siècle précédent. Les vignerons et les tisserands formaient comme auparavant la partie la plus considérable de la population.

La vente des biens dits nationaux détermina une nouvelle répartition des propriétés foncières. Les biens du mépart et de la cure représentaient environ 300 journaux de champ, 90 soitures de pré et 50 ouvrées de vignes.

Les domaines des Ursulines et des Minimes, dont une partie était dans les villages environnants, furent achetés par lots importants au district de Semur par des riches marchands et des bourgeois ; ils furent revendus en détail à des laboureurs.

Les Minimes avaient seulement 15 journaux en Charmoy, 78 journaux sur Armay et Posanges et un domaine à Boussey. Les Ursulines avaient leurs biens à Massingy, Saint-Thibault, et Posanges ; leur maison à Vitteaux, avec ses dépendances, ne fut vendue que 6.872 francs.

La vente de tous ces biens qui dura plusieurs années, enrichit de nombreux marchands spéculateurs et agents d'affaires.

Les ouvriers s'appliquèrent pendant la première moitié du siècle à acquérir quelques journaux de champ et de 4 à 6 ouvrées de vignes. Ils les faisaient cultiver à façon et s'employaient personnellement à la moisson et aux vendanges. Aujourd'hui, la plupart des ouvriers et même des bourgeois, ont vendu leurs propriétés, la culture à façon a disparu presque complètement et la valeur de la propriété foncière a baissé depuis 1870 d'un tiers environ.

Il n'est pas sans intérêt de noter les prix fixés en 1793 (Registres de Vitteaux) pour le maximum qui représentait évidemment le taux ordinaire du prix du travail à cette époque, probablement légèrement relevé :

Laboureurs : pour un journal de *Benison*, 7 liv. 10 sols et une bouteille.

Laboureurs : pour un journal de carémage, 4 liv. 10 sols et une bouteille.

Batteurs en grange : 12 sols par jour en été, nourris et 7 sols par jour en hiver, nourris.

Manœuvres : 18 sols par jour en hiver, 22 sols 6 deniers en été.

Vignerons : 6 livres par ouvrée, sans nourriture.

Moissonneurs : 20 sols par jour et nourris, les femmes 15 sols et nourriture.

Maçons : la journée, 22 sols en hiver et 30 sols en été.

Domestiques : hommes, 120 livres par an ; femmes, 54 livres.

A Massingy (registres cités par Durandeau) :

Laboureurs : comme à Vitteaux.

Battage : 12 sols.

Journée d'homme de novembre à mars : 7 sols, 6 deniers ; de mars à la fauchaison : 12 sols ; de la fauchaison au 15 août, 1 liv. 10 sols.

La toise de maçonnerie du sol jusqu'à 12 pieds : 6 liv. 5 sols.

La journée de maçon : 1 liv. 10 sols en hiver et 2 livres en été.

Les tisserands. — L'abbé Collon comptait 27 boutiques de tisserands en 1760, leur confrérie comptait 80 membres en 1830, 32 en 1870, 25 en 1877. Aujourd'hui il n'y a pas un seul tisserand à Vitteaux. Les tisserands ne travaillaient pas en général pour la vente, mais pour la clientèle de la ville et des villages voisins.

On leur apportait le fil ainsi que la laine filée et il se faisait d'ailleurs dans les marchés et les foires un assez grand commerce de fil, d'étoupes, d'œuvre et de chanvre. Au tissage de la toile continuait à s'ajouter celui des droguets et boges (chaîne en fil, trame en laine quelquefois mélangée de coton, etc...) Les tisserands continuaient à compter par branche.

Avec les tisserands a disparu la culture du chanvre. Plus de chenevières près des habitations, plus de chénevis destiné à la fabrication de l'huile à brûler, plus de navette pour l'huile à manger. Ces denrées se vendaient autrefois aux marchés en grandes quantités. Les veillées où les femmes et les filles se réunissaient pour filer au rouet ou à la quenouille ne sont plus maintenant qu'un souvenir. Un souvenir aussi les fileuses de laine, les teinturiers, les foulons pour les droguets, les ferteuses et peigneuses de chanvre.

Cordonniers et tanneurs. — Les tanneurs, corroyeurs et chamoiseurs, prolongèrent leur industrie jusqu'au milieu du xixe siècle. Ils fréquentaient les foires de Châlon et fournissaient les cordonniers de la localité et des environs. C'est vers 1870 que disparut entièrement cette industrie. Le dernier tanneur fut Lefol Jules. Les cordonniers, au nombre de 22 en 1760 furent obligés par leur petit nombre de dissoudre leur confrérie en 1880. Nous n'avons plus de chapeliers, de couteliers, de cloutiers. Les derniers armuriers furent Fauléau et Mosson, le dernier cloutier, Renard.

Vignerons. — Les 84 vignerons de 1760 et les 8.000 ouvrées de cette époque, ont subi une réduction très considérable ; le phylloxéra et les autres maladies de la vigne ont amené l'abandon ou la transformation en champs et en prés d'une partie des vignes et peu de propriétaires ont entrepris de planter à nouveau. Les 6 tonneliers de 1760 sont réduits à un seul.

Commerce. — Nous n'avons plus les grands négociants du commencement du XIXe siècle. Vitteaux faisait alors un grand commerce de laine, de foin et de blé. Nous ne vendons plus les fameux pruneaux de Saffres et de Vitteaux dont on offrait douze boîtes au prince de Condé lorsqu'il allait présider les Etats de Bourgogne et dont les plus beaux se vendaient, d'après Collon, jusqu'à 50 sols la livre aux seigneurs et aux Anglais qui passaient à Vitteaux. Il fait remonter à l'époque des croisades l'introduction des pruniers Sainte-Catherine, si cultivés autrefois. Les vergers sont devenus rares d'ailleurs ; on a dans les jardins de beaux fruits, mais sans l'abondance que donnaient autrefois les arbres à plein vent.

Les foires n'amènent plus que de petits marchands d'étoffes légères et d'ustensiles de ménage. Le bétail tend à se vendre à l'écurie et les grains s'achètent directement à la ferme par les gros commerçants. Les marchés du jeudi sont même insuffisants pour les besoins de la population bien diminuée cependant. En revanche, les épiciers sont approvisionnés largement de boîtes de conserves ; chaque semaine, pendant l'hiver, nous recevons de la marée ; deux charcutiers et un pâtissier simplifient le travail des ménagères. Si les halles appartenaient à la ville, on pourrait avantageusement y installer un marché couvert.

Les transports. — Jusqu'en 1850, c'est-à-dire jusqu'à l'établissement de la grande ligne P.-L.-M., Vitteaux avait un mouvement de roulage très considérable. Les voitures (on appelait les conducteurs les comtois) arrivaient ordinairement le soir à Vitteaux et l'auberge Picard de la rue Saint-Jean était leur rendez-vous. Le service des voyageurs était alors fait par sept ou huit carrioleurs. On partait de Vitteaux vers 11 heures du matin pour coucher à Pont-de-Pany et arriver le lendemain soir à Dijon. Il y avait cependant la ressource des diligences Lafitte et Caillard, pour lesquelles le maître de poste (M. Maire) entretenait de nombreux chevaux et postillons. Le relai se faisait à La Chaleur ainsi que pour la malle poste.

Ces services disparurent nécessairement ; Colardot établit des voitures pour correspondre avec le chemin de fer d'abord à Blaisy-Bas, puis à Verrey et aux Laumes. Pour le service de la poste, il y avait une voiture du même entrepreneur pour Darcey en 1870.

L'ouverture de l'embranchement des Laumes à Epinac (6 décembre 1891), mit fin à toute entreprise de voiture et de transports. Notons encore qu'il y eut longtemps de nombreux charretiers pour amener les marchandises qui arrivaient à Pont-Royal par le canal de Bourgogne.

La seule tentative d'un caractère industriel au cours du XIXe siècle, fut la création par M. Perrier d'une manufacture de mérinos dans l'ancien couvent des Minimes. Vers 1840, elle occupait près de 200 ouvriers et ouvrières. M. Perrier avait aussi une autre manufacture à Saffres ; il essaya même d'une sucrerie. Tous ces établissements ne durèrent que quelques années.

La vie et les subsistances. — Pendant le premier tiers du XIXe siècle, les conditions de la vie restèrent ce qu'elles étaient vers 1789. Nombre d'expressions usuelles rappellent encore l'ancien régime. Les prestations pour les chemins vicinaux étaient toujours la *corvée*, on paye le *centième denier*, les enterrements sont encore du grand ou du petit *mépart*, les *gabelous* continuent, les fermes isolées sont des *rentes*, on offre de payer *pot*, etc... Nous comptons toujours par *journaux* et *ouvrées* ; les vignerons perchent encore les fosses de vignes, le bois se vend au moule, la charbonnette à la corde, le foin au millier (500 kilogs), etc...

Le prix de la viande est resté très bas pendant toute la première moitié du siècle. En 1802, le kilog. valait 0 fr. 60, alors que le pain blanc coûte 0 fr. 50 le kilog. et le pain bis 0 fr. 30 ; en 1812, la viande 0 fr. 80 le kilog. et le pain blanc 0 fr. 70. En 1820, la viande est encore à 6 ou 7 sols la livre (Registres).

Le bétail était-il donc très abondant ou la consommation

HALLES ET CROIX SAINT-GERMAIN.

très faible ? En 1806, à propos d'un projet d'établissement d'octroi, le conseil municipal prévoit une consommation de 140 bœufs ou vaches, 340 veaux, 420 moutons, 225 cochons ; il signale l'extrême abondance de la volaille sur le marché. On lit toutefois dans les délibérations du conseil municipal de Villy en 1791 : « deux habitants de Barain ont été condamnés à l'amende pour avoir fait pâturer 37 bœufs ou vaches dans les prés de Villy et le lendemain, un habitant de Charencey qui en avait 23, un autre de Barain qui en avait aussi 23 » (Durandeau, *Villy*).

A Vitteaux même, le droit de vaine pâture subsistait encore en partie en 1825 et permettait à de pauvres gens d'élever une vache ou quelques moutons. On sait que les troupeaux de moutons n'ont cessé de diminuer en nombre jusqu'à notre époque et que maintenant le bétail de nos environs est dirigé en masse sur Paris ou Lyon.

Dans la seconde moitié du siècle commença la dépopulation de la ville et des campagnes. Les fermiers trouvèrent difficilement le personnel nécessaire à leurs exploitations. Peu à peu, s'introduisirent les machines agricoles, d'abord les batteuses mues par des chevaux et maintenant par la vapeur, les batteurs en grange disparurent, et avec le XXe siècle, les faucheuses, les moissonneuses-lieuses, les charrues à deux ou trois socs, etc... Nos laboureurs ont su maintenir leur position. Une certaine étendue de champs a été convertie en prés et pâtures closes, par suite réduction du nombre des bergers. Une fromagerie de gruyère qui s'était installée à Saffres n'a pas réussi. Ce village a perdu la fabrication de ses poteries, ses *teupins* étaient recherchés jusque dans le Morvan, plusieurs familles vivaient de cette petite industrie. Une tuilerie a été installée à Saffres, mais n'y a subsisté que quelques années.

BIBLIOGRAPHIE

LE SOL

Barré (Commandant), *L'architecture du sol de la France*, A. Collin, 1903.

Collenot, *Description géologique de l'Auxois*, Verdot, Semur, 1873.

Coquillon, *Calcaires phosphatés (Bulletin de la Société des sciences historiques et naturelles de Semur)*, 1890.

De Lapparent, *Leçons de géographie physique*, 3ᵉ édition, Paris, Manon, éditeur, 1907.

De Launay, *Géologie pratique*, Ar. Collin, 1901.

Roux (Cl.), *Etudes géologiques sur les monts lyonnais (Annales de la Société linnéenne de Lyon)*, Années, 1895-96-98.

CLIMAT

De Martonne, *Géographie physique*.
Station météorologique de Vitteaux.

HYDROGRAPHIE

Archives de Vitteaux, Sources captées pour Vitteaux et Cessey.

Bruzard (Armand), *Fouilles à Massingy (Bulletin de la Société des sciences historiques et naturelles de Semur*, année 1866).

Collot et Curtel, professeurs à la Faculté des sciences de Dijon, *Analyses chimique et bactériologique, rapport géologique sur les eaux de certaines sources de Boussey et Saffres.*

Courtépée, *Description du duché de Bourgogne*, 1848.

Laboratoire de chimie de la Faculté des sciences de Dijon, Analyse chimique de l'eau des sources de Massingy, 7 janvier 1889.

Martel et docteur Thierry, *Captage et protection hygiénique des eaux d'alimentation*, Paris, Imprimerie nationale, 1907.

Maubec de Copponay, *Le tombeau de l'Envie*, imprimé chez

Dessayre, à Dijon, en 1679. — Cote de l'ouvrage à la Bibliothèque Nationale [Te^{151} 742 *bis*].

Tainturier, conducteur-voyer à Vitteaux, *Renseignements sur les sources du canton de Vitteaux*.

Testart, *Barrage de Grosbois (Bulletin de la Société de Semur)*.

AGRONOMIE. — AGRICULTURE. — VITICULTURE. — HORTICULTURE

Bourgogne rurale, revue mensuelle, juin 1907.

Durand et Guicherd, *Culture de la vigne dans la Côte-d'Or*, Félix Rey, Dijon, 1905.

Hitier, *Annales de Géographie*, 10e année.

Ministère de l'agriculture, La petite propriété rurale en France, Enquêtes monographiques (1908-1909).

Risler, *Géologie agricole*, Berger-Levrault, édit., 1884.

Sagourin, *De la reconstitution du vignoble dans l'Auxois*, imp. Jacquot et Floret, 1899.

Statistiques agricoles de la Côte-d'Or.

GÉOGRAPHIE HUMAINE

Berthoud et Matruchot, *Etude historique des noms de lieux habités (villes, villages, principaux hameaux)*, Bordot, Semur, 1901-1902.

Berthoud Stéphen, *Existence de l'homme dans la région vitellienne pendant le moustérien et les époques préhistoriques postérieures (Bulletin de la Société des sciences historiques et naturelles de Semur*, 1901).

Berthoud Stéphen, *Essai de Géographie médicale et de statistique sur Vitteaux (Côte-d'Or). Topographie. Ethnographie. Démographie*. Paris, Jouve, éditeur, 1896.

Bruzard (Albert), *Age du bronze dans l'arrondissement de Semur (Bulletin de la Société des sciences historiques et naturelles de Semur*, année 1867).

Cazet (Etienne), ancien instituteur à Saffres, *Monographie de la commune de Saffres (Bulletin de la Société des sciences historiques et naturelles de Semur*, année 1896)

Cazet (Isidore), instituteur à Beurizot, *Monographie de Beurizot (Bulletin de la Société des sciences historiques et naturelles de Semur*, années 1890 et 1891).

Collon *(Mémoires de l'abbé)*, ancien curé de Vitteaux (1755 1832), 9 manuscrits sur Vitteaux : 6 à la cure, 1 appartenant à

M. Moreau Victor, 1 appartenant à M. Guillemard, 1 aux archives de Vitteaux.

Levainville (Capitaine), *Le Morvan, Etude de Géographie humaine*, Armand Collin, 1909.

Locquin, avocat à Saulieu, *Ethnographie de l'Auxois (Bulletin de la Société des sciences historiques et naturelles de Semur*, 1864).

Marlot, *L'Auxois dans les temps préhistoriques (Bulletin de la Société des sciences historiques et naturelles de Semur*, 1898 et 1901).

Germain (Martin) et Martenot (Paul), *La Côte-d'Or, étude d'économie rurale*, Arthur Rousseau, éditeur, Paris, 1909.

FLORE

D'Arbaumont et Viallanes, *Flore de la Côte-d'Or*, imprimerie Darautière, Dijon, année 1889.

Bigeard, *Flore mycologie*, Bertrand, éditeur à Châlon-sur-Saône.

Bigeard, *Petit atlas des champignons*, 52 planches.

Costantin, *Atlas des champignons*, P. Dupont, éditeur.

Costantin et Dufour, *Nouvelle flore des champignons*, Librairie générale de l'Enseignement, Paris.

Costantin et Dufour, *Petite flore des champignons*.

Lachot, *Flore de l'arrondissement de Semur (Bulletin de la Société des sciences historiques et naturelles de Semur*, années 1884, 85, 86, 89, 90, 91, 93, 94, 96, 97).

Viallanes, *Contribution à la flore cryptogamique de la Côte-d'Or (Bulletin de la Société syndicale des pharmaciens de la Côte-d'Or)* n° 12, année 1893.

HISTOIRE

Archives de Vitteaux.
Archives de la Côte-d'Or.
Archives de Saône-et-Loire.
Ardouin-Dumazet, *Voyage en France*.
D'Avenel (Vicomte), *Soldats, Juges, etc.* ; ouvrages divers : *Les Riches depuis 700 ans*.
Babeau (Albert), *La Ville sous l'ancien régime*.
Bulletin paroissial de Vitteaux (1906-1912).
Courtépée, *Description du Duché de Bourgogne*, 2ᵉ édition. Dijon, 1847.

Coustumes générales du pays et duché de Bourgogne, avec les annotations de M. Bégat. Lyon, 1645.

Coustumes de la Prévôté et du Vicomté de Paris. Paris, 1652.

Durandeau : *Le Réveil Bourguignon, Annales révolutionnaires de Vitteaux, Registres de Vitteaux, La vie d'un volontaire de l'an I, La charte de Vitteaux, Le cahier des doléances de Vitteaux et Posanges, Les barons de Vitteaux, La Loge maçonnique*.

De la Gorce, *Histoire religieuse de la Révolution Française*.

Madelin, *La Révolution*.

Mémoires et Recueil manuscrits de l'Abbé Pierre Collon, mépartiste de Vitteaux (9 volumes).

Mémoires de la Société des Sciences de Semur.

De Saint-Léon, *Les Corporations ouvrières*.

TABLE DES MATIÈRES

Pages

Avant-Propos V

Note sur l'abbé Collon XI

PREMIÈRE PARTIE

Chapitre Ier. — *Situation géographique*........................... 1

Chapitre II. — *Géologie* : Notions générales. — Histoire sommaire du bassin de Paris. — Etude particulière de la vallée de la Brenne. — Matériaux de construction et empierrement 6

Chapitre III. — *Hydrologie* : Notions générales. — Brenne et ses affluents. — Sources de la région. — Alimentation de Vitteaux en eau. — La rivière. — Vers sur l'inondation de Vitteaux du 30 avril 1842, par J.-B. Dumont. — Les sources de Vitteaux. — Puits et citernes. — Sources de Massingy servant à l'alimentation de Vitteaux. Analyses. — Un mot sur les sources voisines. — Alimentation de Cessey. — Fontaine du Pas. — Propriétés remarquables des eaux de Vitteaux. — Eaux prétendues minérales. — Analyses de ces eaux. — Utilisation de la force hydraulique. — Utilisation de la force du vent. — Remarque sur la diminution du débit des sources............................ 33

Chapitre IV. — *Agrologie* : Considérations générales. — Recherches locales des engrais minéraux et amendements. — Analyse de la terre de Charmoy. — Aperçu général sur la fertilité du sol des environs de Vitteaux..................... 61

Chapitre V. — *Agriculture spéciale* : Prairies. — Analyse d'une prairie moyenne sise en la maladière. — Revenus des prairies. — Embouches. — Dans l'Auxois. — Dans la région vitellienne. — Bénéfice d'un emboucheur. — Pâtures et chaumes. — Champs. — Revenus. — Mauvaises herbes des cultures, des prés. — Moyen de se débarrasser des mauvaises herbes. — Phanérogames parasites des plantes fourragères. — Cryptogames parasites des céréales. — Plantes fourragères. — Racines tubercules. — Statistique agricole officielle de Vitteaux en 1908. — Evolution de l'agriculture dans la région vitellienne. — Myard. — La vie rurale dans une moyenne culture (de 10 hectares à 40 hectares). — Lieux dits de Vitteaux suivant le cadastre. — Essai d'explication de l'origine des noms de ces lieux dits 80

Chapitre VI. — *Viticulture* : Vignes dans la région vitellienne. — Culture de la vigne. — Vinage. — Distillation de marcs. — Quelques considérations sur l'ancien temps. — Prix de l'établissement d'une vigne et de sa culture pendant trois ans. — Revenu d'un hectare de vigne. — Reconstitution et amélioration à apporter. — Des ennemis de la vigne dans notre région.................................... 115

Chapitre VII.— *Horticulture maraîchère et fruitière*............ 133

Chapitre VIII.— *Climat et météorologie*......................... 138

Chapitre IX. — *Hygiène* : Influence du sol sur la population. — Habitations, mobiliers, vêtements..................... 144

Chapitre X. — *Influence du sol sur la population*......... 148

Chapitre XI. — *Habitations, Mobilier, Vêtements* 153

Chapitre XII.— *Commerce* : Foires et marchés.— Commerce à Vitteaux en 1760... 161

Chapitre XIII. — *Flore des environs de Vitteaux.*— Champignons. — Algues. — Lichens. — Mousses. — Fougères. — Gymnospermes. — Monocotylédones. — Dicotylédones. — Remarques sur la flore de Vitteaux. — Bois actuels sur les territoires de Vitteaux et de Cessey. — Bois de charpente, charronnage, menuiserie, ébénisterie et chauffage 165

Chapitre XIV. — *Faune des environs de Vitteaux* : Essais d'élevage des vers à soie à Vitteaux. — Apiculture à Vitteaux et dans la région vitellienne. — Bétail. — Statistique officielle du bétail à Vitteaux, le 1er novembre 1908.. 203

Chapitre XV. — *Grandes voies de communication à Vitteaux.* 217

Chapitre XVI. — *Promenades à Vitteaux.*....................... 223

TABLE DES MATIÈRES 535

Chapitre XVII. — *Préhistoire et protohistoire de la région vitellienne.* — Considérations de l'abbé Collon sur l'ancienneté de Vitteaux 225

Chaoitre XVIII. — *Calendrier vitellien.* 249

Chapitre XIX. — *Les Brandons* 261

Chapitre XX. — *Anciennes chansons de Vitteaux.* 265

Chapitre XXI. — *Un mot sur les armes de Vitteaux.* 278

DEUXIÈME PARTIE

Chapitre I. — *L'antiquité* : Les Eduens. — L'époque gallo-romaine. — Le christianisme. — Les Burgondes. — Les abbayes : Flavigny, l'église de Vitteaux donnée à Flavigny — Les Normands... 281

Chapitre II. — *Au moyen âge* : La féodalité. — Les châteaux. — Les ducs de Bourgogne. — Les Anglais. — Les Grandes Compagnies, les Ecorcheurs.............................. 287

Chapitre III. — *La féodalité* : Les seigneurs. — La mainmorte. — Affranchissement. — Désaveu de son seigneur. Bordot de Briany. — Affranchissement des Languet de Sombernon... 291

Chapitre IV. — *Vitteaux aux ducs de Bourgogne* : Le duc Eudes III. — Le duc Hugues IV. — La charte d'affranchissement 298

Chapitre V. — *Vitteaux à la maison de Chalon et aux Duprat* : Le duc Hugues IV vend Vitteaux à Jean de Chalon. — Les seigneurs du nom de Chalon. — Les du Prat jusqu'à la Révolution.................................... 302

Chapitre VI. — *Le terrier de la seigneurie en 1473* : Droits et propriétés du seigneur. — Accord de 1474. — Dénombrement de 1600.. 306

Chapitre VII. — *Le château et l'enceinte de la ville.* — Les tours et remparts. — La démolition de 1631. — Les fortifications de la ville. — La tour de l'horloge............ 313

Chapitre VIII. — *Au XVIᵉ siècle* : Les châtelains et baillis. — Le protestantisme et la Ligue. — Guillaume du Prat. — Antoine du Prat. — Son traité avec Henri IV. — Les troubles. — Sauvegarde de Henri IV en faveur des habitants de Vitteaux.. 321

Chapitre IX. — *Vitteaux au XVIIe siècle* : Après la Ligue. — La démolition du château en 1631. — Les baillis du xviie et xviiie siècles. — Tabellionage et notaires. — A dministration municipale. — Les échevins de 1557 à 1692. — La peste de 1628. — Les années de sécheresse et d'inondations. — La guerre de Gallas. — Les fortifications complétées. — Les impôts, le droit d'indire......... 333

Chapitre X. — *XVIIIe siècle (suite)* : Les maires perpétuels. — La candidature officielle. — Les attributions de la municipalité. — *Les impôts* : Taille seigneuriale. — — Impôts royaux. — Taille royale. — Capitation. — Impôts sur les corporations. — Ventes d'office, octrois. — L'hiver de 1709. — La gabelle et le grenier à sel. — Impôts sur le clergé. — Les dîmes. — La rente pascale. — Les subdélégués. — Les maires Baudenet, Gibier. — Le droit de courte pinte, procès. — La nouvelle route. — La milice bourgeoise........................ 344

Chapitre XI. — *La population* : Dénombrement des professions en 1706 et 1760. — Les drapiers. — Les moulins. — Les laboureurs. — Les vignerons. — Les marchands. — La filature de coton............................ 358

Chapitre XII. — *Quelques familles* : Les Languet. — Les Drouas. — Les Piget. — Les Ferrand. — Guéniard. — Violet de la Faye. — Maillard de Chambure............. 364

Chapitre XIII. — *L'église avant la Révolution* : Les cloches anciennes de 1779. — Les cloches nouvelles de 1861. — Le clocher. — Le portail. — Chapelles : Saint-Michel, Saint-Claude, de tous les Saints, Saint-Jacques, Saint-Jean-Baptiste, du Saint-Esprit, Sainte-Anne, du Rosaire. — Autres chapelles anciennes : de la Trinité, Croix-Voisin, du château. — Extraits de l'acte de fondation de la chapelle Saint-Claude. — Le mépart. — Les couvents : Minimes, Ursulines. — Les curés de Vitteaux. — L'hôpital. — La maladière............................ 379

Chapitre XIV. — *Corporations et confréries de métiers* : Confréries : de Saint-Crépin, de Saint-Simon, de Saint-Eloi, des Quatre Couronnés, de Saint-Vincent. — La richesse au xviie et xviiie siècles. — Les seigneurs. — Les bourgeois et les ouvriers............................ 409

Chapitre XV. — *Avant la Révolution* : Dépeuplement des couvents. — L'esprit philosophique dans la bourgeoisie. — La loge maçonnique. — Les écoliers battent leur maître d'école. — Nouveau corps municipal. — La disette, l'hiver de 1788-1789. — Le cahier des doléances.   422

Chapitre XVI. — *Sous la Constituante* : La prise de la Bastille et la nuit du 4 août. — La révolte du grenier à sel. — La garde nationale. — La loi municipale. — Le serment patriotique. — Le meurtre de Fils-Jean. — Proclamation de la loi martiale. — Fête du 14 juillet. — La Société populaire. — Abolition des ordres religieux. — Constitution civile du clergé. — L'enseignement civique.   429

Chapitre XVII. — *L'Assemblée législative* : Plantation du faisceau de la Liberté. — Tribunal de police. — L'enrôlement des volontaires..................................   446

Chapitre XVIII. — *La Convention* : Election des députés à la Convention. — Les volontaires. — Le serment d'union entre les citoyens. — Fête en mémoire des succès des armées. — Les offices religieux continuent. — Inventaire de l'argenterie de l'église. — Renouvellement de la municipalité : Patriat, Arvier. — Les approvisionnements. — Le tutoiement. — La cocarde. — Le chêne de l'égalité. — Les suspects. — Les réquisitions pour les armées. — Les arrestations. — La fête de l'unité et de l'indivisibilité. — La Société populaire. — La fixation des salaires. — Nouvelles réquisitions. — Le Comité de surveillance. — La recherche du curé Arvier. — Renouvellement de la municipalité..............................   450

Chapitre XIX. — *La Terreur* : L'ère républicaine. — Les changements des noms des rues et des personnes. — Le culte. — Adresse après l'exécution de Robespierre. — La fin de la Société populaire. — Le Directoire et l'administration cantonale. — Les fêtes républicaines............   460

Chapitre XX. — *L'école à Vitteaux avant la Révolution* : Enseignement des garçons, des filles. — 1798-1799. — La population de Vitteaux avant la Révolution............   474

Chapitre XXI. — *Le Consulat et l'Empire* : La reprise du culte. — Les fêtes pour le couronnement et le mariage de l'Empereur..   482

Chapitre XXII. — *La Restauration* : Les Cent-jours. — Adresses de la municipalité aux pouvoirs publics. — Les fêtes politiques. — La disette de 1816. — Liste des maires et notices biographiques. — La population................   489

Chapitre XXIII. — *L'Hôpital et le couvent* : Les sœurs de l'Hôpital sous la Révolution. — Bienfaiteurs au xixᵉ siècle. — Liste des supérieures. — Origines de la Congrégation de la Providence. — Son établissement à Vitteaux. — Les supérieures... 500

Chapitre XXIV. — *L'église au XIXᵉ siècle* : Avant le Concordat. — Liste des curés au xixᵉ siècle. — Travaux et réparations à l'intérieur de l'église. — Bienfaiteurs de l'église.. 506

Chapitre XXV. — *L'Ecole au XIXᵉ siècle* : Enseignement des garçons, l'école mutuelle. — Enseignement des filles. — Enseignement secondaire................................. 517

Chapitre XXVI. — *Les ouvriers au XIXᵉ siècle* : Anciens prix des journées de travail. — Les tisserands, les vignerons, les commerçants. — Les transports. — La vie et les subsistances.. 522

Bibliographie 529

Table analytique des matières........................... 533

Librairie Ancienne H. CHAMPION, Éditeur

5, Quai Malaquais, — PARIS

GAUTHIER (Léon). **Les Lombards dans les deux Bourgognes.** 1907, in-8, fac-similé. 12 fr.
Couronné par l'Institut.
    C'est un côté très curieux de l'histoire économique de la France que l'auteur a traité dans ce livre. Après avoir étudié les origines de la ville impériale d'Asti, berceau des fameux banquiers lombards, il les suit au comté puis au duché de Bourgogne, nous initiant à leurs relations avec les ducs et les comtes, leur état social, leurs opérations financières, leur commerce et enfin leur expulsion.

LEFÈVRE-PONTALIS (E.). **Le plan d'une monographie d'église et le vocabulaire archéologique.** 1910, in-4, 5 planches et fig. (Extr. de la Revue de l'Art chrétien). 1 fr. 50

MAILLARD. **Histoire d'un village bourguignon, Franxault.** 1911, in-8. 5 fr.

PETIT (Ernest). **Ducs de Bourgogne de la Maison de Valois,** d'après des documents inédits. Philippe le Hardi. 1re partie, 1363-1380. Tome I. in-8 et planches. 12 fr.

— Supplément aux itinéraires de Philippe le Hardi, duc de Bourgogne. In-8 (extr.). 2 fr.

PICARD (Étienne). **L'Écurie de Philippe le Hardi,** duc de Bourgogne, d'après des documents inédits. 1906, in-8. 5 fr.
Mentionné par l'Institut.

POUPARDIN (R.). **Le royaume de Bourgogne,** 888-1038. Études sur les origines du royaume d'Arles. 1907, in-8, fac-similé. 18 fr.
Couronné par l'Institut.

RICHARD (Jules Marie). **Une petite-nièce de saint Louis, Mahaut, comtesse d'Artois et de Bourgogne** (1302-1329). Étude sur la vie privée, les arts et l'industrie en Artois et à Paris au commencement du XIVe siècle. In-8. 10 fr.
    Recueil des renseignements divers et pleins d'intérêt sur la vie privée, sur les achats des étoffes, de bijoux, sur les travaux et la condition des artistes. La comtesse Mahaut exerça en effet, au commencement du XIVe siècle, par ses relations, par ses goûts, par sa générosité même, une influence bienfaisante et artistique. Elle consacra la plus grande partie de ses revenus à des travaux où tous les métiers étaient intéressés. Les comptes de son hôtel nous initient à tous les détails de sa vie privée, de sa nourriture, de ses vêtements, de ses aumônes, des travaux d'art qu'elle fit exécuter dans ses châteaux d'Artois, dans ses hôtels de Paris et d'Arras. Ce livre peut être considéré comme un tableau de la société française dans les premières années du XIVe siècle.

SCHMIDT (Charles). **Les Sources de l'histoire de France,** depuis 1789 aux Archives nationales, avec une lettre-préface de M. A. Aulard. 1907, in-8. 5 fr.
    Les demandes de recherches — la salle de travail — les inventaires — les sources de l'histoire d'un département, d'un canton ou d'une commune aux archives nationales — les séries départementales. Grâce à cet excellent répertoire « *en quelques instants tout travailleur saura ce qu'il peut trouver et ce qu'il doit demander aux archives nationales.* »
                                                                AULARD.

www.ingramcontent.com/pod-product-compliance
Lightning Source LLC
Chambersburg PA
CBHW071402230426
43669CB00010B/1425